应用写作进阶

谈青 郭建庆 主编
王文军 李有亮 副主编

上海人民出版社

目　　录

第一章　应用写作概述

第一节　应用写作的性质

【导入案例】

从前，有一位老先生，号称学富五车、才高八斗，方圆百十里地享有很高的声望，人称“博士”，他也因此得意洋洋、自视很高。这一天，家人来向他报告：家里一头最精壮的黑驴莫名其妙地丢失了，而眼下正是田里、家里活儿最多、最需要牲口的时候，请老爷赶紧想办法或者找回黑驴、或者重买一头新驴。当时一头正值壮年的驴也还很值几个钱，于是有好事者提醒博士说，还是先写个寻驴启事，也许还能找回来呢！博士连连点头称是。于是磨墨铺纸，提笔运腕，一张寻驴启事一气呵成，墨迹未干就赶紧让家人拿出去，张贴在闹市口了。

可是，转眼几天过去了，一点黑驴的消息也没有，博士决定亲自到街头去看一看、听一听，了解了解关于黑驴的消息。来到闹市口，自己写的启事还在，还真有不少人在围观，博士混入人群，心下得意，想听听大家的说法。只听得有好事者正摇头晃脑地给大家念着：“……我中华古国、历史悠久，文化灿烂、民风淳朴、文明教化……盘古开天……唐宗……宋祖……”“什么嘛！什么嘛！”“什么意思！瞎耽误工夫！”围观的人没等好事者念完，就已连连唾弃着四下散去。原来，“博士”真不愧为博士，一个寻驴启事洋洋洒洒上万字下去，还没提到一个驴字，难怪他等了好几天没有任何消息呢！原来大家还没等他讲到驴就早已不耐烦读下去了！

讨论

(1) 上述案例说明了什么问题？

(2) 你是如何理解应用写作的？

(3) 你写作应用文的时候遇到过什么问题吗？

【要点阐释】

一、应用写作的地位

(一) 应用写作是与基础写作、文学写作并列的一种写作教学模块

从写作教学的角度,人们一般把写作分为三种类型:基础写作、文学写作和应用写作。

基础写作主要研究写作的普遍规律和方法,包括立意、选材、构思、表达、修改以及常用文体的写作等等。基础写作主要着力于阐述写作的基本原理,提高人们对一般文章的写作能力,属于写作的基础性、原理性层次。

文学写作主要研究文学创作的一般规律和技巧,包括小说、诗歌、散文、戏剧等文学样式的创作。文学写作一般属于文学、艺术类专业的专业课程,属于写作的文学性、艺术性层次,是基于基础写作之上的专业写作层次。

应用写作主要研究应用文体的写作规律和方法,包括公务文书、商务文书、法务文书、传播文书、礼仪文书等与人们生活、工作、学习、科研等直接相关的,为处理有关具体事务、解决实际问题而使用的文书。应用写作属于写作的应用性、实用性层次。

(二) 文学写作和应用写作是两种相对的写作活动

人类的写作活动主要有两个方面或者说一般向两个方向发展:文学写作和应用写作。

文学作品通过形象塑造反映社会、历史生活,向读者传达作者对社会生活的主观感受和认识,以满足人类的精神享受。应该说,文学写作活动是物质水平达到一定程度后,人类对精神生活追求的产物。

相对于文学写作,应用写作则是以应用文体为主的一种写作活动类型,它是人类适应社会生活和生产活动需要的产物。从"结绳记事"开始一直到文字发明后,应用写作就一直伴随并服务于人类社会生活和生产活动。《易・系辞》中说:"上古结绳而治,后世圣人易之以书契,百官以治,万民以察,盖取诸夬。"可以说,人类最早的写作活动是应用写作,而应用写作的本质就是应"用"而生、应"用"而用。

(三) 应用写作是人类的一种社会活动,是人类交往的手段之一

人类的信息交流最先是通过手势等肢体动作实现的,但是,随着生产活动发展到个体难以完成社会化分工协作的生产任务的阶段,肢体动作已经满足不了人类

的交流需求了，人类需要更为复杂的信息交流方式。先是“结绳记事”，而后发明了文字，于是就有了用于记录、传达、协调、沟通、交流等需要的应用写作行为。正如斯大林在《马克思主义与语言学问题》中所说：“生产的继续发展，阶级的出现，文字的出现，国家的产生，国家的管理，都需要有比较有条理的文书。”这显示，人类的社会结构越发达、越复杂，应用写作活动就越重要、越丰富。一方面，各级各类机构需要使用应用文维持正常运作；另一方面机构和个人以及个人和个人之间也需要使用应用文实现事务性交往和信息沟通等。这样，应用写作便成为人类社会不可或缺的交往手段，或者说交往方式了。

在人类社会发展到 21 世纪的今天，应用写作活动已渗透到政治、经济、军事、文化、教育、科技等社会生活的各个领域、各个层面，它与每个社会组织的运作和每个人的社会生活都息息相关，已成为人类社会交往的必要手段和工具。可以说，人类只要有社会活动、社会交往，就离不开应用写作。

二、应用写作与应用文

（一）应用写作的文本是应用文

总体而言，应用写作活动是为人类的社会生活和生产活动等服务的，而其实现形式是“应用文”文本，也就是说，其最终成果由“应用文”这一文体类型体现，因此，从某种意义上说，应用写作活动的成果或者说“成品”是应用文。

应用文是各级各类机构或个人在处理公、私事务中形成并使用的具有特定用途和规范体式的文章，包括公务文书、商务文书、法务文书、传播文书、礼仪文书、学业文书等。它是机构之间、机构与个人之间以及个人之间实现业务性、事务性、专业性沟通和交流的必要工具。

在这里，我们在宽泛的意义上使用“机构”这一概念，即我们把党政机关、企事业单位、人民团体等一切社会组织都统称为“机构”。机构作为应用文的使用主体，不仅是施行其内部管理的需要，也是对外履行其职能的需要。各级各类党政机关、企事业单位、人民团体等机构在传达和贯彻路线、方针、政策，指导、布置和商洽工作、请示和答复问题、报告和交流情况等时候，都需要运用各类文书作为工具以实施管理和顺畅运作。

个人也是应用文的使用主体。个人在与机构打交道或在处理个人事务的时候，也同样需要使用各类文书，以实现沟通和交流的目的。

个人作为应用文的使用主体，主要体现在个人作为一个社会人，在从事社会活动或与社会各方面交往时处理与个人有关的事务。随着经济活动的日益频繁和法制的日益完备，个人在社会活动层面上涉及有关政治、经济、法律等等的事务需要与各类机构和个人打交道时，就有必要使用有关文书，以书面形式完成社会活动任务。

当然，本教材也是在宽泛的意义上使用应用文这个概念的，在本教材所列的文种类型当中，除了严格意义上的应用文，诸如：行政公文、行政事务文、商务文书、社交文书、法务文书等等之外，还有宽泛意义上的应用文，诸如：传播文书、学业文书等等。之所以选择这些文书类型，是因为我们的应用写作教学应设法切合学生在学习、就业、工作等方面的实际需要。

(二) 应用文和文艺文的区别

写作是人类的一项广泛的社会活动，其产品——文章，一般被分为两大类，一类主"情"，被称为"文艺文"——它是文学写作活动的成果；一类主"事"，被称为"应用文"——它是应用写作活动的成果。①人类的写作活动正是分别以文学写作和应用写作两个方向，从人类的精神和物质两个层面对社会生活进行观照。

文艺文和应用文有着明显的区别，主要体现在以下几个方面：

1. 写作的主体不同

写作的主体即文章的作者。文艺文的作者可以是任意的，也就是说，任何一个人都可以成为文艺文的作者。现代媒体的发达程度已经可以做到，任何一个人，只要你有表达思想感情的需要、只要你愿意写作，你就可以成为文艺文的作者；但是应用文的作者却是特定的，不是任何人都能成为应用文的当然作者的，哪怕是执笔者。在应用文体系当中，有些文书如机关公文等，其作者甚至是法定的，并且不能是自然人，而是机构。具体的文书撰稿者(也称执笔者或者专任制文者)，只是法定机构的"代言人"而不能称为"作者"。即便是处理私人事务的文书，也只有与某项特定的具体事务相关的特定的个人，才能成为特定的文书的作者。

2. 写作的受体不同

写作的受体即文章的读者。文艺文的读者在总体上说，是任意的，不确定的。虽然文艺文的作者在创作作品时，总是针对着特定的读者群的，但是，他却无法强迫他想要的读者去阅读他的作品。事实上，究竟谁在读他的作品，他也可能是一无所知的；但是应用文的读者却是明确的、确定的。应用文的作者在起草文章之前就已经确定甚至规定该文的读者对象。有些应用文如机关公文等，甚至在文书中规定其阅读对象或范围。所以，应用文的受体目标指向性是十分明确的。

同时，应用文写作的受体，对写作主体的制约作用，也比文艺文来得更为直接、

---

① 谈青：《公务文书写作实务》，上海人民出版社，2002年，第2页。

明显。例如，针对不同的行文对象，应用文的作者在行文方式、文种选择乃至表述方式等等方面都必须做出适当的选择和调整，以适应特定的读者。否则，失之毫厘，差之千里，责任不可谓不重大。

3. 写作的客体不同

写作的客体即文章的材料、主题等要素。在某种意义上说，文艺文的作者对材料的选择和主题表达有着较大的主观自由度，一方面，文艺文的作者可以根据自己对生活和人物的理解以及自身情感表达的需要确定作品的主题，并且选择相应的材料加以表现。另一方面，文艺文的材料可以是虚构的，主题可以是含蓄、隐蔽的；但是应用文却正好相反，应用文的主题必须直白、单一，并且应根据行文的目的予以明确表述。有些应用文如机关公文，其主题还应该根据相关政策、法令或领导意图来确定，不能掺杂撰稿者个人的观点、态度。同时，应用文的材料必须真实、可信，不能虚构、作假。

4. 写作的载体不同

写作的载体即文章的文体、结构、表达、语言等要素。文艺文在这些方面也有着较大的自由度，作者可根据写作意图，采用多样的体裁、变化的结构、多种表现手段和丰富多彩的语言等去表现主题；但是应用文却要根据不同的用途选择相应的文种，其文种和用途对应严格，不容错位。在结构方面，应用文有着较强的规范性，有些甚至是格式化的。在表达方面，应用文要求准确、严谨、平实，往往用庄重的语体风格。

【案例操作】

阅读下列通报中的一段文字，回答问题。

二〇〇八年×月×日中午十二时左右，名品商厦名表柜台前来了一个青年顾客，提出要买一块“劳力士”手表。青年营业员小李将手表拿出上了几扣弦后递给这个顾客，又忙着接待别的顾客。一种强烈的责任感促使他随时盯着买表人的动作。忽然，发现那人侧过身子挡住营业员的视线，把表放在耳边装作听表样。这种行为引起了小李的警觉，他心想：挑表为什么要侧过身子背对着营业员呢？当那人把表交回来的时候，小李立即进行了检查，发现弦是满的，表面上有两道划痕。他马上认定新表已被换走，于是当机立断，喊了一声：“你停一下！”那人听到喊声，慌忙向店外跑去。

见此情景，小李一跃跳到柜台外，用尽力气拼命追赶。霎时间，那家伙穿过胡同，跑出数百米。小李边追边喊：“抓住他！抓住他！”最后，在××分局同志的协助下，将罪犯逮住扭送公安派出所，从其衣袋里搜出换去的新表。

营业员小李机智果断，不顾个人安危与坏人坏事作斗争，保住了国家财产，精神可嘉。决定给予通报表扬，并颁发奖金，以资鼓励。

(1) 上文对事件叙述是否符合应用写作的概括要求？

(2) 上文的叙述语体是否符合应用写作的语体风格？

第二节 应用写作的特征

【导入案例】

王成刚是名牌大学中文系毕业的高材生，分配到市统计局局长办公室当秘书。王秘书的文笔很不错，还在大学里读书的时候，就经常爱写些诗歌、散文或小说什么的，有几篇文章还在一些报刊上发表过，在中文系里小有名气。分配到局里工作以后，赵局长很注意发挥年轻人的专长，得知小王在写作方面有才能，就经常把局里的一些重要的写作任务交给他来完成。

王秘书还真不负众望，每当交给他写作任务，他都能很快地完成，洋洋洒洒几千字，文章写得通顺流畅，文字优美，有条有理，领导都比较满意。王秘书也是越写越顺手，一篇报告，一篇总结，无论是写哪个文种，他总能一蹴而就。但是，最近赵局长发现小王的文章越写越长，大有要写长篇小说之嫌，每次在审阅时总要删掉很多。有一天，当王秘书又交来一篇稿子时，赵局长趁机给他指出来，希望他注意。但是，王秘书不以为然，他认为局长太没水平，每次把他的文章删得支离破碎，他认为有时候篇幅较长才能把事情说清楚，才能显示出写作水平。

但是，接下来发生的一件事让他有了很深的触动。年底了，局里要举办春节联欢表彰晚会，赵局长邀请了李副市长来参加。正巧李副市长的秘书因为父亲病重，请假回家了。赵局长就把起草讲话稿的任务交给了王秘书，并告诉他这是李副市长的晚会致辞，一再叮嘱他一定要好好写，写出水平。

王秘书写这篇文章，的确下了很大的功夫，酝酿了好几天，终于在最后一天写出了三万字的热情洋溢的致辞，王秘书自己很满意。本来要交给领导审查一下，凑巧的是那天市里召开紧急会议，局长和李副市长都到市政府开会去了，以为领导下午能早点回来，谁知市里开了一天的会，晚上两位领导赶过来时又遇上塞车，等他们到时，晚会马上要开始了，根本没时间审查发言稿。两位领导刚坐定，晚会就在热烈的掌声和喜庆的音乐声中开始了，赵局长拿过王秘书递过来的文件夹对李副市长说："这里面是稿子，该您讲话了。"李副市长走到麦克风前，打开稿子开始念起来，开始大家的兴致很高，听得很认真，可随着时间的流逝，本来兴冲冲的发言者和台下的听众，都渐渐失去了耐心，台上的李副市长越念眉头皱得越紧，台下的听众开始说话，骚乱起来。半小时过去了，李副市长终于发言完毕，台上台下都松了一口气，李副市长回来坐下后说的第一句话就是："这是谁写的稿子，怎么这么长，也不看看是什么场合，真是懒婆娘的裹脚布！"不知道王秘书听了，心里是什么滋味。

（引自孟庆荣主编《秘书工作案例及分析》）

讨论

(1) 王秘书的写作任务是什么？

(2) 王秘书为自己写致辞还是为李副市长写致辞？

(3) 在写致辞的时候，王秘书扮演的是什么角色？

(4) 李副市长为什么不高兴？

(5) 王秘书的问题主要出在哪里？

【要点阐释】

应用写作在当今社会生活中的地位越来越重要，与人们的生活、学习、工作等的关系越来越密切，可以说任何一个都离不开应用写作。熟悉和明确应用写作的特征，对于人们学习和掌握应用文写作具有重要的指导意义。

和其他写作活动相比，应用写作有如下一些特征。

一、写作目的的任务化

应用写作是一种任务驱动型写作活动。我们把应用写作看作任务驱动型写作主要是指应用写作的动机是被动产生的，是由写作任务决定和主导的。

写作目的也称为写作动机或写作意图。应用写作当然应该有明确的写作目的，但是应用写作的写作目的不全是执笔者主观意志的产物，而是任务驱动的结果，也就是说，触发写作动机的，并不是执笔者的思想情感或者主观意愿，而是写作任务。譬如，要告知举行会议，要写通知；要缺席某项活动，要写请假条；要报道某一事件，要写消息等等。"举行会议"、"缺席活动"、"具体事件"等本身并不是通知、请假条、消息这些应用文写作的目的，而是任务。由这些任务驱动产生写作目的：或告知、或请假、或报道等等，从而应用与之相对应的文种：通知、请假条、消息等等。

写作目的的任务化决定应用文的撰稿者是一种任务型组合。应用文的执笔者可能是一个人，也可能是一些人，但这些执笔者及其组合有时并不是其本人意愿决定的，而是由任务决定的，由共同的写作任务把他们组合在一起。在很多情况下，执笔者并不是应用文的作者，因为写作任务有些来自领导的授意，有些来自工作要求等等，执笔者受命写作，充当的是代言人身份。

写作目的的任务化决定应用写作的目的有着明确的指向性。正是因为应用写作是以任务为主导，写作目的与写作任务直接有关，所以，可以说，明确写作任务也就是明确写作目的。同时，应用文的读者是特定的、明确的，因此，应用写作针对特定读者完成特定任务，其目的指向性显得相当明确。当然应用文的写作目的有时并不是那么简单、浅显，同时，有些应用文其目的和任务还不是一个层次，不过即使如此，也不影响其目的指向性。

写作目的的任务化还决定应用写作在操作上的被动性。某种意义上说，应用写作是一种被动写作，表现在应用文的主旨具有某种既定性，主旨表达也是定向的，所以，大多数应用文在写作上要求主题先行、意在笔先；应用写作的被动性还表现在写作内容上必须服从应用文在格式、表达等方面的规范要求等等，这些将在下文展开。

当然，应用写作因写作目的的任务化而带来的操作上的被动性并不意味着执笔者在写作过程中其思维和内容上的发挥没有任何空间或者不需要其主观能动作用的发挥。事实上，每一篇应用文都会带上执笔者的个性化痕迹，只是执笔者的个性化因素必须有度，必须吻合、适应于为完成特定的写作任务而既定的宏观要求和目的。

二、写作用途的工具化

应用文是一种工具，应用写作是一门工具性学科，这是由应用文的本质决定的，同时也是应用写作目的的任务驱动特征决定的。

应用文总是机构或个人为处理事务、交流情况、沟通关系、解决问题所需而“用”的。例如，要维持机构运作，就要有公文往来；要传播各类信息，就要通过新闻、广告等；要维护公共关系，就要使用邀请函、贺辞等；要处理法律事务，就要运用法务文书等。总之，不管是机构还是个人，要在社会生活中维持正常的运转、从事正常的活动，都需要使用应用文这一重要的、必不可少的工具作为载体去完成各自相应的任务。

既然应用写作是工具，那么在领受应用写作任务后，执笔者就需根据任务的性质、要求，正确选择适合用途的相应的文种以达到相应的目的。

三、写作文本的类型化

应用写作还是一种类型化写作活动。所谓类型化写作主要体现在应用文的文本具有明显的类型特征，这是由应用写作的任务驱动型特征和应用写作受体分层性决定的。

应用写作的任务有不同的类型和层次，使得应用文的文种也必然区分不同的用途。用途不同，选择的文种不同。所以，要根据不同的任务，选择不同的应用文文种类型，例如，行政事务中的指导和知照是不同性质的任务，因此，就必须选择适切于指导或知照性质和内容的相应的行政公文，误用、错用，不仅是不严肃的，而且也可能产生严重后果。

不同的应用文文种还与不同的读者层次相对应，也就是说，不同的文种有不同的适用对象。例如，行政公文有上行文、平行文和下行文之分，而这些文种类别区分的依据也就在于不同文种的不同用途和不同的适用对象。

文本的类型化，要求应用文的执笔者对文种的选择必须具备足够的判断力。文种选择的判断力是建立在执笔者对具体文种的用途和适用范围的正确而严格的把握的基础上的。例如，在行政公文体系中，处理表彰先进事项既可以使用命令、决定等文种，也可以使用通报这一文种，究竟选择什么文种行文，还需根据被表彰的人物和事件的性质、影响范围等等多方面有关因素加以综合考虑，在此基础上选择与之相对应的文种。

文本的类型化，还要求应用文的执笔者掌握应用文行文关系以及具体文种的性质和特征。很多人，甚至有些行政机关，由于对行文关系和文种用途把握失当，因而经常出现乱用、误用的情况。例如，对公告、告示、启事的混用，很多该用告示或启事的事项却不恰当地使用公告行文处理。

四、写作过程的程式化

应用写作也是一种程式化写作活动，很多应用文在内外部结构、语言以及制作等方面有着规范性和程序性要求，形成一定的模式，这使得应用写作过程具有程式化特征。

应用写作的程式化，是由应用文具有格式的规范性决定的。应用写作文本大多有一定的格式，这些格式就是应用写作的文本规范，是应用写作的程式要求。例如，行政公文的结构要包括主送机关、正文、结尾习惯用语、发文机关以及成文时间等要素；在文面上，一般要具备眉首、主体、版记等三个部分。再如，书信一般要有称谓、正文、祝颂语、署名、日期等要素等等。所有这些都是应用文结构的规范程式。这些规范中有的是法定的，例如行政公文，由有关公文管理的法规性文件对其格式作出规定；有的是约定的，例如行政事务文和其他应用文，则由前人无数次的实践总结出其文本写作的规律性，从而提炼出相对固定的格式规范，被称为惯用格式；还有些文本甚至其本身就是格式化的，例如请柬、介绍信、合同等等。

一些应用文的文本在结构上也有一定的程式化特征。如有些行政公文在行文上有时依据“提出问题-分析问题-解决问题”的逻辑顺序，与这个顺序相对应的是，有些行政公文在结构上有时分为“主旨-依据-办法”等几个模块，并在结构上，对这些模块进行不同的组合。

除了文本格式外，一些应用文在处理上还有些规范的程序，例如，行政公文在拟制、办理、管理、立卷、归档等方面有一系列有序衔接的过程，这个过程也是一种程式。

当然，应用写作虽然是一种程式化的写作，但并不意味着应用写作是就是刻板的、僵化的、缺乏创造性的“八股”写作。事实上，应用写作和其他文章写作一样，同样需要和离不开创造性。可以说，形式只是外在的，虽然掌握形式要有一个过程，但是毕竟容易通过“依样画葫芦”的方法得以解决。写好应用文的关键还是需要执笔者具备深刻的思想力、分析事物和问题本质的能力、解决问题的能力以及驾驭文字的表达能力等等。

第三节　应用写作的种类

从甲骨卜辞算起，应用文已经有几千年的历史了。随着历史的发展，人类社会结构越来越复杂、社会分工越来越细化，已经涉及社会各个领域的应用文家族也越来越庞大。据不完全统计，应用文种类加起来超过 2 000 种。对于那么多的应用文，如何做到规范、有效地使用，并且做到功能定位准确，使用界限分明，使得其效用得到充分的发挥，就需要对其作恰当的分类。可以说，明确应用文的类别，对于了解各类文种的性质和特点、正确选择文种、明确行文关系、恰当得体地使用应用文完成既定的任务，有着重要的意义。例如，公文的文种界限非常明显，不同的文种体现出不同的职权范围和机关之间的关系，也表现出不同的办事目的和要求。因此，发文应根据本机关的职权、所处地位和发文目的，恰当地选用文种。如命令(令)、决定、通知、通报都有表彰先进的功能，但由于这些文种的性质、级别、运行方式等不同，其表彰的内容轻重、先进程度、所达到的目的也就有所不同，表彰时，要根据发文机关的级别、先进单位或人物事迹的轻重等因素确定文种。误用、混用文种，会使公文的质量和效力受到严重影响。

按照不同的标准，应用文可以分为不同的种类。

一、根据使用主体分类

根据使用主体,可以把应用文分为公务文书和私务文书两大类。

公务文书也被称为机关应用文,主要是指各级各类机构在公务活动中为实现管理目标而使用的各类应用文,例如通告、通知、请示、计划、总结等等。

私务文书主要指个人在从事社会活动中为处理私人事务而使用的各类应用文,例如书信、条据、求职书等等。我们特别强调私务文书是个人在从事社会活动中产生和使用的,是因为我们认为,私务文书不能理解为私人文书,也就是说,不能仅仅狭义地理解为私人之间使用的文书,而是作为一个“社会人”,与社会打交道,从事社会交往活动。即使是私人之间使用,我们认为,这种活动也应是具有社会属性的。

公务文书包括两大类:机关公文和机关事务文。

机关公文也被称为法定文书,因为机关公文的文种、用途、格式等都由有关机关法规性文件予以确立和规范,并须按有关规定行文和处理的文书,例如决议、决定、指示、意见、议案、通告、通知、报告、请示、批复、函、会议纪要等等。

机关事务文也被称为约定文书,它主要指那些虽然没有明文规定的严格的格式等,但在党政机关中长期使用,撰写者在写作实践中总结、归纳、概括出一整套写作规律,从而形成了“约定俗成”的惯例,或者说惯用格式的这样一些应用文,例如计划、总结、调查报告、述职报告、简报、规章制度等等一些机关常用文书。

机关公文按照使用主体分为党的机关公文和行政机关公文。

党的机关公文包括的文种有:决议、决定、指示、意见、通知、通报、公报、报告、请示、批复、条例、规定、函、会议纪要,共14种。

行政机关公文包括的文种有:命令(令)、决定、公告、通告、通知、通报、议案、报告、请示、批复、意见、函、会议纪要,共13种。

二、根据适用范围或者使用领域分类

根据适用范围或者使用领域,也可以把应用文分为以下类别:

(1) 行政公文。包括通告、通知、通报、报告、请示、批复、意见、函、会议纪要等。

(2) 行政事务文书。包括计划、总结、述职报告、调查报告、简报、规章制度等。

(3) 传播文书。包括消息、通讯、新闻评论、广告词等。

(4) 商务文书。包括市场调查报告、市场预测报告、可行性研究报告、经济活动分析报告、意向书、协议书、商务合同、招标书、投标书、商务信函等。

(5) 社交文书。包括书信、条据、启事、声明、海报、演讲稿、欢迎词、欢送词、答谢词等。

(6) 法务文书。包括民事起诉状、民事上诉状、民事答辩状、民事再审申请书、辩护词、民事代理词、行政复议申请书等。

(7) 学业文书。包括读书笔记、毕业论文、求职文书、申论等。

上述分类也是本教材体系对应用文的分类,这种分类并不一定是科学的、严格的。但是,我们所做的分类以及因此而形成的体例,所依据的是"用",以实用为标准、以适用为标准,就是说,适合学生今后所可能从事的工作的需要,适合学校各专业不同的培养目标,适合应用写作教学的需要。

第四节　应用写作的学习方法

【导入案例】

小张文秘专业毕业后,被某区政法委录用了,担任办公室秘书工作。

开始,领导交给小张的任务是收发材料。小张以前在机关里实习时曾做过这活,所以很快就适应了新的岗位工作,并且干得很出色,给领导留下了良好的印象。

一天,办公室主任找小张谈话,说是平时负责文件起草的秘书老李马上要退休了,组织上决定培养一个新人,希望在短时间里能接替老李的文件起草工作。领导知道小张工作认真负责,也很能干,又是秘书专业毕业的,应该具备一定的写作能力,所以,想要小张跟老李工作一段时间,熟悉这摊工作。小张心里感受到了领导对她的器重,马上就答应了。

小张到老李办公室报到后,老李给了她一沓文件和这个月的报纸,告诉她这个星期的工作任务就是把这沓文件和报纸读完。小张看着这厚厚一沓文件和报纸,对老李说:"这些文件和报纸我都看过的,主任是要我跟着您学习文件起草工作的,李老师能不能先教我怎么起草文件?"老李回答说:"小张啊,你主次颠倒啦!"听了老李的话,小张感到不解:"我的主要任务不是写作吗?!"

讨论

(1) 领导交给小张的任务是跟着老李学习起草文件,老李为什么要小张阅读文件和报纸?

（2）小张的主要任务是阅读还是写作？

（3）为什么老李认为小张主次颠倒了？

【要点阐释】

应用写作是一种实用性很强的工具，它很实用、很有用。它对我们每个人的生活、工作、学习等各个方面都有着重要的现实意义。对于每一个社会成员而言，只要你参与社会活动，你就会需要使用这一工具为你的社会交往服务，因此每一个人都应该或多或少学会使用这一工具。

但是，目前在大学生中，应用写作能力却很差，不少学生甚至几乎没有有关应用写作的基本概念。究其原因，可能主要是在中学教育阶段应用写作被严重忽略了。当然，一方面因为中学阶段应用文使用得比较少，另一方面中学教育也确实不重视应用写作。

社会现实告诉我们，作为一个大学生，必须学好应用写作，正如教育家叶圣陶所说："大学毕业生不一定会写小说诗歌，但是一定要写工作和生活中实用的文章，而且非写得既通顺又扎实不可。"显然，应用写作对大学生今后的工作有着直接的关系，学好应用写作是必须的。

那么，如何学好应用写作，提高自己的应用写作能力呢？我们觉得可以从以下几个方面入手。

一、提高思维能力

"写"，实际上并不是写作活动的第一阶段。很多人不了解这一点，所以一到需要写作的时候就感觉非常痛苦。

提高写作能力的关键是提高思维能力。文章是思考的结果，而不是文字的堆砌。要提高写作能力，首先应该提高思维能力。

提高思维能力首先应该了解应用写作的思维特点。和文学写作需要形象思维、感性思维不同，大多数情况下，应用写作需要经历提出问题、分析问题和解决问题的过程，在这个过程中，更需要的是理性思维能力，亦即抽象思维或逻辑思维能力。因此，要培养分析、归纳、抽象、概括能力，要具备对事物作出准确认识和判断的能力，要善于透过事物的表象去发现、发掘事物的本质。

提高思维能力还要熟悉应用写作的思维方式。由于应用写作一般主题先行，执笔者在领受写作任务或者有写作需要后，就应该在平时积累材料的基础上，根据写作意图和主旨定向收集材料、围绕主旨合理选择材料，并且根据既定主旨和相关文种的结构模式、表达模式、语言模式去组织和制作应用文书。

二、提高理论修养和政策水平

提高理论修养就要具备与应用写作有关的基本的理论知识。应用写作与人们的生活、工作、学习等社会生活的各个层面密切相关,其内容也涉及政治、经济、文化、军事、法律等各个方面。写作应用文,就必须了解、熟悉乃至精通这些有关方面的基本理论知识,使自己成为这些方面的内行。不具备这些基本的理论知识,应用写作水平就不可能提高。

提高政策水平就要了解和掌握党和国家的各项方针政策。应用文书中有不少属于政治性、政策性很强的文种,很多文书的重要任务就在于宣传、贯彻、落实有关方针政策,作为执笔者要写好这些文书,就必须深刻领会和掌握有关的方针政策。"以其昏昏,使人昭昭"是不可能写好应用文的。

要学好应用写作,还要在提高理论素养和政策水平的基础上,培养自己形成正确的世界观和方法论,用正确的世界观和方法论去分析问题、解决问题,并用以指导应用写作的学习、完成应用写作任务。

除此以外,还需了解我们国家有关行政体制和行政管理等方面的常识,例如各级各类行政机构及其关系和职能等等,这对于掌握行政公文和行政事务文书的写作方法有着极其重要的意义。

三、知行结合,训练为主

学习应用写作,首先当然要掌握有关基本的写作理论,并用以指导写作实践。但是光有理论还是很不够的。写作是一种实践性很强的社会活动,是一种"术"科。提高写作能力如果"光说不练",那只会是"假把式",只有通过不断地实践,不断地积累写作经验,才能使写作能力不断地得到提高。

由于现代大学生普遍较少接触应用写作,对应用写作缺乏必要的背景知识,因此,在初学时会遇到从格式、表达方式、语言风格到思想方法、认识能力、分析能力等方面的一系列障碍,从而对应用写作的学习产生距离感。因此,学习应用写作还需讲究方法,那就是,一定要把重点放在训练上,一定要通过大量的扎实的训练把知识转化成能力,才能有效地提高应用写作能力。

如何训练?回答只有两个字:"读"和"写",这是提高应用写作能力的"硬道理"。鲁迅先生说过"文章应该怎么做,我说不出来,因为自己的作文,是由于多看和多练习,此外别无心得和方法。"说的就是这个道理。

"读",就是要多读范文,多读别人写的文章。从阅读中找出各类文种的写作规律、方法和技巧等，了解、熟悉各类文种的写作思路、模式、风格等，使自己学有样板、写有参照。

“写”，就是要多写，要不断地实践。学习写作最终还是要落实到“写”上，从写作中学会写作，是写作的根本规律和学习写作的最佳方法。写作训练可以从模仿开始，在模仿的过程中掌握诸如格式等的外在形式。经过一定的过程，自然会在模仿和借鉴中逐渐揣摩出写作规律乃至思想方法等，逐渐学会认识、分析问题的方法，逐渐把别人的长处吸收进来，形成自己的风格特色，从而在写作内容和思想的深刻性方面出现飞跃。

练　　习

一、填空题

1. 人类的写作活动主要有两个方向＿＿＿＿＿和＿＿＿＿＿。

2. 应用文是＿＿＿＿＿或个人在处理＿＿＿＿、＿＿＿＿事务中形成并使用的具有特定用途和＿＿＿＿＿＿文章。

3. 应用文和文艺文的区别在于它们写作的＿＿＿＿不同、＿＿＿＿不同、＿＿＿＿＿不同、＿＿＿＿不同。

4. 应用写作的特征是：写作目的＿＿＿＿＿化、写作用途＿＿＿＿化、写作文本＿＿＿＿＿化、写作过程＿＿＿＿＿化。

5. 根据使用主体，可以把应用文分为＿＿＿＿＿文书和＿＿＿＿＿文书两大类。

二、辨析题

1. 写作目的也可以称作写作动机或写作意图　（　　）
2. 应用文的作者一定是应用文的执笔者　（　　）
3. 应用文是一种工具，所以不管什么文种人人都可以使用　（　　）
4. 应用文一般都有格式，所以，学写应用文，关键是掌握格式　（　　）
5. 应用文写作往往“主题先行”　（　　）

三、简答题

1. 应用文和文艺文有哪些区别？
2. 如何理解应用写作的特征？
3. 提高应用写作能力有哪些方法？

第二章　行 政 公 文

第一节　行政公文概述

一、行政公文的涵义

行政公文是公务文书中的法定公文一类，也被称为机关公文。《国家行政机关公文处理办法》中规定："行政机关公文，是行政机关在行政管理过程中形成的具有法定效力和规范体式的公务文书，是依法行政和进行公务活动的重要工具。"

二、行政公文的作用

（一）领导与指导作用

各级领导机关，在对下级机关或部门的工作进行具体的领导和指导时，几乎离不开公文这个工具。公文是记录和传达领导机关的意图、工作安排的重要载体。例如，下行公文发给下级机关后，下级机关就要认真地贯彻执行。

（二）传达与教育作用

上级机关在各时期、针对各项工作的具体方针、政策主要是通过公文传达。同时，一些公文还对方针、政策负有解释、落实的责任，这些公文对于提高广大干部、群众的认识，统一思想，起着明显的作用。此外，公文经常用来表彰先进模范人物，批评、惩处违反党纪、政纪的人，这对广大干部与群众，也能起到教育作用。

（三）桥梁与纽带作用

各级机关在运作时，用公文将上级机关的决定、意见等传达给下级机关；下级机关用报告、请示等文种，将情况、问题和意见反馈给上级机关；不相隶属的机关有事商洽或委托代办，也可用公文进行联系。公文在这种公务联系过程中，能使各种信息上传下达，互相沟通，使各级机关之间协调关系，开展正常而有序的工作。

（四）凭证与依据作用

公文有着法定的作者，有特定的格式，有极大的权威性，因此是处理问题的依据。由于公文记载了大量有关政治、经济、文化、教育、科学、技术等方面的情况，它在发挥了领导、指导、传达、教育、桥梁、纽带作用之后，经过整理、立卷，归入档案，就成为有重大价值的档案材料，可供各级机关工作人员研究工作、解决问题时参考，也是后代的历史研究人员研究某一时期历史的可靠凭证。

第二节　行政公文的规范

行政公文的规范通常包括两个方面的内容：行文规范和格式规范。

一、行 文 规 范

行政公文的行文规范是指按照一定的规定或准则来维护机关之间的行文秩序，其内容包括行文关系、行文方向与方式、行文规则三个方面。

（一）行文关系

公文的行文关系是指发文机关与收文机关之间的公文往来关系。行文关系应根据隶属关系和职权范围确定。行政机关之间的各种关系可以分为两大类：具有隶属关系的机关和不相隶属的机关。

1. 具有隶属关系的机关

具有隶属关系的机关包括两种：

（1）具有领导与被领导的关系的机关。同一系统的机关，既有上级领导机关，又有下级被领导机关，上下级机关之间，构成领导与被领导的关系。

（2）具有业务指导关系的机关。上级业务主管部门和下级业务部门之间具有业务上的指导关系。

2. 不相隶属的机关

非同一系统的机关之间，无论级别高低，既无领导与被领导关系，又无上下级业务指导关系，属于不相隶属的机关；不相隶属的机关还包括同一系统的同级机关。

（二）行文方向与方式

不同的行文关系产生不同的行文方向与方式。

1. 下行文

下行文是指上级领导机关或业务主管部门对所属下级机关或业务部门的一种行文，其行文方式有三种：

（1）逐级下行文，即发文机关直接向自己所属的下一级机关一级一级行文的方式。

（2）多级下行文，即领导机关根据工作需要，同时向多层下级机关发文的一种行文方式。

（3）直达下行文。即领导机关把文件直接发到最基层的党政组织或者直接传达到人民群众的一种行文方式。

2. 上行文

上行文是指下级机关或业务部门向所属上级领导机关或业务主管部门的一种行文，其行文方式也有三种：

（1）逐级上行文，即发文机关直接向自己所属的上级领导机关行文的方式。

（2）多级上行文，即下级机关根据工作需要，向自己的直属上级机关和更高级的上级领导机关行文的一种方式。

（3）越级上行文，即下级机关在非常必要的情况下，越过自己直接的上级领导机关，向更高一级的领导机关直至中央行文的一种方式。

3. 平行文

平行文是不相隶属的机关之间的行文。

（三）行文规则

《国家行政机关公文处理办法》等文件对行文规则作了具体的规定，其要点如下：

一是大力精减文件，严格控制发文数量和范围。行文应当确有必要，注意效用。二是注意隶属关系，尊重机关职权。行文关系根据隶属关系和职权范围确定，一般不得越级请示和报告。部门内设机构除办公厅（室）外，不得对外正式行文。三是联合行文的规定。同级政府、同级政府各部门、上级政府部门与下一级政府可以联合行文；政府与同级党委和军队机关可以联合行文；政府部门与相应的党组织和军队机关可以联合行文；政府部门与同级人民团体和具有行政职能的事业单位也可以联合行文。四是牵涉到几个部门的问题，部门之间要先协商一致或经上级裁决，然后向下行文。部门之间对有关问题未经协商一致，不得各自向下行文，如擅自行文，上级机关应当责令纠正或撤销。五是行文必须正确确定主送机关和抄送机关。机关的行文应当分清主送机关和抄送机关。向上级机关的行文，或者要求对方机关办理答复的公文，应当主送一个机关，不能多头主送。上级机关向受双重领导的下级机关行文时，应同时抄送其另一上级机关。六是“请示”等的行文问题。请示应当一文一事，一般只写一个主送机关，需要同时送其他机关的，应当用抄送形式，但不得同时抄送其下级机关。不得在“报告”中夹带请示事项。除上级机关负责人直接交办的事项外，不得以机关名义向上级机关负责人报送“请示”、“意见”和“报告”。

二、行政公文的格式规范

根据《国家行政机关公文处理办法》和《国家行政机关公文格式》等文件对行政公文的格式的具体规定，一份机关公文在文面上可以分为眉首、主体和版记三个部分。

（一）眉首

眉首是指公文首页置于红色反线（公文首页眉首与其他部分的间隔横线，套红印刷）以上的部分。这一部分约占公文首页文面的 1/3，其中所包含的要素有：公文份数序号、秘密等级和保密期限、紧急程度、发文机关标识、发文字号、签发人等等。下面分别加以说明。

1. 公文份数序号

公文份数序号是指同一文稿印刷若干份时每份公文的顺序编号。公文份数序号用阿拉伯数码顶格标识在版心左上角第 1 行。

行政机关公文中，只有绝密、机密级公文才需标识公文份数序号；秘密级和普通公文则一般不标识份数序号。

2. 秘密等级和保密期限

涉及国家秘密的公文，发文机关应根据其内容涉秘的程度，划分为“秘密”、“机密”、“绝密”三个等级。

秘密等级应顶格标识在版心右上角（党的公文中，此要素标识于公文份数序号下方），两字之间空 1 字。

涉密公文如有具体保密期限，应当明确标注，否则按照《国家秘密保密期限的规定》（国家保密局 1990 年第 2 号令）第九条执行：“凡未标明或者未通知保密期限的国家秘密事项，其保密期限按照绝密事项三十年、机密事项二十年、秘密事项十年认定”。

如需同时标识秘密等级和保密期限，则两者之间用“★”间隔。例如：“秘密★十年”。

3. 紧急程度

紧急程度是对公文送达和办理的时限要求。有些公文由于其传达的事项涉及特殊情况，故需标明紧急程度，以便引起公文传递和办理部门及其有关人员的注意，并迅速、及时地加以处理。

紧急程度分为“特急”和“急件”两种；紧急电报分为“特提”、“特急”、“加急”和“平急”四种。

紧急程度应顶格标识在版心右上角第1行，两字之间空1字；如需同时标识秘密等级和紧急程度，则秘密等级顶格标识在版心右上角第1行，而紧急程度顶格标识在版心右上角秘密等级之下的第2行。

有些公文的紧急程度直接标识在标题中，例如：《××省人民政府关于减轻农民负担的紧急通知》，这样就无需在眉首部分再标识紧急程度了。

需要注意的是，紧急程度并不仅仅意味着某份公文及其所涉及的事项在送达和办理的时间上是紧急的，它还有另一层含义，即表明该文件所涉及的事项具有重要性。因此，重要性和紧迫性是通过紧急程度的标识所要表达的信息。

以上秘密等级和保密期限、紧急程度等要素中均用3号黑体字标识。

4. 发文机关标识

发文机关标识是眉首部分的中心要素，由发文机关全称或规范化简称加“文件”两字组成。例如：“中华人民共和国国务院文件”或“国务院文件”；对一些特定的公文可只标识发文机关全称或规范化简称。

党的机关公文也可以由发文机关全称或规范化简称加括号标明文种组成。例如：“中共××市委(通知)”。

联合行文可以只标识主办机关名称，也可以并用联署机关名称，“文件”二字置于发文机关右侧，上下居中排布，但主办机关排列在前。例如：

× × 市 公 安 局
× × 市 卫 生 局　　文件
××市工商行政管理局

如联合行文机关过多，则必须保证公文首页显示正文。

发文机关标识使用小标宋体字，用红色标识在红色反线上方居中。

5. 发文字号

发文字号也称为“文号”，它是发文机关对本机关发出的公文的编号。

编制发文字号便于机关文书部门对公文进行登记、分类、统计、引用、查询和保管，对公文的处理具有十分重要的意义。

发文字号由“发文机关代字”、“年份”和“序号”三个成分依次组成。例如：“国发〔2002〕2号”，表示该公文是国务院在2002年所发的第2号文件；“沪府办发〔2002〕3号”，表示该公文是上海市人民政府办公厅在2002年所发的第3号文件。“国发”是国务院的机关代字；“〔2002〕”是年份；“2号”是序号。

发文机关代字，简称“机关代字”，是概括发文机关名称特征的发文缩略字。例如：“国发”，代表国务院的发文；“国办发”，代表国务院办公厅的发文。发文机关代字要规范、简要、易识别，不能冲突、混淆、有歧义，因此不可任意编制，一般应向上级机关文书部门申报备案，以便上级机关统一规范、协调所属各下级机关的机关代字，避免使用混乱。

年份应采用公元纪年，用阿拉伯数码完整标识，并且用六角括号括入。不能缩减，不加“年”字；不能使用圆括号、尖括号或方括号。例如：“〔99〕”、“〔2002年〕”、“(2000)”、“〈2001〉”、“[2002]”等标识均属错误，应予避免。

序号是某发文机关在某一年份所发公文的顺序编号。它以年度为单位，按发文时间先后顺序，用阿拉伯数码依次编制。不编虚位，不加“第”字，即“二号”、“002号”、“第2号”等标识均属错误。

发文字号标识在“发文机关标识”下方，空2行，居中排布。如无“眉首”部分，则可标识在公文标题下方右侧。此要素中的三个成分必须按“发文机关代字”＋“年份”＋“序号”顺序依次排列，不能颠倒或任意换位，即“〔2002〕国办发3号”这样的标识是错误的。

联合行文，只标明主办机关的发文字号。例如：中共中央和国务院联合行文，它的发文字号为“中发〔××××〕×号”；不管有多少个机关联合行文，都只能标注一个机关的发文字号。

有些公文不标识发文字号，而代之以“流水号”，例如：命令(令)等。流水号表示发文机关的负责人自任职起所发某种公文的顺序编号。它以发文机关负责人的任期为周期单位编制。例如：《上海市人民政府令　第100号》，表示这是×××自担任上海市市长后所发布的第100号命令。后任市长如要发命令，则再从第1号开始。

流水号不编虚位，标识在标题下方居中。

有些公文，如会议通过的公文或经领导机关批准在报刊等新闻媒体上公开发布的公文，则不标发文字号，而是在公文标题下方居中标识该公文产生的法定程序、时间和生效时间等，并用圆括号括入，这被称为“题注”，它也是公文生效标识之一。例如：

中共中央关于进一步加强农业和农村工作的决定

（中国共产党第十三届中央委员会第八次全体会议
1991年11月19日通过）

标识题注后，则不再标识发文字号、主送机关和成文时间等。

6. 签发人

上行文（指报告、请示等），需标识签发人或会签人及其姓名。

签发人及其姓名平行排列于发文字号右侧。如需标识签发人，则发文字号就要移至发文机关标识的下方居左空1字，而签发人则标识在发文机关标识的下方居右空1字；“签发人”后标全角冒号，再签姓名。

如果是联合行文有多个签发人（称为会签人），则主办机关签发人姓名置于第1行，其他签发人姓名从第2行起在主办机关签发人姓名之下，按发文机关顺序依次顺排，同时下移红色反线，并使发文字号与最后一个签发人姓名处在同一行。

（二）主体

主体是指公文文面红色反线（不含红色反线）以下至主题词（不含主题词）之间的各要素部分。这一部分所包含的要素有：公文标题、主送机关、公文正文、附件、成文时间、公文生效标识、附注等等。下面分别加以说明。

1. 公文标题

《国家行政机关公文处理办法》中规定：“公文标题应当准确简要地概括公文的主要内容并标明公文文种，一般应当标明发文机关。”这一规定至少表明以下若干意思：

其一，它告诉我们：公文标题应由“发文机关名称”、“事由”和“文种”三个成分组成。在实际操作中这三个成份按“发文机关名称”＋“事由”＋“文种”顺序编制，不能颠倒、错位。例如：《国务院关于支持文化事业发展若干经济政策的通知》，其中“国务院”是发文机关名称；“关于支持文化事业发展若干经济政策的”是事由；“通知”是文种（名称）。

其二，它告诉我们：公文标题是机关公文主要内容（或发文目的）的概括。这一意思主要体现在“事由”部分，严格地说，事由部分才是对公文主要内容或发文目的的概括。例如：上文的主要内容是有关“支持文化事业发展的若干经济政策”；发文目的可以理解为“支持文化事业的发展”。

其三，它要求公文标题对公文主要内容的概括应当准确、简要。实际上这一要求也是针对事由部分的。由于事由部分在写作上一般表达为“关于……的”这样一个介词结构，所以，在拟制标题之前，一定要充分把握所撰公文的主要内容，即搞清一篇公文到底是"关于"什么内容(事由)的,然后用准确、简要的语句加以表述。

其四,它提示我们:公文标题中的有些成分是可以省略的。通常,一个完整的公文标题应由发文机关名称、事由和文种三个成分组成,但有时可以省略其中的一个或一些成分。这样,除完整的标题之外,公文标题还可以有以下几种结构:

(1) 事由+文种　例如:《关于本市实施公务员医疗补助的施行意见》等。这种标题省略了发文机关名称,因为一般说来,机关公文的眉首部分已标明发文机关标识。

(2) 发文机关名称+文种　例如:《中华人民共和国国务院令》、《上海市公安局通告》等。这种省略了事由的标题一般适用于事由不很复杂、篇幅较为短小的公文。

(3) 文种作标题　例如:《通知》、《通告》等。这种标题,较适用于事由不很重要、机关级别较低、发布范围较小甚至于内部行文的公文——当然这也不是绝对的。不过由于它不够严肃、庄重,所以一般用得较少,特别是级别较高的大机关一般不用。

由上述可知,在公文标题中"文种"这一成分是不能省略的,那是由于文种在公文标题中的中心地位决定的。当然,我们提倡使用完整的公文标题,能不省略的尽量不要省略,否则容易引起混乱,也不便于公文的批转,特别是学习公文写作,要培养严谨的学风。

拟制公文标题时要注意的另一个问题是:公文标题中除法规、规章名称加书名号外,一般不使用标点符号。

公文标题位于红色反线下方空 2 行,居中排布。如分多行,则回行时要做到词义完整,排列对称,间距恰当。例如:

国 务 院 关 于 支 持 文 化 事 业 发 展
若 干 经 济 政 策 的 通 知

2. 主送机关

主送机关是公文所主要发往的机关,即公文的致发对象,也是公文的主要受理机关,故又称"受文机关"。它在公文文面上的地位,通俗地说,相当于书信中的"称谓"。但要注意领导者个人的姓名或者官衔不能用作主送机关标识。

主送机关标识个数的多少,要看某一份公文所要发往的机关有多少。一般来说,上行文的主送机关一般只有一个,那就是:具有隶属关系的上级领导机关。如需报送其他上级机关,应该用"抄送"形式。下行文的主送机关可以是一个,例如:批复只针对发文请求批准的那个机关;也可以有多个,特别是普发性下行文或需多级行文时,例如:上级机关对所有下属机关普发的指示、通知、通报等,主送机关往往有多个。

主送机关名称应使用全称或规范化简称，但也常常用泛称，例如：××市的普发性下行文，主送机关标识为："各区、县人民政府，市政府各委、办、局"。

主送机关标识在公文标题之下、正文之上，靠左侧顶格书写，并于主送机关名称之后标冒号。如果主送机关有多个，则在同一类别的主送机关名称之间用顿号间隔，不同类别机关名称之间用逗号间隔。例如，国务院普发性的下行文标识的主送机关是："各省、自治区、直辖市人民政府，国务院各部委、各直属机构"。

3. 公文正文

公文正文是公文的主体内容，也是一份公文的核心。它的位置在主送机关的下方，每一自然段第一行空2字，回行顶格；数字、年份不能回行。

《国家行政机关公文处理办法》第二十五条对正文写作有若干规范性要求：

(1) 机关公文的写作应"符合国家的法律、法规及其他有关规定。如提出新的政策、规定等，要切实可行并加以说明。"这是机关公文和其他一般文章在性质上的根本区别。

(2) 机关公文的写作应"情况确实，观点明确，表述准确，结构严谨，条理清楚，直述不曲，字词规范，标点正确，篇幅力求简短。"这是对机关公文写作在内容和文本方面的要求。

如果一篇公文的内容较多则可以分段，也可以加序号标明层次或条款。按照《国家行政机关公文处理办法》的规定："结构层次序数，第一层为'一、'，第二层为'(一)'，第三层为'1.'，第四层为'(1)'。"

正文的结尾常用一些习惯用语。如上行文常用"当否，请批复。"、"如无不妥，请批准。"等；下行文常用"特此通知。"、"此复。"、"以上各点，望认真贯彻执行。"等；平行文常用"特此函告。"、"特此函复。"等等。

4. 附件

附件是随公文主件一同致发的相关文件或是对主件有关内容进行补充说明的其他文字材料。与主件相比，它处于从属地位，但是，它也是一份公文不可分割的有机组成部分。

附件有两种情况：一种是主件只起批准、发布、批转、转发等作用，附件(被批准、发布、批转或转发的公文)却是公文的主要内容。这类附件，由于其名称已作为事由列入主件的标题，故附件往往被直接列于主件正文之后，无须在主件里加以特别标注，故其主件内不标识附件要素(有人认为这种"相关文件"不能被视为附件。我们认为，在实际操作中人们只是在形式上没有把它作为附件处理而已，并不能改变它作为附件的性质)；另一种情况是，附件内容是用来对主件作补充说明或印证参考材料，如有关报表、图表、名单、提纲等等。这类附件及其标题应作为公文格式的一个要素在主件中加以标识。

如有附件,应在正文下一行靠左空2字标识"附件",后标冒号和附件名称;如有多个附件,则在附件名称前用阿拉伯数码标示序号,例如:

附件:1. ×××××××××
　　　2. ×××××××××
　　　3. ×××××××××

附件应与公文主件一起装订,并在附件左上角第1行顶格标识"附件",有序号时标识序号;附件的序号与名称前后标识应一致。如附件与公文正文不能一起装订,应在附件左上角第1行顶格标识公文的发文字号并在其后标识附件(或带序号)。

5. 发文机关署名

发文机关署名,俗称"落款",它指的是发文名义。一般认为行政机关公文可以不标识这一要素,但在实际操作中,行政机关公文常有眉首以及有印章等公文生效标识,故可不再署名;但如果没有眉首,则应在正文之后署名;有些公文,例如:命令(令)等,在正文后必须标识法定机关负责人的职务及其姓名,以示郑重、严肃和负责任。

如有发文机关署名,则应标识在正文(包括附件标识)的右下方空2行处。

6. 成文时间

公文的成文时间,即《办法》中所说的"成文日期",它是指发文机关负责人对公文的签发日期,一般以发文机关负责人签发日期为准;如果是联合行文,以最后签发机关负责人的签发日期为准;电报以发出日期为准;如果是通过会议形成的公文,如决议、决定等,则以会议讨论或表决通过的日期为准;法规性公文,如条例、规定等,应以批准的日期为准。

要注意把成文时间与公文撰写完成时间、公文印制完成时间或公文发出时间等概念加以区别。

成文时间中的数字应用汉字(小写),并必须把年、月、日标全;"零"写为"〇"。例如:"二〇〇二年三月十五日"。要注意避免下列错误写法:"2002年3月15日"、"99年9月9日"、"2002.3.15."、"二〇〇二、三、十五"等等。

成文时间标识在发文机关署名的右下方。如无发文机关署名,则标识在发文机关署名的位置(具体位置要与下文的"公文生效标识"相协调);决定、会议纪要等应在标题下方、正文上方居中标识,并用圆括号括入。

7. 公文生效标识

公文生效标识主要是关于用印等问题。加盖印章是公文生效、取信的凭证。

根据有关公文管理法规规定,公文除"会议纪要"和以电报形式发出的以外,应当加盖发文机关的印章。联合上报的公文，由主办机关加盖印章；联合下发的公文，发文机关都应当加盖印章。

印章作为公文生效标识，它的标识要求因发文机关数量的不同而不同。下面分别讲述。

(1) 单一发文印章。单一机关制发的公文在落款处不署发文机关名称，只标识成文时间。因此成文时间右空 4 字标识；加盖印章应上距正文 2 mm—4 mm，端正、居中下压成文时间；当印章下弧无文字时，采用下套方式，即仅以下弧压在成文时间上；当印章下弧有文字时，采用中套方式，即印章中心线压在成文时间上。

(2) 联合行文印章。当联合行文需加盖两个印章时，应将成文时间拉开，左右各空 7 字；主办机关印章在前；两个印章并行排列，均应压成文时间，并且两印章之间不能相交或相切。

当联合行文需加盖 3 个以上印章时为防止出现空白印章，应将各发文机关名称(可用简称)排在发文时间和正文之间。主办机关印章在前，每排最多排 3 个印章；最后如余 1 个或 2 个，均居中排布；印章之间互不相交或相切；在最后一排印章之下右空 2 字标识成文时间。

这里需要说明的是过去“上不压正文，下要骑年盖月”的规定和“(此页无正文)”的标识现已废除。因此如果出现公文排版后所剩空白处不能容下印章位置时，应采取调整行距、字距的措施加以解决，务使印章与正文同处一面，不得采取标识“此页无正文”的方法解决。

8. 附注

公文如有需要说明的其他事项，可标识“附注”。一般它常用来标识发文或传达范围，例如：“此件发至县团级”、“此件可传达至基层单位”。

公文如有附注，应居左空 2 字加圆括号标注在成文时间和印章下一行、版记之上。

(三) 版记

版记是指公文文面置于主题词(包括主题词)以下的各要素部分，这一部分所包含的要素有：主题词、抄送、印发机关和印发时间、版记中的反线及其版记的位置等，下面分别加以说明。

1. 主题词

主题词又称叙词、关键词，它是概括地反映公文主要内容和文种的一组规范化名词或名词性词语。例如：《××市政府办公厅印发关于加强本市青少年活动场所建设和管理工作实施意见的通知》一文的主题词是：教育　管理　意见　通知。

主题词是为了实现办公自动化，保证公文管理工作的科学化、规范化、高效化，方便档案管理等需要而标识的。准确、恰当地标引主题词不仅是公文管理法规规定的要求，也是公文写作者对公文内容把握能力的一个体现。

《国家行政机关公文处理办法》规定："公文应当标注主题词。上行文按照上级机关的要求标注主题词。"这规定告诉我们：主题词的标引不是任意的，而应当按规范要求进行，这个规范要求就是，必须根据有关"公文主题词表"选择和标引主题词。

公文主题词表的体系结构有三个层次：第一层是对主题词区域的分类，如"综合经济"、"财政、金融"类等；第二层是类别词，即对主题词的具体分类，如"工交、能源、邮电"类中的"工业"、"交通"、"能源"和"邮电"等；第三层是类属词，如"体制"、"职能"、"编制"等。其中第二层和第三层统称为主题词，用于公文的标引。

主题词的标引顺序是：先标类别词，再标类属词；在标类属词时，先标反映文件内容的词，最后标反映文件形式的词。例如：《国务院关于加强水土保持工作的通知》，先标类别词"农业"，再标类属词"水土保持"，最后标"通知"。

一份文件如有两个以上的主题内容，则先集中对一个主题内容进行标引，再对第二个主题内容进行标引。例如：《国务院关于在若干城市试行国有企业兼并破产和职工再就业有关问题的通知》一文，应先标反映第一个主题内容的类别词"经济管理"，再标类属词"企业"、"破产"；然后标反映第二个主题内容的类别词"劳动"，再标类属词"就业"；最后标"通知"。

一份公文标引的主题词，除类别词外，最多不超过 5 个。这些用于标引的主题词，不要求表达一个完整的意思，可以不考虑语法上的结构、词语间的搭配，也不加标点符号；同时要注意这些词语的集合与主题（主旨）和标题的联系与区别，因为，选择主题词的依据是：公文内容和主题词表。

"主题词"三个字用黑体字，居左顶格标识在"版记"部分第一行，后标冒号；词目用 3 号小标宋体字标识；词目之间空 1 字。

2. 抄送

"抄送"一栏用于标识公文的抄送机关。抄送机关指除主送机关外需要执行或了解公文内容的其他相关机关。抄送机关可以是具有隶属关系的机关，也可以是不相隶属的机关。不管抄送机关与发文机关之间是上级、下级还是平级机关，均用抄送标识，不再区分为"抄报"、"抄送"、"抄发"。

抄送标识在主题词下一行，居左空一字，后标冒号；抄送机关之间用顿号或逗号间隔，悬挂缩进；最后一个抄送机关后标句号。

3. 印发机关和印发时间

印发机关是负责公文印制和传递的部门，一般是发文机关的办公机构，如办公厅（室）。

印发机关和印发时间标识在抄送机关下一行,印发机关居左空一字,直接标识印发机关名称,印发时间居右空一字;印发时间以公文付印的日期为准,用阿拉伯数码完整标识年、月、日。

4. 印制份数

有的公文需要标识印制份数:“共印××份”,它标识在印发机关和印发时间下一行,居右空1字。

在版记部分除印制份数之外,均应在各要素之下加一条反线;整个版记部分应置于公文的最后一页,并使最后一个要素置于最后一行。

【案例操作】

以下是湖南省经济委员会为贯彻落实《国家发展改革委关于认真做好2008年春运工作的通知》向相关单位下发的《关于认真做好2008年春运工作的通知》节选内容,请根据这些内容,撰写一份格式规范的公文。

发文单位:湖南省经济委员会

受文单位:市州人民政府,省直有关单位,广州铁路(集团)公司

发文字号:湘经交通〔2008〕12号

正文内容:为贯彻落实《国家发展改革委关于认真做好2008年春运工作的通知》(发改运行〔2007〕3552号)精神,认真做好2008年春运工作,努力满足广大旅客的出行需要,兼顾电煤、成品油等重点物资运输,经省人民政府同意,现就有关事项通知如下:

一、加强组织领导,健全工作协调机制。(略)

二、科学安排运力,切实搞好客货运输组织。

三、加强监督管理,制定应急预案,确保春运安全有序。一是切实落实安全责任。二是强化设备管理,落实安全措施。三是加强交通事故多发点段的安全监管。四是严把安检和“三品”查堵关。五是加强运输沿线治安管理,严厉打击和查处违法行为。六是制定快速处置突发事件应急预案。

四、提高服务质量,加强舆论监督,营造和谐春运氛围。一是要严格执行春运价格政策。二是要提高服务质量。三是要加强舆论监督。四是建立信息反馈网络。

春运结束后,各市州及有关部门要认真进行总结,并将总结书面材料于3月5日前报省春运办(省经委交通处)。

附件:《国家发展改革委关于认真做好2008年春运工作的通知》(发改运行〔2007〕3552号)

成文日期:二〇〇八年一月九日

主题词:交通　运输　通知

抄送:国家发展改革委,省委办公厅,省人大办公厅,省政府办公厅,省政协办公厅,省军区,省武警总队,有关新闻单位,各市州经委。

印发机关:湖南省经济委员会办公室

印发时间:2008 年 1 月 9 日

第三节　通　　告

【导入案例】

××市文化广播影视管理局经调查后发现:××市境外卫星电视传播秩序混乱。不少单位和个人未经许可,从事卫星电视地面接收设备的生产、进口、安装活动,并通过手机短信、“小广告”、互联网等途径发布卫星电视接收参数、接收内容、产品信息、销售和安装广告等信息;也有不少单位和个人擅自安装和使用境外卫星电视地面接收设施。××市文化广播影视管理局拟和有关单位联合行文,在全市范围内公布开展境外卫星电视传播秩序专项整治工作事项,以规范××市境外卫星电视转播秩序。

讨论:

(1) 本文行文的目的应是什么?

(2) 本文处理的事项所针对的对象有哪些?

(3) 对境外卫星电视传播秩序整治应作出哪些方面的规定?

(4) 除××市文化广播影视管理局外,本文拟处理的事项与其他哪些政府部门有关?

【要点阐释】

一、通告的适用范围

通告适用于公布社会各有关方面应当遵守或者周知的事项。

二、通告的特征

(一) 广泛性

通告的广泛性特征体现在:首先,通告的行文主体是广泛的。上到国务院,下到各基层部门都可以根据职权范围使用通告行文；其次，可用通告处理的事务是广泛的。大到事关国计民生，小到涉及道路封闭等事项都可以使用通告行文。

（二）规范性

通告往往在一定范围内对某些特定对象的行为作出规范，规定应当遵守或者周知的事项，用以约束对象的行为。

三、通告的种类

根据通告的目的和作用，可以把通告分为周知性和规范性通告。

（一）周知性通告

桐乡市工商行政管理局通告

因行政区划及内部机构设置调整，为进一步适应当前工商监管职能需要，现对部分工商所管辖区域作如下调整：

1. 高桥工商所原管辖区域全部划归崇福工商所，办公地点设在崇福工商所；

2. 原梧桐工商所管辖的凤鸣街道、振东新区划归屠甸工商所管辖，屠甸工商所管辖屠甸镇、凤鸣街道（含原同福乡）、振东新区，办公地点设在桐乡市振东新区校场东路1476号；

3. 梧桐工商所辖区调整为梧桐街道（含原屠甸镇桃园村）；

4. 原乌镇镇西浜村划归濮院工商所管辖。

本通告自发布之日起，以上调整区域内的企业、个体工商户如需办理登记、年检、验照、换照等相关工商事务，按照调整后的管辖范围到相应工商所办理。全市公司、非公司企业、合伙企业的设立、变更、注销登记仍在市行政审批中心工商窗口办理。

特此通告。

桐乡市工商行政管理局
二〇〇七年十二月二十七日

(二) 规范性通告

上海市公安局　上海市环境保护局
关于禁止机动车和非机动车违法鸣喇叭的通告

为降低城市噪声，改善城市环境，提高市民生活质量，根据《中华人民共和国道路交通安全法》、《中华人民共和国环境噪声污染防治法》等有关法律规定，现就本市禁止机动车、非机动车（指电动自行车、助动自行车）违法鸣喇叭的有关事项通告如下：

一、本市禁止机动车、非机动车鸣喇叭的区域和时段为：

（一）外环线（A20，下同）以内（含）的道路，全天禁止鸣喇叭；

（二）外环线以外设有禁止鸣喇叭交通标志的道路，全天禁止鸣喇叭；

（三）外环线以外的其他道路，每日22时至次日6时禁止鸣喇叭。

二、车辆的喇叭和消声器应当符合国家规定的标准要求。禁止安装和使用高音喇叭、汽喇叭（笛）等不符合国家规定的装置。禁止非法安装和使用警报器等装置。

三、警车、消防车、工程救险车、救护车以及经部队车辆管理部门核准安装警报器的悬挂部队号牌的车辆，每日22时至次日6时不得使用警报器；其他时段在执行非紧急任务时不得使用警报器。

四、违法鸣喇叭的，由公安交通管理部门依照《中华人民共和国道路交通安全法》的有关规定，对机动车驾驶人处以20元以上200元以下罚款，对非机动车驾驶人处以5元以上50元以下罚款。

五、本通告自二〇〇七年六月一日起施行。

特此通告。

上海市公安局

上海市环境保护局

二〇〇七年五月十日

四、通告的写作

<table>
<tr><td>标　　题</td><td>×××××关于×××××××的通告</td></tr>
<tr><td>主送机关</td><td>×××××:(如公开行文,此项要素省略)</td></tr>
<tr><td rowspan="2">正　　文</td><td>通告目的、依据、缘由等
(本部分内容常用“为了……,根据……”等句式引起)</td></tr>
<tr><td>通告事项
(一般拟分条撰写;规范性通告还应包括违反规定的处罚办法和施行时间)</td></tr>
<tr><td>结尾用语</td><td>特此通告。(另起一行,空两格,用句号)</td></tr>
<tr><td>机关署名</td><td>×××××××</td></tr>
<tr><td>成文时间</td><td>二○○○年×月×日</td></tr>
</table>

【难点提示】

(1) 撰写周知性通告,应注意把具体事项的要点写清楚、写明确;表述要简明。

(2) 撰写规范性通告,应注意行文严谨,整体规范和具体条文应有严密的逻辑性,避免漏洞,以防止居心不良者钻空子;同时,为保证规范性通告的严肃性,应专列违反规定的处罚条文和施行时间。

【文例评析】

文例1:

关于加强运管处政务监督的通告

为更好履行城市交通运输行业的日常管理职能,提高行政办事和服务效率,推进政风建设,树立良好形象,现将上海市城市交通运输管理处政务监督方式予以公布,如发现本部门工作人员不依法行政和不按章办事,以及其他违反纪律的行为,欢迎举报投诉。

监督电话:63156287

传真:63083229

电子邮箱:ygcjw_jb@126.com

特此通告。

上海市城市交通运输管理处

二○○七年二月三日

评析:

本文属于周知性通告,行文目的是为了告知公众该单位实行政务监督事项。全文从目的、对象、内容以及方式等方面向公众公布对该单位实行政务监督的有关具体事项,言简意赅。

文例 2:

关于开展境外卫星电视传播秩序专项整治工作的通告

为加强对境外卫星电视传播的管理,依法打击利用手机短信、“小广告”、互联网等形式非法推销和违规安装、使用卫星电视地面接收设施的行为,规范我市境外卫星电视传播秩序,根据《卫星电视广播地面接收设施管理规定》(国务院第 129 号令)进一步推进我市境外卫星电视传播秩序专项整治工作。现通告如下:

一、任何单位和个人未经许可不得从事卫星电视地面接收设施的生产、进口、安装活动,不得销售卫星电视地面接收设施,不得设置卫星电视地面接收设施和接收使用境外卫星电视节目。

二、未取得卫星电视地面接收设施生产、进口、安装资质的单位和个人不得通过手机短信、“小广告”、互联网等方式发布卫星电视接收参数、接收内容、产品信息、销售和安装广告等信息。

三、持有《接收卫星传送的境外电视节目许可证》和《接收卫星传送的境内电视节目许可证》的单位要严格执行国家相关法规和政策,按照许可证载明的接收目的、接收内容、接收方式和收视对象范围的要求,接收使用境(内)外卫星电视节目,不得超范围接收和传送。

四、持有《上海市卫星地面接收设施安装许可证》的单位要严格执行国家相关法规和政策,实行定向安装,严禁为无证用户安装卫星电视地面接收设施。

五、经许可设立的卫星电视地面接收设施生产企业要严格执行国家相关法规和政策,不得在产品中预设境外电视节目。不得设置扫盲功能,实行定向、定量生产供应,严禁为无证用户生产、供应卫星电视地面接收设施。

六、未经许可擅自安装使用卫星电视地面接收设施的单位和个人,应自本通告发布之日起三个月内,自行拆除卫星电视接收设施,停止接收境(内)外卫星电视节目。

七、对违反本通告规定的,由相关行政管理部门依法予以行政处罚;情节严重、构成犯罪的,移送司法机关追究刑事责任。

八、对为违法违规生产、经营、安装卫星电视地面接收设施提供庇护的有关责任人,要追究其本人及其所在单位负责人的行政责任。

九、对提供重要线索,查获利用手机短信、"小广告"、互联网等非法推销、安装卫星电视地面接收设施违法经营团伙的,经相关行政管理部门查证属实后予以奖励。

上海市工商行政管理局举报电话:12315

上海市文化市场行政执法总队举报电话:12318

特此通告。

上海市文化广播影视管理局　　上海市工商行政管理局

上海市公安局　　上海市国家安全局

上海市房屋土地资源管理局　　上海市文化市场行政执法总队

上海市通信管理局　　中华人民共和国上海海关

上海市信息化委员会　　上海市新闻出版局

二〇〇七年五月十一日

评析:

本文属于规定性通告。境外卫星电视传播问题涉及生产、进口、销售、安装,接收等诸多环节,也涉及文化、工商、公安、国安、房地、通信、海关、信息、新闻等多个部门的管理职能。因此本文由十个部门联合行文。

第一部分,从行文目的、依据等引出通告事项。

第二部分的事项比较复杂,所以分条表述:第一条规定卫星电视从生产到接受都须许可;第二条规定无资质不得发布有关信息;第三条规定不得超范围接收;第四条规定严禁为无证用户安装设施;第五条规定生产规范;第六条规定拆除时限;第七条规定违反规定的罚则;第八条规定责任追究事项;第九条规定对提供违法线索的奖励措施;最后公布举报电话。逻辑严密,规定细致。

【案例操作】

目前,本市中小学校园周边环境脏、乱、差问题日趋严重,无证设摊、乱停乱放、网吧违规、书摊贩黄等现象屡禁不绝,严重干扰了学校正常的教学秩序,并威胁青少年的身心健康。为此有关方面决定予以整治。以下是有关方面对学校周边环境整治问题的看法和做法。请参考以下材料,撰写一篇通告,标题是:《关于整治本市中小学校园周边环境的通告》。

学校周边环境对学生健康成长关系重大

柴俊勇

对国家来讲，中小学生是祖国的未来；对父母来讲，未成年的孩子是父母生命的延续和幸福的源泉。在市第十二届人民代表大会五次会议上，我递交了《关于加强中小学周边文化环境管理的建议》。

8月13日有两件事情对我启发、教育很大。一是新民晚报刊载《偏僻小镇50人考上清华北大》——揭秘江西省临川县上顿渡镇两所中学的“高考神话”。一个小镇的录取考生竟占整个江西省录取清华北大总人数的1/3。其中，仅临川一中一所学校就有38人。我仔细阅读深有感触，尤为值得一提的是，临川一中的周边没有任何娱乐设施，网吧更是难觅踪迹，孩子们埋头学习，心无旁骛。二是本市青少年保护办公室常务副主任杨永明告知我，本市部分学校周边200米内存在歌舞娱乐、网吧等经营场所问题，经有关部门密切配合，坚持整治与建设并举，疏导与防堵结合，未成年人成长的文化娱乐环境得到了很大的改观。但在市郊结合部地区，居民住宅区内无证照开设网吧仍较突出。上半年仅工商部门就取缔了617个。更要提醒的是，城市规划布局中带来的安全隐患，据了解，全市还有14所中小学附近50米内设有加油、加气站，按国家有关规定，是决不允许的。奉贤区青村镇青村小学周边100米左右有个加气站，一旦发生意外，后果十分严重。这个镇政府非常关心孩子们的安全和学校的周边环境，拿出镇里的黄金地段投资79万元，在今年9月1日开学前建成一个新的加气站，将原青村小学周边的加气站搬迁，使1 000多名学生安全有了保障。我为此感到高兴，对青村镇政府领导的举措表示赞赏。在这里，我特别想说的是，对外来务工人员的子弟学校周边环境的保护要视同本地中小学一样予以重视关心。在有条件的地区，更应格外关心，这是当地人民政府的责任，是对外来建设者奉献的回报。据我了解，市教委今年已投入2 000万元改善民工学校的教育条件。

为了使中小学周边有良好的社会环境。我建议：一要进一步完善相关的法律法规。制订出既有利市场健康发展，又有利于未成年人健康成长的切实可行的操作标准。同时要及时地研究并出台能够解决新问题的规范性文件。文化管理和行政执法部门要深入一线听取意见，加强调查研究，并适时地提出立法的建议，切实规范、保护好中小学周边的场所和环境。二要切实加强日常监管。各区县、各街镇负责同志要像关心自己孩子成长一样关心中小学周边的环境，相关管理部门要遵循堵疏结合的原则各司其职，加强源头控制，加强日常监管，严把市场准入关，从有利于未成年人身心健康出发，依法加强中小学周边新开设的经营场所的审批，及时取缔无照经营，落实文化市场长效管理机制，充分发挥健康文化的引领作用。三要教育企业具备社会责任感。企业的成长发展是政府、社会各界支持的结果，企业必须有社会责任感。政府的行政管理部门要加强宣传教育，引导增强广大文化业经营者的企业公民意识和社会责任感，遵守相关的法律法规，不做违法经营行为，在追求企业利润的同时，必须兼顾社会效益。

学校作为知识的殿堂，放飞人生理想的基地，是社会大环境的窗口。只有加强政府监管、学校教育、企业自律、家长配合和学生自我保护，才能营造和谐的教育生态，保护未成年人的健康、茁壮成长。

（引自《新民晚报》2007 年 8 月 19 日）

全市城管执法部门昨起专项整治　确保学校周边环境有序

本报讯（记者　郭剑烽　通讯员　沈卫军）为确保新学年伊始学校周边市容环境卫生有序，昨天起至 3 月 5 日，全市城管执法部门对各中小学校周边进行专项整治。整治内容包括各学校周边 200 米范围内的乱设摊、乱堆物、乱张贴、乱涂写、乱刻画及其他涉及市政、绿化、环保等方面的违法行为。

各区城管执法部门将联合市容、公安、工商、街道等相关部门，执法与管理相结合，互助互补，形成联动效应。同时，城管部门还以校外辅导员等形式，走进校园向广大学生宣传相关法规。市城管执法总队也牵头组织市教委、青保办、市公安局交警总队、市文化市场执法总队、市市政管理部门、市食品药品监督部门及各区城管大队等相关部门对中小学校周边市容环境、交通秩序、道路状况、网吧碟片、饮食卫生等方面进行联合检查。

（引自《新民晚报》2007 年 2 月 27 日）

第四节　通　　知

【导入案例】

2008 年 3 月，在我国一些省市发现一款名为“手指指”触摸型电子游戏机中的“百万大问答”游戏，含有《娱乐场所管理条例》第十三条禁止的内容。该机型由广州市铃基电子科技有限公司生产，广州市番禺华立机械有限公司销售，自2005年至今已售出数千台。一些省市文化行政执法部门发出紧急通知，禁止在游戏机房内使用，停止含有"百万大问答"内容的"手指指"不同版本游戏机的各种经营活动，并主动上交文化行政执法部门。《娱乐场所管理条例》由国务院总理温家宝签署的第458号国务院令公布，自2006年3月1日起施行。其第十三条规定如下：

第十三条　国家倡导弘扬民族优秀文化，禁止娱乐场所内的娱乐活动含有下列内容：

（一）违反宪法确定的基本原则的；

（二）危害国家统一、主权或者领土完整的；

（三）危害国家安全，或者损害国家荣誉、利益的；

（四）煽动民族仇恨、民族歧视，伤害民族感情或者侵害民族风俗、习惯，破坏民族团结的；

（五）违反国家宗教政策，宣扬邪教、迷信的；

（六）宣扬淫秽、赌博、暴力以及与毒品有关的违法犯罪活动，或者教唆犯罪的；

（七）违背社会公德或者民族优秀文化传统的；

（八）侮辱、诽谤他人，侵害他人合法权益的；

（九）法律、行政法规禁止的其他内容。

讨论：

(1) 对上述事项应用哪种通知处理?

(2) 该通知的主送机关应有哪些?

(3) 该通知下发后能起到什么作用?

【要点阐释】

一、通知的适用范围

通知适用于批转下级机关的公文，转发上级机关和不相隶属机关的公文，传达要求下级机关办理和需要有关单位周知或者执行的事项，任免人员。

二、通 知 的 特 征

(一) 用途广

从《办法》的规定中就可以看出,通知的用途非常广泛,在实际工作中,通知是所有公文中使用频率最高的文种。

(二) 种类多

为适应不同的用途,通知的种类有很多,如发布性通知、批转性通知、转发性通知、指示性通知、任免性通知和事务性通知等。

三、通 知 的 种 类

(一) 发布性通知

国务院关于发布《国家行政机关公文处理办法》的通知

各省、自治区、直辖市人民政府,国务院各部委、各直属机构:

现发布《国家行政机关公文处理办法》,自 2001 年 1 月 1 日起施行。1993 年 11 月 21 日国务院办公厅发布,1994 年 1 月 1 日起施行的《国家行政机关公文处理办法》同时废止。

中华人民共和国国务院

二〇〇〇年八月二十四日

国家行政机关公文处理办法(略)

(二) 批转性通知

上海市人民政府批转市规划局
关于本市风貌保护道路(街巷)规划管理若干意见的通知

各区、县人民政府,市政府各委、办、局:

市政府原则同意市规划局《关于本市风貌保护道路(街巷)规划管理的若干意见》,现转发给你们,请认真按照执行。

上海市人民政府

二〇〇七年九月十七日

关于本市风貌保护道路(街巷)规划管理的若干意见(略)

(三) 转发性通知

上海市人民政府办公厅转发市公安局关于加强2008年春节期间本市烟花爆竹安全管理意见的通知

各区、县人民政府,市政府各委、办、局:

市公安局《关于加强2008年春节期间本市烟花爆竹安全管理的意见》已经市政府同意,现转发给你们,请按照执行。

上海市人民政府办公厅

二〇〇七年十二月四日

(四) 指示性通知

市文广局关于禁止游戏机房使用含有"百万大问答"内容的"手指指"电子游戏机种的紧急通知

各区县文化(广)局:

接上级紧急通知,近日,在一些省市发现一款名为"手指指"触摸型电子游戏机中的"百万大问答"(有多个版本)游戏,含有《娱乐场所管理条例》第十三条禁止的内容。该机型由广州市铃基电子科技有限公司生产,广州市番禺华立机械有限公司销售,自2005年至今已售出数千台。现紧急通知如下:

一、含有"百万大问答"内容的"手指指"精装版、精华版、精华版2007等不同版本游戏机,因含有《娱乐场所管理条例》第十三条禁止的内容,禁止在游戏机房内使用。

二、各区县文化行政管理部门立即告知本辖区内所有电子游戏经营场所一律停止含有"百万大问答"内容的"手指指"精装版、精华版、精华版2007等不同版本游戏机的各种经营活动,并主动上交文化行政执法部门。

三、各区县文化行政管理部门要以高度的政治责任感,配合文化行政执法部门做好该款游戏的查处工作,并以此为契机,依法加强电子游戏经营场所的内容监管,严格按照我局下发的禁止机种目录做好日常审批工作,规范电子游戏市场秩序。

特此通知。

上海市文化广播影视管理局

二〇〇八年三月十二日

(五) 任免性通知

上海市人民政府关于田赛男等同志职务任免的通知

各区、县人民政府，市政府各委、办、局：

市人民政府决定：

任命田赛男为上海市市政工程管理局局长；

免去黄融的上海市市政工程管理局局长职务。

特此通知。

上海市人民政府

二〇〇八年二月二十八日

(六) 事务性通知

关于召开2008年江苏省普通高校单招技能考试送考工作会议的通知

各有关辖市(区)教育局，各有关学校：

为做好2008年江苏省普通高校单招技能考试送考工作，确保考试顺利进行，经研究，决定召开送考工作会议。现将有关事项通知如下：

一、会议时间：4月8日(星期二)下午2:00

二、会议地点：常州刘国钧高等职业技术学校图书馆一楼会议室

三、会议内容

1. 各校交流送考准备工作；

2. 布置送考工作；

3. 局领导讲话。

四、出席对象

各送考学校单招工作负责人。

请与会人员安排好工作，准时出席会议。

常州市教育局

二〇〇八年四月二日

四、通知的写作

标　　题	(1) 发文机关＋事由＋文种 ×××××关于×××××××的通知 (2) 事由＋文种 关于×××××××的通知
主送机关	×××××：
正 文	正文包括通知缘由、通知事项、通知要求三部分。不同种类的通知，其正文的写法有所不同。
	发布性通知：写明发布的意义和目的，提出执行的要求。 批示性通知：一般包括发文的缘由，对批转、转发文件的评价、执行要求等。 指示性通知：缘由部分可以写发出本通知的依据或目的，也可写发出本通知的意义，事项大多采用分条列项法，具体地提出要求和措施、办法。 任免通知：写清决定任免的时间、机关、会议或依据文件，以及任免人员的具体职务。 事务性通知：交代需办什么事，什么时间完成和要求等。
结尾用语	特此通知。（另起一行，空两格，用句号）
机关署名	×××××××
成文时间	二○○○年×月×日

【难点提示】

(1) 撰写周知性通知，应注意把具体事项的要点写清楚、写明确；表述要简明。

(2) 撰写规范性通知，应注意行文严谨，整体规范和具体条文应有严密的逻辑性，避免漏洞，以防止居心不良者钻空子；同时，为保证规范性通知的严肃性，应专列违反规定的处罚条文和施行时间。

【文例评析】

文例：

江苏省交通厅关于做好雨雪冰冻大风恶劣天气下
交通保畅安全生产工作的紧急通知

各市、县交通局，厅属各单位，江苏交通控股有限公司：

根据最新资料综合分析，受冷暖空气的共同影响，我省从24日后期到26日前期将有一次明显的雨雪天气。26日将出现陆上5—7级，沿海海面和江河湖面6—8级偏北大风；27日将有明显降温冰冻。各地、各单位要高度重视，明确责任，密切关注天气变化，采取有力措施，做好防范应对工作，确保交通畅通、生产安全。

一、要根据雨雪冰冻大风天气情况，及时启动工作预案，千方百计维护正常生产生活秩序。要认真贯彻省委、政府和交通部的一系列部署和要求，继续把做好“保畅通、保运输、保安全、保稳定”工作作为当前交通工作的首要重点，尽最大努力做好交通保障工作。要认真总结前一阶段抗灾工作的成功经验，坚决克服麻痹松懈思想，发扬不怕疲劳、连续作战的精神，加强统筹协调，增强工作合力。

二、要切实保证主要公路干线畅通。针对新的雪情，各地、各单位要高度重视，紧急行动，坚持做到边下雪、边除雪、边通行，尽最大可能不让主要公路干线再次因雪封闭。要结合本地、本单位人员和设备配置实际，认真抓好除雪防冻工作。要注重采用科学的方法和有效的机械设备，正确把握除雪时机，及时投入融雪材料和进行机械循环除雪作业，不能等雪停后再进行除雪作业。要及时通过各种方式向社会发布路网运行信息，协助交巡警部门做好交通分流工作，引导车辆选择较为畅通的行车线路。

三、要切实做好春运旅客和重点物资运输保障工作。各地、各部门在确保道路畅通的情况下，要科学调度，加强地区、部门协作，继续抓好春运安全工作。要认真落实“绿色通道”政策，继续发挥京杭运河水上能源运输大通道的作用，确保电煤等重要物资优先通行。

四、要进一步强化值班制度，坚持24小时值班和领导带班制度，确保联络畅通。要按照既定要求及时报送交通安全保畅信息、春运以及重点物资运输保障情况。对于突发事件、重要情况，各地、各单位要及时报告并做好应对处置工作。

特此通知。

江苏省交通厅（印章）

二〇〇八年二月二十四日

评析：

这是一份指示性通知，标题三要素齐全，由发文单位、事由、文种组成。因是下行文，主送单位可以是多个。正文开门见山叙述下发本通知的依据。通知内容较多，采用分条叙述，条理清楚，结构层次序数的标注也规范，符合《国家行政机关公文处理办法》的规定。成文时间用汉字标注，符合《国家行政机关公文格式》

的标准。

【案例操作】

2008 年 4 月 4 日是《全国年节及纪念日放假办法》修改后首个清明节，4 月 5 日、4 月 6 日又逢星期六、星期日双休。某某市政府办公室为此发布了《2008 年清明节放假通知》，布置相关工作。请代为撰写。（下列材料供写作参考）

新华网 2007 年 12 月 16 日消息：国务院第 198 次常务会议于 2007 年 12 月 7 日通过了《国务院关于修改〈全国年节及纪念日放假办法〉的决定》，现予公布，自 2008 年 1 月 1 日起施行。原文如下：

中华人民共和国国务院令
第 513 号

《国务院关于修改〈全国年节及纪念日放假办法〉的决定》已经 2007 年 12 月 7 日国务院第 198 次常务会议通过，现予公布，自 2008 年 1 月 1 日起施行。

总理　温家宝

二〇〇七年十二月十四日

国务院关于修改《全国年节及纪念日放假办法》的决定

国务院决定对《全国年节及纪念日放假办法》作如下修改：

（一）新年，放假 1 天（1 月 1 日）；

（二）春节，放假 3 天（农历除夕、正月初一、初二）；

（三）清明节，放假 1 天（农历清明当日）；

（四）劳动节，放假 1 天（5 月 1 日）；

（五）端午节，放假 1 天（农历端午当日）；

（六）中秋节，放假 1 天（农历中秋当日）；

（七）国庆节，放假 3 天（10 月 1 日、2 日、3 日）。

本决定自 2008 年 1 月 1 日起施行。

第五节　通　　报

【导入案例】

今年上半年以来，贵阳电视台无视国家广电总局有关规定，严重违反宣传纪律，在第三套节目的《家乐影院》中播出了未经审查的引进电影故事片，在社会上造成了极坏影响。贵州广电局已要求贵阳电视台第三套节目《家乐影院》和第四套节目《都市影院》立即停播有问题的影视剧。贵阳电视台紧急召开了台领导和有关部门负责人参加的专题会议，对台长和有关负责人给予严重警告、警告、作出检查和扣除奖金等处分，并对全台节目引进、审查、管理进行全面清理，写出书面整改措施报省广电局。

国家广电总局决定对贵阳电视台、贵州省广电局和贵阳市广电局进行通报批评。

讨论：

(1) 国家广电局为何选择通报这一文种处理上述有关事项？

(2) 除以上内容外，这份通报还应包括什么内容？

【要点阐释】

一、通报的适用范围

通报适用于表彰先进，批评错误，传达重要精神或者情况。

二、通报的特征

(一) 周知性

在发文范围内让所有人都知道所通报的情况。

(二) 典型性

通报对具有代表性的典型事例、新鲜经验以及重要情况予以表扬、批评、倡导与宣传，使受文对象受到教育或引起警觉。

三、通报的种类

(一) 表彰性通报

用于表彰个体或群体的先进人物，公布他们的先进事迹，宣布给他们的奖励，分析他们的先进思想，指出向他们学习的内容。例如：

上海市人民政府办公厅
关于表扬市人大代表书面意见和市政协提案承办单位的通报

各区、县人民政府，市政府各委、办、局：

市十二届人大一次会议和市政协十届一次会议以来，本市政府系统各部门、各单位坚持以邓小平理论和“三个代表”重要思想为指导，从建立“服务政府、责任政府、法治政府”的要求出发，认真办理市人大代表书面意见和市政协提案，在依法接受监督，了解民情民意，密切政府与人民群众联系，提高政府决策水平，推进民主和法制建设等方面作出了贡献。

为了弘扬先进，进一步推动市人大代表书面意见和市政协提案的办理工作，经市政府同意，对以下25个承办单位予以通报表扬：徐汇区政府、闸北区政府、市发展改革委、市经委、市教委、市科委、市公安局、市民政局、市财政局、市人事局、市劳动保障局、市建委、市农委、市文广影视局、市水务局、市国资委、市环保局、市工商局、市食品药品监管局、市房地资源局、市交通局、市信息委、市医保局、市文管委、上海铁路分局。

希望上述单位谦虚谨慎，再接再厉，不断取得办理工作的新成绩。

希望各承办单位向上述单位学习，进一步增强服务意识，将市人大代表书面意见和市政协提案办理工作提高到一个新的水平。

上海市人民政府办公厅

二〇〇五年一月二十八日

(二) 批评性通报

用于批评犯错误的个人或群体，公布他们的错误事实，宣布给他们的处分，分析他们错误的性质，指明应吸取的教训。

陕西省人民政府办公厅关于对省林业厅
违反政府新闻发布制度问题的通报

各设区市人民政府，省人民政府各工作部门、各直属机构：

2007年10月5日，镇坪县林业局向省林业厅报告称：镇坪县农民周正龙10月3日在该县神州湾一处山崖旁，用数码和普通胶片照相机拍摄到华南虎照片71张，其中数码照片40张、胶片负片31张。省林业厅委托镇坪县林业局进行核实后，在没有派员进行实地调查的情况下，仅由本厅技术力量和省内有关专家对照片进行了鉴别，就于10月12日召开新闻发布会，宣布“镇坪县发现野生华南虎”，公布了周正龙拍摄的两张华南虎照片，并向其颁发奖金2万元。此后，新闻发布会上公布的两张照片引起了媒体和公众的质疑，导致政府公信力成为社会舆论的热门话题。

事情发生之初，省政府就对省林业厅提出了严肃批评，责成其认真查找工作中的失误和不足，向省政府作出深刻检查。省政府认为，媒体和公众对华南虎问题的关注，对林业厅发布华南虎照片的质疑及责问，既反映了对野生动物保护事业的高度重视，也体现出对省林业厅工作的关心和监督，告诫省林业厅要高度重视、正确理解、积极对待社会舆论，并要求按照国家林业局和省政府的决定，委托国家专业鉴定机构对周正龙拍摄的华南虎照片进行鉴定。

政府新闻发布是一项极其严肃的工作，有着严格的程序和要求。省林业厅举行此次新闻发布会，既未按规定程序履行报批手续，也未对华南虎照片拍摄情况进行实地调查，在缺乏实体证据的情况下，就草率发布发现华南虎的重大消息。当引起媒体和公众质疑后，有关人员又一再违反纪律，擅自发表意见、参与争论，加剧了舆论的关注程度，造成了不良的社会影响，在一定程度上损害了政府形象。省林业厅的做法，很不严肃，极其轻率，违反了《陕西省政府信息公开规定》、《陕西省人民政府办公厅关于建立政府新闻发布制度的意见》的有关规定；有关人员的行为，反映出该厅存在着工作作风漂浮、工作纪律涣散等问题。

为了严肃纪律，省政府决定，除对省林业厅有关负责同志追究纪律责任外，对省林业厅违反政府新闻发布制度、擅自发布未经全面核实重大信息的问题予以通报批评。省林业厅要汲取教训，深刻反思和查找工作中存在的问题，进一步完善工作制度，严格工作程序，严肃工作纪律，整顿工作作风，切实抓好各项工作。

省林业厅的做法尽管是个别的，但反映出的作风漂浮、纪律涣散等问题，在其他地方、其他部门也不同程度存在。各地、各部门都要以此为戒，在处理各类重大问题、敏感问题时，一定要以对党和人民事业高度负责的态度，认真调研，审慎决策。要坚持政务公开，不断完善各类公开办事制度，努力提高政府工作的透明度和公信力。要进一步加强作风建设，严肃纪律，提高效率，狠抓落实，为加快建设西部强省作出应有贡献。

陕西省人民政府办公厅

二〇〇八年二月三日

(三) 传达性通报

用于将上级机关掌握的重要精神或情况传达给下属，以便对下级机关的工作起到指导作用。

静安区质量技术监督局关于2006年上半年度静安区眼镜产品专项整治情况的通报

各有关单位：

为保障广大消费者的身体健康，切实提高本区眼镜生产企业的产品质量水平，静安区质量技术监督局制订了2006年上、下半年开展眼镜产品专项整治计划，并于第二季度对区域眼镜生产企业的配制眼镜进行了上半年度质量抽查。

现将抽查情况通报如下：

一、基本情况：

1. 本次专项整治对在静安区从事眼镜验配业务的所有生产企业进行了抽查。共抽查34家眼镜企业配制的34组眼镜，其中合格29组、不合格5组，抽样合格率为85.3％。

2. 抽样企业属国有集体的24％，个体经营的18％，港澳台投资的18％，有限责任公司的26％，其他企业14％。其中规模较小的眼镜企业占到61.8％。

3. 在本次抽查的5组不合格产品中，3组不合格项为“柱镜轴位偏差”，1组不合格项为“柱镜顶焦度偏差”，1组不合格项为“光学中心垂直互差”。

二、情况分析：

抽查结果反映，静安区配制眼镜总体质量较为稳定，不合格产品主要集中在个别小型眼镜企业。造成不合格原因有以下几方面：

1. 管理水平较低，质量意识不强。不合格产品生产企业经营者和员工的质量意识不强，一些企业缺乏完善的质量管理制度和健全的质量管理体系，缺少保证产品合格的生产必备条件。

2. 加工设备更换不及时。在本次抽查中，共有3组样品的“柱镜轴位”不合格(占不合格比例的60％)。这主要是由于企业加工设备更换不及时所致，个别眼镜店为了节约成本，一副吸盘使用达10次以上，这就会使吸盘的吸力下降，导致磨边过程中镜片产生转动，从而使轴位发生偏差。

3. 充片现象依然存在。所谓“充片”，即指对没有备片的定单也接受加工定制，以度数相近的备片充当所需的镜片。充片的定配眼镜对于消费者的伤害极大，因为充片的度数偏差至少在±25度以上。在本次抽查中，上海致一工贸有限公司延平路店(期维卡眼镜林)就存在充片行为，顾客要求该店定配一副－0.75 DC的散光近视镜，但该店库房中并无该度数镜片，在不和顾客说明也不去订货的情况下，就私自用－0.50 DC的备片代替，从而造成“柱镜顶焦度”不合格。

4. 忽视检验环节。在不合格企业中，由于店小人少，有时验光、加工、检验均由一个人来完成，因此即便发现自己加工的眼镜存在质量问题也往往不会说明，因为报废镜片影响到个人收入。同时，在承担最终检验的人员中，有相当部分的未经过专业培训，有的甚至连国家标准对定配眼镜的基本要求都不清楚。忽视出厂检验这一最后环节也是造成不合格的重要原因。

三、处理意见：

1. 对被判为不合格产品的企业，下达《产品质量监督抽查责令整改通知书》，责令立即停止验配不合格眼镜，对已售出的不合格品，做好修理、更换、退货工作。同时，重点针对不合格项进行整改，在规定期限向我局提出复查申请，复查合格后，方可生产销售。

2. 尚未取得眼镜生产许可证的企业应加快申证进程，进一步建立、健全进货验收、验配、检验等各项制度，完善产品质量保证能力，争取尽快取得生产许可证。

二〇〇六年五月十六日

四、通报的写作

标　题	(1) 发文机关＋事由＋文种 ×××××关于×××××××的通报 (2) 事由＋文种 关于×××××××的通报
正 文	直述式通报的正文，一般包括通报事由、事由评析、处理意见三部分；转述式通报因已带附件，正文中不必直接详细叙述所要通报的事实。在正文的开头，要交代转发的文件名称，并对事实加以分析、评论，然后说明转发的目的，提出要求。
结尾用语	特此通报。(另起一行，空两格，用句号)
机关署名	×××××××
成文时间	二〇〇〇年×月×日

【文例评析】

文例：

国家广电总局关于对贵阳电视台违规播出引进电影故事片的通报

各省、自治区、直辖市广播影视局，新疆生产建设兵团广播电视局：

今年上半年以来，贵阳电视台无视国家广电总局有关规定，严重违反宣传纪律，在第三套节目的《家乐影院》中播出了未经审查的引进电影故事片，在社会上造成了极坏影响。贵州广电局已要求贵阳电视台第三套节目《家乐影院》和第四套节目《都市影院》立即停播有问题的影视剧。贵阳电视台紧急召开了台领导和有关部门负责人参加的专题会议，对台长和有关负责人给予严重警告、警告、作出检查和扣除奖金等处分，并对全台节目引进、审查、管理进行全面清理，写出书面整改措施报省广电局。

贵阳电视台此次问题的发生，说明了该台内部管理松懈，责任意识不强，法纪意识淡薄，放弃了对引进节目审查把关，置广电总局的三令五申于不顾，在播出环节上我行我素；贵州省广电局和贵阳市广电局对所辖电视播出机构在宣传管理上监管不力，对贵阳电视台长期违规播出不予及时制止和纠正，负有管理失职的责任，对此一并给予通报批评。

对此，总局再次重申：各级广播电视行政管理部门和电视播出机构，一定要牢固树立政治意识、大局意识和责任意识，自觉遵守党的政治纪律和宣传纪律，高度重视电视剧的播出管理。管理部门要切实负起管理责任，严格执行国家广电总局有关规定，大胆管理，严格管理，坚决做到令行禁止，对屡教不改、我行我素的机构要给予严肃处理，以维护电视剧播出的正常秩序；各级播出机构要认真执行宣传纪律，服从管理，要切实加强对编播人员的教育和管理，以营造良好的荧屏环境和舆论环境。

国家广播电影电视总局

二〇〇四年九月二日

评析：

这是一份批评性通报，首先概述贵阳电视台的违规、违纪事实以及处理结果；其次对有关事件产生的根源以及性质作定性结论；最后，对各所属有关单位提出引以为戒、吸取教训的警诫性要求。

【案例操作】

2007 年，重庆市各区县（自治县）人民政府、市政府各部门政府网站坚持以邓小平理论和“三个代表”重要思想为指导，深入贯彻落实科学发展观，牢固树立以社会和公众为中心的服务理念，紧紧围绕市委、市政府中心工作，努力提高政府信息公开和公共服务水平，为全市经济社会发展、构建社会主义和谐社会作出了积极贡献。重庆市人民政府办公厅根据《国务院办公厅关于加强政府网站建设和管理工作的意见》(国办发〔2006〕104 号)精神，按照《重庆市人民政府办公厅关于印发重庆市政府公众信息网站年度考评办法的通知》(渝办发〔2007〕19 号)要求，通过严格考核评测并经市政府同意，于 2008 年 2 月 4 日向各区县(自治县)人民政府，市政府各部门和有关单位发布了《关于 2007 年度政府公众信息网站考评结果的通报》，对考评结果予以通报。并把《2007 年度重庆市政府公众信息网站考评结果》作为附件一同发布。请代为起草。

第六节　报　　告

【导入案例】

为做好拥军优属工作，张家港市人民政府在 1997 年下发张政发〔1997〕100 号文件，要求各级人民政府在每年春节前对现役军人在部队立功人员、城镇无固定收入烈士家属给予奖励金、优待金。该项工作主要由民政局主办，所需经费由市财政发放。经费的核拨由财政局主办。2005 年度，张家港市共有荣立三等功的现役军人 22 名，每人奖励 1 000 元；金港镇陈留忠烈士之子陈某和杨舍镇张洪山烈士之母乔某享受年优待金 5 600 元。该项工作完成后，张家港市民政局向市政府作了汇报。

讨论：

(1) 从行文关系上说，张家港市民政局向财政局发出的这份报告属于上行文、下行文，还是平行文？考虑行文关系的意义在哪里？

(2) 这份报告发出的时间应在事前还是事后？

【要点阐释】

一、报告的适用范围

报告适用于向上级机关汇报工作，反映情况，提出意见或者建议，答复上级机关的询问。

二、报告的特征

(一) 陈述性

报告用于向上级机关汇报工作、反映情况等,无论其表达的内容还是使用的语言都是具有陈述性的。可以说,对事实和观点的陈述构成了报告的主体内容。

(二) 单向性

报告仅用于向具有隶属关系的上级机关单向行文。上级机关虽然可以视具体情况给予批转,但没有向发文机关回复的义务,为此,报告的发文机关不能向上级机关提出“批示”、“指示”等要求,也因此,报告中不能夹带请示事项。

三、报告的种类

按照内容涉及的范围,报告可分为综合报告和专题报告。

(一) 综合报告

政府工作报告(节选)

——二〇〇五年三月五日在第十届全国人民代表大会第三次会议上

国务院总理　温家宝

各位代表:

现在,我代表国务院,向大会作政府工作报告,请予审议,并请全国政协各位委员提出意见。

一、过去一年工作回顾

(一) 采取更直接、更有力的政策措施,促进粮食增产和农民增收。

(二) 控制固定资产投资过快增长,大力加强薄弱环节。

(三) 不失时机推进经济体制改革,扩大对外开放。

(四) 加大政策支持和财政投入,促进各项社会事业发展。

(五) 努力改善人民生活,重视解决关系群众切身利益的突出问题。

(六) 加强民主法制建设,全力维护社会稳定。

二、2005 年工作总体部署

三、继续保持经济平稳较快发展

(一) 坚持加强和改善宏观调控。

(二) 进一步加强“三农”工作。

(三) 加快推进经济结构调整和增长方式转变。

(四) 积极推动区域协调发展。

四、大力推进经济体制改革和对外开放

(一) 继续推进农村改革。

(二) 深化国有企业改革。

(三) 鼓励、支持和引导非公有制经济发展。

(四) 加快金融体制改革。

(五) 推进财税体制和投资体制改革。

(六) 加强市场体系建设。

五、积极发展社会事业和建设和谐社会

(一) 大力发展科技、教育、文化、卫生、体育事业，加强精神文明建设。

(二) 进一步做好就业和社会保障工作，提高人民生活水平。

(三) 加强民主法制建设，切实维护社会稳定。

六、加强行政能力建设和政风建设

七、坚持和平发展道路与独立自主的和平外交政策

(原载 2005 年 3 月 15 日《人民日报》)

(二) 专题报告

××市人民政府贯彻国务院
关于加强国有资产管理工作的通知的情况报告

国务院：

现将我市贯彻《国务院关于加强国有资产管理工作的通知》的情况报告如下：

一、开展对国有资产的调查统计工作，主要是调查统计全市国有资产存量，掌握资产分布的现状及其经营效益，了解资产管理中存在的问题，为“八五”期间开展清查资产、核实国家资金作好准备。在清查国有资产存量中，我市采取了“先预算内后预算外，先账内后账外，先市内后境外”的做法，逐步摸清了全市国有资产的底数。国务院计划在“八五”期间进行清产核资，我们认为这是一项非常重要的工作，我市将根据国务院的

部署,积极开展清产核资的试点。

二、对“撤、并”的公司做好国有资产的清理、评估、划转和收缴工作。我节由清理整顿公司领导小组负责清理、整顿公司。对确定“撤、并”的各类公司,从保护国有资产、防止国有资产流失出发,市政府已责成市财政局负责国有资产的清理、评估、划转和收缴工作。

三、加强企业的国有资产管理。在工业企业产业结构调整中,由我市经委牵头,国有资产管理机构参与组建企业集团、联合经营、企业兼并和其他各种试点涉及国有资产管理的工作,积极推进国有资产存量合理流动,提高经济效益。

四、纠正损害国有资产产权的行为。市政府已责成有关部门深入进行检查,如发现问题,要采取相应措施予以纠正。同时,研究如何加强对股份制企业、企业兼并、中外合资经营企业的中方资产管理等。此外,还将研究国有资产产权界定政策、闲置设备的调剂办法等。

五、逐步建立资产评估机构。我市将陆续开展对评估机构资格审查和颁发资产评估资格证书,以适应对外开放的需要。待条件成熟后,我市将设置国有资产评估中心,负责组织、领导和监督市管国有资产评估工作。

六、研究成立国有资产管理机构。我市已在市财政局内设有国有资产管理处,开展国有资产管理工作。待条件成熟后,将研究成立市国有资产管理局,并在各区、县财政局和直属财政分局内相应增挂国有资产管理科(股)牌子,设专人负责,逐步理顺国有资产管理体系。

随着××的开发及××改造的推进,××国有资产管理任务很重。我们按照国务院的要求,进一步把有关工作做好,请财政部和国家国有资产管理局继续给予指导和支持。

以上报告请审阅。

××市人民政府
××××年××月××日

按照行文的目的的不同,报告可分为呈报性报告和呈转性报告。

(三) 呈报性报告

关于成立凤凰镇安庆村党总支部的报告

中共张家港市委组织部:

凤凰镇党委根据市委、市政府对行政村调整的工作要求,把全镇三十五个行政村合并为十五个行政村。因区域规模较大、党员人数较多、村级经济总量较大及更好地促进今后地方经济的发展，经镇党委研究，决定成立中国共产党凤凰镇安庆村总支部委员会。

钱××同志任凤凰镇安庆村党总支部书记。

特此报告。

中共张家港市凤凰镇委员会

二〇〇四年三月八日

(四) 呈转性报告

关于上报2004年度省级龙头企业发展专项资金项目的报告

市政府：

根据苏州计委《关于上报2004年度省级龙头企业发展专项资金项目资料的通知》(苏计农〔2004〕23号)和省发改委、财政厅《关于做好2004年度省级农业产业化龙头企业发展专项资金申报工作的通知》(苏发改农经发〔2004〕390号、苏财农〔2004〕179号)的有关要求，我委及时组织相关的省级龙头企业及省级重点批发市场认真做好企业发展专项资金项目的申报工作。现将我市2004年度省级龙头企业和批发市场的有关项目汇报如下：

1. 江苏梁丰食品集团有限公司。该公司的项目为机械化奶牛场扩、迁建工程。公司现有位于东沙、塘市两个牧场，因塘市牧场地处张家港经济开发区，从工业开发、生态养殖等方面来看，两者共存会给对方产生制约作用。在此基础上，公司决定将东沙、塘市两个牧场合二为一，立足高起点、高标准，积极打造现代化的奶牛养殖场，计划建造30幢现代大型牛舍及辅助用房，同时对原有房屋、挤奶设施、锅炉等进行扩能改造，配备最先进的加拿大利拉伐公司的挤奶设备。项目建成后，可以充分整合牧场资源，更有利于人、财、物的合理调度和充分使用，更有利于牧场的发展壮大，进一步扩大农户青饲作物的种植规模，促进农民增收。整个扩、迁工程总投资为3 000万元，其中土建工程1 500万元，设备及其他1 500万元，资金来源为银行贷款2 000万元，自筹资金1 000万元。拟申请贷款贴息资金80万元。

2. 东海粮油工业(张家港)有限公司。公司申报项目为：一是浓缩磷脂项目，属大豆深加工。项目总投资3 500万元，其中土建投资800万元，生产设备和研发设备投资2 500万元，其他投资200万元；二是五万吨级码头扩建工程，项目总投资1 500万元。近几年来，公司不断加大投入力度，这些新项目的建成投运，将进一步扩大公司的生产能力，充分发挥规模效益，大大增强市场竞争力和行业影响力，为把公司建设成为全球最具竞争力的粮油综合性加工基地这一长远目标奠定基础。公司2003—2004年贷款额为1 400万美元、1.5亿元人民币，主要用于项目建设和原料采购。拟申请贷款贴息80万元。

3. 张家港市果品副食品交易市场。申报项目为市扩建工程。市场扩建是促进企业做大、做强、做优的基础，也是更好地为农业结构调整和农民增收服务的需要。今年该市场投资3 000余万元进行四期扩建工程，将新增海类产品经营面积7 200平方米、粮油市场营业用房6 000平方米、仓储用房15 000平方米、2 000吨储量冷库一座。项目建成后，将进一步壮大市场规模，更大程度地发挥省级农业产业化经营重点农产品批发市场对当地农村经济的拉动作用，放大市场的辐射和示范效应。拟申请贷款贴息80万元。

4. 江苏菊花味精集团有限公司。公司今年完成利用粮食作为原料生产赖氨酸的新产品开发项目。该项目以大米为原料，经科学发酵生产赖氨酸，主要用于食品及饲料行业。项目总投资1 280万元，其中设备投资950万元，土建250万元，科研开发费用80万元，奖金由企业自筹。项目建成后，可年新增销售收入8 800万元，创利税1650万元，利润1 320万元，出口创汇350万美元。该项目投产后，年消耗大米达2万吨，将更好地发挥重点出口龙头企业作用，带动更多农户增收致富。拟申请定额补助资金50万元。

以上报告如无不妥，请转发执行。

张家港市发展计划委员会

二〇〇四年××月××日

附件：1. 江苏梁丰食品集团有限公司申报资料

2. 东海粮油工业(张家港)有限公司

3. 张家港市果品副食品交易市场

4. 江苏菊花味精集团有限公司

四、报告的写作

标　　题	(1) 事由＋文种 关于×××××××的报告 (2) 发文机关＋事由＋文种 ×××××关于××××××××的报告
主送机关	×××××：
正 文	① 叙述报告的目的。 ② 用“现将有关情况报告如下”等惯用语过渡到报告的内容。 ③ 报告内容一般包括主要情况、存在问题、经验教训、今后打算等。
结尾用语	呈报性报告用“特此报告”、“以上报告当否，请审核”等；呈转性报告用“以上报告如无不妥，请批转有关部门执行”等。
机关署名	×××××××
成文时间	二○○○年×月×日

【文例评析】

文例：

关于申请拨发2005年度
现役军人立功奖励金和城镇无固定收入烈属优待金的报告

市财政局：

根据市人民政府张政发(1997)100号文件对现役军人在部队立功人员给予奖励的规定，经统计(截至12月25日)，我市2005年度共有荣立三等功的现役军人22名，每人奖励1 000元；金港镇陈留忠烈士之子陈强和杨舍镇张洪山烈士之母乔克美均享受年优待金5 600元(详见附表)。

为做好拥军优属工作，在春节前给予足额兑现。上述所需经费共计33 200元，请市财政核拨。

张家港市民政局

二○○六年一月四日

评析：

报告是上行文，根据《办法》的规定，它的用途是“向上级机关汇报工作，反映情况，提出意见或者建议，答复上级机关的询问。”本文例发文机关和受文机关是同级机关，因此，选用“报告”这一文种并不妥当。此外，根据《格式》的规定，“公文如有附件，在正文下空1行左空2字用3号仿宋体字标识‘附件’，后标全角冒号和名称。”本文例虽然有“详见附表”字样，但标注格式还没有遵循国家标准的规定。

【案例操作】

2007年11月8日上海市教育委员为贯彻落实《中共上海市科技教育工作委员会上海市教育委员会关于深化教育综合改革进一步加强创新人才培养的若干意见》的精神，向市各本科高等学校下发《上海市教育委员会关于实施上海大学生创新活动计划的通知》(沪教委高[2007]62号)，决定从2007年起连续3年实施上海大学生创新活动计划。申报工作的有关要点是：1.本计划主要面向本市综合性高校以及有较强行业背景和特色的本科高校。2.采取学校申报、专家评审、市教委批准的方式选定参与学校。本年度将批准15所左右高校为参与学校。3.请申报学校按照《办法》要求，填写《上海大学生创新活动计划申报书》，做好项目的组织申报工作。上海××政法大学是一所有较强行业背景和特色的本科高校。该校教务处为贯彻落实《上海市教育委员会关于实施上海大学生创新活动计划的通知》精神，进一步调动该校本科生开展科学研究的主动性、积极性，充分发挥学生的创造性，经研究，决定参加“大学生创新活动项目”的申报工作。在启动本校该项之前，校教务处除了拟定相关的操作事项以外，还必须向校领导机关反映相关情况，汇报相关工作，提出本校参加上海大学生创新活动计划的建议。以下是校教务处拟定的相关操作事项。请结合以上信息及具体操作事项，以校教务处的名义，给校长办公室写一份专题报告。

上海××政法大学申报“上海大学生创新活动项目”计划

一、申报要求

1. 项目申请人及指导教师必须具备的基本条件。

申请人须具备的基本条件：

(1) 我校在读的全日制本科生，原则上以本科二、三年级为主。必须对科学研究或创造发明有浓厚兴趣，自主学习能力强。

(2) 学习态度端正，基础扎实，综合素质高；总成绩在班级前20%以内。

(3) 动手能力、创新意识等科研潜质方面有突出表现者，可适当放宽成绩限制。

(4) 可以跨专业、跨学科联合申报。

指导教师必须具备的基本条件：

(1) 治学严谨、为人师表、责任心强、关心学生。

(2) 学术水平较高，有较强的科研经验，原则上要求具有副高及以上技术职称。

(3) 熟悉和热爱大学生科研创新工作。

2. 申请立项的大学生创新活动项目应具有学术性、创新性、探索性、实用性和先进性等特点。

3. 学生可跨系别、跨学科组建团队申报，每个学生不能同时参加两个项目研究，原则上每个项目组人数不超过5人。

4. 每个申报项目必须有本系指导教师1名，每位指导教师只能指导一个项目。

5. 项目建设周期原则上为1年，特殊情况可延长半年。

6. 项目申报名额为1个/系。

二、申报程序

1. 项目申报者在指导教师指导下填写《上海××政法大学大学生创新活动项目申请书》(见附件)，向所在系提交。

2. 各系汇总本部门各项目申请书，从中择优(每系限申报一个项目)，于2008年1月7日(周一)前报送教务处教学研究与评估科(电子版和书面版各一份)，逾期不予受理。

第七节 请示与批复

【导入案例】

随着城市建设的发展，征地的规模也在加大，做好征地人员的安置工作是政府相关职能部门要做好的一项重要工作。其中，征地养老人员的生活费标准，医疗费报销标准的确定，既要根据各地区经济发展水平和征地养老人员的实际情况而定，又要根据社会经济的发展实况，在政府相关职能部门的统一安排下，适时适地作适当调整。上海市虹口区劳动和社会保障局根据《上海市被征用农民集体所有土地农业人员就业和社会保障管理办法》(沪府发〔2003〕66号)文、《关于本市征地养老人员待遇调整有关问题的通知》(沪劳保养发〔2004〕8号)文规定，对2007年征地养老人员生活费调整问题拟定了调整标准：建议今年调整征地养老人员生活费的时间与退休人员养老金的调整时间同步进行，从7月1日起补发、调整幅度即在原养老生活费标准512元的基础上提高到600元。即：每人每月增加88元。调整的资金来源也已经落实，由各征地养老单位自筹解决，无须区财政负担。为确保这次调整工作顺利进行，继续保持周边地区的相对平衡，虹口区劳动和社会保障局与杨浦、普陀、闸北、长宁、徐汇等六个中心城区劳动保障局负责该项工作的同志进行多次研讨、沟通，在调整幅度上达成了三个统一：统一口径、统一时间、统一标准。

讨论：

(1) 要开展这项工作，虹口区劳动和社会保障局应当向哪个机关请求批准？

(2) 既有政策依据，资金又已经落实，虹口区劳动和社会保障局为什么还要发请示给上级领导机关？

(3) 在给上级领导机关的请示中，虹口区劳动和社会保障局能不能用强硬的口气要求上级机关一定要批准他们的请示事项？

【要点阐释】

一、请　示

(一) 请示的适用范围

请示适用于向上级机关请求指示、批准。

(二) 请示的特征

1. 单一性

请示的单一性表现在两个方面：一是用请示行文的事项的性质必须单一，即非请求指示、批准的事项不能用请示行文；二是请示必须一文一事，一份请示不能同时诉求多项请求指示或批准事项，以免影响工作效率。

2. 可行性

请示是在遇到问题或困难无法自行解决或在职权范围内无权解决时才向上级机关请求指示、批准，但是，不能因此上交矛盾，而应把问题以及解决方案一同上报，以便上级决策；同时，请示所提要求应当合情合理、切实可行，不应过分。

3. 唯请性

请示应该使用诚恳的语气表达请求事项，而不能采用命令式的口气要求上级机关按照自己的意志行事；同时，请示必须事先行文，不能“先斩后奏”。

(三) 请示的种类

1. 求转性请示

关于我区中小学收费“一费制”有关问题的请示

区人民政府：

我区中小学校已于2002年秋季开始实行“一费制”收费，现结合我区撤市设区的实际，根据省物价局、教育厅、财政厅《关于进一步明确中小学收费“一费制”有关问题的通知》（粤价〔2002〕254 号）和《关于进一步规范我省中小学收费管理的通知》（粤价〔2000〕231 号）精神，经我区物价、教育、财政部门研究，拟定我区中小学“一费制”收费的具体标准。

（一）新会区各类小学学杂费标准。（略）

（二）新会区各类初中学杂费标准。（略）

（三）新会区各类高中学杂费标准。（略）

（四）新会区各类职业高中学杂费标准。（略）

以上收费标准从 2003 年春季学期开始执行。

本文未涉及的其他事项，按新府办〔2002〕87 号文执行。

以上请示如无不当，请批转执行。

江门市新会区物价局、教育局、财政局

二〇〇三年一月十三日

2. 求助性请示

关于申请奖励经费的请示

市南区政府：

区政府发放 2002 年度第四季度奖金每人 600 元，发放全省综合治理社区先进每人 300 元，发放全省双拥工作先进每人 300 元。我大队现有 193 人，共需经费 231 600 元，因大队无法承担此项经费，特恳请区政府予以拨付。

以上请示当否，请批示。

青岛市市南区城市管理行政执法局

二〇〇三年一月二十八日

3. 求准性请示

关于批准《上海市虹口区公共厕所布局规划》的请示

虹口区人民政府：

根据上海市城市规划管理局、上海市市容环境卫生管理局联合发布的沪规划〔2006〕1099 号《关于开展公共厕所布点选址规划工作的通知》以及《上海市公厕建设和管理发展纲要（2006—2010）》要求，虹口区市容管理局为主，虹口区城市规划管理局配合编写了《上海市虹口区公共厕所布局规划》，并已于 2007 年 6 月 14 日通过了专家评审。现将编制完成的《上海市虹口区公共厕所布局规划》上报，请予批准。

以上请示,请予批复。

上海市虹口区市容管理局(印章)
二〇〇七年八月十五日

(四)请示的写作

标　　题	(1)事由+文种 关于×××××××的请示 (2)发文机关+事由+文种 ×××××关于×××××××的请示
主送机关	×××××:(顶格书写)
正　　文	正文包括请示缘由、请示事项、请示要求三部分。
结尾用语	"以上当否,请批复","特此请示,请批复","以上意见当否,请批复","以上意见,如无不妥,请批转……执行"。(另起一行,空两格书写,不同种类的请示要用不同的结尾用语。)
机关署名	×××××××
成文时间	二〇〇〇年×月×日

【难点提示】

(1)请示应当一文一事,一般只写一个主送机关。

(2)一般不得越级请示,如果因为特殊情况必须越级请示,应当抄送被越过的上级机关。受双重领导的机关向上级机关请示,应当写明主送机关和抄送机关,由主送机关负责答复,不要多头主送。

【文例评析】

文例:

关于增加人员编制的请示

区编委:

根据广区编发〔2005〕50号和广区编发〔2006〕30号文件精神,区编委共核定我办内设职能股室4个,行政机构5个,共核定编制38人。2003年以来,随着我办工作量的大大增加,工作质量的不断提高,为有利于工作的开展,经区政府领导同意,我办陆续在外单位借调4人,该4人现已成为我办的工作骨干,但由于无编制,至今无法调入,影响了借调人员的工作积极性,同时也影响了各项工作的正常开展。去年底区政府换届,增设副区长1人,加之区委、区政府要求建立区应急办公室和政府门户网站,并挂靠我办,我办的工作人员将更加紧张。在这种工作需要与编制限制矛盾十分突出的情况下，今年又将有2名老同志占编不在岗，人手紧缺的局面将更加严重。为更好履行审核把关、跟踪调研、督查督办的职能，圆满完成区政府领导交办的各项工作任务，请求区编委为我办增加编制7个，其中行政编制4个，事业编制2个，工勤编制1个。具体情况如下：

一、区政府领导职数编制6名，实有7名，现缺文秘人员和驾驶人员各1人，需增加行政编制和工勤编制各1个；

二、调研员占用行政编制2名，需增加行政编制2个；

三、建立区政府门户网站，需增加事业编制2个；

四、成立区应急办公室，需增加行政编制1个。

妥否，请批复。

四川省广元市市中区人民政府办公室(印章)

二〇〇七年三月二十一日

评析：

本文例请示的内容和目前政府机构压缩编制的大背景并不一致，因此在行文时一定把增加人员编制的理由讲好。正文开头，叙述请示的诉求依据，并把实际遇到的困难讲得比较充分。讲明情况后，就提出请示的要求，具体的要求提得直截了当，便于上级机关考虑。结尾用语简洁规范。

【案例操作】

以上海某高校基建处的名义写一份请示给校长，事由是：由于受到多个超强台风的影响，原计划在8月15日完工的图书馆修缮工作没有按时完成。为抢时间，要求学校增拨8万元，作为校图书馆修缮加班经费，以便在暑假期间完成校图书馆修缮工作，迎接新学期的开学。

二、批　　复

(一) 批复的适用范围

批复适用于答复下级机关请示事项。

(二) 批复的特征

1. 针对性

在各种公文中，批复是针对性最强的文种，它针对请示机关，针对请示问题，有请示才答复，请示什么答复什么。

2. 指导性

批复针对请示表态或发表意见，对下级的工作有指导、规范作用，下级机关就某事一经发文请示上级，上级机关一定会答复，而上级机关在批复中表述的意见，下级机关都必须遵循，不能违背上级的批复意见。

（三）批复的种类

1. 表态性批复

国务院关于同意新疆卡拉苏口岸对外开放的批复

新疆维吾尔自治区人民政府：

你区关于开放卡拉苏口岸的有关请示收悉。现批复如下：

一、同意新疆卡拉苏口岸对外开放。口岸性质为：国际公路客货运输口岸。

二、同意卡拉苏口岸设置正处级海关、检验检疫、边检机构，核定查验单位人员编制 90 名。其中：海关 14 名、检验检疫 16 名、边检（现役）60 名，分别由海关总署、质检总局、公安部在系统内调剂解决。

三、新增人员所需办公业务用房和边检营房建设资金，由发展改革委补助 181 万元，不足部分和开办费由地方政府解决。查验单位业务用仪器设备和交通工具，由各自主管部门解决。

四、卡拉苏口岸对外开放前，由海关总署组织有关部门验收，合格后并经中国和塔吉克斯坦两国外交换文再正式开通。

国　务　院

二〇〇七年九月十二日

2. 指示性批复

关于同意撤销佘山镇辰山村辰山队等九个生产队建制的批复

九亭镇人民政府：

你镇《关于设立九城湖滨小区居委会的请示》（松九府字〔2007〕255 号）收悉。经研究，同意建立九亭镇九城湖滨居民委员会。现将有关事项批复如下：

一、关于居委会办公用房。目前已经落实的居委会办公用房、老年活动室用房等要切实用于居委会办公和为社区老年人、社区群众提供服务上，切勿挪作他用。

二、关于居委会办公经费。居委会建立一次性开办经费 5—8 万元，由区财政列支。居委会每月办公经费由九亭镇负责落实。

三、关于居委会工作人员的产生。要按照《中华人民共和国城市居民委员会组织法》的规定，实行居委会干部属地化管理，居委会主任、副主任、委员由本居住区居民通过民主选举产生。

四、关于社区建设工作。要不断加强居民区社区党建和社区建设工作力度，切实发挥社区党组织领导核心作用；要完善相关制度，积极探索、切实提高社区建设、社区管理和社区服务水平。

特此批复。

松江区人民政府办公室(印章)

二〇〇七年十二月二十九日

(四) 批复的写作

标　　题	(1)单介词结构：事由＋文种 关于×××××××的批复 (2)双介词结构：发文单位＋事由＋文种， ××××关于××××给××××的批复
主送机关	×××××：(请示单位)
正　　文	引语：引用下级机关请示来文的日期、请示标题和发文字号。 表态：针对下级机关请示的事项，表明同意与否的意见，并重述有关请示事项。
结尾用语	"此复"、"特此批复"。(另起一行，空两格，用句号。也可以没有结尾用语)
机关署名	×××××××
成文时间	××××年×月×日

【文例评析】

文例：

国务院关于同意将江苏省无锡市列为国家历史文化名城的批复

江苏省人民政府：

你省《关于申报无锡市为国家历史文化名城的请示》(苏政发〔2007〕13号)收悉。现批复如下：

一、同意将江苏省无锡市列为国家历史文化名城。无锡市历史悠久，文化底蕴丰厚，历史遗存丰富，地方特色突出。

二、你省及无锡市人民政府要根据本批复精神，在充分研究传统历史文化的基础上，正确处理城市建设与历史文化遗产保护的关系，明确保护的原则和重点。编制好历史文化名城保护规划，并纳入城市总体规划，划定历史文化街区、文物保护单位、历史建筑的保护范围及建设控制地带，制订严格的保护措施。在历史文化名城保护规划的指导下，编制好历史文化街区等重要保护地段的详细规划，切实保护好历史文化遗产。在规划和建设中，要注重体现地方特色和传统风貌，不得进行任何与历史文化名城环境和风貌不相协调的建设活动。

三、你省和建设部、国家文物局要加强对无锡市国家历史文化名城规划、保护工作的指导、监督和检查。

国　务　院

二〇〇七年九月十五日

评析：

标题由发文单位、事由、文种三部分组成。正文部分开头引述对方请示的标题、发文字号，表述规范，也说明了批复发文的缘由。批复内容明确具体，第一部分表示同意对方请示的事项，第二部分对下级机关如何做好工作给出指导意见，第三部分明确了请示单位和建设部、国家文物局等机关在具体的管理工作中的责任和关系。

【案例操作】

2006年安徽省人民政府向国务院上报了《关于申报绩溪县为国家历史文化名城的请示》(皖政〔2006〕51号)，2007年3月18日国务院作出批复(国函〔2007〕29号)，同意将安徽省绩溪县列为国家历史文化名城。因为绩溪县城市发展历史悠久，文化底蕴十分厚重，历史遗存丰富，古城格局完整，历史文化街区保存完好，徽文化特色突出。批复同时指示安徽省人民政府和绩溪县人民政府要在充分研究城市发展历史和传统风貌的基础上，正确处理保护与发展的关系，编制历史文化名城保护规划，并纳入城市总体规划，划定历史文化街区、文物保护单位、历史建筑的保护范围及建设控制地带，制订严格的保护措施。在历史文化名城保护规划的指导下，编制历史文化街区等重要保护地段的详细规划，切实保护好历史文化遗产。不得进行任何与历史文化名城环境和风貌不相协调的建设活动。建设部、国家文物局要加强对绩溪县国家历史文化名城规划、保护工作的指导、监督和检查。试代拟这份批复。

第八节　意　　见

【导入案例】

全国城镇居民基本医疗保险工作是全社会关注的热点话题，也是各级、各部门政府改善民生的重要议题。2007年7月23日至24日，全国城镇居民基本医疗保险试点工作会议在北京召开。23日下午，中共中央政治局常委、国务院总理温家宝与出席会议的部分代表进行了座谈，听取他们对试点工作的意见和建议，并作了重要讲话。中共中央政治局委员、国务院副总理、国务院城镇居民基本医疗保险部际联席会议组长吴仪出席会议并讲话。

温家宝指出，建立城镇居民基本医疗保险制度，是我国在建立城镇职工基本医疗保险制度和新型农村合作医疗制度之后又一重大举措，主要解决城镇非从业人员，特别是中小学生、少年儿童、老年人、残疾人等群体看病就医问题。建立这项制度，是改善民生的重要任务，是医疗保障制度建设和完善社会保障体系的重要组成部分，是深化医药卫生体制改革和推进卫生事业发展的重要环节，也是落实科学发展观和构建社会主义和谐社会的要求。目前我国经济持续快速发展，财政收入增加较快，建立城镇居民基本医疗保险制度条件基本具备，时机已经成熟。国务院决定，从今年开始试点，用三年时间逐步在全国城镇全面推开。

温家宝要求，城镇居民基本医疗保险试点工作重在制度建设。要通过试点检验政策，找出问题，发现规律，探索和完善城镇居民基本医疗保险的政策体系，形成合理的筹资机制、健全的管理体制和规范的运行机制。一要合理确定筹资水平和保障标准，从低水平起步，努力实现广覆盖。各地要从实际出发，综合考虑当地财力状况和个人的承受能力，量力而行，尽力而为，随着经济发展逐步提高保障水平。二要坚持群众自愿，加强政府引导。对群众参保不能搞强制，要通过财政支持，改进医保管理和服务，让群众在参保、缴费、就医、报销等环节都感到方便，增强制度的吸引力，要通过政策解释、新闻宣传、典型示范等方式，把群众自愿参保的积极性调动起来。三要加强医疗保险基金管理，确保基金安全。对基金的收缴、支付和管理，都要建立严格的规章制度。要科学设计医疗保险费用支出的项目、范围和比例，完善费用结算办法，努力降低医疗费用。要健全监管制度和制约机制，加强医保基金运行管理，做到公开、透明。四要加大财政投入，形成稳定的资金筹措机制。要抓住现在财政形势比较好的有利时机，集中力量办几件关系民生、关系长远的大事。中央财政为建立城镇居民基本医疗保险制度的转移支付资金要及时拨付到位，重点支持中西部地区，地方财政也要打足预算，确保及时到位。

温家宝强调，建立城镇居民基本医疗保险制度必须着眼整个医药卫生体制改革，搞好相关制度统筹协调，特别是要加快建立社区卫生服务体系，整合和充分利用现有的医疗卫生资源，培养适应社区卫生工作的人才，让更多的病人放心地在社区看病就医。要做好城镇居民基本医疗保险与其他医疗保险制度之间在基本政策、管理措施等方面的衔接。

温家宝要求，建立城镇居民基本医疗保险制度是一项复杂而艰巨的任务，必须加强领导，明确责任，精心组织，周密部署，抓好落实。制订试点方案要充分听取群众意见，保证可操作性。要注意研究试点过程中出现的新情况、新问题，积极探索解决的办法，保证试点工作顺利进行。

吴仪在讲话中指出，建立城镇居民基本医疗保险制度关系社会和谐稳定，关系国民经济发展，关系医药卫生体制改革，是一件大事、一件好事，但也是一件难事，要用科学的态度、严谨细致的工作方法，抓好每一个细节，确保试点成功。吴仪要求，要准确把握试点的基本原则，制订好试点方案，注重形成好的机制，加强配套改革和建设，加强宣传和引导，扎扎实实做好试点工作。国务院确定的2007年首批79个试点城市，要在9月底前出台实施方案并正式启动。联席会议各成员单位要分工协作，明确责任，指导和帮助地方做好试点工作。联席会议办公室年底前要组织一次调研和检查指导，全面掌握各试点地区和城市的情况，明年1月份提出2007年试点的评估报告和2008年扩大试点的计划。

讨论：

(1) 为什么说，做好建立城镇居民基本医疗保险制度是一件大事、好事、难事？

(2) 2007年10月10日劳动和社会保障部、发展改革委、财政部、卫生部、食品药品监管局、中医药局联合下发了《关于城镇居民基本医疗保险医疗服务管理的意见》，全国城镇居民基本医疗保险试点工作会议和《关于城镇居民基本医疗保险医疗服务管理的意见》有怎样的联系？

(3)《关于城镇居民基本医疗保险医疗服务管理的意见》的受文单位会是哪些？

【要点阐释】

一、意见的适用范围

意见适用于对重要问题提出见解和处理办法。

二、意见的特征

(一) 重要性

意见所涉及的工作应当是重要的，即是涉及全局性、方针政策性的重大事项和主要问题。所谓“重大”，是相对日常事务中大量的“一般”工作而言的；所谓“主要”，也是相对日常事务中排序靠后的“次要”工作而言的。

（二）操作性

意见的内容，不仅要反映撰制者对重要问题的看法，而且还应当体现出撰制者对处理重要问题的办法。也就是说，仅有对重要问题的深入分析和洞察明鉴还不够，还要拿出切实可行的处理问题的办法。没有具体的操作方案，一味让上级领导机关去思考、制定解决重大问题的办法，就称不上是真正的“意见”。

三、意见的种类

（一）直接指导型

上海市人民政府贯彻国务院关于
解决城市低收入家庭住房困难若干意见的实施意见

各区、县人民政府，市政府各委、办、局：

国务院下发的《关于解决城市低收入家庭住房困难的若干意见》(国发〔2007〕24号)，是指导当前和今后一个时期我国城市住房工作的纲领性文件。现就贯彻国务院《关于解决城市低收入家庭住房困难的若干意见》，提出以下实施意见：

一、统一思想认识，强化住房保障

（一）充分认识住房保障的重要意义。(略)

（二）进一步明确住房保障的指导思想和总体要求。(略)

二、进一步健全廉租住房制度

（三）扩大廉租住房保障范围。(略)

（四）完善廉租住房保障方式。(略)

（五）加大廉租房源筹措力度。(略)

（六）确保廉租住房保障资金来源。(略)

三、建立健全经济适用住房制度

（七）明确经济适用住房供应对象。(略)

（八）加快经济适用住房建设。(略)

四、加快健全住房租赁机制

（九）建立保障性住房租赁服务平台，研究制订租房贴费政策。（略）

五、逐步改善其他住房困难群体的居住条件

（十）继续推进旧区改造和旧住房综合改造。（略）

（十一）改善来沪务工人员的居住条件。（略）

六、完善配套政策和工作机制

（十二）落实住房保障房源建设的经济政策和建房用地。（略）

（十三）加快编制住房保障发展规划和年度计划。（略）

（十四）完善住房保障的组织管理体系。（略）

（十五）落实工作责任。（略）

（十六）加强监督检查。（略）

（十七）继续落实国务院关于房地产市场调控的各项政策措施。（略）

（十八）过去文件规定凡与本意见不一致的，以本意见为准。

上海市人民政府（印章）

二〇〇七年十二月二十四日

（二）批转执行型

上海市人民政府批转市残联等四部门关于做好本市迎接2007年世界特奥会工作意见的通知

各区、县人民政府，市政府各委、办、局：

现将市残联、市教委、市民政局、市体育局《关于做好本市迎接2007年世界特奥会工作的意见》转发给你们，请认真按照执行。

上海市人民政府

二〇〇四年十二月二十四日

关于做好本市迎接2007年世界特奥会工作的意见

世界特殊奥运会（以下简称世界特奥会）是专门为智商在70以下的智力残疾人举办的综合性运动会，旨在通过训练和比赛，使智力残疾人增强体质，发展智力，战胜自我，平等参与社会生活。同时通过社会共同参与，唤起公众的人道主义精神，增进相互了解，改善人际关系，营造和谐友善的社会环境，促进残疾人事业的全面发展。

在党中央、国务院的关心和中央有关部门的支持下，2002年5月24日上海成功获得了2007年第十二届世界夏季特殊奥运会的主办权，这既是国际特奥理事会对我国政府重视发展特奥事业的信任，也是对上海开展特奥运动取得良好成绩的肯定。国家主席胡锦涛将上海特奥会与北京奥运会、残奥会称作“三大赛事”，表示中央政府全力支持上海办好2007年世界特奥会，并希望在这三大赛事中，2007年世界特奥会能有一个很好的开头。

为办好2007年世界特奥会，发展上海特奥事业，根据市委常委会决定和中残联、教育部、民政部、国家体育总局《关于进一步加强和改进特奥工作的意见》(残联发〔2004〕12号)精神，现就做好本市迎接2007年世界特奥会工作提出如下意见：

一、充分认识办好世界特奥会的重要意义(略)

二、明确新时期特奥工作的指导方针和任务(略)

三、加强领导，建立和健全特奥工作体系

(一) 明确责任，形成合力。(略)

(二) 建立和健全各级特奥组织。(略)

(三) 加强特奥培训基地建设。(略)

(四) 增加经费投入。(略)

(五) 加大特奥工作人员的培训力度。(略)

四、大力推进社区特奥工作，开展形式多样的特奥活动

(一) 重视社区迎特奥工作。(略)

(二) 重视农村迎特奥工作。(略)

(三) 重视发挥特殊学校的作用。(略)

(四) 动员社会参与和支持。(略)

五、拓展特奥运动项目，积极组织参与国内特奥会，为迎接2007年世界特奥会创造条件(略)

上海市残疾人联合会
上海市教育委员会
上海市民政局
上海市体育局
二〇〇四年十月十七日

四、意见的写作

标　　题	(1)事由＋文种 关于××××××××的意见 (2)发文单位＋事由＋文种， ××××关于××××××的意见
主送机关	×××××：(经上级批转下发的意见，因主送机关已标注在批转通知中，故无须再标注主送机关。)
正　　文	提出意见的目的、依据； 阐述对所布置工作的实施原则、步骤、方法、意义等。
结尾用语	意见大多没有专设的结尾用语，一般是在最后提出号召、希望和督查要求，也可以意尽文止，自然结束。
机关署名	×××××××
成文时间	××××年×月×日

【难点提示】

(1) 意见是一种可多个方向行文的公文，既可下行，也可上行，还可平行。

(2) 由领导机关或主管部门就某一问题提出的意见，相当于上级的指示，有关部门必须认真贯彻执行，不能当作一般参考来对待。

【文例评析】

文例：

关于加强本区展览市场管理的意见

各有关单位：

为了规范本区展览经营行为，完善本区展览业发展环境，进一步增强城市综合服务功能，根据国家有关法律、法规，并根据市委、市政府领导批示精神以及市政府领导关于本市加强国内展览业管理由市经委牵头负责的精神，7月13日，商委会同工商分局、公安分局、交巡警支队、防火监督处就对本区展览市场管理进行协商并结合本区特点提出如下管理意见：

一、加强引导，注重规范

本区展览业快速发展，展会主办已涉及多个领域，主办单位也呈多元结构。对此，有关职能部门和单位要高度重视，要按照“谁主办、谁负责”

的原则，规范国内展览的主办行为，引导促进国内展览持续健康发展。

二、分类指导，严格管理

从加强国内展览市场管理的要求出发，有关职能部门和单位根据各类展会的定位和规模加强指导，强化对本区展会场所及举办展会期间的动态管理，确保落实有关管理措施，以及应急预案。

三、各负其责，依法行政

有关职能部门应当按照各自法定职责，做好展览有关的管理、协调工作：

区商委对本区举办国内展览活动负责会同有关部门进行定期研究与协调；

区工商行政管理部门负责对本区展览市场依法监管，对展览活动中的违法行为依法进行查处；

区公安部门应当加强对本区展览活动期间的场馆内外安保、交通秩序、社会治安实施监管；

区消防部门负责本区展览活动场所的消防安全指导和管理，严格按照法律法规加强监管；

举办展览单位为展览期间安全、消防及内部管理的第一责任人。租借展览场地的展览主办者由主办单位依照有关规定向有关部门办理展览计划管理必备手续，并承担相应法律责任。

上海市静安区商业委员会

二〇〇四年七月十七日

（引自上海市静安区人民政府网站）

评析：

本意见言简意赅，具有针对性。首段说明目的、依据；正文依次提出三条指导性要求，特别是第三条对有关职能部门的职责作了相应的规定，使得有关措施能得以落实。

【案例操作】

某大学有三十多个学生自发社团，由于组织无序、管理混乱；活动开展不正常，学生意见很大。为加强对学生社团的管理，规范社团行为，校学生会研究决定发文对学生社团在管理等方面提出指导性意见。请你以校学生会的名义就此事项撰写意见。

第九节 函

【导入案例】

江苏省人事厅为了落实省委、省政府《关于进一步加强人才队伍建设的决定》的精神和省政府有关要求，加大人才培养力度，组织开考职业经理人、文秘、人力资源管理、商业营销、社会工作者、计算机软件项目开发和信息技术管理人员等7项社会化水平考试。这些考试涉及一些收费项目，如报名费、考务费等。同时还会涉及相关培训教材、辅导材料等的自愿选择、购买问题，为此，需发文向有关部门沟通、协调。

讨论：

(1) 人事厅在自己的主管范围内，新增人事考试项目为什么还要同其他机关进行沟通？要做好这项工作，人事厅会向哪些机关行文？

(2) 如果受文单位是同级机关，如江苏省物价局、江苏省财政厅，江苏省人事厅用函这一文种行文，是否意味着行文的目的仅仅是通报情况？

(3) 作为同级机关，江苏省物价局、江苏省财政厅对江苏省人事厅的复函会起到怎样的作用？

【要点阐释】

一、函的适用范围

函适用于不相隶属机关之间相互商洽工作、询问和答复问题，请求批准和答复审批事项。

二、函的特征

(一) 行文关系多

函可以用于不相隶属机关、同级机关、上下级机关之间行文。

(二) 使用范围广

不相隶属机关、同级机关、上下级机关之间可以用商洽函相互商洽工作、询问和答复问题；可以用问复函询问和答复问题；可以用请准函向有关主管部门请求批准;可以用知照函把自己管辖范围的事项告诉有关的机构。

三、函 的 种 类

(一) 商洽函

市安全生产监管局关于邀请参加“安全生产月”咨询活动的函

市总工会、市建设交通委、市劳动保障局、市卫生局、市质量技监局、市消防局、市公安交警总队、市市政局:

为贯彻落实党的十六届五中、六中全会精神,倡导安全文化,全面推动建设小康社会、创建平安上海的进程,6月份,市委宣传部、市安全生产监管局、市公安局、市总工会、市文广局、团市委将联合在本市与全国同步开展“安全生产月”活动。

拟于今年6月1日—3日在上海展览中心举办“上海安全生产与科技装备展览会”,作为本次“安全生产月”的一项重要活动。在展览会期间,为进一步普及安全知识,加强交流与互动,安排2007年6月2日(星期六)下午1:30—3:30在上海展览中心展区一楼举行安全生产咨询活动,现邀请你单位派员参加,如需要发放的宣传资料,请自行准备,并将回执于5月21日前传真至63557155,谢谢支持。

上海市安全生产监督管理局

二〇〇七年五月十六日

(二) 问复函

关于明确部分社会化水平考试收费标准的复函

省人事厅:

你厅《关于商请批准我省新增人事考试项目收费标准的函》(苏人函〔2003〕261号)收悉。根据省委、省政府《关于进一步加强人才队伍建设的决定》精神和省政府有关要求,现就我省部分社会化水平考试有关收费问题函复如下:

一、你厅组织开考的职业经理人、文秘、人力资源管理、商业营销、社会工作者、计算机软件项目开发和信息技术管理人员等7项社会化水平考试,可按本函规定向考生收取报名费、考务费(具体收费项目、标准和收入分配规定详见附件)。除此以外,有关部门、单位均不得增加收费项目、提高收费标准、扩大收费范围。各收费单位应强化收费管理,全面实行收费公示,收费使用省财政厅印制的收费收据,收入缴入同级财政专户,实行收支两条线管理。

二、你厅委托江苏省苏仁书店统一发行的和各省级主管部门单独发行的各类人事考试(包括省物价局、财政厅苏价费函〔2002〕9号、〔2003〕122号文件和本函批准的各类考试)教材、辅导材料,均应由考生自愿选择购买。收取教辅材料费,应使用税务发票和依法纳税,并接受价格、税务部门的检查监督。

三、本函自2004年上述考试报名之月日起生效。请有关收费单位接函后,即到同级价格部门办理收费许可证变更手续,再行收费。

江苏省物价局　江苏省省财政厅

二〇〇四年三月十六日

(三) 请准函

××省人民政府关于要求免税进口救灾物资的函

海关总署:

今年我省遭受特大干旱,大批农作物枯死,养殖水产品因缺淡水成批死亡。八月三十一日至九月二日又遭受了十六号强热带风暴及特大海潮的袭击。仅××、××、××三市就冲毁盐田7.9万亩,虾池22万亩,冲跑对虾650万公斤,损坏渔船1 400多条;果树受灾140万亩,农业遭灾面积达250多万亩,粮食减产4亿多公斤,直接经济损失达20多亿元。

灾情发生后,我省各级领导、各有关部门以及全省人民积极行动,全力开展抗灾自救。为保护出口货源,帮助企业尽快恢复生产,我省经贸委安排进口钢材×万吨,胶合板××××立方米,木材×万立方米,柴油×万吨,以发展灾后出口商品生产,确保完成今年出口××亿美元创汇任务。为此,特请海关总署减免我省经贸委统一安排进口的上述救灾物资的海关关税、产品增值税等。

当否,请审批。

××省人民政府(印章)

二〇××年九月二十五日

(引自张保忠、岳海翔《最新公文格式与写作规范》)

(四) 知照函

国务院办公厅关于印发中国加入世界贸易组织承诺简表的函

各省、自治区、直辖市人民政府,国务院各部委、各直属机构:

为便于领导同志了解我国加入世界贸易组织(WTO)法律文件的有关情况,根据国务院领导同志的指示,现将外经贸部整理的中国加入世界贸易组织承诺简表印发给你们,请送主要负责同志参阅。

中华人民共和国国务院办公厅

二〇〇一年十二月六日

中国加入世界贸易组织承诺简表(略)

四、函的写作

标　　题	(1)发文机关+事由+文种 ×××××关于×××××××的函/复函 (2)事由+文种 关于×××××××的函/复函
主送机关	×××××:(如是复函,则主送机关即为来函单位)
正　　文	正文包括发函/复函缘由、事项、要求三部分。
结尾用语	"即请函复"、"请予研究函复"(要求对方答复的); "特此函达"、"特此函达,即希查照"(不要对方答复的); "此复"、"特此函复"、"特此函复,请查照办理"(答复对方的)
机关署名	×××××××
成文时间	××××年×月×日

【文例评析】

文例:

市信息委、市交通局、市老龄委办公室
关于组织集中开展社会保障卡(敬老服务专用)申领发放工作的函

各区、县人民政府:

根据市领导指示,为进一步完善本市老年人免费乘车办法,本市户籍的七十周岁以上老人将使用具有乘车记次功能的社会保障卡(敬老服务专用)免费乘车,并计划从4月初至7月底,完成160余万适龄人群的申领、信息核实和制发卡工作。2008年8月1日起,正式启用社会保障卡(敬老服务专用),作为老年人免费乘车的唯一凭证,同时作为本市七十周岁以上人员享受尊老社会一条龙服务的凭证。

按照市有关领导提出的"好事办好,免费送卡上门"的要求,经与区、县相关部门进行沟通,拟采取集中申领、集中制卡、集中发放的方式,以适龄人员现居住地为准,发动和依靠所在居委会的力量,完成有关信息核实以及发卡工作。请各区、县政府大力支持,共同努力做好这项惠民工作。

上海市信息化委员会

上海市城市交通管理局

上海市老龄工作委员会办公室

二〇〇八年三月十八日

评析:

作为申领发放社会保障卡(敬老服务专用)工作的主办单位,市信息委、市交通局、市老龄委办公室三个机关,为确保在较短时间里有序、稳妥地做好这项工作,落实市有关领导提出的"好事办好,免费送卡上门"的要求,发函给各区、县人民政府,就有关工作进行商洽。正文开头阐明发函的缘由:"根据市领导指示,为进一步完善本市老年人免费乘车办法……"接着叙述发函事项:"计划从4月初至7月底,完成160余万适龄人群的申领、信息核实和制发卡工作。……"最后提出发函要求:"按照市有关领导提出的'好事办好,免费送卡上门'的要求,……拟采取集中申领、集中制卡、集中发放的方式,……发动和依靠所在居委会的力量,完成有关信息核实以及发卡工作。请各区、县政府大力支持,共同努力做好这项惠民工作。"条理清晰,语言平实。既转述了"市领导"(发函单位和受函单位共同上级)的相关指示,也把发函方对该项工作落实的情况告知了对方,同时又用谦和的口气:"请各区、县政府(受函单位)大力支持"。行文得体,符合函的写作要求。

【案例操作】

江南大学有两扇大门,香山北路上的南门外是非机动车道,但因主干道交通拥挤,经常塞车,致使一些机动车辆常转入非机动车道行驶,造成险情,已发生过多起交通事故。学校西门外是太原路。太原路平直,过往车辆多,速度快,且没有任何交通安全设施,过马路的行人很不安全,也已多次发生交通事故。鉴于以上情况,江南大学给市公安局写了一份公文,要求在南门路口适当位置,竖立禁止机动车驶入标志;在西门太原路人行横道处适当位置，安置交通信号灯。请代为起草。再请以市公安局的名义写一份公文给江南大学，同意江南大学的要求。

练　　习

一、填空题

1. 国家行政机关公文（包括电报），是行政机关在________过程中形成的具有________和________的公务文书，是________和________的重要工具。

2.《国家行政机关公文处理办法》所列的国家行政机关公文文种包括：命令（令）、决定、公告、______、______、______、______、______、______、______、______和会议纪要，共13种。

3. 一份机关公文在文面上可以分为______、______和______三个部分。

4. 发文字号由______、______和______三部分组成。

5.《国家行政机关公文处理办法》是在______年____月____日发布并于2001年____月____日起施行的。

6. 报告适用于向上级机关______、______，答复上级机关的______。

7. ______必须事先行文；______则可以在事中或事后行文。

8. 行政机关公文的秘密等级有______、______和______三个等级。

9. 公文标题是公文______内容的概括，公文标题由______、______和______组成。

10. 主题词是概括地反映公文______和______的一组规范化名词或名词性词语；选择主题词的依据是______和______。

11. 抄送机关是指除主送机关之外需要______或______公文内容的其他相关机关。

12. 印发机关是指负责公文______和______的部门，一般是指发文机关的______机构。

二、辨析题

1. 行政机关公文是党政机关公文的一个部分　（　）

2. 报请性公文一定是上行文　（　）

3. 平行文既可以上行，也可以下行　（　）

4. 紧急公文是指有送达时限要求的公文　（　）

5. 任何人都能成为行政公文的作者　（　）

6. 秘密公文均应标识份数序号　（　）

7. 发文机关名称既可以用全称，也可以用简称 （ ）

8. 发文字号就是公文份号 （ ）

9. 发文字号由机关代字、序号和年份组成 （ ）

10. 联合行文只标明主办机关的发文字号 （ ）

11. 机关公文行文时应标明签发人 （ ）

12. 公文标题都应包括发文机关名称、事由和文种三个要素 （ ）

13. 未标明紧急程度的公文，可以延缓办理 （ ）

14. 机关公文均应标明主送机关 （ ）

15. 机关公文的主送机关可以有多个，也可以只有一个 （ ）

16. 主送机关和抄送机关可以都是发文机关的上级机关 （ ）

17. 公文附件是公文的附属材料，不属于公文的组成部分 （ ）

18. 公文的成文时间就是公文的发文时间 （ ）

19. 联合行文，应将主办机关排列在前，只加盖主办机关的印章 （ ）

20. 主题词是公文标题的缩略词 （ ）

21. 主题词是对公文主题作出概括后所形成的词语 （ ）

22. 抄送可以分为“抄报”、“抄送”和“抄发”三种情况 （ ）

23. 任何一个机关组织都可以制作和发布公文 （ ）

24. 机关的收文有时也可以转化为发文 （ ）

25. 凡是秘密公文都应当永久保密 （ ）

26. 公务文书的写作目的具有不确定性 （ ）

27. 写作目的也可以称作写作动机或写作意图 （ ）

28. 领导意图应成为公务文书的主旨 （ ）

29. 领导意图是领导者的个人意图 （ ）

30. 通知是功能较多、适用范围较广的一种机关公文文种 （ ）

31. 通知的主送机关一般只写一个 （ ）

32. 通知与通告不同的是：通知一般内部行文，而通告则往往公开发布 （ ）

33. 批转性通知具有指令性，而转发性通知则不具有指令性 （ ）

34. 通报的行文价值在于它具有教育功能 （ ）

35. 通报具有约束力，而通知则不具备约束力 （ ）

36. 命令（令）、决定和通报都可以用于奖惩有关单位和人员 （ ）

37. 通知和通报都可以用于传达情况和告知事项，但通知传达的是重要情况，告知的是特殊情况；而通报传达的是上级指示，告知的往往是一般事项 （ ）

38. 通报用于部署工作，通知用于传达情况 （ ）

39. 通知和通报都可以下行或平行 （ ）

三、不定项选择题

1. 机关公文的作者是公文的 ( )

a. 撰写者 b. 审核者 c. 印制者 d. 制发者

2. 下列属于行政机关共有的公文文种是 ( )

a. 公告 b. 通告 c. 意见 d. 公报

e. 请示 f. 报告

3. 下列属于知照性公文的是 ( )

a. 公报 b. 命令 c. 通告 d. 意见

e. 通知 f. 通报

4. 下列可以用于上级机关向下级机关行文的文种有 ( )

a. 指示 b. 通知 c. 通报 d. 请示

e. 批复 f. 意见

5. 行政机关公文按紧急程度分,应包括 ( )

a. 急件 b. 特急件 c. 平急件 d. 加急件

6. 下列属于公文"眉首"部分的要素有 ( )

a. 发文字号 b. 公文生效标识 c. 主送机关 d. 紧急程度

e. 发文机关标识 f. 秘密等级

7. 下列发文字号标识错误的有 ( )

a. 国发〔2002〕第7号 b. (90)沪府发3号

c. 国发(2002)五号 d. 〔1999〕沪府办1号

e. 国办发[2000]8号 f. 财发〈02〉5号

8. 下列成文时间标识错误的有 ( )

a. 2000.3.1 b. 99年5月8日 c. 一九九九、五、五

d. 88.12.28 e. 八五年三月一日 f. 二零零一年一月一日

9. 主送机关应负有的责任是 ( )

a. 批转 b. 知晓 c. 抄送 d. 转发

e. 主办 f. 办理

10. 联合行文的机关应是 ( )

a. 两个以上机关 b. 两个以上的同级机关

c. 上下级机关 d. 不相隶属的机关

e. 具有隶属关系的机关 f. 平级机关

11. 下列机关可以联合行文的有 ( )

a. 上海市公安局与上海市工商行政管理局

b. 浙江省人民政府与上海市人民政府办公厅

c. 上海市公安局、上海市卫生局、中共上海市徐汇区委

d. 中共中央、国务院、中央军委

e. 上海市人事局与上海市黄浦区人民政府

f. 上海市人民政府办公厅与上海市司法局

12. 实际办理、执行或答复行文的机关就是公文的 （ ）

a. 发文机关　b. 主送机关　c. 抄送机关　d. 上级机关

e. 受文机关　f. 印发机关

13. 确定主送机关时，应避免下列错误 （ ）

a. 党政不分　b. 多头请示　c. 越级主送　d. 一文一事

e. 主送个人　f. 使用简称

14. 下列习惯用语中常用于上行文的是 （ ）

a. 特此通知　b. 当否，请批复　c. 专此函告　d. 特此报告

e. 妥否，请审阅　f. 以上意见是否妥当，请审阅

15. 机关公文的行文规则有 （ ）

a. 确有必要　b. 党政分开　c. 明确关系　d. 规范行文

e. 一文一事　f. 逐级行文

16. 下列文种中属于行政机关专有的公文的是 （ ）

a. 公报　b. 公告　c. 通告　d. 通知

17. 行文时可以省略主送机关的公文文种是 （ ）

a. 公报　b. 公告　c. 通告　d. 通知

e. 报告　f. 广告

18. 下列事项中不可以用通告行文的有 （ ）

a. ××市公安局向社会宣布开展整顿社会治安打击“两抢”犯罪专项行动事项

b. 国家税务总局向公众告知依法纳税严查偷逃税行为的事项

c. ××市政府办公厅向有关单位告知严格控制和管理市政府系统各类评比活动的事项

d. 新华社受权向国内外宣布我国将进行导弹试验事项

e. 国家防总向公众宣布今年我国第一号汛情

19. 下列事项中应该用通告行文的有 （ ）

a. ××市公安局向社会宣布开展整顿社会治安打击“两抢”犯罪专项行动事项

b. 国家税务总局向公众告知依法纳税严查偷逃税行为的事项

c. ××市政府办公厅向有关单位告知严格控制和管理市政府系统各类评比

活动的事项

d. 新华社受权向国内外宣布我国将进行导弹试验事项

e. 国家防总向公众宣布今年我国第一号汛情

20. 公布社会各有关方面应当遵守或者周知的事项，应该用 （　　）

a. 通知　　b. 通报　　c. 通告

d. 公告　　e. 广告

21. 某市发电厂因线路检修，需告知有关单位停电三天。为此应发 （　　）

a. 通知　　b. 通报　　c. 通告

d. 公告　　e. 决定

22. 某某道路翻修路面，机动车辆需绕道通行。为此某市公安局交警总队应发布 （　　）

a. 通知　　b. 通报　　c. 通告

d. 公告　　e. 决定

23. 以下事项可以用通知行文的是 （　　）

a. 发布行政法规和规章

b. 要求下级机关办理、执行或周知某事项

c. 表彰或处分有关人或事

d. 转发上级机关和不相隶属机关的公文

e. 向下级机关、不相隶属机关或上级机关安排工作

f. 任免、聘用和处理干部

24. 以下文种中属于知照性公文的是 （　　）

a. 公告　　b. 通告　　c. 通知　　d. 公报

e. 通报　　f. 报告

25. 下列事项中可以用通知行文的是 （　　）

a. 某省人大常委会拟颁布一项地方法规

b. 某市水利局将召开水利建设工作会议，需告知各区、县水利部门事先作好准备

c. 某市纪委拟批评某局一些干部玩忽职守，造成经济损失的错误

d. 某市政府拟批转市卫生局《关于做好灾后防疫防病工作的意见》

e. 某市市委拟向所属各级党组织布置学习中央有关文件的事宜

26. 下列属于事务性通知的是 （　　）

a. 关于国庆节放假的有关事项的通知

b. 关于催缴拖欠电话费的通知

c. 某省人民政府转发国务院关于调整机关人员津贴标准通知的通知

d. 关于召开公文处理工作研讨会的通知

27. 下列可以属于通知特征的是　　（　　）

a. 适用范围广，使用频率高　　b. 形式活泼，不拘一格

c. 既可下行，又可平行　　d. 不受发文机关级别高低的限制

e. 字数有一定的限制　　f. 有严格的时限要求

28. 下列事项中可以用通报处理的是　　（　　）

a. 某市文明办拟表彰奋不顾身抢救落水儿童的青年工人事迹

b. 某公司拟向上级机关汇报该公司火灾事故的情况

c. 某市安全生产办公室拟向各有关单位传达全市生产安全大检查的情况

d. 市政府拟公布加强机关廉政建设的若干规定

e. 某省政府办公厅拟公布启用新印章事项

四、分析题

1. 阅读下面的公文文稿，解答文后的选择题；在每题所给的4个选项中，至少有一项是符合题意的：

上海市某区工商管理局为了更好地培训工商管理人才，拟在郊县新建一个培训基地，需征用一部分土地和解决培训基地工作人员编制若干。经局领导研究决定，向上级机关呈送一份公文，希望能批准新建这个培训基地，同时要求解决人员编制、征用土地以及经费等问题，此份公文起草后由局办公室主任亲自签发，并派专人送到上级机关领导人家中，同时，该局领导指示要将文件抄送给该区人民政府和该局下属单位。但事隔不久，该份文件被上级机关退回，文件上有上级机关领导的批示，大意是认为他们的想法很好，新建培训基地是必要的，但此事应按正常的渠道办理。

(1) 材料中的公文主送机关应该是________

a. 市人民政府　　b. 市工商管理局

c. 区人民政府　　d. 市工商局和区人民政府

(2) 该公文的文种应该是________

a. 请示　　b. 报告　　c. 意见　　d. 函

(3) 该公文的签发人应该是________

a. 市工商局长　　b. 区工商局局长

c. 区工商局办公室主任　　d. 区工商局副局长

(4) 该材料的不规范之处有________

a. 传递渠道不对　　b. 人员编制应另行行文

c. 抄送机关不对　　d. 越级呈送公文

2. 阅读下面的公文文稿，解答文后的选择题；在每题所给的 4 个选项中，至少有一项是符合题意的：

关于市工商管理局整顿网吧的决定

市政府、各区、县人民政府：

某市的网吧纵火案造成了重大人员的伤亡，这在历史上尚属首次。为了吸取血的沉痛的经验和教训，我们认为应对各区县的网吧进行大范围的地毯式的一次大检查、大清理、大整顿、大搜索。市工商管理局要求各区县迅速动员起来，开展一场伟大而严肃地、声势浩大的检查活动。对各管辖网吧进行 24 小时监管，发现火灾隐患、上网者进入暴力色情网站者，青少年进入网吧者，无证经营者，追究网主的责任（详情见附件）。我们相信，这次活动将会受到广大人民群众拍手称快，奔走相告。因此，恭请各区县领导带头检查，力争使我市不发生类似悲剧！切切！

特此通知。

××市工商管理局

2007 年 3 月 9 日

附件：《关于清理整顿网吧的具体内容细则》

（此件抄送：本市各委办局、各区县工商局、各区县公安局）

(1) 此公文标题存在的问题是____________

a. 事由不清　　b. 文种错用

c. 标题结构错误　　d. 用词不妥

(2) 此公文的主送机关应为____________

a. 市政府　　b. 区县政府

c. 区县工商管理局　　d. 网吧经营者

(3) 此公文的不规范处有____________

a. 抄送机关错误　　b. 附件位置不对

c. 日期写法错误　　d. 文种前后矛盾

(4) 此公文语言不规范的表现是____________

a. 枝蔓丛生　　b. 文学语言

c. 语气有误　　d. 语法错误

3. 某学校请求区财政局拨款 10 万元修建食堂。区财政局副局长告诉学校领导："打个报告给我，我来批给你们。"请问这种说法对不对？为什么？

4. 请分析下列通报的错误或不足之处，并改写成正确的通报。

表彰通报

各乡镇人民政府，市政府各委办局，各市属机构：

为全面总结工作经验，市政府决定评选1999年度政绩突出单位。经认真评选，市政府办公室、市政策研究室、市计委、市政管办、市政府农林办、市绿化办、市精神文明办、市财政局、市劳动和社会保障局、市统计局、市环保局、市园林局、市文化局、市公安局、市民政局等15个市政府上作部门被评为1999年度政绩突出单位。市政府第二十次常务会议决定，对上述15个部门予以通报表彰。市政府号召全市各部门学习上述15个单位的艰苦创业精神。不断进取、从严治政，争取更大的成绩。

××市政府

2000年2月20日

五、案例操作题

1. 根据下列材料写出公文的发文字号(序号用“××”或任意数字代替)和主送机关名称：

(1) ××省政府2001年发出的《关于切实做好安全生产工作的紧急通知》

(2) ××市教委2002年发出的《关于严禁各级各类学校乱收费的紧急通知》

(3) 铁道部1993年发出的《关于193次旅客列车发生重大颠覆事故的报告》

2. 根据下列材料拟写公文标题：

(1) ××市人民政府办公厅制订了重要规章《××市国家行政机关公文处理实施细则》，发布给下属单位，要求在有关部门和范围内执行。

(2) ××市人民政府收到公文《国务院办公厅关于开展集贸市场专项整治工作的通知》，下发所属单位。

(3) ××市公安局向所属下级机关布置近期工作，内容是整顿社会治安严厉打击重大刑事犯罪活动。

(4) ××市公安局向上级机关汇报本部门专项性工作，内容是开展扫黄打非工作的情况。

(5) ××市人民政府对下级机关布置工作任务，交待办法，要求办理执行，内容是切实做好今年防汛抗台准备工作。

3. 浦东新区公安分局准备召开一次会议，向所属下级机关布置近期工作，内容是关于外来人口管理工作。请你就此起草一份公文。

4. 为做好应对可能发生的高致病性禽流感疫情，把高致病性禽流感可能带来的影响和损失降到最低限度，根据《重大动物疫情应急条例》、《全国高致病性禽流感应急预案》和《上海市高致病性禽流感应隐预案》及农业部有关高致病性禽流感防控的有关规定，上海市重大动物疫病防治指挥部制定了《上海市高致病性禽流感防控分级应对方案》，需印发给各区（县）重大动物疫病防治指挥部及成员单位遵照执行。请你代上海市重大动物疫病防治指挥部拟写一份公文。

5. ××区税务局需增购公务用车若干辆，请你为此起草一份公文，向上级机关请求批准。

6. 某大学团委计划在 2007 年暑期组织各院系团干部赴我国西部地区进行一次扶贫帮困考察调研活动。按有关规定，活动须报请学校党委批准，并提供一笔经费。在此之前，校团委拟召集各院系团委书记开一次会议，具体讨论暑期考察活动的指导思想、考察具体项目、地点、日期、行程安排及组织管理、安全事项等。此外，还需与当地有关部门联系，为考察顺利进行提供必要的帮助。

请根据以上内容完成下列要求：

(1) 请以校团委名义，向学校党委写一份请示，然后请以校党委名义，写一份表示同意的批复

(2) 请以校团委名义，写一份会议通知，一份会议纪要。

(3) 以校团委的名义，向当地行政部门写一份联系工作，要求提供考察方便的函。

(4) 考察结束后，请以学院团委的名义写一份考察报告。

要求每篇公文的字数在 300—500 字。

第三章 行政事务文书

第一节 行政事务文书概述

一、行政事务文书的涵义

行政事务文书，顾名思义是因事而作，在行政管理过程中处理日常事务时使用的文书。因为在公务活动中，党政机关、社会团体、企事业单位实施有效的管理，处理事务，会有大量的日常事务性工作，如要做一个新项目，首先要进行调查研究，要收集并记录相关情况，然后要对相应的工作有所计划、安排，并对工作进行及时的总结，为了使工作进展顺利，还要统一认识，规范人们的行为等。在这些日常事务性工作中，要使用的各种各样的文字材料，就形成了专为处理日常事务性工作的文书，这就是事务文书。

二、事务文书的特征

（一）广泛的辅助性

辅助性是事务文书的本质属性。事务文书不具法定性，更无强制力，但它同样有管理、沟通、协调等功能，对保证工作的有序开展、提高管理工作效率和水平等有着广泛的辅助性。

（二）使用的经常性

事务性工作，各类机构中大量存在，随处可见，几乎每天都有，涉及工作的方方面面，因此，事务文书的制发和使用也就经常而频繁。它是机关、企事业单位最常用的，是适用范围广、使用频率高的一类公务文书。

（三）体式的灵活性

事务文书不像行政公文那样有严格的体式和行文规范，也无需经过严格的制发程序。其写作格式较自由、灵活，显示出一种较强的灵活性。譬如，它不需像公文那样有各种标识规范，它可以没有眉首，发文字号，也不标主题词等；它的文种繁多，即使内容性质相同的，文种标识也可以完全不同。如“计划”，也可称“安排”、“打算”、“规划”等。行政公文的制发和生效必须履行法定的程序，如领导审核签发等，而事务文书制发没有如此严格的要求，制作程序较为简便。

（四）作者的广泛性

行政公文的作者只能是依法成立的机关和组织，专用文书的作者也主要限于本行业的机构和人员，而事务文书的作者相当广泛，各行各业中的群体和个人都可以订计划、作总结、搞调查、写简报等。

三、事务文书的种类

事务文书按性质与功能大体可分为四类：

(1) 计划类：计划、安排、方案、规划等。

(2) 研究类：总结、调查报告、述职报告等。

(3) 信息简报类：简报、会议记录、备忘录等。

(4) 法规制度类：章程、规定、条例、办法等。

第二节　计　　划

【导入案例】

上海腾飞贸易发展有限公司拟组织一系列活动以庆祝公司成立十周年，目的是为了展示企业风采，扩大企业影响，赢得更多客户。庆祝活动包括新厂房落成剪彩典礼，宴请冷餐会，客户恳谈会，制作 3 000 份小礼品赠送客户，文艺演出等，该公司公关部承担了此次庆祝活动策划组织工作，现在离公司成立纪念日只有两个月了，公司要求公关部尽快写出庆祝活动的详细活动方案以供领导审核批准。

讨论：

(1) 离公司成立纪念日还有两个月的时间，为什么公司就要求公关部尽快交出庆祝活动的详细活动方案？

(2) 组织本次庆祝活动的目的是什么?

(3) 本文中所组织的一系列活动有没有完成的时间期限?

(4) 此次庆祝活动具体有哪些内容?

【要点阐释】

一、计划的涵义

计划是一定的组织或个人对未来一定时期内的工作、生产、学习等活动作出打算和安排的文书。

二、计划的特征

(一) 预想性

任何计划都是先于实践活动而制定的,是"立足现实,着眼未来",因此,计划的内容都是尚未实践过的,但准备今后实践的内容。所以,计划的本质就是预先确定今后的目标、步骤和方法。古人所说"凡事预则立,不预则废"就是在告诫我们无论做什么都要有预先的谋划和准备。

(二) 可操作性

计划不是对未来的憧憬,而是直接与现实工作联结在一起的行动纲领,它使人们对将要进行的工作、完成的目标做到心中有数,有的放矢。因此,为实现预期目标,计划必须有切实可行的实施步骤和有力的措施,并符合制定者的自身实际,包括人力、物力、资源、经费、时间表等,这是既定目标最终能顺利实现的保证。目标宏大但措施不实的计划,只能是纸上谈兵。

(三) 系统性

任何一种计划的制定都不是一项孤立的工作,它必须统一在机关、企业的整体计划之中。企业整体的计划组合了不同的职能部门的计划,而一个职能部门的某个阶段的计划又必须和机关、企业的总目标保持一致,与整个机关、企业的公务运作相吻合,这就是计划的系统性。

(四) 约束性

计划对行动不仅有指导作用,还有一定的约束力。很多计划都有明确的目标,限定完成的时间，规定的步骤和方法以及执行计划的对象，具有很强的操作性。因此，计划也是上级检查、督促下属单位或个人的依据。计划一经批准或确立，计划所管辖的单位、部门或个人必须遵照执行，努力完成。

三、计划的种类

计划的种类有很多，按照不同划分标准，可以将计划分为不同的种类。

1. 按性质分，有综合性计划、专题性计划。

2. 按内容分，有工作计划、生产计划、学习计划、教学计划等。

3. 按时间分，有长期规划（3 年以上）、中期计划（2—3 年）、短期计划（1 年以下）如年度计划、季度计划、月度计划、短期安排、周计划、日程安排等。

4. 按范围分，有国家计划、地区计划、单位计划、部门计划、个人计划等。

5. 按形式分，有表格式计划、条文式计划、条文与表格结合式计划等。

6. 按名称分，有规划、计划、方案、要点、安排、设想、打算等。

一般来说，3 年以上的长远计划，称为规划；而中期（2—3 年）和短期（1 年以下）计划，就称为计划；打算、安排是对某项短期工作的具体部署，如《××大学 2000 年暑假工作安排》；设想是初步的、还未成熟的计划，如《××市关于建设大学城的设想》；方案是对某项工作，从目的要求、方法到相应措施都作出具体安排的计划，如《关于 A 国××贸易代表团来访的接待方案》。

四、计划的写作

<table>
<tr><td>标　　题</td><td>××大学 2005 年度教学改革计划
（标题通常由制定计划单位名称＋时限＋内容＋计划名称组成，也可省略时限或单位名称）</td></tr>
<tr><td rowspan="3">正

文</td><td>前言：制定计划的缘由、依据、目的和指导思想。简短的工作安排可省略前言部分。</td></tr>
<tr><td>主体：说明计划的具体内容，要包含计划的三要素，即目标（做什么）、措施（怎么做）、步骤（分几步做完）。
（一般拟分条列项表述，措施要详细、具体，步骤要分阶段）</td></tr>
<tr><td>结尾：可提出希望，发出号召；也可表明制定者对完成计划的决心。也可没有结束语直接结束。</td></tr>
<tr><td>机关署名</td><td>××××××××
（制订者单位名称）
（署名也可写在标题下面）</td></tr>
<tr><td>成文时间</td><td>××××年×月×日</td></tr>
</table>

【难点提示】

(1) 计划要有科学性,要符合客观实际,广泛听取意见,并进行科学论证。只有从实际出发,按客观规律办事,才能使之行之有效。

(2) 计划既要有挑战性,又要留有余地。计划制定的目标要有一定的挑战性,以发挥人的主观能动性。但计划还应留有余地,以便在执行计划过程中出现困难、问题时作适当调整。

(3) 撰写计划要具体、明确。计划的每一个目标、措施、步骤都要明确具体,可操作性强,使执行者工作有序,也便于检查。

【文例评析】

文例 1:

××厂团委关于纪念“七一”活动的打算

为了隆重纪念中国共产党成立八十周年,对全厂团员、青年集中进行一次热爱党、热爱祖国、热爱社会主义的教育,我们根据全厂青年的状况和特点,对不同对象分别提出不同要求,进行有针对性的正面教育。

一、目的要求

通过一系列不同形式的教育活动,让全厂团员、青年进一步认识党的伟大,进一步增强党的观念,进一步密切党同团员、青年的关系。

二、活动内容

1. 召开“在争取入党的日子里的座谈会”。请厂党委书记与写过入党申请书的团员、团干部座谈,让这些积极分子进一步向党表示自己的心愿和决心。

2. 召开“与优秀党员见面会”。请本厂 11 名被机电公司党委授予优秀党员称号的同志同全厂团支部书记见面,由优秀党员介绍他们的先进事迹,使大家学有榜样,干有方向;同时又使大家从这些党员身上进一步感到党的可亲。

3. 召开“团是党的后备队”的报告会。请党委组织部长向全厂团员作有关党的基本知识和对团员的要求的报告,使全体团员进一步了解党的性质、任务,明确团与党的关系,明确团员所负的责任。

4. 举办以党史和党的领袖人物的革命业绩为主要内容的“纪念建党八十周年图片展”。组织全厂团员、青年参观,并以班组为单位进行一次座谈。

5. 组织全厂团员、青年观看革命历史题材的电影，如《南昌起义》等。

三、时间安排

上述活动除电影在7月1日放映外，其余在6月15日至30日期间进行。各有关部门要认真做好各项活动的准备工作。

××厂团委

2001年6月2日

评析：

本文属于短期计划，行文的目的是为几周后的纪念"七一"活动作打算，主体部分写了目的要求、活动内容、时间安排；本文的工作目标是纪念"七一"，这不是一个量化的目标，有点虚化，但活动内容中具体安排的三个"会"，一个展览，一场电影却将虚化的目标变得实实在在，全文简洁明了，可操作性强。

文例2：

关于"声音的文化"记录行动的项目策划方案

一、项目背景

文化，是一个国家和民族跻身世界之林的"身份证"，也是一个国家和民族实现快速发展的原动力，一切财富和经济价值的创造，都是文化行为；一切经济效益和社会文明，都是文化的升华物和凝铸物。所以，当今世界呈现文化与经济、文化与政治相交融的特点。

文字、图像、声音是构筑文化长城的基石，也是人类见证和记录时代变迁、社会进步、文明延续的三个主要元素，缺一不可。随着时间的变迁、社会的进步、文明的延续，大家见到的文字越来越简洁，图像越来越唯美，但是大家听到的声音却越来越少味道了，特别是一些原生态声响、民间传唱及地方特色吆喝正一点一滴地流失。在"耳听为虚，眼见为实"的误解下，人们越来越少用耳朵去了解世界，声音越来越被人们所忽视。

声音和自然生态一样，都是一次性的，一旦毁灭，无法生还。我们焦虑：在乡村城市化、城市趋同化的演变中，我们祖先留下的千姿百态的声音艺术将会日趋湮灭！如果不及时拯救，将会造成人类历史上一次重大的文化灾难。

当人类有了声音记录技术，保存声音，拯救声音将不再是梦想和空谈，而这也是所有声音工作者的责任。作为"声响亚洲"这个品牌的一部分，第二届"声响亚洲"文化节期间将用"声音的文化记录行动"这个名义正式启动"保存声音、拯救声音"这个非常有意义的大行动，这一举措必将成为人类文化史上又一个里程碑！希望有更多的民众共同关心并参与到这个行动中去。

二、项目宗旨

记录、保护、传承

三、项目团队

“声音的记录行动”顾问名单：

××× 全国政协常委、中华民族文化促进会主席

××× ……（略）

××× ……（略）

……………（略）

四、项目安排

采录方式：采用高清晰画面与5.1声道的记录形式进行采录。

路线设计：贵阳、广州为启动城市，各少数民族地区及台湾地区为后续城市。

征集内容：

1. 国内民俗活动，包括节日庆典、民俗礼仪的音乐、歌谣、仪式的声音等珍贵记录。

（略）

2. 国内民间传唱：如藏族《格萨尔王》说唱“折嘎”……（略）

贵阳市征集内容：天琴、八音等。

广州市征集内容：

1. 首批国家级非物质文化遗产名录推荐项目名单（广东）

音乐类：（略）

舞蹈类：（略）

戏剧类：（略）

……（略）

2. 民间传承给后人的传唱

征集方法

(1) 经各地政府推荐的民俗活动和非物质文化遗产等声源，经专家团队亲赴该地核准后予以采录。

(2) 开展全国范围内的征集活动，大力发展民间力量，力求全民参与，凡经专家团队证实核准后，予以采录并给予物质奖励。

五、项目安排时间

一年走访3—5个城市点，整个项目时间约需5—8年。

前期资料收集整理时间:20—45天/一个地区。

摄制周期:20天/一个地区

后期制作周期(含录音剪辑、画面剪辑和特技等):10—30天/一个地区。

六、成果展示和社会宣传

影视成品将在央视10套《探索与发现》、央视3套《节庆中华》两个栏目播出。

录音成品将在各地电台播出。

……(略)

七、启动城市费用及预算

前期资料收集整理费用:10万×两个地区(广州、贵阳)=20万

……(略)

八、专项拨款用途

市长基金用于:

1. ……(略)

2. ……(略)

九、后续城市费用及预算(略)

××××××

××年×月×日

(引自《应用写作》2007年第3期)

评析:

方案在计划中,是最具明确的行为指向性的。本文更是鲜明地体现了这一特征。第一,“项目背景”即是其前言,简要介绍了开展“声音的文化记录行动”这个项目的目的、意义;第二,明确了项目要完成的目标任务;第三,明确告知项目参加人姓名;第四,细写了为完成任务而采取的措施、方法;第五,限定了项目完成的时间及具体的步骤;第六、七、八、九又较为详细地说明了该项目在宣传、经费上的安排。全文目标明确,措施具体,各种安排细致全面。

【案例操作】

根据下列材料,制定周期为一个月的筹备工作计划

你是迎川市阳光电器产品有限公司推销部的推销员,公司定于一个月后的“十一”国庆长假期间在市郊农村进行一次电视机、洗衣机、冰箱的促销活动,你作为筹备组成员,请将筹备工作中你负责的部分工作列出来,制定一份工作打算。

促销活动时间为一天，你的工作是：(1)印制在现场发放的宣传材料1万份，包括产品简介、价格表和广告散页；(2)准备400份宣传小礼品；(3)租借、布置活动场地，包括横幅、彩旗、气球、展台等；(4)准备活动当天员工的午餐及饮料。

第三节 总　　结

【导入案例】

办公室秘书王兰这几天一直愁眉不展，心事重重。原来公司年底要开总结会，处长把写总结的任务交给了王兰。前几天，王兰把写的总结交上去了，没想到被退了回来，还被处长批评了一顿，说她写的总结像报流水账，缺典型事例和准确的数据，要她重写，并限期完成。以前，年底写总结都是老大姐林秘书写的，林秘书写得很不错，每次都得到了处长的表扬。明年林秘书要退休了，今年处长要锻炼新人，就把这任务交给了王兰。没想到却被退回来了。想找林秘书帮忙，林秘书又出差了，好不容易等到林秘书回来，王兰赶紧向她求救。林大姐听了情况，马上拿出一个小本子对王兰说："你要写好总结的秘诀都在这里。"王兰打开一看，小本子里记录了本年度处里发生的大事，有好事、也有坏事，有经过、也有数据，有的还加了林大姐自己的感受。王兰明白了，之所以她写的总结像报流水账，没深度，就因为缺少典型的事例和准确的数据加以说明、支撑。有了林大姐的小本子，王兰很快就完成了总结的第二稿，并得到了处长的肯定。

讨论：

(1) 处长为什么要批评王兰？

(2) 总结的行文目的是什么？

(3) 为什么王兰有了林大姐的小本子很快就完成了第二稿的写作？

【要点阐释】

一、总结的涵义

总结是对过去一个阶段或一定时期内的工作、生产、学习等进行全面系统的回顾、检查、分析和评价，从中找出经验教训，获得规律性的认识，以指导今后工作的文书。总结有时也可称为小结、经验、体会、回顾等。

二、总结的特征

总结具有以下三个特点：

（一）客观性

总结必须实事求是，其内容必须完全忠实于客观事实，有一说一，有二说二，不能添油加醋或报喜不报忧，更不能无中生有。其观点应是以客观工作实际为依据作客观分析得出的，不能任意拔高，主观臆断。

（二）论理性

总结不只是回顾已经做过的工作过程，更重要的是对过去工作进行分析、研究，把感性认识上升到理性高度，即总结出带有规律性的经验理论，以指导以后的工作。当然，总结的说理，不是长篇大论，而是以客观工作实际为依据的画龙点睛式的下结论。

（三）自述性

总结是对本地区、本部门、本单位的前一阶段工作实践的概括和总结，一般由本单位自己撰写，用第一人称叙述，因而带有鲜明的自述性。

三、总结的分类

总结主要有以下几类：

(1) 按内容分：有工作总结、生产总结、学习总结等。

(2) 按时间分，有年度总结、季度总结、月份总结等。

(3) 按范围分：有个人总结、小组总结、部门总结、单位总结等。

(4) 按性质分：有综合性总结和专题性总结。其中，综合性总结和专题性总结是总结的最基本的两种类型，在日常工作、生活中运用广泛。综合性总结又叫全面总结，是对各项工作的全面回顾，要求重点突出，单位年终总结就属这一类。专题性总结又叫经验总结，是对某项工作的专项总结，要求内容集中，有针对性。

四、总结的写作

标　　题	（1）××大学2007年度工作总结 （公文式标题由单位名称＋时限＋内容＋文种组成，也可省略时限或单位名称） （2）薄利多销，保质保量——上海市××饭店成功经验介绍 （新闻式双行标题，正题概括总结的内容，副题标明单位、时限、种类）
正 文	前言：概述总结的内容、目的、背景等。 （常采用概述式、提问式、结论式等形式来表达）
	主体：包括基本情况、主要经验、存在问题和努力方向四部分。（本部分要着重分析总结，归纳出明确的观点。常用的形式有：分部式，以情况—经验—问题—建议的顺序，进行总结。这是总结的传统写法。小标题式，把总结的内容按性质分成若干部分，夹叙夹议，适用于专题总结。阶段式，按工作的时间顺序或工作程序进行总结。周期长，阶段性明显的工作较宜采用这种结构形式。）
	结尾：可提出今后工作的打算，努力的方向，也可不写，直接结束。
机关署名	×××××××× （制订者单位名称） （署名也可写在标题下面）
成文时间	××××年×月×日

【难点提示】

（1）充分占有材料是写好总结的前提和基础。应尽可能地收集各种材料以确保总结的客观真实。

（2）总结既要肯定成绩，也要分析教训，指出存在的问题，这样才会对今后的工作有实际的指导意义。

（3）总结的价值在于总结经验，找出规律性的东西，而这就是全文的重点，切忌主次不分，面面俱到。

【文例评析】

文例：

成功推销水洗芝麻的总结

××公司××科××组

水洗芝麻是用种植芝麻为原料进行脱皮加工而制成的。该商品品质的好坏，除了加工技术外，其原品的优劣是一个重要的因素。

××××年，由于受自然气候的影响，芝麻的色泽和粒型均不如去年。用这些原品加工出来的水洗芝麻中有相当一部分成品色泽金黄，低于以往的出口规格，因此积压了一定的库存量，影响了仓库的周转。对此，仓库方面有意见，提请我们做内销处理。为了减少国家损失，争取外汇，我们全组同志一起认真分析市场，积极寻找销路，最后终于成功地为这批芝麻找到了合适的市场，避免了不必要的损失。我们的做法主要是：

一、根据不同的消费需要选择试销对象

我国水洗芝麻的传统市场在澳、新和中东地区。澳、新地区用芝麻做面包和汉堡包上的点缀，要求芝麻粒型均匀，呈乳白色。所以我们这批水洗芝麻虽然内在质量不差，但外观差异明显，在澳、新地区难以找到销路。而中东地区则习惯用芝麻做"TAHZNA"，一种类似我国芝麻酱的食品。做这种食品时，先要将芝麻磨碎，然后再添加其他辅料，如糖等，因此色泽相对来说关系不大。然而过去向中东地区送交的水洗芝麻，其品质和外观都与澳、新无甚差别，现在改送色泽金黄，粒型不均的水洗芝麻，客户能接受吗？商检局能放行吗？几经分析讨论，我们一致认为中东地区可以作为这批水洗芝麻的试销对象，应该去努力试试。由于细致分析了不同的消费需要，选对了试销对象，结果首批商品成交，在科威特地区获得成功。第一批15吨水洗芝麻的成交，大大鼓舞了我们的信心，也说明我们的做法是正确的。

二、根据不同市场行情灵活推销

××××年的异常气候，不但影响了芝麻的品质，也直接影响到芝麻的产量。××××年初，这种影响就反映到了市场上来了，芝麻开始出现供不应求的趋势，要求我公司发盘的函电从各地纷至沓来。市场行情的变化给了我们极好的机遇，我们决不放过。于是，对于中东地区的询盘函电，我们先以"目前无供"或"供应紧张，歉难报盘"、"正与生产厂联系，具体业务后洽"等内容回复，造成供不应求的气氛。同时，积极与商检局联系，将国际市场动态及中东地区消费特点向他们做详细的介绍，并提出以看样成交的方式销售这批水洗芝麻，希望商检局能予以配合。在征得商检局的同意后，我们在商检局有关同志具体建议帮助下，与仓库工人一起对这批芝麻逐包进行挑选，分门别类地将这批货重新整理成B级和看样极，随后将样品寄送各老客户，同时报以较优惠的价格。由于我们掌握了市场动态和客户心态，首笔交易就在客户"饥不择食"的情况下同科威特客户××公司顺利达成了。紧接着，我们开始接受大批量订单，并逐步将价格从开始的800美元调整到1 000美元。到目前为止,这类芝麻的销售量在中东地区已达到×××吨,金额达×××美元,其换汇成本在我内控指标内,获得较高的经济效益。通过这次“死货”变“俏货”的过程,我们大大提高了对自身贸易工作的感性认识和理性认识,尝到了分析市场、灵活销售的甜头。并且还认识到,在同样价格的基础上,B级水洗芝麻完全可以代替A级品销往中东地区,而A级品则可提供其他高价市场,创收更多的外汇。

水洗芝麻的推销成功,给了我们很大的启示:在贸易业务上,学无止境,进无止境。我们只有不断学习,不断实践,不断创新开拓,才能使自己业务水平和经验更上一层楼,为国家创更多的外汇,做更大的贡献。

××××年×月×日

评析:

这是一篇专项工作的经验总结。全文围绕怎样使“死货”变“俏货”组织材料,突出主旨。前言概述了水洗芝麻积压,销售难,及至最终被推销成功的过程。主体是以小标题形式把内容分成两个方面来进行总结,夹叙夹议,用事实、数据说明成绩经验,合理可信。本文行文简洁,文风质朴。

【案例操作】

根据总结的写作方法和要求,结合自己的实际经历如学习、班干部竞选、打工、推销、组织团体活动等拟写一份总结。

第四节　述职报告

【导入案例】

小张是××市进出口公司最年轻的部门经理,上任快两年了,工作勤奋、努力,广受好评。随着两年的任期即将期满,这几天他正忙着写述职报告。小张对此次述职很重视,为此,他将自己写的述职报告拿给他妻子先过目,因为他妻子是某公司的经理秘书,很熟悉各种公务文书的写作。他妻子看了,却皱起了眉头,告诉他,“你的述职报告重点不突出,如何履职尽职部分写得太少,而经验总结部分又写得太多,而且语言太华丽了”,建议他进行修改。

讨论:

(1) 小张的述职报告存在什么问题?

(2) 述职报告为什么应多写如何履职尽职,少写经验总结?

(3) 述职报告的重点是什么?

【要点阐释】

一、述职报告的涵义

述职报告是各级党政军干部和其他岗位责任人根据职责考核标准要求，向本系统、本部门领导或本单位干部职工报告自己在一定时期内履行岗位情况，并进行自我评估的一种书面报告，它是上级领导考察部属、评委会考察参评对象以及群众评议领导的重要依据。

二、述职报告的特点

（一）评述的自我性

“评”即评价鉴定自身的工作，“述”即叙述、说明。述职报告反映的都是述职人本人在任职期间的所作所为，带有鲜明的自述性。一般用第一人称进行自我评述。述职时应多讲“我”做得如何，做了哪些，不宜多谈他人。应紧紧把握自我。

（二）内容的透明性

述职报告是用来考察述职人工作是否称职的书面材料，不但领导、聘用单位要对其述职报告的真实性、客观性进行查核，而且本单位的职工群众也会对其进行民主评议，因此，其内容必须具有透明性。

（三）范围的限定性

述职人述职是受职责范围和时间段限定的。职责范围就是其岗位职责所明确的具体要求。时间段是指其述职内容所涉及的起止时间，一般这个时间段是根据实际情况来决定的。述职报告必须严格按照职责范围和时间段来写作，不得随意超越或脱离。

三、述职报告的分类

根据不同的标准，述职报告可以分为以下三类：

（1）按时间分，有任期述职报告、年度述职报告、阶段述职报告、临时述职报告。

（2）按内容分，有综合述职报告和专题述职报告。

（3）按报告者分，有个人述职报告、集体述职报告、领导班子述职报告。

四、述职报告的写作

<table>
<tr><td>标　　题</td><td>(1) 述职报告(只写文种名称)
(2) ××年度任××职务期间的述职报告
(任职期限＋担任职务＋文种)
(3) 当好改革的排头兵——我的述职报告
(有正副题的双行标题)</td></tr>
<tr><td>称　　谓</td><td>××××:(各位领导、同志们:)
(顶格写)</td></tr>
<tr><td rowspan="3">正

文</td><td>引言:概述任职期间的基本情况。
(本部分要写明述职人的职务、述职时限、分管的工作、岗位职责、工作目标及自我评价等。)</td></tr>
<tr><td>主体:重点陈述自己履职尽职的实际情况,存在的问题和今后努力方向。
(履职尽职的情况通常从德——思想、能——能力、勤——态度、绩——成绩四方面来写。)</td></tr>
<tr><td>结尾:特此报告,请批评指正。
(另起一行,空两格,用句号)</td></tr>
<tr><td>署　　名</td><td>述职人:×××
(述职人姓名)
(署名也可写在标题下面)</td></tr>
<tr><td>成文时间</td><td>××××年×月×日</td></tr>
</table>

【难点提示】

(1) 撰写述职报告,应点面结合,重点突出。其着重点在于陈述是否称职,应有具体事例,忌面面俱到,报流水账。

(2) 撰写述职报告,要实事求是,以防弄虚作假。不管是谈成绩还是讲问题,都应如实汇报,符合实际。

(3) 撰写述职报告,语言要朴实、通俗。

【文例评析】

文例:

述 职 报 告

各位领导、各位代表、同志们:

我自2004年9月起任威乳高速公路第二合同段项目经理,2005年任公司副总经理。2005年我的项目管理目标责任主要是完成施工产值9 140万元,上缴1 080万元{含清银二期前期投入250万元},职工工资及时发放和社保四项基金足额上缴，工程质量安全无事故，年度综合评比确保前三名。经过努力，全部完成各项责任指标，完成的施工产值和上缴款是全公司最多的，而且在业主年终考核中还以总分第一名的优异成绩获得“威乳高速公路工程建设2005年度先进施工单位”奖牌。现将我的履职情况汇报如下，请审议。

一、迎难而上，化压力为动力，创新管理思路，全面完成公司下达的各项责任指标。

威乳高速公路第二合同段合同总投资2.467亿元，是当时全公司投资额最大的一个项目，公司上下对该项目寄予了厚望，作为项目经理，我深感肩上担子有多重。但困难再大，我也无所畏惧，而是化压力为动力，想尽一切办法去克服困难，力争任务的全面完成。

巧解征地拆迁难。

二合同段公路全长15.68公里，征地拆迁涉及三个乡镇二十六个自然村，工作量相当大，而地方政府征地拆迁工作由于各种原因严重滞后，造成项目部征地拆迁工作相当被动，就连业主和总监办也承认二合同段的征地拆迁工作是全威乳路难度最大的。在这种情况下，等、靠不是办法，我对负责征地拆迁工作的张调度说，中间的路走不通，就走下面和上面的路，要想尽一切可行的办法，哪怕是哭也要把事办成。在我的提示和督促下，张调度不怕跑断腿、磨破嘴，把工作直接做到每个村、每户居民，工夫不负有心人，终于在威乳路六个合同段中率先突破了制约施工的瓶颈，得到了业主和总监办的高度评价。

破解施工进度难。

威乳高速公路是在拆除既有线的基础上进行建设，且有部分路段位于城乡结合部，施工干扰因素多，而胶东半岛的气候不适宜冬季施工，雨季又集中在七八月份，如何在短短的七个月里优质安全地完成9 140万元的投资是摆在我面前最大的挑战。

在我看来，施工队是工程主体的缔造者和建设者，是保证工程质量安全和工期的决定者，因此，抓好施工队就等于抓住了项目成败的关键。我在项目部提出了“1+1”的思路，即把施工队纳入到项目部统一管理体系内，帮助好、指导好、服务好施工队，为施工队多挣得了利润，而项目部也因此赢得了时间，确保了工期，从而开创双赢的良好局面。实践证明，我的这个思路是可行的，效果是明显的——经过全体参建人员的努力，项目部全年累计完成投资9 160.1万元，占年度计划9 140万元的100.22%，安全质量无事故，超额完成了年度计划。

要达到双赢，我的体会是：

首先是项目经理要一身正气，廉洁奉公，把与施工队的良好关系建立在工作平台上。自上岗以来，我没有接受过一次施工队的宴请或礼物，也不允许项目部任何员工对施工队卡、拿、吃、要。在七月份，项目部某工程师不听劝告屡次接受施工队宴请而耽误工作，我毫不留情将其辞退，从而在项目部树立起了正气，刹住了歪风，使全体参建人员一门心思扑在工作上，有力地促进了各项工作的快速展开。

其次是做到"言必信，行必果"。为提高施工队伍的积极性、主动性和创造性，我实施奖罚制度，对于保质保量按期完成计划的施工单位给予3 000—20 000元的奖励，完不成计划的施工单位给予2 000—20 000元的罚款，并坚持每月兑现奖罚。全年累计发放奖金31.8万元，罚款14.3万元。这种说到做到的工作作风，促使施工队认真对待项目部下达的施工任务，主动想办法加大人、财、物的投入去完成计划，保证了计划的严肃性和可行性，从而确保了全年计划的如期完成。

化解资金紧张难。

由于业主计量支付周期长，而水泥、钢材及油料等材料款又不能拖欠，导致在施工高峰期资金缺口达1 000万元之多，为确保正常施工，我把资金运作当成工作重点，想方设法保障资金。

一是把好资金流向关。督促施工队把工程款都用在工地上。

二是加强与业主的沟通，争取业主的理解和支持。良好的人际关系使我们能从业主处拆借部分资金应急。

三是督促施工队加大资金投入。这又缓解了部分资金压力。

四是我本人把资金筹措当成一件大事来抓。有一次因资金紧缺，材料和油料供应不上，工地一时处于半停工状态，正当我向业主拆借部分款项应急时，青岛临时有急事必须过去处理，为在周六放假前把钱借到手，我从文登连夜赶到青岛，处理完后第二天一早又冒着浓雾驱车返回威海，及时把资金拨付到各施工队，渡过了难关。正因为我以强烈的责任感把好资金关，使资金使用安全合理，在资金相对紧张的情况下，我不但没有向公司伸手要一分钱，而且完成了上缴款指标，项目部40名正式职工、内部对18队23名正式职工工资全部发放到位，人均年收入2.68万元，社保基金足额上缴，无不良债权债务。

二、强化意识，加强管理，确保安全质量无事故。

在工作中我经常强调"没有质量的进度等于零"，"效益是饭，安全是碗"，在全体参建人员中树立"质量第一，安全为天"的意识，时刻绷紧质量和安全这根弦。我积极督促和支持项目总工、技术部长、安全质量部长、专职安全员认真履行职责，并把他们的工资奖金与安全质量直接挂钩，增强责任心，从而使工程质量和安全生产始终处于受控状态。在山东省交通厅工程质量检查中，工程质量实测合格率达100%，远远高于山东省平均合格率89%的水平，安全生产也实现了无事故的目标。

三、牢固树立争第一的思想，提升执行力，不断扩大十六局品牌的知名度和美誉度。

我认为要想争第一，不仅仅是要牢固树立争第一的思想，而且要在行动上比竞争对手先行一步：在别人没有想到的时候，我们就开始想了；在别人想的时候我们就开始做了；在别人开始做的时候我们已经大干特干了。而且要做就做好，要把工程做成精品，做成亮点和看点。我有意识地在项目部员工和各施工队，尤其是在各负责人和队长中灌输“高效执行，没有借口”的思想，把“今日事今日毕”当成项目部的工作准则，我自己也以身作则，要求别人做到的，我首先要做到，只要形成决议，我就全力以赴去落实和执行，通过我的言传身教，项目部和施工队的执行力和落实力有了很大提高，从而确保了争第一目标的实现——威乳项目部以质量优、安全好、进度快、文明施工标准高的突出成绩，获得了山东省交通厅、山东高速集团等各级领导的好评，并分别在业主组织的大干100天活动及2005年度综合评比中夺得第一名，获得“威乳高速公路大干100天活动优胜单位”和“威乳高速公路工程建设2005年度先进施工单位”荣誉奖牌。

为落实集团公司加强边际效益的要求，依据我在同三线进行变更索赔取得较大经济效益的经验，我积极支持项目总工和总经济师利用各种关系和渠道进行变更索赔工作，取得了不错的成绩，比较大的变更有七里大桥桩基提高2米，桥台增加20根桩，增加投资100余万元；文登北互通由原来的4桥匝道增加到现在的8桥匝道，增加投资2 000余万元；K12+602—K13+500段路基灰土换填，增加投资近100万元等，据测算，效益率在6%左右。

为扩大十六局品牌的知名度和美誉度，我加大宣传投入，严格按文明工地标准布置施工现场，使现场始终彩旗招展、次序井然，尤其是把位于文登市迎宾大道上的九里大桥和与其相连的路基打造成威乳高速公路的亮点和看点，每次有重大活动或重要领导视察，业主都把威乳项目部作为必看点来进行介绍，先后有山东省交通厅×××厅长、×××副厅长、山东高速集团××总经理、×××党委书记、××副总经理等领导来九里大桥视察，并给予好评，业主组织的两次大干动员会也都在威乳项目部现场召开，无形中扩大了十六局的良好声誉。

以上是我在2005年的工作情况和收获体会，自己的自评结论是基本称职。当然，既然是基本称职，也就还存在一些问题。存在的问题主要有如下几个方面：

一是在落实“干一盯三中一”方面有欠缺，2005年参与投标三项，由于各种原因都没有中标，只是凭借我在业主中的良好信誉从青银二期分包了近三千万元工程。

二是在处理问题方面自己稍显急躁，有时反而欲速则不达，在项目管理上也与精细管理的要求有一定距离。

三是由于工作繁忙，没有太多的时间进行系统的学习，在理论修养上还有很大的差距。针对上述存在的问题及2006年的工作重点，我的努力方向是：一是打造一支装备优良的路面施工队伍，打入路面施工这个利润较高的施工领域，扩大公司的生存空间。二是加强理论学习，构建学习型项目部。从我做起，带动整个项目部成员尽量利用工余时间进行系统学习，不断提高自己的综合素质。三是加大投标力度，充分发挥自己多年来在山东建立的良好关系，力争中上一至两个大标，实现发展的目标。四是争第一的思想不变，继续提升项目部执行力和落实力，使集团和公司的各项政策、措施在项目部得到切实落实与执行，并在抓好施工生产的同时，狠抓边际效益，争取经济效益的最大化。五是努力构建团结和谐的项目团队。作为项目经理，我主要应做到三条：“统揽不包揽，放手不撒手，当班长不当家长。”

2006年已翻开崭新的一页，相信在公司的正确领导下，我将会取得更大的成绩！

我的述职至此，谢谢大家！

述职人　×××

××××年×月×日

（引自《应用写作》2006年第9期）

评析：

本文属于年度个人工作述职报告。本文用朴实的语言如实地汇报了述职人在2005年的履职尽职的情况，内容较充实。引言，先介绍了自己于何时任何职，具体管哪些工作，取得了怎样的成绩。主体，先从三个方面，全面汇报了自己在一年里履行工作职责的情况，每个方面还有若干小点具体说明，层次清楚，重点突出。接着又诚恳说出了工作不足和努力的方向。结尾以惯用语结束。全文围绕如何履职尽职中心，展开陈述，事实材料丰富，说服力较强。

【案例操作】

分析下面一篇述职报告,指出其存在的问题。

关于县长工作的情况报告

我于××××年×月调任××县委副书记,主管农村经济工作,并兼管教育、计划生育工作。××××年当选为县长,主持县政府工作,主管全县经济建设、社会发展及政府行政工作。

就全县农村经济发展工作问题,提出四条开发性意见:(一)冬季开发……(二)庭院开发……(三)深度开发……(四)综合开发……

在任县委副书记,主管农村经济工作期间,提出了"以县办工业为龙头,以乡镇工业为支柱,以村办工业为骨架,以家庭工业为基础"和"重点开发建材、轻纺、食品、机电行业,形成四大工业支柱"的设想,并相应采取了三条开拓性的对策:(一)把发展横向经济联系作为振兴全县经济的一项战略措施来抓……(二)把加强技术改造作为增加我县工作发展后劲的一条重要途径来抓……(三)把振兴乡镇企业作为繁荣农村经济的突破口来抓……

当选县长后,为进一步活跃全县经济,提出了"以专业市场为依据,以购销人员为骨干,以优质服务为宗旨,实行国家、集体、个人一起上,建立起一个多形式、多层次、多功能,上下沟通,左右环流的网络"的想法,引起了上下各方面的重视,共同采取了三条开放性的对策:(一)改革商供体制,发挥主渠道作用……(二)组织农民参与流通,开辟第二流通渠道……(三)建设商品专业市场,发展小城镇……

在社会发展方面,我侧重考虑了两个问题:一是计划生育……二是对当年突破人口计划和有多胎出生的单位和领导,坚决兑现了"一票否决权"的政策……

在政府行政方面,我自觉地置于县委、县政府的领导之下,悉心施政:

实行分级负责,严格层次管理……

健全例会制度,提高会议质量……

加速催办查办,讲求工作时效……

加强上下联系,及时反馈信息……

作为一县之长,大量的日常工作是搞好综合协调,我注意了以下几个方面:

协调好县委与县政府的关系……

协调好县政府与县人大的关系……

协调好县政府与上级业务指导的关系……

回顾我两年多来所做的工作，只能说做了一些该做的事，上述的一些变化，不能完全作为我个人的成绩，有上届县委、县政府打下的基础，有本届县委、县政府的共同努力，有人大、政协的帮助和支持等。

今后需要不断加强学习，努力提高自己的领导艺术和领导水平，为人民服务全心全意，为四化建设尽职尽责。

特此报告，请审查。

报告人×××

××××年×月×日

第五节 调查报告

【导入案例】

根据权威统计，2008 年全国高校毕业生有 559 万人，是近年来毕业生人数最多的一年。随着这些年居高不下的高校毕业生进入社会，大学生就业成为整个社会关注的焦点问题。

大学生就业究竟是不是一个难以解决的问题？制约大学生就业的障碍究竟是什么？哪些问题是大学生就业亟待解决的问题？这些都是政府的人力资源和劳动保障、教育主管等部门在制订政策时需要考虑的问题，也是社会上的用人单位急需了解的问题。

讨论：

(1) 政府有关部门和社会上的用人单位可通过什么途径来了解和掌握大学生就业的情况呢？

(2) 有关单位进行调查的客体有哪些？

(3) 有关单位经过调查取得相关数据后，是否需要对数据进行分析研究？

(4) 有关单位是否应在行文中提出解决问题的建议和方法？

【要点阐释】

一、调查报告的涵义

调查报告是对客观事物进行深入细致的调查并对所获得的信息资料进行科学、系统和周密的研究后撰拟的书面文体。

二、调查报告的特点

（一）真实性

调查报告的基础是客观事实，其主旨是调查研究后所揭示的客观事物的本质和规律。因此，拟写调查报告，首先需要深入调查，在掌握大量确凿材料的基础上，得出正确的结论。

（二）典型性

调查对象是否典型，所运用的材料是否典型，是拟写调查报告成败的关键之一。调查对象典型，能使调查结论具有一定的普遍性；调查材料典型，能揭示出事物的本质和规律。因此，拟写调查报告，必须选择典型的对象和材料，这样，调查报告才能对全局性的工作具有普遍的指导意义。

（三）论理性

调查报告不是材料的堆积，也不是对事物的具体描述，它是要通过大量材料的归纳和分析，达到揭示事物本质的目的。因此，拟写调查报告一般是通过对事实的概括叙述和简要说明，由事论理、寓事论理，最后得出结论。在表达上多采用夹叙夹议，叙议结合的方式。

（四）时效性

调查报告针对的是当前工作和生活中出现的事物和问题，具有很强的时效性。因此，拟写者要抓紧时间调查研究和写作，否则，就会失去现实指导意义。

三、调查报告的种类

根据调查报告的性质和内容，调查报告可分为五种类型：

(1) 基本情况调查报告。它是以反映某一地区、某一单位、某一领域或社会的某一方面的基本情况为主要内容的调查报告。实际工作中常使用的市场调查报告就属于这一类。

(2) 新事物调查报告。它是以反映现实生活中的新事物、新人物、新思想为主的，揭示其产生的背景、发展规律，宣传其作用和意义，并预见判断其发展趋势。

(3) 典型经验调查报告。它是反映典型的具有示范性的经验和榜样意义的人和事。

(4) 事件真相调查报告。它围绕某一事件进行,公开披露现实生活中的一些引人关注的事件的真相。报刊上常见的"调查附记"就属此类。

(5) 问题弊端调查报告。它主要以揭露社会生活中的某些丑恶现象、行径和社会弊端,以引起领导重视并警示、教育群众。

四、调查报告的写作

(一) 调查报告的写作准备

调查报告的写作是一项非常严肃、艰苦的工作,必须运用科学的方法,有目的、有计划、有系统地收集、记录、整理和分析有关真实情况和资料,这样才能写出一份出色的调查报告来。

(1) 明确写作任务和目的。

(2) 拟定调查提纲。调查提纲一般包括调查目的、要求、步骤等内容。也可随着情况的变化进行修改。

(3) 坚持客观、全面、深入的调查原则。客观,就是坚持实事求是的原则。在调查中,尊重客观实际,不夸大、不缩小,实事求是。全面,就是要尽量全面、系统地了解调查对象的历史和现实、局部和整体、原因和结果、正面和反面等具体情况,包括调查对象的周围情况和社会环境。深入,就是透过现象看事物的本质,掌握事物的内在联系、发展规律。

(4) 确定调查的方式、方法。常用的调查方式有普遍调查、典型调查、抽样调查等。除此之外还可以用到:个别访问、开调查会、问卷调查、实际考察、网上调查等方法。调查的方式、方法是多种多样的,根据调查的目的和内容,可以采用某种调查方式,也可综合利用几种方式。

(5) 研究、分析调查的材料。面对调查获取的大量原始材料,必须进行去伪存真、由此及彼、由表及里的分析研究,只有从事物的关系中找出其内部联系,发现其客观规律,才能完成从材料到观点,从感性认识到理性认识的飞跃,从而确定写作的主题。

在完成以上五方面的准备工作以后,就可以进行调查报告的具体写作了。

(二) 调查报告的写作格式

调查报告通常由标题、署名、正文组成。

1. 标题

标题的形式有单行标题和多行标题两种。

单行标题：通常由调查对象加上文种组成或概括文章内容，如《“五一”小长假公众旅游调查报告》。

双行标题：即正副形式，正标题表明调查报告的主旨，副标题说明调查的对象、事项、范围和文种等，如《“温州模式”的新气象——乐清市经济社会发展调查》。

2. 正文

调查报告的正文一般由前言、主体、结尾三部分组成。

(1) 前言。前言部分的写法较灵活，常用的形式有：

a. 简介式，即简要介绍调查对象的基本情况或调查意图。

b. 结论式，在前言中先写调查报告的结论，再阐述主要事实。

c. 议论式，先说明调查的意义、作用，再叙写调查事实。

d. 提问式，开门见山，抓住中心提出问题，以引起读者的兴趣和思考。

不管运用何种方式，前言都应突出重点，简明精要，切入内容要旨。

(2) 主体。主体是调查报告的核心部分，是对前言的延伸和拓展，是结论产生的依据。本部分拟写要中心突出，条理清楚。

主体的结构形式主要有以下几种：

a. 纵式。也称叙述式结构。它是按客观事物发生、发展、结局的先后顺序来安排材料，进行叙述的。这种结构适合于内容单一的调查报告。

b. 横式。也称并列式结构。它是将调查材料和要表现的主旨按性质和逻辑关系分成几个方面或问题，而各个方面或问题处于平等并列的地位。这种结构多用于总结经验或反映问题的调查报告。

c. 综合式。兼用上述纵横式，两者交替使用。

(3) 结尾。对全文作简短总结，起画龙点睛的作用，也可没有单独的总结，正文完了，即告结束。

【难点提示】

(1) 深入调查研究，占有丰富的材料。深入实际、详细地占有大量第一手材料，才能使调查报告所运用的材料具有权威性、可靠性，才能据此进行分析、综合、形成观点，得出正确结论。

(2) 认真分析研究，找出事物规律。要对调查获得的材料进行定量、定性、因果、矛盾等方面的分析，去粗存精，去伪存真，从感性认识上升到理性认识，最终找出事物的客观规律。

【文例评析】

文例：

山西调查：四大问题制约大学毕业生充分就业

近年来，大学毕业生就业问题日益成为社会关注的热点。近日，国家统计局山西调查总队就此在太原、长治、运城、忻州、临汾等地进行了专题调查。调查结果显示：近年来，虽然各部门为解决大学毕业生就业问题做了很大努力，但随着大学毕业生的逐年增多，就业形势依然严峻，特别是人才招聘市场乱收费、虚假招聘等不规范行为，高校体制不完善，用人单位用人不尽合理，学生心态有待调整等存在的问题进一步限制了大学毕业生的充分就业，亟须有关部门采取措施，切实加以解决。

一、就业形势依然严峻

据有关资料统计，2007 年山西高校共有毕业生 13.21 万人，比上年增加 2.37 万人，增长了 21.86%，山西各级人事、劳动部门做了很大努力使全省高校毕业生就业率基本保持在了 65%—70%的水平，但仍有 4 万余名大学毕业生未能实现充分就业，大学生就业形势依然十分严峻。以太原市为例，2006 年，太原市高校本科毕业生共有 30 649 人，其中已就业学生 23 832 人，就业率 77.76%，专科毕业生共有 44 999 人，就业人数 34 699人，就业率为 77.11%。到 2007 年，仅太原市小店一个区高校毕业生就达到 32 900 多人，毕业生毕业时的“落实率”仅为 49.2%(2007 年 7 月数据)。另据长治医学院调查结果，2007 年该校毕业生为 1 672 人，就业率仅为 59.3%。临汾调查队对该市五所高校的调查结果显示，五所高校今年共有应届毕业生 5 674 人，平均就业率为 76.79%，其中本科毕业生3 776人，就业率 78.54%，比上年降低 2.28 个百分点，专科毕业生 879 人，就业率为 69.2%，比上年降低 5.5 个百分点，研究生 301 人，就业率 73.9%，比上年下降 2.2 个百分点。上述调查数据显示，山西大学毕业生就业不充分的问题尚未得到根本解决。

二、大学毕业生就业过程中存在的问题

1. 人才招聘市场存在着乱收费甚至虚假招聘等不规范行为

目前，由于体制不健全，人才招聘市场普遍存在着乱收费和虚假招聘等不规范行为，主要表现为用人单位变相收取考试费、培训费等方式，有些用人单位甚至违规收取数额不菲的押金，这就很容易给大学毕业生带来经济损失，加重毕业生求职负担，也影响毕业生就业率的提高。如接受调查的山西师范大学毕业生小关反映，她 2008 年 2 月到山西泰康人寿保

险公司应聘，该单位先后对其收取了考试费、培训费各100元，之后又被告知需要再交500元的工牌费才可以上岗，小关考虑再三之后选择了放弃。

此外，随着通讯网络的快速发展，给高校毕业生就业提供了更加快捷、高效的信息渠道，但由于政府难以全面监管，网上经常出现虚假招聘信息，使大学毕业生对网络招聘信息选择比较谨慎。据太原调查队调查数据显示，目前，比较传统的现场招聘会仍是大学生择业的首选方式，在接受调查的50名大学生中，有52%的大学生选择了传统的求职方式，而学校推荐、经熟人介绍则分别为28%和22%，选择网上招聘的仅占18%，使本应快捷、高效、不受地域限制的网络招聘没有发挥应有的作用。

2. 高校专业课程设置仍不完善

由于部分大学的专业课程设置滞后，致使毕业生专业结构与市场供求出现错位，造成高校毕业生就业存在结构性矛盾，成为制约大学生充分就业的另外一个重要原因。据太原调查队调查，从不同高校、不同专业的就业率来看，教育部直属高校毕业生就业情况较好，多在80%左右，地方性专科院校的就业率较低，特别是山西戏剧职业学院、山西信息职业技术学院毕业生就业率分别仅有12.93%、6.67%。从不同专业看，工科和应用性较强的学科专业就业形势较好，而文科专业如汉语言文学、戏剧影视文学及一些长线专业如哲学、社会学等类别的毕业生需求量较少，就业率比较低，多在60%以下。

另外，一些大学的专业课程设置没有能够以市场需求为导向进行规划，有较大盲目性，专业趋同现象十分严重，造成供给严重大于需求的局面。如长治医学院"计算机应用"专业毕业生就业率仅为20%，"信息管理与信息系统"专业毕业生就业率仅为25.6%。

3. 用人单位取才片面

在调查中了解到，一方面，用人单位片面迷信高学历，认为只有高学历的毕业生才能高质量地完成工作任务，忽视了学生动手能力、实践能力的重要性；另一方面，接受调查的企业认为，招收低学历员工会影响本企业在社会中的地位，这些因素在很大程度上造成一部分真正有能力的毕业生就业困难。如临汾一家培训机构的负责人讲到，学历是他们选择人才最重要的标准，其次才考察应聘人员的综合素质，他们作为培训单位，是否有高学历的师资，对其招生效果影响很大。

4. 学生心态有待调整

就业观念的不适应，使得有的大学生盲目跟随潮流，在大学生的择业意向上呈现出重机关、轻企业，重外企、轻私企的现象。在“择业时的考虑因素”选项中，太原调查队数据显示，92%的学生选择了薪金、福利，而个人发展空间占86%，比薪酬低六个百分点。多数学生不能根据实际进行就业目标的调整，不能根据自身的特点进行择业。

三、解决大学毕业生就业问题的几点建议

1. 政府优化就业环境，规范引导双管齐下

一是相关部门应加强对各类招聘活动的监管，规范招聘收费行为，严厉打击虚假招聘，为高校毕业生营造良好的求职环境。

二是加强网络就业市场建设，净化网络环境。积极推进就业工作的信息化及网络化建设，建立就业信息网，建设用人单位信息库及毕业生信息库，强化其与省内外就业网络的链接功能，为学生提供充分的、可靠的网上就业资源。

三是鼓励大学毕业生灵活就业，为从事个体经营、自由职业和创业的大学毕业生提供社会保险缴费等服务，解除大学生中从事灵活就业的后顾之忧。鼓励大学生自主创业，对自主创业的创业培训，进行开业指导、政策咨询、项目论证、跟踪辅导等服务，提高其创业能力。

四是完善鼓励大学生到基层就业和中西部地区就业的措施。引导大学毕业生到基层和贫困地区就业，实行来去自由的政策，安排专项经费补贴大学毕业生到经济贫困地区的乡镇一级教育、文化、卫生、工商、税务、农技服务等机构和单位工作。

2. 高校按需设置专业，完善学生就业指导

一是优化高等院校专业设置，根据社会发展趋势和市场需求合理设置专业和控制招生规模。将一些社会需求量少的专业在教育主管部门的协调下进行多校整合，集中优势力量提高教学水平。将计算机操作类等严重供大于求的专业，逐步缩减招生规模，将学生引导到社会急需的专业中。二是高等院校应在毕业生就业服务方面投入更多的人力和物力，加强就业队伍建设、开设就业指导课、认真组织毕业生实习活动、拓展学生就业基地，以节省学生的就业成本、减轻学生家庭的经济负担，从而发挥规模经济的效应，节省全社会总的就业成本，提高就业效率。

3. 用人单位全面考察，能力才是关键所在

一是用人单位应根据自身实际情况，招收适合本单位业务特点的毕业生，改变唯学历是用的落后观念，注重发现学生的综合素质实践能力，依据不同岗位的需要，招收不同特点、不同学历层次的适用人才，避免发生“一部分高级人才浪费、一部分适用人才滞销”的局面。二是用人单位

强化诚信意识，依法招聘、诚信招聘，按规定合理收取相关费用，最大限度降低毕业生求职成本和求职风险。

4. 学生摆正就业心态，适应形势做出选择

市场经济条件下，就业模式必然呈现多元化发展态势。大学生实现就业就要适应市场经济要求，不断改变择业观念，跳出端“铁饭碗”才算就业的思维框框，适时进行就业目标的调整，积极开展自主创业，选择多种形式灵活就业。在校大学生也应树立学习的目的是为了提高素质，而不是为了就业的意识，同时应主动参与社会实践和生产实践活动，积累实践经验，提高综合素质，为日后就业及早做好准备。

（引自“中国网 china. com. cn”2008 年 4 月 7 日）

评析：

本文是一篇反映大学毕业生充分就业制约因素的调查报告。在选题上把握了当今社会公众普遍关注的热点问题。在调查中采用点面结合的方式，增加了调查的科学性。报告的第一自然段是前言部分，采用结论式的方法，将国家统计局山西调查总队的调查结论先概括表述。

主体分三部分，主要采用了纵式结构，从当前严峻的就业形势，大学毕业生就业过程中存在的问题和解决大学生就业问题的几点建议等几方面，对文章主题进行了论述。

整篇文章主旨明确，结构完整，层次分明。

【案例操作】

“五一”放假三天，意味着我们已经告别多年的“五一”黄金周。因为假期缩短，人们对假期的期盼似乎也减少了，现在“五一”小长假如何安排旅游，不少人没了方向。请参考以下材料拟写一篇以人们如何安排“五一”小长假旅游为主题的调查报告。

材料 1

“五一”小长假公众调查

过几天，我们将迎来首个“瘦身”后的“五一”小长假，对于“七变三”的假期，您是怎么安排这个小假期的呢？针对这个话题，日前，中国社会调查所(SSIC)对北京、上海、广州、大连、郑州、成都、武汉、杭州、西安、贵州等地的 1 000 名公众进行了电话访问，以了解公众的看法。

今年的“五一”瘦身后，当问及小长假的安排时，其中 40. 1%的被访者表示“没有出行打算”；44. 3%的被访者表示选择“出行旅游”；另有

9.4%的被访者表示“继续加班工作”；6.2%的被访者表示“没有确定安排”。

选择“出行旅游”的被访者中，在旅游地点上，53.6%的被访者选择“城市周边旅游”；35.5%的被访者选择“知名旅游景点”；8.1%的被访者选择“港澳”；4.8%的被访者选择“境外旅游”。

在旅游方式上，57.6%的被访者选择“自助游”；32.1%的被访者选择“跟旅行团”；10.3%的被访者选择“自驾游”。

在旅游时间的选择上，因为法定假日只有三天，对公众的旅游选择上有一定的限制性。35.5%的被访者选择“1—2 天”；56.2%的被访者选择“2—3 天”；8.3%的被访者选择“3 天以上”。

在旅行费用上，数据显示，38.2%的被访者选择 1 000 元以下的价位；18.3%的被访者选择 1 000—2 000 元左右的价位；24.2%的被访者选择 2 000—3 000 元左右的价位；19.3%的被访者选择 3 000—4 000 元左右的价位。

在旅游时，公众一般会担心什么情况呢？调查显示，56.5%的被访者表示“担心交通问题”；35.4%的被访者表示“担心遇到欺诈行为”；34.3%的被访者表示“担心安全问题”；25.8%的被访者表示“担心卫生问题”；13.5%的被访者表示“担心住宿问题”。

（引自“中国网 china.com.cn”2008 年 4 月 28 日，有删改）

材料 2

“五一”小长假冷了长线游

中国常州网讯：“‘五一’小长假，火了短线游，却冷了长线团队游。”看着“五一”假期中的报名表，常州国旅副总刘元丰还是大感意外，“尽管出游人数与往年 5 月 1 日～3 日内的出游量基本持平，但出游结构完全调整，团队游的比例已经从往年的 40%～50%下滑至 20%。大部分散客都选择 2 天左右的短线出游，3＋X(3 天假期，请假 X 天)的中长线还是没能得到消费者的青睐。”

尽管预料到短线游的散客会直线上涨，但团队游客的下滑却并不在旅行社的意料之中。“从清明节开始，短线出游的释放量非常大，而且持续了将近 1 个月。”某旅行社老总透露，上个月内，平均每个星期的短线游团队要达到 100 多个，因此许多旅行社预计，5 月份的短线出游量将放缓，长线团队的比例会逐渐攀升。为此，市内大部分旅行社都推出了 3＋X的出游产品，期待能取悦消费者。“事实上，除了 3～4 天的成都、海南、桂林线还有少数市民咨询外,超过5天的长线已经无人问津。”刘元丰介绍,往年的“五一”黄金周内至少能吸引200多名旅客的北京线,如今只收了5名游客。

近几日的长线游价格更是大幅跳水。导游小丁透露,往年黄金周内,北京等线的团队机票折扣大多维持在5折,“今年小长假,散客自己去预定北京机票,都能拿到3折的优惠。”部分长线产品的价格甚至在这几天内连续下调了两三次。

另一方面,许多旅行社已经接受许多节后的团队游预定。刘元丰介绍,目前,5月3日过后的长线团队预定已接近50个。许多旅行社预计,5月10日过后,将迎来长线游的高峰。届时,机票、房价和出游车旅费都将有大幅上涨。

(引自“常州网”2008年5月4日)

第六节　简　　报

【导入案例】

四川汶川地震后,上海市各界踊跃捐款、捐物,投入到抗震救灾的活动中。上海某大学在灾后的第二天就募捐到人民币肆拾叁万元和一部分物品。为让学校领导和全校师生员工了解灾后第二天学校募捐的情况,校长办公室当晚拟文,将上述情况予以报导。

讨论:

(1) 校长办公室将会用何种文种来拟写?

(2) 为什么需要在当晚就拟写本文?

(3) 校长办公室在拟写本文时,需要注意哪些问题?

【要点阐释】

一、简报的涵义

简报是机关、企事业单位、社会团体编发的反映情况、指导工作、沟通信息、带有新闻特征的事务文体。

二、简报的特点

简报的特点可用“真、新、简、密”四个字概括。

真——实事求是，内容真实。

新——事件新鲜，时效性强。

简——简明扼要，篇幅短小。

密——属内部文件，有阅读范围的限制。

三、简报的种类

按性质内容，可分为：

1. 工作简报，也称为情况简报，是反映本部门、本单位各方面工作情况的简报。
2. 动态简报，是反映本单位、本部门出现的新问题、新情况、新事件的简报。
3. 会议简报，专门用于报道或交流重要会议的内容的简报。

四、简报的写作

(一) 简报的格式

简报的格式具有规范性，它由报头、报核、报尾三部分组成。

编号 简 报 名 称 （总期数） 编发单位 印发日期
按语 标　　题 正　　文
报： 送： 发：

共印份数

(二) 简报的写法

1. 标题

简报的小标题与新闻标题一样，要简明地点出全文的主旨，使人一目了然。可以是单行标题，如《中国高教秘书学会第五次理事会在京召开》。也可以双行标题，如《大震无情　大爱无边——××大学踊跃为汶川灾区捐款捐物》。

2. 按语

一般性的简报不必编加按语，但内容重要的、转发式的简报，有时为说明编发目的，引发读者的重视，可简明扼要地加上按语。根据不同情况，按语可以在标题之前，亦可以在标题后。按语的字体应与正文有所区别。

3. 正文

简报的核心部分，由导语、主体、结尾组成。

导语要开门见山，用一小段文字概括全文的主要内容。常用三种形式：

(1) 叙述式，即直接概述文章的中心内容。

(2) 结论式，开门见山说出事实的结论。

(3) 提问式，用一两个问题将事实提出，以引起注意。

主体是简报的主要部分，要用典型的事实材料展示导语中点明的内容。主要的结构方式有两种：

(1) 纵式结构：按时间顺序，把客观事实的发生发展和结果依次写出来。

(2) 横式结构：按逻辑顺序，把构成客观事实的各部分并列加以叙述。

结尾可以对全文进行概括，或提出希望、打算；也可不用专门结尾。

【难点提示】

(1) 简报反映的事实必须真实、确切，对所采用的材料进行认真核实。

(2) 简报的编写与印发要迅速及时。

【文例评析】

文例：

中国青年志愿者行动情况交流

第 40 期(总第 132 期)

中国青年志愿者协会编　　　　　　　　　　2008 年 5 月 14 日

上海市抗震救灾医疗志愿者招募启动

上海团市委、上海青年志愿者协会积极响应党中央、国务院的号召，按照温家宝总理的重要讲话精神和团中央书记处的统一部署，充分发挥志愿服务在抗震救灾中的生力军作用，通过公开招募、自愿报名的方式，招募抗震救灾青年志愿者服务队(预备队)队员。

5 月 13 日下午 17:40，上海青年志愿者网发布招募启事并开通网络报名系统，同时向已经注册入库的志愿者通过邮件群发系统发布招募信息 15 000 条。截止至晚上 21:20，已收到网上报名表 33 份。

同时，积极发挥组织优势，向相关高校附属医学院、医疗系统发布招募要求，号召广大医务青年工作者积极报名，目前已基本确定一支由复旦大学、交通大学、同济大学、上海中医药大学、市卫生局等系统的10余名医务青年组成的，以儿科、护理、内科、外科、疾病预防控制等为主要服务内容的抗震救灾青年志愿者服务队，准备随时接受统一部署，前往灾区一线开展志愿者服务工作。

此外，上海团市委还通过短信平台，动员曾经赴滇、赴老挝的300余名青年志愿者，积极响应，踊跃报名，为抗震救灾贡献一份力量。刚从云南结束志愿服务回来的第十批赴滇青年志愿者上海市第六人民医院的王建华医生获悉消息后，立即网上报名，成为第一个网络报名的志愿者，他用自己的实际行动履行志愿服务的光荣承诺。

（引自“中国共青团网”2008年5月15日）

评析：

本文是一篇反映2008年5月12日汶川地震后上海招募志愿者活动的动态简报。

第一部分交待了活动的意义和主要内容。主体部分采用纵式与横式相结合的叙述方法，对第一部分的内容展开说明，并表述了招募活动的初步结果。

全文简明扼要、短小精悍、时效性强。

【案例操作】

以下是上海的报纸刊登的几则关于奥运火炬在上海传递的报道。请根据这些报道的内容编发一份简报。要求有完整的简报格式，并在报核部分写上按语和标题，字数不超过700字。

材料1

火炬传递感动上海

陈宏　丁元元

有阳光的日子，盛会的气氛总是更浓。昨天是北京奥运圣火传递上海站的第一个传递日，预报中的雨水也识趣地避开了申城。无数热情的市民涌上街头，“中国加油、四川加油、奥运加油”的口号响遍了浦江两岸，而火炬手和市民们的捐款场面，更是令人感动。

上午八点，点火仪式在人民广场上的上海博物馆北广场准时举行。仪式的背景板上，火炬接力的主口号“点燃激情传递梦想”，被缩小印在了下面，最上面的大字，是“传递圣火奉献爱心”，组委会表示，希望以此方式，表达圣火传递仪式对灾区的支持。而仪式开始之后，全场人都肃立，为受难的人们默哀一分钟。8点09分，三位圣火护卫队员护送着火炬、火种灯入场，圣火在8点10分被点燃。市领导将火炬传递给第一棒火炬手、巴塞罗那奥运会游泳冠军庄泳，随后，千万只和平鸽在广场上空盘旋，火炬接力上海站正式开始。到下午的收火仪式前，原先一直没有透露的首日最后一棒火炬手，也正式亮相——原来是神舟六号飞船系统副总指挥、副总设计师秦文波，他代表之前的所有火炬手，点燃了滨江公园内设置的圣火盆。尽管火炬接力沿途都有交通管制，然而，昨天的现场气氛，却是热情得令人招架不住。火炬在下午抵达陆家嘴时，记者在现场看到，无数在附近商务楼工作的市民，都簇拥到了路边，很多人都早有准备地掏出了DV、相机或者手机。火炬手一到自己所处的区域，马上加油声就响成一片。在正大广场附近，人群已经把路边挤得水泄不通，甚至还有人从附近的工地里搬出了很多塑料椅子，站在椅子上拍照。火炬传递跟抗震救灾相结合，是北京奥运会火炬接力活动的新主题。昨天上海站首日的传递，也处处体现着这个主题，点火仪式、两点之间的交接、最后的收火仪式，一律简化，最重要的点火仪式和收火仪式，都仅仅只有10分钟的时间。收火仪式一结束，随即就举行了赈灾募捐仪式。舞台上的大屏幕放着一幕幕熟悉的救灾感人镜头。罗中旭等四位明星，带领一群穿着"传递圣火、奉献关爱"T恤的群众，合唱了《生死不离》，随后，上海市领导带领百余名火炬手上台募捐，曾在法国巴黎勇护火炬的残疾人火炬手金晶，拄着拐杖第一个上台，还有的火炬手特意将火炬带上了台，希望圣火给灾区人民带去温暖。另外，现场的观众席上，也设立了移动募捐箱，很多人挤过去抢着募捐。

（节选自《上海青年报》2008年5月24日）

材料2

"祥云"申城传递顺利结束

昨天早晨7点30分，北京奥运会火炬接力上海市传递活动24日的起跑仪式在上海体育场火炬台广场举行。蒙蒙细雨中，全体人员默哀一分钟，悼念在汶川地震中遇难的同胞。随后，24日传递第一棒的火炬手孙雯从市领导吴志明手中接过"祥云"火炬，开始了上海第二天的"传递圣火、奉献关爱"之旅。

火炬接力从上海体育场出发，经过208名火炬手的传递，在"中国加油、四川加油"等标语横幅的一路陪伴下，途径徐汇区、闵行区、青浦区，最后到达嘉定区。

在完成了嘉定安亭段的传递之后，奥运圣火由上海传递活动最后一棒朱建华传入嘉定汽车博览公园广场收火仪式的现场。在舞台中央，朱建华用手中的火炬点燃了圣火盆。随后，圣火护卫将圣火引回火种灯。市领导王仲伟和北京奥组委火炬接力中心副主任林晓华共同展示火种灯。在全场注视下，圣火盆缓缓熄灭。北京奥运会火炬接力上海传递活动至此圆满结束，江苏省苏州、南通的传递活动将于今天开始。

根据北京奥运会火炬接力上海传递活动组委会的统计，本市两天奥运圣火传递活动中，上海累计有50余万名市民聚集在传递活动沿线，迎接奥运圣火，观看传递活动。与此同时，1 000多万上海市民通过电视直播收看收听了奥运圣火在申城传递的实况。

（节选自《解放日报》2008年5月25日）

材料3

奥运火炬上海传递圆满成功

奥运会组委会给市委市政府发来感谢电

第29届奥运会组委会昨天给上海市委、市政府发来感谢电，对奥运火炬上海市传递取得圆满成功表示衷心感谢。

感谢电说，5月23日奥运圣火抵达北京奥运会协办城市之一——上海，正式拉开了奥运火炬上海市境内传递的帷幕。在四川汶川发生特大地震灾害的特殊时期，上海市委、市政府高度重视、精心组织、周密安排，做了大量深入细致的工作，确保了火炬在上海市境内的顺利传递。广大人民群众传递圣火、奉献关爱，充分表达了上海人民对奥运的期盼和祝福，传递了上海人民对灾区人民的关爱和支持，场面激动人心、十分感人。值此奥运火炬上海市传递圆满完成之际，谨向你们并通过你们向全市人民表示衷心的感谢并致以崇高的敬意！

当前，全国人民万众一心、众志成城，全力以赴做好抗震救灾工作。奥运火炬将带着上海人民对灾区人民的关爱继续传递下去，我们坚信，在党中央、国务院的正确领导下，在全国人民的共同努力下，我们一定能够夺取抗震救灾斗争的全面胜利，一定能够圆满完成奥运筹办的各项任务，办一届“有特色、高水平”的奥运会。

感谢电祝上海市经济发展、社会进步、人民幸福！

（引自《解放日报》2008年5月25日）

第七节 规 章 制 度

【导入案例】

浦江公司是一家新近设立的股份制公司，公司行政部以专业功底扎实、实际工作能力强、综合素质高为主要条件招聘文员，刘莉顺利通过笔试、面试。上班后，总经理张志强发给她一份备忘录，他期待刘莉在三个月内建立一套规范化、科学化的办公室管理、文书档案工作等方面的工作制度，为新公司建立相应的工作规范。

讨论：

(1) 刘莉要拟写的文种有哪些？

(2) 刘莉将依据什么来拟写这些文种？

(3) 拟写这些文种的要求是什么？

【要点阐释】

一、规章制度的涵义

规章制度是各级机关、企事业单位、社会团体在不违背国家法律、法规的前提下，在一定范围内制定的约束、规范人们行为的规范和准则。

二、规章制度的特征

(一) 规定的具体性

规章制度是用来规定人们的行为规范，因此，规定的内容必须具体、明确、周密，具有可操作性。

(二) 执行的严格性

规章制度在其所辖范围内，具有一定的行政约束力和组织力。一旦生效，有关工作人员必须严格执行，认真遵守。

(三) 形式的条文性

规章制度都采用条文形式，一般内容少的分条，内容多的分章、分条，有的条下还可分款、项。

三、规章制度的种类

规章制度的种类较多，常用的有以下几种。

(1) 章程。是各政党、社会团体对本组织宗旨、任务、制度、成员的权利和义务等内部原则和事物所作的规定。如《中国共产党章程》。

(2) 条例。是国家机关对某一方面行政工作作出比较全面、系统的规定时使用的文体；是由党的领导机关、国家最高权力机关（全国人大常委会）或国家最高行政机关（国务院）批准（或通过）颁发。它是有强制性和约束力的法规性文件。如国务院发布的《劳动合同法实施条例》。

(3) 规定。是各机关、企事业单位对特定范围内的工作和行为制定的规章和禁令。也是一种法规性文件。与章程、条例相比，规定的现实针对性较强，适用范围集中。如《关于证券投资基金管理公司在香港设立机构的规定》。

(4) 办法。是各机关、企事业单位、社会团体处理某项工作或解决某种问题制定的原则和方法。与条例、规定相比，办法所规定的内容更具体。

(5) 细则。是各机关、企事业单位、社会团体根据上级机关颁发的条例、规定、办法，结合本单位、本部门、本地区的实际情况，制定的具有一定补充性、辅助性的详细的实施细则。它比条例、规定、办法更具体、更明确。

(6) 制度。是各机关、企事业单位、社会团体为加强对某一部门工作的管理和严格纪律制度而制定的要求有关人员共同遵守的办事规程和行动准则。

(7) 公约、守则。公约，是机关、企事业单位、社会团体或街道居民，在自觉自愿的基础上，经过集体讨论制定的共同遵守的道德规范和行为准则。守则是机关、企事业单位、社会团体根据上级有关精神和实际工作需要制定的，要求有关人员遵守的行为准则。公约多用于规范人们的道德、行为，侧重于精神文明方面；守则除了规范人们的道德、行为外，还可以用来规范人们在工作中的具体操作事项。

四、规章制度的写作

(一) 标题

1. 发布机关＋事由＋文种，如《北京市城市房屋拆迁管理办法》
2. 发布机关＋文种，如《中华人民共和国电信条例》
3. 事由＋文种，如《互联网信息服务管理办法》

（二）发文机关和制发时间

一般在标题下注明发文机关和规章制度通过的时间或批准、公布的时间。如：全国年节及纪念日放假办法（1949 年 12 月 23 日政务院发布　根据 1999 年 9 月 18 日《国务院关于修改〈全国年节及纪念日放假办法〉的决定》第一次修订　根据 2007 年 12 月 14 日《国务院关于修改〈全国年节及纪念日放假办法〉的决定》第二次修订）。

（三）正文

由总则、分则、附则组成。

总则。主要说明制定规章制度的目的、依据、指导思想、适用范围、基本原则等。多层次结构的，总则常列为第一章；单层次结构的，总则即为前言。

分则。又称规范事项，是正文的主体部分，要分条款具体写明有关内容、项目。

附则。是对文件本身的说明，其中包括用语的接受、使用对象、修订权、监督权、生效日期等的说明，一般放在正文的最后。

正文的结构形式，通常有三种：

章条式。全文的内部分章分条、章断条连。第一章是"总则"，中间各章为分则，最后一章是附则。全文各章分条，条数从总则第一条起依次排列，直至附则的最后一条。这种写法，使多层结构的规章制度，一目了然，也便于引用。

条贯式。全文从头至尾按条排列，从开首第一条开始，依次排列，直至文尾。如果条下有款，款项要单独编序，不与上条款项连续。

总冒分条式。正文开头先写个总冒即前言，简要说明制定规章的目的、意义、依据，属"总则"性质。然后分条写明各项规定。

【难点提示】

（1）规章制度的内容必须与时俱进，反映新形势、新任务下的新要求。

（2）规章制度不得与现行的国家法律法规相抵触。

（3）规章制度的结构要完整，层次要分明。

（4）规章制度的语言必须科学、精确、不得含糊，以免产生歧义，妨碍执行。

【文例评析】

文例：

商品零售场所塑料购物袋有偿使用管理办法

第一条　为节约资源、保护生态环境，引导消费者减少使用塑料购物袋，制订本办法。

第二条　本办法所称商品零售场所是指向消费者提供零售服务的各类超市、商场、集贸市场。本办法所称塑料购物袋是指由商品零售场所提供的，用于装盛消费者所购商品，具有提携功能的塑料袋。但不包括商品零售场所基于卫生及食品安全目的，用于装盛散装生鲜食品、熟食、面食等商品的塑料预包装袋。

塑料购物袋的材质及技术要求由国家相关标准予以规范。

第三条　商品零售场所应当依据本办法向消费者有偿提供塑料购物袋。

第四条　商务主管部门、价格主管部门、工商行政管理部门依照有关法律法规，在各自职责范围内对商品零售场所塑料购物袋有偿使用过程中的经营行为进行监督管理。

第五条　商品零售场所对塑料购物袋应当依法明码标价。

第六条　商品零售场所可自主制定塑料购物袋价格，但不得有下列行为：

（一）低于经营成本销售塑料购物袋；

（二）不标明价格或不按规定的内容方式标明价格销售塑料购物袋；

（三）采取打折或其他方式不按标示的价格向消费者销售塑料购物袋；

（四）向消费者无偿或变相无偿提供塑料购物袋。

第七条　商品零售场所应当在销售凭证上单独列示消费者购买塑料购物袋的数量、单价和款项。

以出租摊位形式经营的集贸市场对消费者开具销售凭证确有困难的除外。

第八条　商品零售场所应向依法设立的塑料购物袋生产厂家、批发商或进口商采购塑料购物袋，并索取相关证照，建立塑料购物袋购销台账，以备查验。

第九条　商品零售场所不得销售不符合国家相关标准的塑料购物袋。

第十条　商品零售场所应采取措施，为消费者自带购物袋、购物篮购物提供便利。

第十一条　鼓励商品零售场所提供符合相关质量标准和环保要求的塑料购物袋替代品。

第十二条　以出租摊位形式经营的集贸市场，可以由开办单位或经其批准在市场内设立的专营(或兼营)塑料购物袋经营摊位实行塑料购物袋统一采购、销售。

第十三条　商品零售场所的经营者(以下简称经营者)对违反本办法有关规定的行为承担相应责任。

下列商品零售场所,由开办单位或出租单位对违反本办法有关规定的行为承担相应责任:

(一) 以出租摊位形式经营的集贸市场;

(二) 场内外租超市、柜台;

(三) 大型超市、商场引厂进店的经营摊位。

第十四条　商品零售场所的经营者、开办单位或出租单位违反本办法第六条有关价格行为和明码标价规定的,由价格主管部门责令改正,并可视情节处以5 000元以下罚款。

第十五条　商品零售场所的经营者、开办单位或出租单位违反本办法第六条有关竞争行为和第七条规定的,由工商行政管理部门责令改正,并可视情节处以10 000元以下罚款。

第十六条　商品零售场所经营者、开办单位或出租单位违反本办法第八条规定的,由工商行政管理部门责令改正,并可视情节处以20 000元以下罚款。

第十七条　商品零售场所经营者、开办单位或出租单位违反本办法第九条规定的,由工商行政管理部门依据《中华人民共和国产品质量法》等法律法规予以处罚。

第十八条　商品零售场所经营者、开办单位或出租单位因违反本办法相关规定受到处罚的,商务主管部门、价格主管部门和工商行政管理部门可将处罚情况向社会公告。

第十九条　鼓励新闻媒体对违反本办法规定的行为进行舆论监督。

任何单位或个人可向当地商务主管部门、价格主管部门和工商行政管理部门举报违反本办法规定的行为。

第二十条　各省、自治区、直辖市人民政府商务主管部门可会同同级价格主管、工商行政管理部门依据本办法制订实施细则,经同级人民政府批准后实施,并报商务部、国家发展和改革委员会、国家工商行政管理总局备案。

第二十一条　本办法由商务部、国家发展和改革委员会、国家工商行政管理总局负责解释。

第二十二条　本办法自2008年6月1日起实施。

评析：

本文第一条，第二条说明了制订本“办法”的目的、意义和适用范围。第三条至第十二条，规定了“办法”具体的实行方法。第十三条至第十九条，规定了违反“办法”的处罚方法和金额。第二十条至第二十二条，要求各地制订本办法的实施细则，并规定了“办法”的解释权、生效日期。

本办法体现了规范管理的指导思想，逻辑缜密，条文具体，层次分明，行文措词干净利落。

【案例操作】

接听电话是企事业单位办公室的一项经常性工作。掌握好接听电话的正确方法，有助于创造良好的沟通氛围，提高办事效率，树立良好的个人与企业形象。为此，电话接听的规范，往往也是企事业单位办公室管理的组成部分。下面是浦江公司行政部的刘莉收集的一些关于接听电话规范的零散材料，请你在梳理下列材料的基础上，为浦江公司拟写一份关于办公室电话接听的规定。

材料1

要正确、迅速、谨慎地接听电话。电话来时，听到铃响至少在第二声铃响前取下话筒。通话时先问候，并自报公司、部门。对方讲述时要留心听，并记下要点。未听清时，及时告诉对方。结束时礼貌道别，待对方掛断电话，自己再放话筒。通话简明扼要，不得在电话中聊天。对不指名的电话，判断自己不能处理时，可坦白告诉对方，并马上将电话交给能够处理的人。在转交前，应先把对方所谈内容简明扼要告诉接收人。工作时间内，不得打私人电话。

材料2

在商务交往中，不允许接电话时以“喂，喂”或者“你找谁呀”作为“见面礼”。特别是不允许一张嘴就毫不客气地查对方的“户口”，一个劲儿地问人家“你找谁”、“你是谁”，或者“有什么事儿呀?”万一对方拨错了电话或电话串了线，也要保持风度。确认对方拨错了电话，应先自报一下“家门”，然后再告知电话拨错了。在通话途中，不要对着话筒打哈欠，或是吃东西。也不要同时与其他人闲聊。结束通话时，应认真地道别。而且要恭候对方先放下电话，不宜“越位”抢先。遇上不识相的人打起电话没个完，非得让其“适可而止”不可的话，应当说得委婉、含蓄，不要让对方难堪。应当讲：“好吧，我不占用您的宝贵时间了。”

材料3

要记住，接电话时，应有“我代表单位形象”的意识。接听电话声音要温雅有礼，以恳切之话语表达。口与话筒间，应保持适当距离，适度控制音量，以免听不清楚、滋生误会。或因声音粗大，让人误解为盛气凌人。听到电话铃声，应准确迅速地拿起听筒，最好在三声之内接听。电话铃声一声大约3秒钟，若长时间无人接电话，或让对方久等是很不礼貌的，如果电话铃响了五声才拿起话筒，应该先向对方道歉，若电话响了许久，接起电话只是“喂”了一声，对方会十分不满，会给对方留下恶劣的印象。要认真清楚地记录，随时牢记5W1H技巧。所谓5W1H是指(1)When何时(2)Who何人(3)Where何地(4)What何事(5)Why为什么(6)HOW如何进行。电话记录要简洁、完整，就要有赖于5W1H技巧。

公司的每个电话都十分重要，不可敷衍，即使对方要找的人不在，也切忌粗率答复：“他不在”即将电话挂断。要尽可能问清事由，避免误事。对方查询本单位其他部门电话号码时，应迅即查告，不能说不知道。我们首先应确认对方身份、了解对方来电的目的。对对方提出的问题应耐心倾听；表示意见时，应让他能适度地畅所欲言，期间可以通过提问来探究对方的需求问题。

要结束交谈时，一般应当由打电话的一方提出，然后彼此客气地道别，应有明确的结束语，说一声“谢谢”“再见”，再轻轻挂上电话，不可只管自己讲完就挂断电话。

练　　习

一、简答题

1. 什么是行政事务文书？它又有哪些鲜明的特点？
2. 计划有哪几个要素？制定计划要注意哪些事项？
3. 总结的目的是什么？特点有哪些？
4. 什么是述职报告？
5. 如何安排述职报告的结构？应该从哪些方面进行述职？
6. 调查报告的含义是什么？
7. 调查报告的特点是什么？分哪些种类？
8. 调查报告有什么作用？
9. 怎样写好调查报告？
10. 简报类文书的含义是什么？
11. 常见的简报类文书有哪些名称？
12. 简报类文书的特点是什么？
13. 什么是规章类文书？它主要有哪些文种？
14. 规章类文书有什么特点？
15. 什么是实施细则？它与法律、法规有什么区别和联系？

二、改错题

请根据简报的写作格式要求，指出下面简报的错误，并加以改正。

<table>
<tr><td>编号
　　　　　　　　　　× ×简报
　　　　　　　　　　××××编
第×期(总第×期)　　　　　　　　　　　　　　共印××份</td></tr>
<tr><td>标题
　　　　　　　　　　按 语
正文</td></tr>
<tr><td>　　　　　　　　　　　　　　　　　　　　年 月 日</td></tr>
<tr><td>报
送
发</td></tr>
</table>

三、案例操作题

1. 请拟写一篇《我校学生双休日安排的调查报告》。

要求在写作前进行深入细致的调查研究,并运用问卷调查和个别访谈的方法获取事实材料和有关数据。

2. 请拟写一篇关于学校食堂卫生情况的简报。

要求有完整的简报格式,并加按语。

3. 请根据学校住宿的实际情况,拟写一份文明住宿公约。

第四章　传 播 文 书

第一节　传播文书概述

【导入案例】

“花言巧语”,公文语言频频“串味”

“彩旗飘舞,鼓号阵阵……”这是本市一区政府办公室收到基层报送的一则政务信息内容的首行文字。短短500多字,“亲切和蔼、语重心长”等形容词达七八处;而一则刊登在区报上的“贯彻落实”类消息,通篇都是“一是”、“二是”之类简要化公文语句。从今天起,普陀区政府办公室相关部门将对这种“语言杂交化”现象作整改。

公文竟然“煽情”

翻阅一期期政府各部门的情况汇报、工作交流之类的简报,“花言巧语”、“抒情煽情”相当流行。一则上级部门对某项工作整顿验收的信息,不是“冒着酷暑”,就是“在微风吹拂下”。一份区局单位办的彩色小报,在第3版上共刊发新闻6篇,其中3篇的开头语句是“为了进一步加强……”。

“我们主要是受机关公文格式的影响,写什么都得讲明意义。”一位主编坦言:主要想让领导了解这项工作的重要性。有趣的是,真正需要“中规中矩”的各委办局简报,有的却写得非常“花”。记者在一份上报市有关部门推荐一名先进人选的汇报材料上,竟然看到了“长相靓丽,落落大方”等词。

“秀才”身兼数职

机关公文语言煽情化、杂交化渐趋普遍的首要原因是各类自印报纸、简报的层出不穷。10年前,某区区政府办公室曾对此展开统计,发现处级单位几乎都有自己的简报。当时发文禁止后，全区仅保留区委、人大、政府、政协4份简报。但没多久，一些部门以“方便向领导汇报”为由，悄悄恢复了原样。现在此类简报早已扩大化，处级、科级甚至股级单位十天半月也有一份，连激光印刷的小报也有30多种。据了解，一名从事公文写作的“秀才”，往往还要兼任信访接待、档案管理等，一人要应付如此多的文字，“哪有按照不同要求，写不同文章的精力和时间？”

频频更换“写手”

一位从事机关政务信息十多年的负责人告诉记者，对各类文体的生疏与“写手”的频频更换，也是导致语言“串味”的主要原因。据了解，如今基层单位的一批“秀才”，许多是刚毕业的大学生，由于所学专业并不对口，因而在文字规范上“难以把握”。尽管有的区政府每年要对其集中培训，还采取借调机关工作跟班编辑等措施，仍然于事无补。许多经过培训的人，一旦成为“熟手”后，往往调至其他“更重要的部门”。

记　者　郭剑烽

通讯员　范小锋　蔡仁华

（引自2007年7月30日《新民晚报》）

讨论：

(1) 上述新闻中披露的现象说明了什么问题？

(2) 行政公文、简报和属于传播文书的消息在写作上有什么不同？

(3) 你认为应如何解决上述问题？

【要点阐释】

一、传播文书的涵义

传播是人类社会对信息的一种传受行为。传播文书是一种借助于一定的媒体向社会公众传递信息的应用文，它包括消息、通讯、新闻评论以及广告词等等。

传播文书是应用文体系中的一个重要分支。它对社会公众的思维方式、行为方式乃至生活习惯等等人类社会生活的各个方面都会产生重要的、即时的、深刻的影响。

本章主要介绍消息、通讯、新闻评论、广告词等传播文书。

二、传播文书的特征

传播文书中的新闻类和广告类文书，属于广义的应用文类别，它们与一般应用文相比有着明显的区别。在很大程度上，它们在文体样式、表述方式、语言风格等等方面有着类似于文艺文的诸多特征，我们之所以把传播文书归为应用文一类，主要是考虑它“用”的特征。因此，这里概括的传播文书的特征，也是定位于应用写作的视角。

（一）时效性

传播文书所承载的是各类信息，从信息传递的角度看，要保证其价值有效实现，就必须讲求时效性，否则，信息的价值会随着时间的推移而递减。

“快”，应该是传播文书时效性的一个重要标志。所谓“快”，就是要对有关信息及时、即时地作出反应，这是对传播文书在时间上的要求。

时效性的另一个标志是“新”，所谓“新”，就是要“保鲜”，一方面，要保证反映的事实和情况是鲜活的，另一方面要及时地更新信息，也就是说，要使其保持实时有效状态，这是对传播文书在内容上的要求。

时效性要求传播文书的作者，或者说执笔者，要有敏锐的洞察力和快速的反应能力。对政治、经济等社会各个层面的动态，要有相当强的敏感性和嗅觉，并能及时加以捕捉。

（二）共享性

传播文书是依附于一定的媒体，面向一定范围的公众实现其传播任务的，因此，相对于受众而言，传播文书具有共享性特征。

传播文书的共享性特征源于传播文书对媒体的依附性，就是说，由于传播文书必须借助于一定的媒体才能实现其传播任务，而媒体是面向一定的受众的，不管是特定的受众群，还是广泛的受众。

（三）真实性

在信息泛滥的时代，要保持信息传播乃至接收的价值和高效率，就必须保持其本身的真实性。传播文书以信息传播为己任，就应把真实视为其生命、价值之所在，就必须以客观真实的面貌面对社会公众，以建立传播文书的公众形象和权威性。要保持传播文书的真实性，就要对信息作出科学的、有效的鉴别和筛选，对材料进行一番去粗取精、去伪存真的加工。

（四）可读性

传播文书的传播对象是社会公众，它所传播的信息应为具有不同背景的公众所共享。因此，传播文书的内容和形式必须为公众所接受、所乐见。可读性就是要求传播文书以其特有的灵活手段亲近公众、以其独特的眼光和角度吸引公众、以其独有的表现魅力引导公众，从而达到其预想的目的和社会效果。

第二节　消　　息

【导入案例】

中国记协和范长江新闻奖基金会于九月五日举行新闻发布会。在新闻发布会上，记协有关负责人宣布，从今年开始，基金会设立"范长江新闻奖"，范长江新闻奖基金会主席、新华社社长穆青任评选委员会主任。评选委员会由新闻界专家和知名人士组成。"范长江新闻奖"每两年评选一次。评选对象为不超过 55 岁的全国中青年新闻工作者，范围包括正式批准登记的报纸、通讯社、广播电台、新闻时事类刊物和新闻电影等单位的新闻编辑、记者、播音员（包括节目主持人）以及从事新闻理论研究、新闻教育的专业人员。首届"范长江新闻奖"最多评选采编人员 10 名（不包括海外新闻工作者），是否设提名奖待定。评选结果将在明年第一季度公布。

讨论：

以上是一个新闻事实，请讨论如何根据上述材料撰写一条消息。

【要点阐释】

一、消息的涵义

消息是以简要的文字迅速报道新近发生的事件的一种新闻文体。

二、消息的特征

消息是新闻文体中最常用的一种。有人借用体育专业名词："短、平、快"，来描述消息的特征，但我们认为，这，用来作比喻还说得过去，要是就直接用来作为消息的特征，显然还不够精准，特别是其中的"平"，因为"平"可以说是新闻的大忌。因此，在这里我们把消息的特征概括为：短、鲜、快三个字。

（一）简短

消息的一个突出的特征，或者说显著的优势，就是篇幅短小，它要通过简练的文字，高度概括地叙述事件的概貌，以保证快速反映社会动态。

（二）迅速

新闻最讲究一个“快”字，用新闻业的行话来说就是“抢”。抢新闻，是新闻工作者的一种职业精神，抢得到新闻，是新闻媒体显示竞争优势的标志之一。当然，“短”，提供了“快”的前提条件。

（三）新鲜

新闻的精髓就在于“新”字，可以说，这是新闻的本质特征之一。我们在这里用“鲜”来概括，想要凸显的是：不仅要“新”——消息所报道的事件必须是新近发生的，而且要“鲜活”，亦即消息所报道的事件也应该是把握社会脉动的、体察民意关切的、展现新闻工作者或新闻媒体的职业敏感性和敏锐性的。

三、消息的种类

根据不同的标准，消息可以分为不同的种类。一般我们把消息分为动态消息、综合消息、典型消息、述评消息等四种类型。

（一）动态消息

动态消息是对现实社会中发生的新事物、新情况、新动向的简要报道。例如：

餐厅收“消毒碗筷费”？拒付！

遇到餐厅强行收取“消毒碗筷费”时可以拒付，并要求其提供符合卫生要求的免费餐具，如果餐厅拒不提供免费餐具，可要求其开具收费凭证，事后向工商、食药监、消保委等部门投诉反映。

到餐厅吃饭，还要收取每人2元钱的“消毒碗筷费”，这种做法合理吗？上海市消保委昨日发布今年第2号消费提示，提醒广大消费者，此种行为违反了消法相关规定，消费者可以拒付。

日前，消费者沈女士向市消保委反映，她和好友到本市一家饭店吃饭,店方向他们每人提供了一套“消毒碗筷”,每套收费2元。“餐厅难道不应该提供卫生餐具吗?为何还要收取碗筷费?”沈女士当场拒付,并要求餐厅提供免费碗筷,却被店方回绝。

收取“碗筷费”在餐饮行业十分普遍,这种做法是否合理?上海市消保委认为,根据消法第九条关于“消费者有权自主决定购买或者不购买任何一种商品、接受或者不接受任何一项服务”的规定,餐饮企业强行收取“消毒碗筷费”的行为涉嫌强制消费,侵害了消费者的自主选择权。按照常理,餐饮企业做好饮食卫生工作、确保食品安全是其应尽的法定义务,餐厅向消费者提供安全卫生的碗筷也是理所当然的。因此,饭店强行收取“消毒碗筷费”既有违法理也违背情理。

对此,上海市消保委提醒广大消费者:外出用餐时要选择有卫生许可证、营业执照的餐馆。遇到经营者强行收取“消毒碗筷费”时可以拒付,并要求其提供符合卫生要求的免费餐具。如果餐厅拒不提供免费餐具,可要求其开具收费凭证,事后向工商、食药监、消保委等部门投诉反映。

记者 肖 蓓

(引自2008年5月5日《东方早报》)

(二) 综合消息

综合消息可以理解为动态消息的综合报道。一般我们理解的动态消息,往往聚焦社会事件的一个“点”,而综合消息则往往关注事件的一个“面”,并且“以点带面”,凸显情况的全貌,给受众一种全局感。例如:

2008年秋季高考上午开考

“90后”赶考“他们”心态更放松

女生小铭家住杨浦区,一大早就起床,理好文具赶往黄浦区的高考考场。妈妈说提前定辆出租车吧,小铭说不用了,就像平时读书一样,坐公交车去就行。

天山中学男生小驿自己骑车到仙霞高级中学考点应考,一路悄悄尾随到考场的老爸坦言,儿子一直很有主见。

他们是高考队伍中的第一批“90后”,在今天上午开考的2008年全国秋季高考上海语文卷考试中,“90后”要以《他们》为题作文。而师长们眼中的“他们”,面对挑战更自信,更从容。

关心时事积极备考

有着20多年教龄的敬业中学教师方平发现,与前几届学生相比,“90

后”们思维更活跃，也更乐观和自信。就拿作文来说，他们思考问题很独到，并且非常关注国际国内时事和社会民生问题，信息量很大。

送考的储能中学校长奚建松感觉，考生的心态日趋成熟。两三年前，总有高三学生因为压力大无法集中注意力，现在，这样的学生几乎没有了。

同龄人送上问候

大学保送生给好友打气，高二学生给高三师兄师姐助阵……格致中学考点前洋溢着浓浓的友情。格致中学校长张志敏说，学校18名保送生每天到校，充当“班主任助理”和“答疑顾问”。不少家长发现，同龄人的一个电话、一句问候更有用。

家长也请放松心态

孩子们从容进考场，可候考家长的表现有些失分。有家长一哄而上争抢某教育机构散发的宣传环保袋，也有家长为了停车跟交警大声争执，也有家长在交谈中抱怨自家孩子不够努力……家长或许应该向“90后”的孩子学一学，心平气和地陪他们一起迎接挑战。

记者　陆梓华　王　蔚

（引自2008年6月7日《新民晚报》）

（三）典型消息

典型消息是反映某地、某部门或某单位在工作中的典型经验、典型问题的报道，典型消息往往带有较强的指导性和警示性。例如：

职务犯罪预防重在正本清源

——卢湾区检察院开展职务犯罪预防工作取得成效

日前，卢湾区检察院与中信银行上海分行联合召开职务犯罪预防警示教育大会，以某支行行长贪污案为反面教材，对银行全体员工进行职务犯罪预防教育。这是该院针对重点行业，深化系统预防的又一举措。

近年来，卢湾区检察院在深入查处职务犯罪的同时，从制度、机制入手，加强与有关单位协同配合，增强预防工作的前瞻性、主动性，不断拓展职务犯罪预防工作领域，促进职务犯罪预防工作的持续、深入、有序开展。

该院结合典型案件，共开展个案预防39件，逐步形成了“五个一”，即：“一案一分析”、“一案一建议”、“一案一教育”、“一案一整改”、“一案一回访”的工作制度。先后在上海轨道交通明珠线二期、长兴岛“江南清水苑”、瑞金医院门急诊医技楼改扩建、上海交通大学医学院南汇校区、上海文化广场改造、上海社科院国际创新基地和轨道交通13号线世博段等7项重大建设工程项目中成功开展了创“工程优质、干部优秀”的专项犯罪预防工作。

该院根据高检院关于建立预防工作网络的要求，先后在工商、建筑、税务系统和部分区属机关、事业单位建立预防网络。根据不同系统的特点，以“常敲警钟、把好关口、珍惜岗位，构筑堤坝”等为主题，多次召开预防网络专题座谈会，并通过组织业务培训，剖析典型案例，交流工作经验，组织参观学习等多种形式，对各个网络单位的预防工作进行指导、督促和协调。

该院还经常以法制报告会、案例剖析会、旁听法庭审理、参观监狱、版面巡展、并与新闻媒介联手宣传等多种形式开展法制宣传教育活动，扩大预防职务犯罪工作的社会影响。他们在东方广播电台“法治新天地”举办预防职务犯罪宣传直播节目，组织40余场3 000人次参加的法制报告会，举办预防职务犯罪“清风廉曲”大型文艺汇演，制作了“莫忘誓言”警示教育专题片，编发《卢湾职务犯罪预防》季刊18期，给广大党员和群众以深刻教育。

卢湾区检察院通过深入开展个案预防、系统预防和专项预防，不断推进预防网络建设，丰富预防职务犯罪的形式和手段，在健全预防职务犯罪机制、增强干部廉洁自律等方面起到积极作用，有力地推进了职务犯罪综合治理和社会预防工作的发展。

作者：尤振宇

（引自上海市人民检察院网站，编者略作修改）

（四）述评消息

述评消息是介于消息和新闻评论之间的消息类型，它往往在叙述新闻事实及其背景的基础上，对新闻事实进行简明扼要的分析和评价。例如：

全国政协委员王平的质问，肯定获得赞声一片。这话的前后语境是：企业负责人无疑为企业的发展付出了辛劳和汗水，但企业产生的巨大经济效益并不属于企业，更不属于个人。

国企老总工资拿多少谁说了算

国企管理层的高薪遭社会诟病，由来已久。坊间不时有传闻，说某银行的老总年薪数百万元,某上市国企的老板身价上亿元等等。人们对比尔·盖茨的亿万财富倾慕有加,为什么偏偏对国内企业老总的薪酬颇多苛责?原因无外乎责权利不对等、收入分配不公。

依照一些评论者的说法:呆坏账是国家的,分红是自己的;企业破产了老百姓埋单,老板薪水分毫不减;高管们钱包鼓胀,员工们收入可怜,一算平均账,替人背黑锅……

舆论的不满建立于这样的事实之上:部分行业企业、管理者工资畸高的同时,普通劳动者收入增长缓慢,财富初次分配的贫富不均拉大。一组经常被引用的数据:2000 年,行业最高人均工资水平是行业最低人均工资水平的 2.63 倍,2005 年增加到 4.88 倍。

值得欣慰的是,薪酬争议已从舆论的自由发言,变成代表委员们的公开质疑,促进收入分配的公平公正,正成为政府工作的关注点——政府工作报告就指出,要逐步提高居民收入在国民收入分配中的比重,提高劳动报酬在初次分配中的比重。需要指出,近些年来,GDP 的涨幅、税收的增长,都明显高于劳动者收入的增长。正如一些代表分析的:"整个 GDP 的国民收入分配向企业利润和国家财政集中度提高了,分给老百姓的份额不断下降";"劳动收入在整个国民收入中比重不断下降,而且已经降到警戒线了";"财政长期高速增长,其实不利于'两个比重'的提高"。

为缩小收入差距开药方,一是"限",一是"涨"。前者指限制最高工资。譬如,一些委员就认为,垄断是造成当前收入分配悬殊的重要原因。国家对垄断企业要拿出硬办法,使用约束性指标,设定最高工资标准;后者是普遍增加劳动者的收入。

为限制垄断高薪,这几年出台过一些规定,总体而言效果并不理想;而让劳动者普涨工资,则需要合理的制度保障。工资拿多少,不再由老板说了算。劳动者可以联合起来同企业谈判协商,主张自己的合法权益。值得注意的是,我国企业中,95%以上是中小企业,如何在这些企业建立工资协商体制,以及劳动者是否有能力和企业"讨价还价",将是保障工资收入增长的关键。

中国青年报　冯雪梅

(转引自 2008 年 3 月 10 日《新民晚报》)

四、消息的写作

标　　题	消息的标题要准确、鲜明，更要引人注目、引人入胜，当然也要言简意赅。 根据报道的需要，消息的标题可以是一行，也可以双行或者三行。以三行标题为例：中间一行称为正题；正题上方的一行称为引题（或肩题、眉题）；正题下方的一行称为子题。正题是核心，概括消息的中心内容；引题交代背景、说明情况，起铺垫、烘托作用；子题一般用于对正题作补充。
导　　语	导语是整条消息中最精要的部分，一般把所要报道的事件的重要的事实或者事件的结局制作成导语，作为消息的开头。 导语必须简明、概括。
主　　体	消息的主体部分是消息的主干部分，主要展开对所报道的事件的具体发展经过的叙述。 主体部分往往按时间或者按事物内在联系的逻辑关系为线索展开。
背　　景	背景部分是对消息所报道的事件的历史条件和环境条件的补充说明材料，一般可根据报道事件的具体情况决定是否需要，如不需要，则这部分可省略。
结　　语	结语是消息概括性结束语。由于消息一般采用"倒金字塔"结构，事件的结局已在导语部分作交代，因此，结语部分要是有的话，也是高度概括的一两句话，用于"点睛"。

【难点提示】

（1）消息的标题要精心拟制，要有吸引"眼球"的效应；如果是多行标题的话，应做到虚实相配。

（2）构成要素要齐全。消息有六个构成要素，通常被称为五"W"加一"H"，即何时（When）、何地（Where）、何人（Who）、何事（What）、何故（Why）和如何（How）。

（3）撰写述评消息要注意新闻事实和评论的分寸把握，不能把它写成评论。其事实和评论的关系是：事实是评论的基础，而评论结合事实，并在全文中起到画龙点睛的作用。其特点可归纳为：有述有评，边述边评，述评结合。

【文例评析】

文例 1：

为找工作　三大学生地铁演讲"练胆"

自称为找工作锻炼口才和沟通能力坚持到赢得路人掌声为止

"大家好，我是一名应届毕业生，想在这里讲几句话，能耽误大家几分钟吗？"昨天下午 3 时左右，在市光路方向八号线地铁的一车厢中，多名乘客突遇三名陌生学生“奇袭”。

原来，一名瘦小男生在两位朋友的陪同下，从曲阜路站上车后便突然对车厢内的乘客开口讲话。而当大家好奇的目光集中到他身上时，这名男子的脸却开始涨红。从男子紧张、断断续续的话语中记者了解到，他是上海一著名大学的应届本科生，为了锻炼自己的沟通、与人互动能力，他决定与另两位同学一起，在人群聚集的公共场所对着大家大声讲话。

“毕业才知交流的重要”

然而，此时车厢中乘客较少，周围人显得较漠然，并没有人主动回应这名陌生的“说客”。瘦小男生紧张之下看到无人回应，反而更加紧张，说话断断续续。最后，这名男生无法继续讲下去了，地铁到达下一站后就和朋友下车。

“我们学的都是理工科，读书时也没有在很多人面前演讲过，要走上社会了才知道交流能力的重要。”早报记者随后追到这名演讲男孩时，男生告诉记者，面对众多陌生人讲话是锻炼自己的一种方式，虽然大多数人都对他们投以奇怪的目光，但有些人会听他们讲。“有时讲完大家还鼓掌了呢。”这名男孩说，他们要把这种活动一直坚持下去，不断激励自己。

乘客反响不一

据三名男生介绍，他们三人中，一个人通过这种方式，第一次在公众面前讲话就已成功，赢得了掌声；第二个人花了两次机会才获得路人的掌声；而第三位，这位瘦小男生暂时还没有获得“成功”。

三位男生表示，他们并不只是专门在地铁上对乘客讲话，只要是人多的地方他们都会去尝试，直到获得公众的掌声为止，这不仅锻炼自己在大众面前的沟通能力，而且为自己找工作积累经验。

最后，早报记者在站台进行了简单的调查，发现对这种在公共场合“练胆”的行为，乘客们意见不一。“开始不知道他的目的的时候，感觉很奇怪，后来听下来，觉得他们还是很勇敢的。”一名年轻女士告诉记者，对于这样的行为她并不反对，找工作需要许多勇气，如果对方讲得很成功，她将会报以掌声鼓励。而也有乘客表达了不同意见，“地铁车厢也是公共场合，在车厢里大声讲话要考虑别人能不能接受。”

实习生　高　林

记　者　龙　毅

（引自2008年6月5日《东方早报》）

评析：

大学生在地铁车厢里锻炼自己的胆量，借以提高口头表达和沟通能力，这是一条很有新闻价值的线索，记者抓住这条线索，从中发掘当代大学生敢于表现自己的崭新风貌。

全文以情景描写开头，然后以时间顺序展开，最后以乘客反响作结。既褒扬了大学生主观上积极进取、敢于接受挑战的勇气，也点出了客观上其行为还需社会认可和接受的现实。

文例2：

2008年新闻传媒业人才聚焦编辑

“第三届全国新闻出版人才网络招聘会”日前落下帷幕。据主办方上海市新闻出版人才交流中心最近传出的信息反映，目前新闻、出版和网络等传媒领域人才需求的瓶颈膨胀继续加剧，优秀人才十分抢手，高级编辑成了“新宠”，技术人员明显供不应求。初出“茅庐”的应届毕业生再次成为参与竞聘的“主力军”。

1. 需求总量继续上升

据了解，参加本届招聘会的新闻、出版、发行、印刷或网络等单位共有140家，同比增加122.5%。各类参会企业的数量同比均有所增加，其中新闻出版单位48家，占34.2%；印刷制作单位37家，占26.4%；发行经营单位15家，占10.7%；网络传媒单位40家，占28.5%。上海市单位101家，占72.1%；外省市单位39家，占27.8%。

参会企业的招聘职位主要有编辑、传媒、营销、管理、技术等5类，招聘岗位595个，同比增加42.6%；招聘人数1736名，同比增加28.7%。其中编辑类岗位包括策划编辑、文字编辑、教材编辑、美术编辑、技术编辑、英语编辑等；传媒类岗位包括新闻记者、新闻分析、新闻编辑、动漫编辑、客户总监等；营销类岗位包括市场经理、发行经理、广告经理、市场策划、公关策划、市场推广等；管理类岗位包括项目经理、行政主管、生产主管、品质主管、会计审计等；技术类岗位包括工艺工程师、印刷机长、软件开发、网站维护、印刷操作、排版、制版等。

2. 学历层次普遍提高

统计显示，本次招聘会上网浏览的总数近27万人次，投递简历的总量为2.6万多人次。从各单位收到的简历情况来看，应聘人员的年轻化趋势明显，大多数应聘者的年龄集中在20岁—30岁之间；女性和男性的比例为2比1，与市场需求形成明显反差；学历层次普遍提高，大专以上学历的占97.5%，与用人单位不断上升的需求趋势较相吻合。具体分布为博士学历占2%、硕士学历36.4%、本科学历46.6%、大专学历12.5%、大专以下2.5%。

在全部应聘人员中，具有工作经验的仅为三分之一，近三分之二应聘者为应届毕业生，大部分竞聘者的出身集中在重点或骨干学校。华东师范大学的应届毕业生抢得第一，上届冠军复旦大学屈居第四。前十位高校分别为华东师范大学、上海师范大学、上海大学、复旦大学、上海出版印刷高等专科学校、武汉大学、中国人民大学、南京大学、上海外国语大学、北京大学等。

3. 优秀人才依然紧缺

据透露，参会企业的招聘职位前五类分别是文史编辑、市场公关、市场营销、新闻采编、印刷业务员等。应聘人员简历较集中的前五类职位分别是文史编辑、记者、策划编辑、财务、印刷操作人员。然而供需双方结构性矛盾依然突出，其特点主要表现在——

目前新闻出版行业各类单位对人才的需求总量较大，受过培训的各类复合人才特别受用人单位的欢迎；编辑类职位对应聘者的学历要求较高，应聘人员的学历普遍也高，供选余地源源不断；但招聘方对是否具有实践经验强调更甚，应聘方则以应届生为主力，供需双方往返磨合日趋紧张，具有一定工作经验的复合型优秀人才依然显得十分紧缺；印刷技术类岗位对应聘者的学历要求虽然不高，但对技术等级有一定要求，具有实际工作经验的高技能操作人才明显供不应求。

作者　沈　宽

（引自2008年2月24日《新民晚报》）

评析：

这是一则信息量较大的综合消息，集中反映了新闻传媒业的人才供需动向。

从结构上看，该消息采用了“倒金字塔”手法：叙述式导语开头，逻辑顺序主体分条展开，总结式结语概括特点。

全文对材料的把握和处理较为自如：既有充分的数据，又有客观的判断；既广涉新闻传媒业人才供需总体概貌的“面”，也突出“聚焦编辑”之“点”，可谓点面结合，亮点突出。

文例3：

上海交大昨举行毕业生双向选择招聘会

“上海生源＋男生＋党员”最吃香

本报讯（通讯员　董少校　记者　钱滢瓅）　上海交通大学2008届毕业生双向选择招聘会昨天在闵行校区举行。有202家用人单位、1万余名校内外毕业生参加，是近年上海高校单独组织的最大规模的招聘会。

提前两小时来排队

招聘会9时30分开始，有学生提前两个小时就来排队。排在第一个的交大法律专业本科生小沈已经参加了国家公务员考试及面试。“结果还没出来，心里不踏实。我看到招聘单位目录中有五六家单位比较中意，觉得可以过来比较一番。如果企业更好，我也可以放弃公务员。”

昨天，有近5 000名沪上其他高校甚至外地高校的毕业生也来“凑热闹”。记者在现场发现，求职者按照“本校”和“外校”分为两队，交大学生凭入场券和学生证于9时30分率先进场，11时，外校求职者方能入场。为了占得求职先机，在交大BBS上，还有外校学生出价50元收购入场券。

改变学生“恋沪”情结

“有的用人单位来招人，除了专业方面的要求，点名要‘上海生源＋男生＋党员’。”上海交大就业中心主任刘建新说，“这种组合的毕业生最走俏。”

根据交大近几年的就业情况统计显示，交大约九成的毕业生(含本科生与研究生)留在上海工作，去外地的少；去外企就业的人多，去国家重要行业和关键领域就业的少。刘建新表示，针对学生的“恋沪”情结、白领情结，交大今年特地邀请了近40家外地单位参加招聘会，来自北京、济南、青岛、沈阳、厦门、洛阳等地，涉及重点行业、重点单位，旨在改善毕业生的流向结构。学校还编制了“毕业生就业引导目录”，将关系国家安全和国民经济命脉的中央企业、民营企业、省部级科研机构、党政机关、主流媒体、重要金融机构、重要医疗机构、部队和其他单位，共347家用人单位，作为学校就业重点单位，引导大学生就业。

(引自2008年3月2日《新民晚报》)

评析：

这是一则动态消息，透露了记者在交大毕业生招聘会中采集到的有关信息。也是“倒金字塔”结构，也概括出了该次招聘会的“亮点”——“上海生源＋男生＋党员”最吃香，但比较而言，本文显得“平”而“散”，两条小标题所统领的内容也不甚恰当。

【案例操作】

下例是一篇通讯报道，请把它改写成一篇消息。

落泪主播赵普　曾是一名保安

5月14日，央视主持人赵普在直播“抗震救灾”节目时，感动之余落下了男儿泪，他的热泪打动了亿万观众。大家议论的不是赵普的一时失态，更多的是赞扬声。日前，擦干眼泪接受记者采访的他同样是真情流露，他坦言：“我最想去抗震前线，放心不下那些灾区的儿童。”

心中全是悲痛

当记者谈到观众对他的极大关注时，赵普很谦虚：“我的个人表现不值得一提”。赵普说，5月12日大地震发生后，台里立即作出了反应，迅速组织力量，派出记者前往灾区进行直播报道。“当我们在演播室里拿到前方同事传回来的信息时，真有些手足无措，特别是看到不断攀升的死亡数字，那几天完全是在震惊、担忧中度过的。”在赵普的回忆中，那几天的压力非常大。

5月14日，震后第三天，当情感激烈聚积的赵普不断接到伤亡消息时，赵普悲痛的泪水不禁夺眶而出。“我首先是一个人，然后才是传媒人！当时在节目中我实在是说不出话来了。”谈及当时的感受，他这样告诉记者。

不会受到处分

自从赵普在直播中动情流泪后，虽然赢得一片赞扬，但也有一些观众担心他会不会因此受处分。对此赵普坦言：“我不但没有遭到领导的批评，而且领导还高度评价了我的表现，说我是自然流露，还安慰我不要太在意。但是以后会在节目中尽量控制自己的情绪的。”

在赵普自己看来，职业性和感情的自然流露并不矛盾。在那次情绪失控后，央视的一位领导还专门给赵普打过电话，内容也是以鼓励为主。

最想去灾区前线

“地震后几天，我一直在做去灾区前线的准备，并向上级申请前往灾区去帮助救援。”坐在直播间里主持，让军人出身的赵普很是按捺不住。但因为当时台里人员紧张，最强的记者队伍全部都派出去了，而演播室必须得有人坚守岗位，连续直播逼得10多个主播轮流出镜，一天下来每人的休息时间也仅有几小时，赵普的要求最终被领导拒绝了。

“连续直播让记者和主持人都身心疲惫，但责任感让我们更有力量。”在直播中，赵普没有说过一句再见，他说这样是表示他们和灾区群众一直在一起战斗。

在采访最后，赵普表达了自己对灾区儿童的关注，他希望可以帮助灾区孩子重建心灵家园。

从保安到主播

赵普1971年出生在安徽一个贫穷山村，1987年他离家到北京某后勤部队当兵，3年后，赵普退伍，到安徽省体育局下属的省体育馆当了一名保安。一直想当电视主持人的赵普，每天利用业余时间反复朗诵《新华字典》。

1991年，安徽省气象台公开招聘一名临时气象播报员。没上过大学的赵普最终应聘成功了。不过赵普并不满足当一名临时气象播报员，他一直在准备参加北京广播学院的自学考试。然而在1994年，赵普的父亲因患膀胱癌不幸去世；3个月后，他又意外地接到了体育馆"不再续聘"的通知。双重打击下，24岁的赵普拿出仅有的2 000元积蓄，与同学一起卖服装。

后来，北京广播学院播音系干部专修班在全国招生，赵普毅然决定报考。1996年2月，只有初中文凭的赵普终于接到了北广播音系的录取通知书。1996年底，学院开始鼓励干修班的学生外出实习。赵普凭着优秀的表现，在北京台实习，在出色完成报道任务后，赵普顺利成为北京台主持节目类型跨度最大的主持人，随后他又攻读了北京师范大学艺术专业硕士。

2006年初，央视举办"魅力新搭档"比赛，赵普从千余名选手中脱颖而出，夺得了这次比赛的第三名，一举冲进了中央电视台，完成了从保安到中国顶级电视媒体新闻主播的蜕变。

坚持播完新闻

"为什么我们总是被这样的声音，这样的画面感动，为什么我们总是看着看着就会眼含热泪，"5月14日中午，赵普在主持央视"众志成城抗震救灾"地震直播节目，当看到前方记者发回的报道画面后，赵普禁不住哽咽了。观众可以明显地看到，赵普的眼眶湿润了，为此他不得不低头调整一下情绪。

在停顿了大约两三秒钟之后，赵普抬起头继续说道，"因为我们爱这块土地，这块土地上的人们懂得相互关怀……"说到这里，赵普再次无法控制自己的情绪，他又一次低头，希望可以平复自己激动的情绪，并强忍住眼眶中转动的泪水，但这一幕，还是被亿万观众看在眼里，记在心里。稍作调整后，赵普还是坚持完成了他的这次特别动情的新闻播报。

记者　李　平

（引自2008年5月23日《重庆晨报》）

第三节　通　　讯

【导入案例】

校园里最近流行一句“很黄很冠希”——

“艳照门”能否成为青春期教育契机

“如果现在哪个同学还在说‘很黄很暴力’，那大家就会觉得他(她)老土，这句话已经变成了‘很黄很冠希’。”最近，记者在接触一些中学生时听到了这样的校园流行语。新学期开学后，有关“艳照门”事件同样也成为许多少男少女的课余谈资。但与香港、广州等中学不同的是，沪上学校大多不太愿意组织学生开展相关话题的公开讨论，而是比较含蓄地将问题引向青春期的教育。

教育学生保护隐私

“艳照门”闹得几乎“地球人都知道”了，中学生当然不是外星人，暗暗关心、窃窃私语者大有人在。上周，广州某中学就组织学生在课堂上展开讨论，校长说：“我们不能只作鸵鸟，把脑袋埋到沙子里来逃避现实。网络上的糟粕，作为学校没有权力去清理垃圾，只能教育学生远离垃圾。现代资讯如此发达，有些未成年人自制能力又比较差，如果不正确引导，他们对事件的辨别能力和免疫力就会更差。”

同样，近日香港的一项调查表明，有85％的受访教师表示，该事件可引起家长关心子女有否浏览色情网页；还有83.9％的教师认为，可借此作为校内道德教育的教材，向学生灌输正确的信息，也可借此作反面教材，让学生明白个人隐私也包括身体各部分，同时也要培养对别人的尊重。

教师担心变相渲染

前段时间参加沪上高校自主招生面试的高三学生小郁告诉记者，他就搜集了不少报上和网上的有关“艳照门”事件的报道和评论，以防大学的面试官会提出相关问题，但结果没派上用场，而且其他同学好像也没碰到有教授和他们探讨起这个热门问题。香港媒体的街头随机调查显示，有相当一部分的受访中小学生曾接触过事件中的“艳照”。

记者在本市中学采访中得知，也有学生曾经在网上看过有关照片，还有些学生曾在手机里存储过。受好奇心驱使，是他们介入其中的最主要原因。但大多数老师则认为，把如此不雅的淫秽照片引入学校教育中，尽管是带着批判的目的，也会遇到许多困难和尴尬，甚至还会成为变相的渲染，引发学生们更多的好奇。

自觉抵制有害信息

“学校教育不是消防队，而应是导航灯。在本市实施的《民族精神教育指导纲要》和《生命教育指导纲要》中，就有相关的公民人格教育和心理品质教育的内容。”晋元高级中学德育特级教师丁如许提出，学校应该在日常的青春期教育中加强学生自觉抵制色情、暴力信息诱惑和影响的内容。还有的老师说，即使没有“艳照门”的出现，中学生中悄悄谈性话题的也不在少数。

据本市中心城区的一项最新调查表明，有58.4%的高中生会参与同学间对性问题的讨论，而且他们的性知识大多来源于网络和报刊。上海青春期教育专业委员会主任张志刚认为，如今网上谈性的多，但谈青春期性教育的则比较少，即使有一些，不是观念和知识太陈旧，就是内容过于离谱。青春期教育说到底，不是引导学生在异性同学间要保持怎样的距离，而是要教育他们如何积极地正确交往。

记者　王　蔚

（引自2008年3月3日《新民晚报》）

讨论

(1) 上文是一则消息，请说明它和通讯有什么区别？

(2) 如果把上述消息改写成通讯，你认为应从哪些方面入手？

【要点阐释】

一、通讯的涵义

通讯是一种综合运用表达方式，对事件或人物进行深入报道的新闻文体。

二、通讯的特征

(一) 形象性

与消息相比，通讯往往通过诸如叙述、议论、描写、抒情等形象化的表现方式的综合运用，来表现活生生的人物或事物的形象，强化作品的感染力，使得通讯在用事实说话的基础上，也用形象说话。优秀的通讯，不仅具有新闻价值，而且具有文学价值。

(二) 新闻性

通讯本身是一种新闻样式，因此天然地具有新闻性。这里我们把新闻性作为其特征，是因为我们认为，虽然通讯具有一定的形象性，显现出一定的文学色彩，但它本质上仍然是新闻，仍应具有新闻所应有的真实性等特质，不能为了凸显其形象性而采用虚构、夸张等手段去牺牲其新闻价值，以此区别于文学作品。

(三) 评论性

通讯不仅容量大，而且比消息更有深度。通讯的深度，一方面是作者通过各种表现手段，在尊重事实的基础上对人物和事件提炼、加工，使其具有形象感染力的结果，另一方面也是作者在对事实的报道中所反映出观点和态度的倾向性以及辅之以评论的结果。

三、通讯的种类

根据不同的标准，通讯可以分为不同的种类。一般我们把通讯分为人物通讯、事件通讯、工作通讯。

(一) 人物通讯

人物通讯是以具有新闻价值和典型意义的人物为报道对象的通讯类型，它反映社会各阶层广受关注的、具有代表性的人物的思想或事迹。一般来说，人物通讯所报道的是社会各阶层中涌现的先进人物，但也有具有倾向性的反面典型人物。例如：

林毅夫：传奇学者的庙堂之路

林毅夫是从研究中国农业问题入手，走上经济学研究之路的。他的主要研究领域是发展经济学、农业经济学、制度经济学。

林毅夫原名林正义，出生在中国台湾宜兰。1979 年 5 月 16 日，林毅夫泅水横渡来到大陆，彻底改变了他的人生。后来，林毅夫负笈美国，进入芝加哥大学研究农业经济学，成为 1979 年诺奖得主舒尔茨的关门弟子。1987 年，林毅夫辞去耶鲁大学的工作，回到大陆，成了中国改革开放后第一个海归经济学博士。回国后，林毅夫先在国务院农村发展研究中心所属机构从事研究。1994 年，林毅夫进入北京大学，创立中国经济研究中心并任中心主任。

从上世纪90年代中后期开始，在粮食问题、电信改革、银行改革、WTO、通货紧缩、宏观调控、土地问题、农民工问题、住房问题等几乎所有关系国计民生的重大决策中，都有北大经研中心发出的声音。北大经研中心逐渐受到高层领导的瞩目，成为国家决策的高级“智库”之一。作为中心的主持者，林毅夫积极为中央很多重大决策的制定出谋划策，参与了国家“十五”和“十一五”规划的制定，林毅夫本人也被舆论视为官方的重要智囊之一。

如今，林毅夫的头衔很多。除了北大经研中心主任外，他还先后当选为全国政协委员、全国政协经济委员会副主任、全国工商联副主席和第三世界科学院院士等。

● 专注于中国农村问题的经济学家

作为经济学家的林毅夫走进社会大众的视野之中，这与他在关于“三农问题”上的一系列建言是分不开的。

1999年，针对当时的通货紧缩形势，林毅夫第一次提出了“新农村运动”的概念。1998年后，中国出现了严重的通货紧缩、生产能力过剩、新增投资比较小和新增就业机会少等问题。并且，这又造成本该流动的农民流动不出来，已经流动出来的农民又返回乡村。另外，众多乡镇企业在竞争中也纷纷倒闭。一方面，这致使农村集体经济负债累累；另一方面，又迫使早先在乡镇企业就业的农民又回流到农业中。在这种背景之下，农民收入增长特别慢，“三农问题”也更为突出。

据此，林毅夫提出，“中国从1979年开始的改革以农村为突破口；20年后的今天，走出当前生产能力普遍过剩、内需不足、市场疲软、通货紧缩困境的突破口，仍然在广大的农村。”只有打通农村劳动力向外流动的管道，消化掉城市中过剩的生产能力，才有可能解决三农问题。

为此，他建议中央政府在全国范围内发起一场以实现农村自来水化、电气化、道路网络化为核心的新农村运动，加快农村地区和生活消费有关的基础设施建设，以此来启动广大的农村市场。同时，政府要以财政政策的资金积极建设农村基础设施，这对启动中国的投资和消费需求可以起到四两拨千斤的效果。因为，这一政策既可以刺激国内消费需求，使中国早日摆脱通货紧缩，又可以提高农民的收入、缩小城乡差距和改变农民观念等。

后来，随着“三农问题”变得日益突出，林毅夫提出的“新农村运动”建议及具体内涵逐渐被国内学界及政府部门所认同，这为以后中央提出新农村建设提供了一定的学术支援。

在林毅夫的心里，他一直未曾忘怀中国的农民。他曾说，"如果了解中国的现代史，了解中国的社会、经济结构，就会发现，农村是中国现代化过程中最关键的问题。穷人绝大部分在农村，解决了农村的问题，不就解决了中国的贫困？解决了中国的贫困问题，也就解决了世界贫困的一大半。"

对中国农业经济问题的研究，集中体现了林毅夫在农业经济学、发展经济学等领域的突出贡献。

● 制度经济学研究享誉国际学界

其实，制度经济学也是林毅夫研究的重要领域之一，但他更强调制度的内生性。早在上世纪 80 年代后期，他就认为中国传统计划经济体制内生于重工业优先发展的赶超战略，经济体制改革成功的前提是放弃推行带有赶超色彩的发展战略。

他一直主张市场取向的改革，认为只有实行市场经济，理顺市场价格体系，形成比较充分的市场竞争环境和资讯指标体系，才能为国有企业改革创造良好的外部条件，卸除国有企业背负的政策负担(包括社会保障负担和执行赶超战略的负担)，培育国有企业的自生能力，是国有企业改革取得成功的关键。

针对中国的金融体制改革问题，林毅夫指出，金融体系的基本功能在于动员资金和配置资金，资金动员的能力其实决定于配置的效率。在深入研究中国和东亚地区经济发展问题的基础上，林毅夫总结了世界各国经济发展的经验教训，提出了自己独特的发展经济学理论假说。他的理论建立在要素禀赋、政府的发展战略及其内生形成的政策制度基础之上，并以企业的自生能力为微观基础。

林毅夫的制度经济学研究在国际经济学界也享有盛誉。他最早提出并阐述了被国内学界经常引用的制度经济学的两个基本概念——诱发性制度变迁和强制性制度变迁。林毅夫认为，由市场自发诱致制度变迁的这种情况很难出现，因为制度是一种公共产品，在制度创新过程中必然存在着"搭便车"问题。因此，仅仅依靠诱发性过程所提供的新的制度安排将少于最佳的制度供给，需要政府采取强制性的行动来完成制度变迁。

林毅夫以其对经济学的深刻理解和对中国现实的敏锐观察与把握，成为改革开放以后第一位在国际最权威的经济学学术杂志——《美国经济评论》和《政治经济学杂志》上发表论文的国内经济学家，他也是第一位运用规范现代经济学理论和方法研究中国问题的国内学者。但是，这位学者也发出了经济研究要实现本土化的呼吁，除了要学会西方的分析方法、掌握数学工具和培养经济学直觉以外，最根本的是要“有文化”，对中国的历史、文化和社会要有深刻的了解。

林毅夫的学术研究之路昭示，他对中国经济改革和中国农村问题等都有着自己深刻的理解与认识，这也使他成为目前国内最受关注和最有影响力的经济学家之一。

● 后发优势理论解释中国渐进式改革成果

提起林毅夫，当然也不得不重提他在2002年时与杨小凯之间围绕着发展中国家的后发劣势与后发优势问题曾展开过一场影响深远的争论。

杨小凯是澳大利亚莫纳斯大学的教授，被誉为华人世界最杰出的经济学家。2002年，杨小凯在北京天则经济研究所的一次演讲中，提出了“后发劣势”问题。杨小凯的“后发劣势”理论在国内外学界曾引起了一定反响。

林毅夫对此有不同的看法，并撰文进行了全面反驳。他指出，一个后发国家并非要先实现英、美的宪政体制改革才可以避免后发劣势。一个发展中国家是否能利用和发达国家的技术差距来加速经济发展的关键在于发展战略：如果政府的政策诱导企业在发展的每一个阶段，都充分利用要素禀赋结构所决定的比较优势来选择产业，那么，后发优势就能够充分发挥，要素禀赋结构能够得到快速的提升，产业结构就会以“小步快跑”的方式稳步向发达国家接近；反之，如果试图赶超，经济中就会有各种扭曲和寻租行为，结果会是欲速不达——不仅不能实现后发优势，还将必然伴随各种制度扭曲即所谓后发劣势。

林毅夫的“后发优势”理论主要来源于他的“比较优势发展战略”说。他用这一学说为中国渐进式改革的成功，做出了严谨的经济学模型。他认为，中国改革开放尤其是东部沿海地区经济发展的奇迹，就是成功地利用了中国劳动力相对价格较低的比较优势，逐步占领了纺织服装、轻工产品、家用电器等国际市场，快速积累资金，逐步实现产业升级。按照这个学说，中国未来的发展，充满了“后发优势”：充分利用与发达国家的技术差距，用较低的成本引进先进技术，加快技术变迁，加速资本积累，提高人均拥有资本，从而提升中国的资源禀赋，实现产业结构与技术结构的升级。

在争论中，林毅夫进一步指出，以私人所有权为基础、以自由民主为本质的宪政民主体制，既不是经济发展的充分条件，甚至也不是经济发展的必要条件，同时这也不符合中国目前的国情。他认为，尽管1978年以来的中国改革基本上没有涉及宪政体制改革，但这些年中国经济增长却是一个无可置否的事实。这本身就说明技术模仿能使经济发展得很快。当然，经济发展和政治体制改革也是一个互动的过程。

作者　邓聿文

（引自2007年10月30日《上海证券报》）

（二）事件通讯

事件通讯是以典型事件为报道对象的通讯类型，它往往反映社会中存在的具有典型性和倾向性的事件，并给予详细的报道，从中揭示其社会意义。例如：

明天又是“文化遗产日”，记者探访改造后的步高里——

老房子如何变成“活文物”？

陕西南路287弄，78岁的步高里每天注视着上海早晨特有的匆匆脚步。弄堂口，中国式牌楼上刻着汉字“步高里”和法文“CIT BOURGOGNE”。这个建于1930年的中法合璧石库门，1989年成为市级文物保护单位。

老房子变成“活文物”，才有生命力。明天是我国第3个“文化遗产日”，记者走进步高里，听那里的居民讲述石库门变成“活文物”的三部曲。

清　洗

又见“步高红墙”

一个游走世界的无名诗人在石库门里留下了《家山之恋》：“长巷和古旧的高墙、楼头……高墙背后是我的家园……剥落的墙上留下我祖先的遗影……”的确，看一幢建筑，墙面总是最引人注目的一个元素。

步高里82岁的居民虞阿娥坐在亭子间朝窗的小床上，从窗口望出去，对面是一排红墙。“我刚搬来时，就是这个颜色。”虞阿娥说，从她住进来到现在，已过去了57年。

随着岁月流逝，环境人文因素的变化，步高里的很多细节渐渐显现出陈旧甚至破败的景象——弄堂里随处可见风化起壳的清水砖墙，满眼七零八落的管线。墙体开裂、破损，还有那些临时性的修补，都一天天蚕食着步高里的旧日风采。

修旧如旧，还继续用颜色接近的涂料刷墙？这样的粉刷不知已搞过多少次，结果呢？新涂料覆盖了旧墙，旧墙的真正面貌不见了。“这次，我们决定洗墙。”卢湾区房地局工程科科长颜文生说。

文物可不是想洗就可以洗的。

步高里的洗墙设想呈报给上海市文管会，文管会建议颜文生先到故宫借鉴洗墙的经验。“我们去了，受到很多启发。”颜文生说，清洗是要去污，但绝对不能把不该洗的也洗掉，材料、工艺都很有讲究。

根据《中国文物古迹保护准则》，保护的任务是通过技术和管理的措施，修缮自然力和人为造成的损伤，并制止新的破坏，所有的保护措施都必须遵守不改变文物原状的原则。因此，修缮后的墙面应尽可能保留原有历史材料和风貌，对于破损红砖墙面应按原状修复，还要防水防风化，保障透气。

从去年 6 月开始，利用德国先进材料，先清洗以往修缮中涂刷在清水砖外的各种涂料，然后修补裂缝。步高里所有的墙，洗了 7 个月，虞阿娥终于又看到了当初的“步高红墙”。

不只看到了原来的红墙，一幢房子的墙根拐角，反复清洗后，墙砖上显露出几个“数字和符号”。“请专家鉴定过了，没有什么特别的含义，可能是在某次修缮时留下的记号。”颜文生说，符号是什么并不重要，让人高兴的是，清洗终于还原了“历史的原貌”。

改　造

装上专利马桶

像所有的旧式里弄一样，步高里曾经没有卫生设备，一些人家的老人上了年纪，拎不动马桶了，只好在家里安装电马桶，电马桶带来了新麻烦——噪声、落水管堵塞、污染，这些麻烦成了邻里纠纷的导火索。

“在步高里，我拎了 56 年马桶，从第 57 年开始，我有了卫生间里的专利马桶。”说起自家的专利马桶，虞阿娥很得意。

虞阿娥的亭子间有八九个平方米，靠窗的屋角从天花板上垂下落地帘，撩开碎花的帘子，里面藏着 0.6 平方米的小巧卫生间。卫生间的主角是一只拥有国家专利的马桶，专利马桶的发明人就是颜文生。

“洗了墙，还要改造卫生间。现在，步高里完成了卫生间改造，居民们用上了专利马桶。”颜文生介绍，这个专利马桶的特点是：坐便器下是人造石底板，底板上有横竖凹凸，能防滑；后面的小孔直通排水管，防渗水；底板隔音，夜里方便时，楼下一点也听不见。底板承重也不错，能保护木地板。排污管借用了废弃的烟囱通道，埋在墙内，看上去很整洁。就连地下的化粪池，也不影响其他管道。

“这个专利技术曾经在淮海中路的老式里弄试用。”颜文生说，轮到步高里，各项施工工艺更成熟，运用也更谨慎。

步高里外墙修缮和卫生间改造的花费是 700 万元，其中，每户居民出资100元,市文管会奖励资助了100万元,其他都由区政府承担。专利马桶还已经在徐汇等区推广,今年,卢湾区还要让2 000只专利马桶进入石库门。

融　合

邻居是外国人

海纳百川,是上海的城市风格,石库门的产生就是一个佐证。人际关系的融合,是石库门里生活形态的鲜明特色。

“大量居民外迁的同时,许多新居民搬了进来。”步高里居委会党支部书记白莉萍说,如果步高里失去了石库门特有的“亲和力”,就很难变成“活文物”,值得庆幸的是,除了街道居委会常常举办密切邻里关系的活动,居民们也很重视邻里的和谐。

虞阿娥住在38号,38号改造后的厨房里有7根煤气管道,意味着这幢楼里住着7户人家。

“不过,老邻居差不多都搬走了。”虞阿娥说,她刚搬来时,前楼的冯家有6个孩子,厢房里赵家也有6个孩子,整个石库门里,每天都是孩子们笑闹的声音。孩子们天天都会跑来亭子间,看看虞阿姨在做什么,问声好。

后来,12个孩子都长大,像小鸟一样飞出了石库门,“都有出息了,读了大学,外地、外国满世界跑。”虞阿娥说,赵家妈妈40多年前去世了,赵家爸爸也去世了十来年,赵家的女孩子都跟虞阿娥特别亲,每逢过年,她们会打电话来拜个年,虽然当年的女孩子如今也都60来岁了。

老邻居走了,新邻居来了。如今,冯家的房子里住着一个新上海人,“很年轻的小伙子,懂规矩,有礼貌,每天经过亭子间,也会来问声好。”虞阿娥说,这情形让她想起了几十年前的那些孩子们。

赵家的房子如今住着一对年轻夫妇,妻子是中国人,从大连来,丈夫是老外,老外的爸爸有时候也来住。“Hello,阿姨好!”虞阿娥模仿着洋爸爸打招呼的腔调,“你不知道,洋爸爸、洋女婿都会说汉语,跟他们交流没什么问题。”

虞阿娥跟洋女婿打交道是从“加菲猫”开始的。“洋女婿很逗人,常带着小狗下楼。”虞阿娥说,他特地说明,小狗的名字叫“加菲猫”。卡通明星“加菲猫”的一句经典语录是:“加菲猫是世界上最美丽最英俊的猫!”大概洋女婿就是冲着这句话叫小狗“加菲猫”。

“房子保护得很好,新邻居们也都很好。”虞阿娥说,如果新邻居们都觉得这里住起来很舒服,彼此感觉很亲切,石库门,永远会是这座城市里最有魅力的房子。

焦点链接

成为文物的石库门

步高里：位于卢湾区陕西南路、建国西路交界处，由法商设计，曾属于法租界，是典型的石库门旧式里弄住宅群。

渔阳里：全国重点文物保护单位，里面有中国社会主义青年团中央机关旧址，建于1910年，这里的石库门住宅有小天井，外墙用清水红砖砌筑。

尚贤坊：上海市文物保护单位，位于淮海中路358号，建于1920年。总弄宽广，支弄多条，呈"丰"字形；沿街联排式住宅，底层设店铺。

焦点知识

石库门的文化元素

石库门的正大门都以条石做门框，好似"石箍门"，箍、库发音近似，久而久之就成了"石库门"。上海社科院历史所研究员马学强最新的"石库门调查"表明：1949年前的城市档案、房地产契约档案中，一般没有"石库门"，正式的称呼是"里弄住宅"。1949年后，在相关档案中才大量出现"石库门"。

"老虎窗、水门汀、热水汀"都是外来词，也是石库门中的西方元素。石库门在布局上采用欧美联排式。

砖雕、木雕、马头墙……则是典型的江南园林元素。石库门的单体平面结构是中国传统院落住宅形式，内部借用了许多中国元素，尤其融合了江南各地的建筑特色。

记者　姚丽萍

（引自2008年6月13日《新民晚报》）

（三）工作通讯

工作通讯也被称为经验通讯，它是反映某地、某部门或某单位在工作中的典型经验、典型问题的报道，工作通讯和典型消息一样，往往带有较强的政策性、指导性和警示性，只是工作通讯容量更大、篇幅更长，同时在事实报道的基础上带有较多的评论成分。工作通讯的政策性、指导性较强，要求写出背景、做法、成就、经验、教训，概括出带有规律性的东西。例如：

北京市新安劳教所劳教戒毒工作纪事

本网讯　在北京市南郊天堂河地区，有一处整洁、漂亮的大院，这就是北京市专门从事教育挽救戒毒劳教人员的北京市新安劳动教养所(以下简称新安劳教所)。近日,笔者走访了北京市新安劳动教养所。来到该所,正是柳树成荫、百花争艳的季节,劳教所区大门口两旁的月季开得热烈、灿烂,围墙边高大的垂柳在微风中轻轻摇曳。大门两旁的墙上依此挂着中华人民共和国司法部"现代化文明劳教所"和"全国监狱劳教人民警察岗位练兵先进集体"、北京市"人民满意的政法单位"、"北京市爱国卫生运动先进单位"等金色明亮的奖牌。站在大门口,透过高大的铁栅栏门,可以看到院内操场上穿着浅蓝色衣服的劳教学员在民警们的组织下进行队列训练,耳畔不时地有"一、二、三、四……"响亮的番号声从操场上传过来。

劳教所张校毅所长说,戒毒劳教所也是教育矫治违法犯罪人员的场所,我们的任务就是帮助他们戒除毒瘾、重新做人。戒毒是一个世界难题,世界上最发达的国家对戒毒工作也是在逐步摸索当中。目前,我所正在积极探索多元化戒毒矫治手段,尤其是开展的康体训练、心理咨询、个案矫治等工作已初见成效。跟踪回访数据表明:很多劳教人员解教后能够保持一定时间的操守,部分人能够保持1年甚至更长时间,这些成绩进一步坚定了我们做好戒毒工作的信心。同时,我们还结合戒毒劳教场所的特点,坚持利用多种手段开展劳教戒毒工作。积极开展禁毒知识宣传,利用"6.26"国际禁毒日等有利时机,组织劳教人员深入学习禁毒、戒毒知识。请安康医院专家来所举办讲座,帮助劳教人员了解美沙酮替代疗法相关知识,掌握戒毒技巧。邀请解教后保持操守人员回所帮教,讲述成功戒毒经验,激励戒毒劳教人员树立戒毒信心;使用韩氏戒毒仪促进戒毒劳教人员的身体康复,巩固生理脱毒成效;积极开展心理矫治,开展行为矫正、认知、人格矫正和精神卫生治疗,有效缓解了部分劳教人员适应不良、意志力不强等10余种心理问题;开展"应用意象对话降低药物依赖人员复吸率"的研究,去年以来运用该技术对31名戒毒劳教人员进行"一对一"心理咨询,帮助戒毒劳教人员解开潜意识中对毒品依赖的心结;利用心理咨询中心资源优势,引入沙盘疗法,通过戒毒劳教人员摆放沙盘模型,发现其"原型意象",开展针对性咨询矫治,帮助劳教人员树立戒毒信心;开办戒毒课堂实行家庭干预,通过开办戒毒课堂,使劳教人员及其家属掌握了解教后保持操守的有效方法;探索开展脱瘾训练,将脱瘾训练室营造成一个真实的吸毒环境,放置吸毒用具、仿真毒品和香烟等,运用生物反馈仪收集劳教人员面对毒品刺激时的细微生理反应信号,并采取针对性的调控措施。

张所长说，要详细了解我们开展的劳教戒毒工作，还是走进劳教所听几个故事吧。

开启心灵之门

范文勇，28岁，该所心理咨询中心副主任，国家二级心理咨询师，二级警司，毕业于北方交通大学，筹备并主持心理咨询中心工作。从事专业心理咨询工作2年。对于从事的工作，范文勇有着一种极大的热情，并在工作中找到了实现自己人生追求的价值。谈到自己的工作，范总是那么自豪，显得非常兴奋，有着说不完的话题。

他说，心理咨询是教育矫治戒毒劳教人员的新手段，很幸运，我选择了心理咨询，并用自己的努力，尝试着打开了一扇扇曾经对社会、对家人，甚至对自己，都紧闭着的心门。

范回忆起了自己事业的开端，第一次从事心理咨询工作时的一幕他至今记得非常清晰，那次咨询给他留下了深刻的印象。记得第一次对劳教人员进行心理咨询，是在集训队的谈话室里。劳教人员蒙某因为顶撞队长而被集训，该人因吸毒而第五次被劳教，具有较强的反改造经验。责任民警向我介绍该人时称："这个人啊，太顽固不化了，花岗岩脑袋，顽石一块！"我心想，不管什么样的石头，用上心理咨询的方法应该能收到不一样的效果。咨询开始后，蒙某一连串振振有词的反改造言论就把我砸懵了，老师们耳提面命的什么共情技术、什么面质技术，统统用不上了。我只能在心底里紧守着身为咨询员面带微笑和不轻易批评的职业道德。终于在长达两个多小时的宣泄过后，蒙某渐渐平静下来，而我也感到身心疲惫，趁势结束了咨询，我感觉这次咨询应该是没什么效果了。在我送蒙某临出门的一霎那，突然他回过身来，握住我的手说："谢谢！"这一声谢谢让我看到咨询深入开展的契机，这是我用耐心换来的成果啊，是我的接纳使他终于对我敞开了心扉。一周后，我又安排了第二次咨询，在轻松的环境中，我了解了蒙某的过去，了解了他不幸的童年，无知的少年，充满诱惑的青年和绝望的中年。正是不断的戒毒失败，使他失去了家人、朋友的信任，也失去了自信。随后的咨询在融洽的气氛中逐渐深入，我唤醒了他对爱人的愧疚，对子女的牵挂和对未来的希望。

其实，很多时候，开启的心扉，还需要用恒心去浇灌，才能开出美丽的花朵。几乎每次咨询的开始，我都会发现来访者在生活的磨炼中忘记了咨询中学会的思维方法和行为模式，又回到咨询前的失望和固执中去。我不得不一遍又一遍的帮他区分什么是现实，什么是想象；帮他澄清，哪些是他努力后能得到的，哪些是他选择后放弃的。因此，每一次咨询，我都能感觉到来访者仿佛像海浪中的一叶扁舟，我引导他努力攀到波峰，一会儿他又跌到波谷，最终在这不断的起伏中，他是在缓缓前进的，离他理想的彼岸越来越近。曾经有一位来访者，不到30，却已经因吸毒而三进。面临解教的最后几个月里，他想到自己即将面对严峻的现实，面对毒品的诱惑，很可能又将跌入泥潭，无法自拔。于是他失眠了，严重到接近神经衰弱的地步。当他走进咨询室的时候，面色苍白，眼神茫然。了解了他的成长经历和吸毒戒毒史后，我决定通过训练他克服对毒品的恐惧入手，引导他掌握戒断毒瘾的行为模式。我和他一起把从想到毒品到毒品拿在手上所引起的恐惧，进行10等分，逐级脱敏。直到他报告，即使想象手中握有毒品也可以心情平静，然后扔掉。之后，我们围绕找到一份合适的工作、寻求亲人的积极帮助和建立脱离毒友的社交圈等问题，进行细致的讨论，逐渐明确了如何回归社会的种种细节。在这过程中，来访者的症状时好时坏，多次反复，最终经过两个多月的咨询，他可以充满信心地走向社会了。

范文勇自豪地说，回想咨询工作中的点点滴滴，其实收获最大的还是自己。我逐渐抛弃了很多青年人的急躁，潜下心来，在咨询员的岗位上，努力用自己的智慧，开启戒毒劳教人员的心灵之门，为毒品伤害而扭曲的心灵带来一份慰藉。

毒品改变了一个好学生的人生轨迹

劳教人员洪某，1981年1月10日出生，大专文化程度，家住北京市西城区。二进宫，2001年11月因吸毒被强制戒毒3个月，2003年11月因吸毒被劳动教养1年3个月。此次因吸毒被劳动教养1年9个月。

洪某在上小学时期，是老师们眼中的"三好"学生，是家长眼中听话懂事的好孩子。后来在某学院附中上初中，起初成绩不错，在老师眼中是一个聪明内向的学生。到了初三的时候，因为玩心太重等原因，整天放学后就和一些外校的不良学生一起玩游戏机、打台球，慢慢地学会了抽烟、喝酒这些不良恶习，父母发现他的变化后，严厉地批评教育了他，使他静下了心，以548分的成绩考到了北京市朝阳区某中学读高中。由于考入了高中，其父母又疏于对其的管理，使他很快没有了学习的心思，几乎是边玩边学习地混日子，加之在此期间接触到了社会上一些所谓的"小混混"，越学越坏，最后勉强毕了业。

家里人不希望他过早地放弃学业，于2000年让他报名学习高教自考，在某走读大学读商务金融专业。因为上大学，又是住校，使他从被父母管教的生活中解脱出来，一下子就像没人管的野孩子一样，到处乱跑，接触的人也越来越杂，其中就有很多是吸毒者，他们都是一些吸食摇头丸、K粉和冰毒的“瘾君子”。因为好奇，经不住他们的诱惑，他开始接触毒品。开始的时候并没有觉得吸毒的可怕，也没有意识到毒品的危害，他开始越来越放纵自己，越陷越深，一发而不可收，一步一步从这些软性毒品开始，最后发展到了吸食海洛因。可是等到明白了海洛因的可怕的时候，一切已经太迟了，身体和精神已经被这可怕的毒魔一点点吞噬，也变成了一个“瘾君子”。2001年大学还没毕业的他被公安机关抓获，被强戒三个月。家里人意识到了事情的严重性，把他从戒毒所里接出来后，家里人把他看了一个寒假，尤其是在母亲声泪俱下的劝说后，他下定了决心远离毒品，远离那些吸毒的人群。之后，他完成了两年的大学生活，真正地开始步入社会。

在他步入社会后不久，经朋友介绍到了北京市一家汽车交易市场的一个公司做贷款。由于当时做汽车贷款的利润很大，让他突然之间觉得挣钱十分容易，认为不用出什么力气也能轻易地挣到很多钱，于是在花钱上大手大脚，放松了对自己的要求，慢慢就又想到了毒品。当时认为钱这么容易挣，吸毒的念头也就又产生了，就这样在戒毒二年后他又开始了复吸。2003年11月，他因为吸毒被公安机关抓获，被劳动教养1年3个月。在执行劳教期的日子里，他对自己以前的错误进行了反思，父母也没有进行过多的责备，而是更多地怪他们自己没有好好地教育他，他也含着眼泪进行了心灵的忏悔。回归社会后，他在朋友的一家酒楼里做前厅经理，想要用充实的生活来改变自身的恶习，彻底地戒掉毒品。但是随着时间的推移，他又放松了对自己的要求，有一次在酒楼里喝多了酒后，他又和以前的毒友以电话的方式取得了联系，又一次开始了复吸。在解除劳动教养仅仅四个月的时候，他又因吸毒被公安机关抓获，被劳动教养1年9个月。

在这次劳教期内，他本人表示通过劳教所民警的教育挽救，更加深刻地认识到了毒品对社会、对家庭及个人造成的巨大伤害。通过本次劳教戒毒，争取以一个全新的面貌回归社会，回到亲人们的身边，走上新生的道路。

他加入了劳教所的现身说法者行列

“毒品一日不戒，就一日找不到自己和家庭的幸福!”

这一天，是新安劳教所的“戒毒课堂”日，即将解教的戒毒劳教人员和其亲属按惯例走进了“戒毒课堂”。此刻，他们在聆听着台上曾经也是新安劳教所戒毒劳教人员的陈某为他们现身说法。

陈某，男，1975 年 3 月出生，北京市人，汉族，初中文化程度，家中有母亲，还有妻子和一个女儿。陈某初中毕业后无业，1999 年因吸毒被强制戒毒 3 个月、劳动教养 1 年；2001 年因吸毒被劳动教养 1 年 6 个月。2003 年因吸毒被劳动教养 1 年 9 个月；2005 年因表现好提前解除劳动教养，回到社会后成功保持操守至今。

然而，当初陈某第三次因吸毒被劳教来到新安劳教所后，感到家庭即将要失去，一切美好生活都将离开他而去。他也曾经迷惘过，那时的他也是万念俱灰。也可以说，他也是抱着破罐子破摔的想法来到新安劳教所的。这也是许多多次进宫的戒毒劳教人员典型的心理特征。陈某凭借自己对劳教所的一些管理规定比较熟悉，自以为对付劳教所的管理有一套，所以以自己是一个残疾人，经常腿疼为由，拒绝出工劳动。

针对陈某的反改造表现，大队长陈小同迎难而上。陈某思想症结在于：多次复吸是他看不到戒断的希望；家庭关系淡漠，缺乏支持他戒断毒瘾的社会支持系统；对劳教制度比较熟悉，打算用混、泡的办法度过劳教期。

在分析陈某思想状况的基础上，大队决定从思想教育和亲情感化入手，落实对陈某进行的教育挽救措施。首先，从亲情感化入手。民警们主动关心他的病情，对他以脚疼为由拒绝劳动的行为作软处理。教育他要好好振作起来，安心治病，并多次找陈某长谈，深入了解其生活、身体情况，并从有利他身体康复的角度出发，适当安排陈某随队出操、劳动。其次，引导陈某缓解与家庭僵化的关系，使他感受到家庭的温暖。陈某从小接受父亲“棍棒底下出孝子”的教育，因此与父亲积怨较深。通过民警谈话教育，陈某逐渐认识到了父亲的打骂虽然不是正确的教育方式，但是初衷是好的，作为儿子，应该看到这其中的关爱之情。劳教期间陈某父亲去世，所里派民警护送陈某回家奔丧。在医院里，陈某看着父亲躺在冷柜里，睁着遗憾的双眼，情不自禁地跪在父亲的遗体面前，把父亲的眼睛合上。这一幕使陈某受到很大触动，管教民警趁热打铁，引导他正确认识与母亲、妻子和女儿的关系，经过管教民警的耐心工作，陈某认识到家庭并没有抛弃自己，美好生活的大门依然为自己敞开着，只是自己放弃了生活，放弃了家庭。

此时，他发誓要坚决戒断毒瘾。对此，管教民警积极引导他深刻反思自己的成长史和吸毒戒毒经历。之后，持续一年多的时间，他把这种反思用文字写了出来，积累了 3 万余字的材料。从材料中可以看出，他真正从心底里对自己吸毒、复吸的原因有了清醒的认识，对将来如何戒毒有了明确的规划。临解教时，民警及时对陈某开展出所教育，指出陈某仍然存在比较自负等不足，回到社会上后，有可能因此而出现心理和行为上的过失，甚至导致复吸，并约定与陈某建立长期联系。

陈某回到社会后，民警经常了解他的生活、工作情况，并帮助他解决碰到的困难。在春节、中秋等节日，还前往他家中看望。在北京劳教系统戒毒社区成立后，他还接受邀请到社区担任志愿者，定期做现身说法，为建设无毒社区尽着自己的一份力量。

今天，从北京市新安劳教所这个禁毒斗争的小小窗口我们窥见了当前这场禁毒人民战争的艰巨性、复杂性。在这场禁毒人民战争中，有党和政府的坚强领导，有广大人民群众的大力支持，所以张校毅所长最后仍然充满信心地说，我们会克服一切困难，积极开拓进取，努力将当前开展的这场戒毒人民战争进行到底，为实现构建社会主义和谐社会首善之区做出我们首都劳教民警应有的贡献。

新闻链接：

毒品：

《刑法》第357条明确规定："本法所称的毒品，是指鸦片、海洛因、甲基苯丙胺(冰毒)、吗啡、大麻、可卡因以及国家规定管制的其他能够使人形成瘾癖的麻醉药品和精神药品"。

全国人大相关法律规定：

全国人大常委会《关于禁毒的决定》第8条规定："吸食、注射毒品的，由公安机关处15日以下拘留，可以单处或者并处2 000元以下罚款，并没收毒品、注射器具。吸食、注射毒品成瘾的，除依照前款规定处罚外，予以强制戒除，进行治疗、教育。强制戒除后又吸食、注射毒品，可以实行劳动教养，并在劳动教养中强制戒除。"

作者　马建忠

（引自《法制网》2007年12月3日）

四、通讯的写作

通讯的写作与一般所说的记叙文的写作基本是相同的。其写作要领是：

(一) 选取有典型价值的新闻人物或事件

不管是典型人物还是典型事件，都要抓住社会热点，反映倾向性、反映代表性，具有时代特征，凸显事物本质。

（二）获取新鲜、生动、形象的素材

要到第一线、实地去获取大量真实、鲜活的素材，这样才能生动、形象地表现人物和事件的特征，才能引起读者的共鸣。

（三）确定具有社会价值的主旨

通讯报道是社会生活的缩影，是社会倾向的写真。新闻工作者的社会责任之一，就是要通过自己敏锐的眼光去发掘出具有社会价值、社会意义的新闻事实，去反映社会现实、引起社会思考、回答社会关注的问题。

（四）精心构思生动表达

通讯具有一定的文学色彩，它往往通过典型的人物、生动的事例、曲折的情节和精彩的细节等等来反映社会现实。因此，通讯应该既具有新闻性，又具有艺术性。

【难点提示】

（1）由于通讯报道篇幅较长，容量较大，写作时要注意交代清楚来龙去脉，避免顾此失彼、线索凌乱。

（2）要处理好真实性和形象性的关系。通讯报道具有文学色彩，有故事、有情节。但不能因此猎奇、虚构，牺牲新闻的真实性、削弱事件的新闻价值。

【文例评析】

文例 1：

走近清华研究生刘博

23 岁的临渭区官路镇张千户村打工青年刘博，发奋自学苦读，今年 7 月考上了清华大学的法律硕士研究生，经本报报道后，引起多家媒体关注，刘博说：态度可以改变一个人，精神可以改变一群人，愿他的事迹激励其他有志青年也自强不息……

一脸的书卷气，却不呆滞，在大家的眼里他永远洋溢青春活力，充满激情，这就是记者见到的清华研究生刘博。是什么让一个打工的农家孩子变成了清华研究生，面对记者的提问，刘博没有直接回答。

攻 读 农 学

也许因为贫穷，使小刘博过早地长大，5 岁开始帮父母剥棉花，8 岁随父母卖西瓜。懂事的刘博初中毕业后，执意选择了陕西省杨凌农业学校蔬菜专业。他想，只要学好农业，回家种瓜、种菜，就能让父母过上好日子，让小弟、小妹有钱上大学。

上学容易，可是学费却不知在哪里！直到开学前夜父亲才勉强借够。直到今天刘博还在回忆父亲送他上学的那一幕，父子俩花了两块五毛钱共吃了一大碗面，刘博说："那碗面太好吃了，就是没有吃饱。"

刘博给家中的第一封信中这样写道："儿到校来从未闲，整天抱着书本学，上课抱着专科书，下课抱着自考书，晚上睡觉12点，白天吃饭没时间，除了饭堂是教室，只有睡觉才知宿，从未有过星期天，从未出校去闲逛。若问儿这是为什么？为了儿的良心安，早日为家减负担。"在校4年，刘博就是在这样的简单生活中，以优秀的成绩完成了学业，并先后取得了大专和大本学历。

自食其力

为了生存，19岁的刘博孤身来到西安，开始了他打工自学的人生路。

第一份工作是他从报上看到的，也许是他的执著感动了厂方，让他做了苹果质监，工作就是不停地捡苹果。

苹果质监是简单枯燥的，但是刘博却认真地做了半年。"没有昨天，就没有今天，没有今天，就没有明天，我们要好好把握今天。"每天早上起床，他默默地告诉自己，我行！每天是一种挑战，不管成功还是失败，对刘博来说，他没有停留在成功的喜悦，也没有让失败的痛苦击败。他告诉记者，他找到了一个坚强的理由，那就是，生命是意志的体现，生命依赖于意志，要用意志战胜生命中所遇到的一切困难。

决定考研

"一个不想越过小河的人，自然不能远渡重洋，一个不愿在平凡艰苦的劳动上花心血、出力气的人，伟大的理想顶多不过是一座貌似峥嵘的海市蜃楼。"为了生存，刘博做到第5份工作时，他感到，现在不能再为现状所困，"想壮志凌云，需脚踏实地，不屑于干平凡小事和不肯下苦功学习的青年，即使他的理想多么壮丽，也只能是一个五彩斑斓的肥皂泡。"自己在租来的斗室里想了好几个晚上，最终他作出了一个让大家都意外的决定，那就是考研。

刘博告诫自己："直视目标，只要眼睛始终不离前方的目标，就能轻易的走成一条直线，有时候你必须小心地注视着自己的脚步，但多数时候，你应该知道自己要往哪里去。"第一次考研，只差20分，他与复旦大学失之交臂。

在没有做好足够的准备时，所面临、经历的挫折、失败是必然的。刘博毅然辞掉了维持生计的工作,在西安北郊租了一间冬天没有炉火,夏天没有风扇,不足10平方米的民房,开始专心考研。

网上求学

“前路充满了太多的未知数,当我发现一个亮点,快乐就走进我的心灵。”总结第一次考研失败的教训,刘博深知光靠书本上的知识是远远不够的,他得知有个考研网,上面内容丰富,还有辅导老师,也在此时,刘博认识了网上考研班吉林农业大学大四的女孩孙余子,他们交流学习经验、学习方法,相互鼓励。于是刘博每个月去一次网吧,把所用的资料摘录下来学习,坚持每天学习15个小时以上。困了,就掐自己的手背,时间长了手背上满是淤血肿块……

一个人在自己眼里是个什么样的人,完全取决于自己而不是别人的态度。为了练好英语基本功,他上英语网站,去英语聊天室练口语;他在床头贴上没记住的英语句子,使自己每天早上第一眼能看到;他还每天坚持用英语记日记,记者看到,一厚本的英语日记,一天一篇,从未间断,有随笔,有摘记。甚至在公交车上,走在路上,甚至在厕所他都在大声地念,这时没有人能理解他,认为他是个“神经病”,不管别人用什么异样的眼光看他,他都在坚持着,刘博说:“每天睡觉前我都要想一想如何让明天过得有意义,每天都让自己在寻找新发现中提高,我从没有放弃过自己上清华的梦想。”在一本刘博用过的字典上,有这样一句话,“生命中最闪光的品性就是独立自救”,正是这种精神支撑着刘博在困境中自强不息。

“经过20个月的自我挑战,终于迎来了这次复试机会”,在北京清华大学进行专业笔试时刘博这样写道。清华一行,让刘博深深感到,站在一个优秀的平台上,就会看得更高、更远。

在今年7月份,当一份清华大学法律硕士研究生录取通知书送到家里时,刘博哭了。

当刘博准备把这个好消息告诉好朋友孙余子时,孙余子几乎在同时也打来电话告诉刘博,她也考上吉林大学研究生。这时刘博笑了,共同的理想让这对远隔千里的年轻人心中充满了希望和憧憬,孙余子决定来渭南刘博家,一起分享成功的喜悦。

赠人玫瑰,手留余香

23岁的打工青年刘博考上清华的消息不胫而走,周围的村民们向其表示祝贺,镇、村、组领导干部也为刘博送来了3 000元奖金。

考上清华是喜,也是忧,刘博上研究生3年的费用需要6万多元,家中早已无力承受。如果不能按8月18日把4万元首批学费汇入学校,刘博就等于自动放弃这次上学机会。这让知道刘博的人都为他着急起来，有人建议去申请教育助学贷款，可是教育助学贷款手续繁多，一时申请不下来，也有企业家、画家、老红军表示资助刘博，但是仅有的几千元，对于巨额学费来说，简直是杯水车薪。

刘博虽说知道自己的现状举步艰辛，也许有可能要放弃这次机会，但是 Never, never give up the dream!（绝不，绝不放弃梦想!）让他一直在努力。当记者要结束本次采访时，刘博的父亲悄悄告诉记者，“孩子这两天一直在外给人刷墙赚学费，刚才的采访会让孩子加班到凌晨。”说着说着刘博父亲的声音哽咽了……

我们期待着刘博早日能到清华上学，也期待着更多的人能向刘博伸出援助之手。

作者　张晓玲　崔管齐　杨晓梅

（引自 2006 年 8 月 2 日《渭南日报》）

评析：

这是一则人物通讯，作者叙写了一位从打工青年到清华博士的当代青年刘博的奋斗历程。

作者用了大量的细节刻画了刘博打工的艰辛和读书的刻苦，以及从中体现出的百折不挠的坚定毅力，把一个勇攀高峰的学子的思想精神基础做了深刻的展现，生动地揭示了当代青年的精神面貌。

全文以时间为序，以“攻读农学”、“自食其力”、“决定考研”、“网上求学”为题，一步一步地再现了刘博的奋斗历程，没有曲折的情节，没有离奇的悬念，看似平淡，实则动人。

文例 2：

贫困县刮起奢侈风

——河南濮阳干部建豪宅机关盖大楼

新华社郑州 2 月 27 日电（“新华视点”记者　李钧德）河南省濮阳县是省扶贫开发重点县。然而，近几年来，这个县刮起了一股奢侈风：县委县政府及一些县直机关竞相建起豪华办公楼，这些单位的“头头脑脑”们也纷纷搬进高档住宅。

濮阳县刮起的这股奢侈之风，引起了当地群众的不满。知情人士纷纷通过各种渠道向上级反映，有人干脆上网发帖揭露此事。

东挪西借　党政机关比建豪华办公楼

濮阳县位于河南省东北部，全县 22 个乡镇中，有 7 个乡镇 30 余万人地处沿黄滩区，生产生活条件落后。统计数字显示，濮阳县2005年农民人均纯收入为2 442元，在河南省108个县市居第75位。全县1 035个行政村，仅有251个村能看上有线电视。

就是这样一个人均财政收入仅200余元、尚有数十万人未解决温饱的财政穷县，在办公楼建设方面却屡出大手笔：

2002年9月，在没有按规定程序报批的情况下，濮阳县开工建设县委县政府综合办公暨公务员培训楼。该项目设计建筑面积1.5万平方米，预计总投资975万元。2004年6月工程竣工，不仅面积增加到近2万平方米，工程总造价也达3 200多万元。这座办公大楼已竣工两年多，除了变卖老办公院、财政拨款、企业支持、东挪西借支付一部分外，至今仍拖欠工程款134.31万元。

县委县政府带头，县纪委也不甘落后。2004年7月，濮阳县纪委以建纪检干部培训暨党风廉政教育中心为由申请立项，建起了占地面积达23.35亩的县纪委办公大楼。该楼预算投资400.6万元，实际筹集基建资金723.7万元。其中除一部分财政拨款外，濮阳县纪委还要求部分经济条件较好的乡镇和一些县直单位“支持”了106万元。

上行下效。濮阳县财政局、劳动和社会保障局等机关也各寻门路，建起了豪华气派的办公大楼。濮阳县劳动和社会保障局办公大楼于2005年开工，2006年交付使用。该楼共7层，总支出800多万元，其中300万元系挪用该县化肥厂“4050”人员的生活费和养老金。

巧立名目 领导干部纷纷搬进高档住宅

在一座座豪华办公楼拔地而起的同时，濮阳县领导及各局委的头头们还各找借口，为自己建起了漂亮的别墅式住宅。这些被县国土局负责人称为“独立的低层住宅”有独栋的，有联排的，最大的一户建筑面积达600平方米。

据了解，2004年8月，濮阳县纪委未经建设和国土部门批准，将批准建设纪检干部培训暨党风廉政教育中心的一部分国有划拨土地，擅自改变用途，在所谓的“培训中心”后面建起了职工住宅。其中，建二层别墅10套，每套280平方米，分给县纪委领导班子成员居住。

2005年6月，濮阳县劳动和社会保障局以办公楼南边不能再建高层建筑，否则将影响办公楼通风、采光为借口，在办公楼南边建起9套高档低层住宅，分给局领导班子成员及副科级以上干部。这9套住宅中，建筑面积最小的398平方米，最大的498平方米。

濮阳县房产局则以改善城镇困难职工居住条件为由，向县政府申请划拨经济适用房用地35亩,实际却用于建设本单位干部职工住宅。其中建二层住宅楼8套,面积最大达600平方米,除了房管局领导自住一部分外,还将其中一套送给县人大一位领导。

不仅县直各机关领导纷纷住进高档住宅,濮阳县四大班子领导也开始筹建县级干部集中住宅区。2004年10月,因为"一些县领导从外地调来没有房子住,县里也没有招待所",经濮阳县四大班子联席会议研究决定,由县机关事务管理局牵头,开发建设一个县级干部集中住宅区。该住宅区占地50多亩,户型为二层连体楼,设计61户,每户280平方米。

为了降低用地成本,濮阳县机关事务管理局竟然在地上附着物补偿不到位的情况下,出动警察和保安,驱赶并殴打租赁该地块的民营金凌花园职工,强拉围墙将大部分花园圈占,致使金凌花园价值200余万元的花木被毁、盗一空。2005年12月,因户型面积过大、地上附着物补偿不到位、动用警力强行占地等问题,该小区被有关部门叫停。

虽然县级干部集中住宅区被有关部门紧急叫停,但这并没有影响到濮阳县领导干部建豪华住宅的积极性。经纪检部门调查,已确定濮阳县县直局委负责人和个别县级干部已建成高档低层住宅100多套,涉及县国土局、计生委、社保局、建工局、纪检委等十余个单位,其中至少有79套不同程度地违反了有关规定。

讲的是排场　失的是民心

2月中旬,按知情群众提供的《濮阳县领导干部豪宅分布图》,记者实地察看了一些被群众称为"腐败楼"的干部豪宅。

在濮阳县国税局办公楼后边不远,有一片气派的高档别墅群。这个别墅群共四排28户,每户都是单家独院,前院大宅门可开进小轿车。记者用脚粗略丈量了一下,每栋楼房的占地面积都在200平方米上下。住宅的外部装修也十分讲究,红宅门、高院墙、豪华瓷砖、欧式风格的阳台,十足的现代豪门。小区看门的师傅告诉记者,这些房子的主人一部分是县国土局的领导,也有一部分卖给了其他局委的干部。

在濮阳县机关事务管理局为离退休县级干部建设的一个高档别墅小区里,记者走进了其中一户人家的院子。小楼只有二层,白墙蓝瓦,楼房前墙面的很大部分是用玻璃镶嵌而成。借和主人搭话的机会,记者留心观察,院子的左半部分由水泥铺就,右半部分是一块不大的菜地,绿油油的蔬菜长势不错。

当地一位知情人士告诉记者,像这样带独立小院的低层住宅,每套造价至少在 20 万元以上。在濮阳县，正科级干部每个月的工资也就是千元左右，要想住这样的房子，至少得不吃不喝 20 年。

说起为局领导班子建设豪华住宅的决策经过，濮阳县劳动和社会保障局副局长董随钦这样告诉记者：局办公楼后面有一块空地，建高楼可能会影响到办公楼采光，局里决定建几幢低层住宅。当时并没有说一定给局领导，只是说领导优先购买。“当领导的，谁不想住大点，住得排场点？最后，我们领导班子成员包括副科级以上干部每人都要了一套。”

董随钦说，当时也知道这房子有点大，面积超标，但想着机会难得。濮阳县同样的商品房每平方米都达到 1 500 元了，这房才卖 620 元一平方米。别看是别墅，实际价格与市内 150 平方米商品房的价格差不多，这好事上哪找？再说，其他局委和县领导都弄了，自己不弄，说不定以后就没有机会了。

别墅是住上了，但民心却失掉了。村民宋西林告诉记者，当时县里征他们宋村和陈拐村的耕地，每亩地连青苗和附着物总共才补 5 万多元。群众有意见到县里上访，要求公布征地批文和具体补偿标准。县里领导解释说，征地是因为县纪委要建干部培训和党风廉政教育中心，希望大家支持国家的廉政建设。工程建好后，群众发现所谓的党风廉政教育中心竟然是县纪委的豪华办公楼和县纪委领导的高档别墅时，心都凉了！

濮阳市纪检委副书记、监察局长王际元介绍，春节前，濮阳县纪委已将部分违规别墅查封，拟于节后公开拍卖。

一位不愿透露姓名的县直机关负责人说，濮阳县刮起的奢侈风，县委县政府应负主要责任。这就像汽车闯了红灯，应该处罚掌握方向盘的司机，而不能仅仅处罚乘车人就草草了事。

评析：

这是一则事件通讯，记者通过对还有数十万人没有解决温饱的河南省濮阳县却刮起一股奢侈之风这一中央三令五申禁止、群众深恶痛绝的不正之风的报道，集中反映了当前干部作风方面存在的特权思想浓厚、追求奢侈之风等突出问题。作者采用对比写法，以事为据，以理服人，使文章具有了较强的说服力和可读性。

文例 3：

用创新精神破解信访难题

河南省创新信访工作纪实

新华社郑州 9 月 17 日电　如今在河南，多数信访局挂有另一个牌子——群众工作部，这里的接待中心称为“群众之家”。

这一变化是河南省委、省政府大胆解放思想，“跳出信访抓信访”，不断创新工作思路、体制、机制和方法，初步建立的信访工作新格局。

2006年，河南全省信访总量13年来首次出现下降，较上年同比下降19.9%。今年上半年，河南赴京上访总数、初访、重访、集体访数“四项指标”同比均不同程度下降，全省信访形势发生可喜变化。

思路新——用群众工作统揽信访工作

河南人口多、底子薄、基础差、困难大，深层次矛盾和问题凸显。而传统信访理念陈旧、机制滞后、方法单一，不适应新形势的要求。省委、省政府认为，要做好新时期的信访工作，必须在创新上下功夫、谋出路。

省委书记徐光春说，信访工作说到底是群众工作，是关系群众利益的工作。做好信访工作，必须强化群众观念，用群众工作的综合手段和方法，拓展信访工作领域和职能，建立协调联动的群众工作新体制。

2005年初，义马市在原信访局的基础上组建了群众工作部，内设法律服务室、交流谈心室、宣传教育室、社情民意室、帮扶济困室、效能监察室和群众来访接待中心，搭建起一个“综合受理群众诉求、有权解决群众问题、快速化解矛盾纠纷”的信访工作新平台，形成各部门齐抓共管的群众工作责任体系，改变了信访工作的被动局面。

河南省委、省政府审时度势，从2006年8月开始，号召全省学习推广义马经验。在市、县两级信访局的基础上设立群众工作部，作为同级党委工作部门；保留信访局，为同级政府工作机构，“一个机构、两块牌子”，负责群众工作的组织指导和综合协调，推动相关部门处理好群众反映的利益诉求。截至目前，河南全省18个市、158个县(市、区)已有12个市、125个县(市、区)设立群众工作部，构建了新的群众工作网络。

机制新——强化责任推动信访工作落实

从创新完善工作机制入手，以强化责任促进“事要解决”，河南及时总结推广全省各地取得的一系列制度成果，推动信访工作制度化建设。

渑池县在制定决策、建设项目、人事安排等工作中，事前引入信访评估机制，把可能形成的信访因素化解在萌芽之中。今年7月，河南省委、省政府出台《关于对涉及群众利益的重大决策事项进行信访评估的意见》，对信访评估的原则、范围、程序以及评估成果运用等都作了明确规定。

安阳市从2004年起推行了县、乡、村和市、县、乡直部门信访工作“三级例会”机制，明确规定三级主要领导为本级例会召集人和第一责任人，每月召开信访工作例会，与当事人现场对话，“把脉诊治”解决问题，将矛盾化解在当地。河南省推广了这一经验。

对于疑难信访事项，焦作市探索实施“三级终结”、“三步走”工作机制，通过公论评议、质询听证、专家会审“三个步骤”，实现程序上“案结”、实体上“事了”、信访人“访息”。全市经过“三步走”终结的186起信访案件，有176起案件当事人表示停访息诉。

在解决涉法涉诉信访案件中，河南建立“两查一访”工作机制，即对信访案件办理情况进行督查，对重大疑难案件进行评查，对报结的信访案件进行回访，在“案结事了、息访罢诉”的基础上，力求使“群众满意”。今年以来，河南先后组织了26个督查、评查组和3个回访组，对省交办的信访案件进行集中督查、评查和回访。

从今年开始，信访工作被纳入河南省各级党委政府目标考核，制定了《信访工作党委政府责任制考评细则》和《信访问责暂行规定》，对造成信访突出问题的责任单位和责任人进行责任倒查，实施责任追究。到目前已有20个单位受到通报批评，6个市、县(市、区)被黄牌警告。

河南还建立党政干部、党代会代表、人大代表、政协委员联系信访群众制度、信访事项代理制度和人民建议征集制度，各级纪检、政法、土地、民政、城建等部门都在同级群众来访接待中心设立专门接待窗口，开展领导“预约接访、带案下访”，省信访局和不少市都开通了“网上信访”，开封市实行信访“绿色邮政”，新密市在每个村都设立市长信箱，义马市和许昌县设立了“96365”群众工作服务热线。

方法新——有效提高信访工作效能和水平

河南省还不断创新方法，在解决群众最关心、最直接、最现实的利益问题上作了许多有益的探索。

河南明确要求县级党委常委会和政府常务会定期研究信访工作，对重大问题和突发事件随时听取汇报；对上级转办交办的信访案件，全部实行县级领导包案；对重大集体上访和群体性事件，党政主要领导要深入一线指挥处置，同时全面推行“领导接待日”和“下访工作日”制度。

从2005年起，河南省委、省政府建立承诺每年为群众办好10件实事机制，推进群众关注的难点、热点问题的解决落实。对那些生活困难的信访人，许多市、县(市、区)都设立了信访专项救助资金，永城市一个县级市的信访专项资金就达100万元。

把解决实际问题与开展思想教育结合起来。项城市在解决部分企业军转干部和军队退役人员实际问题时，还积极开展思想“解困”工作，采取办班培训、开民主生活会、上党课等措施，进行“五讲”教育（讲政策、讲法纪、讲形势、讲作风、讲党性），理顺思想情绪。近5年来，项城市没有出现过一起企业军转干部和军队退役人员串联聚集或越级上访事件。

各地各部门还认真开展矛盾纠纷排查化解工作，在敏感时期、重大活动和重要节假日前组织集中排查，各乡镇（街道）和县级职能部门坚持一月一排查。对排查出的问题，建立工作台账，落实化解责任，限期妥善解决。同时，积极引导群众利用诉讼、仲裁、调解、行政复议等法定渠道解决问题，化解纠纷。

洛阳市对排查出来的疑难问题实行周报制度，每次市委常委会、市政府常务会都要研究解决周报列出的问题；息县对排查出来的矛盾建立“信访热榜”，问题不解决就不下“信访热榜”；滑县、武陟县建立县、乡、村矛盾纠纷排查化解网络，三级干部每月定期进村入户排查化解矛盾纠纷。

今年以来，河南全省排查各类矛盾纠纷 25 732 起，73.9%的问题在基层得到妥善解决。

新华社记者　程红根

（引自《法制网》）

评析：

这是一则工作通讯，报道了河南省信访部门的创新举措。作者用大量的事实材料报道了河南省各地各部门在思路、机制、方法等方面的新思路、新做法，形成信访工作的典型经验，具有学习和推广价值。

【案例操作】

下列是记者采访到的新闻素材（顺序凌乱），请对这些素材进行合理的剪裁和组织，撰写一篇通讯，标题自拟。

2004 年 5 月 20 日凌晨零时 10 分，在京沪高速鲁冀收费站，山东通向河北的六条车道全部绿灯闪烁，然而收费站口却无一车通过，百米外，一辆辆满载货物的大型超载车辆静静地挤在一起，高速路被全部封死，司机们三三两两下车观察对方的动静。河北这边，一辆闪着警灯的“依维柯”面包车在出口前来回行驶，随时准备检查过界的超载车辆。

时间一分一秒地流逝，车辆越堵越多。夜里的高速路几乎成了超载超限的大型货车的天下。凌晨一时三十分左右，堵车长龙已达 20 余公里，场面“蔚为壮观”。

路政、交警这边忙查车，司机那边忙堵车，堵得厉害了，连邻省的交警都要过来说情，这边的路政无奈放弃检查予以放行。被司机摸到了规律，他们便像试图逃脱的老鼠一样，不断变换花样，对付查处。

焦晖(山东省德州市交通局交通稽查支队一科科长)说，山东省要求“像查非典一样，不让一辆超载车进入山东”，但如果高速公路堵塞几公里，对经济和社会影响太大，一旦出了交通事故，这个责任谁敢负？我们现在左右为难，只能查一会儿，放一会儿。

司机也有自己的苦衷。一方面，现在运价这么低，不超载无法挣钱，另一方面，正因为到了关口，是检查还是放行“没准儿”，致使一些守法车主很不平衡，继而接着铤而走险。于是过关就成了司机与执法人员“斗智斗勇”的大舞台。

现在司机不在收费站口的广场堵车，因为在这里堵有交警查。他们在离收费口几公里以外高速路窄的地方，假装车辆掉头，可十几米长的车一横过来就不动了，结果造成后面大规模堵车。夹在中间赶路的小车司机就会过来质问查车的路政人员，情绪很对立。可路政也看不到几公里以外发生的堵车，即使堵了，也无法去邻省疏导。

对此，路政人员也想了很多办法，比如装成便衣到对面看那些恶意堵车的司机，记下车号后等他们过来，好好处罚，但这些车过来，一看不妙，干脆停在收费口把门一锁就跑了，车就堵在那里。有的司机甚至连费也顾不得交，直接往回倒车，就会出现后车被匆忙往回倒的大货车给撞坏了的事故。

为应付检查，一些司机违法办理多套行车证、车辆购置税证、驾驶证等证件，车辆被扣下后，他们便留下证件逃逸。而补办一套正规的证件费用只有几百元，相对于上千元的罚款，只是一笔小数目。德州路政一个月下来，要没收200多套类似证件，记者在德州交通稽查支队的办公室看到，十几个纸箱里装满了这些证件，鲁、黑、晋、冀等地的牌照也有几十块。

路政没有拘留等针对人身的执法权，对司机人为堵车行为无可奈何，为此德州市正在筹备成立一支联合执法大队，吸收公安、交警、路政等多家单位，进行24小时不间断检查，如果再发生恶意堵车，由交警纠正违法行为，路政可以安心查处超限运输。“但如果堵车发生在河北境内，过了这收费口，我们就没办法了，必须由两省交警、路政通力合作才能解决，”山东的一位路政工作人员说。

目前全国各地标准不一，给治超工作带来极大不便。辽宁省路政规定车总重42吨以下不罚款，河北的要求是总重38吨，相邻两省的标准就存在差别。一些货车司机告诉记者，他们从江苏进入山东境内时，已经在江苏按车货总重缴过通行费，可进了山东又要根据山东的管理办法进行检测，并且得交罚款，在辽宁可以拉的货到了河北又属超标。不同的标准让他们非常不理解，感到难以接受。

不仅如此，交警、路政对超载车的认定标准也不一样。超限和超载是两个不同的名词，两个词有交叉的范围，但还是各有各的标准。因此会出现超限的货物不一定超载、超载的货物也不一定超限的怪事，也给两个部门之间的配合造成困难。

超载车为躲避罚款大多夜间出动，过收费口时精神高度紧张，一听警笛两腿就发软，一见没人就狠踩油门快跑，慌乱中非常容易出事。

在扬州和江苏段时，曾发生27辆大货车在堵路放行后，由于争着赶路，结果发生碰撞造成严重追尾事故，死伤惨重。

不仅司机不安全，也给路政、交警执法带来极大的安全隐患。天津民警张凤海正是在京沪高速上执行公务时，被一辆加速逃窜的超载货车甩下，碾轧牺牲。后经现场测量，这辆车准载16吨，实际装载36吨，且明显超宽。

自去年12月1日开始治超以来，仅天津与河北省交界的静海县路段，因司机逃避河北段路政罚款、情绪慌乱、人为堵车等，已经引发近30起交通事故，事故率比治超前高出85%以上。

为了避免以罚代管，交通部曾出台方案，要求对超限超载车辆进行卸载。但卸载作为政府治超的一个重要手段，在实际操作中却难以达到其设计效果。

一位长期在山东、河北之间跑运输的货车司机有一次拉锰钢到山东，一车货被罚了两次。第一次在石家庄东站。他的车装了47吨货，超载17吨，被责令卸载。卸一吨收50块，17吨交了850块。然后地方上给找了两辆车，将卸货分装。出了路政的管辖地后，又重新装回原车，装卸还要再次付费。车主前后一共付了2 400块钱。然后到磁县（河北与山东交界处）又被查住了，这次人家把车锁到一个院子里，交了800块卸费就没人管了，驾照也被扣着走不了。等到晚上，因为跟锰钢的厂子有合同，晚了交不了货就违反合同了，没办法他找来院里开铲车的，又掏了300块让人家给装上，驾照也没要就走了。

焦晖（德州交通稽查支队）说，卸货最大的问题是不好操作。他们曾经抓到一辆唐山来的钢材车，过磅后发现车上拉了29捆总重60多吨的钢管，超限100%以上，被强制卸了14捆钢材。但货车司机坦率地说，除非你能跟着我，否则车开出去3公里后，我肯定重新装上，我们要去杭州，你们能一直跟我到那儿吗？焦晖坦陈，对于路政人员来说，确实不可能对一辆卸载车跟踪到底。而车主的货他总得运走,因此卸货不当,只会变相增加驾驶员的负担。

去年12月份刚开始集中治超时,查得很严,超载超限车根本不敢上路,结果逼得运价涨上去了,不超载也能挣钱,司机们反倒很欢迎,"谁愿意这么玩命啊!"

业内人士认为,我国目前的运价还处于上个世纪七八十年代的水平,过低的价格与整个市场的发展不符,司机不超载很难有利润。由于运输市场总体供大于求,竞争相当激烈。一些业主特别是个体运输业主,成本相对低廉,因而在竞争中往往压低价格,并通过玩命多拉快跑获得利润。有关专家表示,规范运输市场,刺激车辆运输费用上涨,进而调整运输市场的整体价格指标体系,逐渐上升到合理水平,司机才可以在安全行车的前提下,获得合理利润,也才能从根本上治住超载。

山东德州的例子颇能说明问题。据该市交通稽查支队介绍,德州有40多部车专门运送由火车从东北拉来的木材。一火车皮有60吨货,这些货以前分装在2辆货车上属超限运输。在稽查支队的干预下,货主被迫提高运价。现在60吨木材分3辆车装,一车只拉20吨,每车的运费还和原来一样。大家都不超了,还能挣到钱,木材超限问题就这么解决了。但稽查人员也承认,木材属于有一定特殊性的运输产品,全市就这么40多辆车,你不涨价我就不拉,比较好控制,如果像一般性产品,你不拉我拉,就不好控制运价了。

大马力、大吨位货车泛滥也是公路运输混乱、超载车屡禁不止的重要原因。我国的汽车生产企业与改装厂为迎合超载运输市场,大量生产大马力的"小标大车",并且存在非法改装的情况,用户要多大就给装多大,其载重能力非常惊人。这些货车严重超载,而且车辆性能越来越差,事故隐患日渐突出。他们建议国家有关部门应尽快出台政策限制汽车生产和改装企业生产大吨位车辆,禁止具有超强运力的车辆上路,切断超载车生存的根源。

业内人士认为,国家有关部门应尽快出台严谨、统一的全国治超标准,并把交警、路政纳入到统一联合执法中。同时建立各省市之间相互联系合作的长效机制。有关人士建议,国家制定治超的政策规定时,要充分考虑到治超一线可能出现的问题和困难,增加政策的可操作性,否则再好的条文也会因为不切实际而流于形式。

第四节 新闻评论

【导入案例】

三大因素影响大学生择业意愿

调查显示改善环境因素有利指导大学毕业生正确择业

本报讯 (记者姜澎)昨天,由复旦大学企业人力资源管理研究所所长胡君辰教授领衔的课题组,公布了关于影响上海大学生择业意愿的环境因素的研究成果。

研究发现,大学生的择业意愿主要受三大因素影响:环境因素、个体客观因素和个体心理因素。而且研究发现,改善环境因素对于有效地指导大学毕业生正确择业具有重要意义。

一成学生愿意考虑西部就业优惠政策

课题组通过对12所部属院校、地方性院校、职业院校的两千余名学生的问卷和访谈进行调查,结果显示,地域是影响大学生就业的一个重要因素。希望到西部大开发地区与人才紧缺经济落后的边远地区工作的大学生分别仅占总被访大学生的4.98%和3.48%。其中有50%以上的学生愿意选择到沿海城市工作。愿意把内陆省会城市作为理想就业地域的学生也有20.44%。愿意到西部开发城市(西安、成都、重庆)的学生占到10.39%。

虽然愿意到国家急需人才的边远城市或农村地区就业的大学生只占到调查人数的5.70%,但是开发大西部背景下的就业优惠政策、二三线城市的人才引进政策都影响着大学生的择业意愿。在被问到“会不会把西部开发人才引进政策作为择业的考虑对象”时,有10%的受访学生表示愿意考虑。

逾八成上海大学生看重行业发展前景

行业的发展前景成为大学生择业的重要考虑因素。81%的上海大学生认为产业未来的发展性重要或者非常重要。而且许多学生都表示,工资收入高低,也是他们考虑进入什么行业的一个重要因素。

在问卷调查中,研究者特别把“福利待遇”、“薪资与奖金”、“提供社会保险”三项定义为职业的物质回报性。结果显示,上海大学生对职业物质回报性重要程度的认知程度很高。76.1%的同学认为福利待遇重要或者非常重要;84%的大学生认为薪资和奖金重要或者非常重要;73.6%的大学生认为在择业的过程中用人单位提供社会保险重要或者非常重要。

本次调查显示，上海大学生非常青睐跨国企业，其中外商独资企业排在第一位，其次是中外合资企业。但是近年来国家公务员工资的上调和国有企业的改制，许多优秀的大学生也愿意将国家政府机关和国有企业作为自己就业的首选，把这类单位作为首选的学生比例与选择外企作为首选的相差极小。

职业指导员作用仍然没完全发挥

调查还发现，大多数学生在择业时会首先选择父母作为主要参考意见的来源。职业指导员对大学生择业所能起的作用微乎其微。一个原因是大学毕业生对职业指导员的存在与角色定位认识模糊。但是访谈也显示，大学生非常希望能够从高校的就业指导中心获得性格测试、职业测试或者职业、心理咨询等方面的专业和个性化服务。

由此可见，就对大学生择业的影响而言，父母、朋友、学长、年长的亲戚对大学生的择业影响程度最大，而老师、企业的工作人员、职业指导员等对学生择业的影响相对前一个群体要弱一些。

调查也显示，女性对工作的发展性认知高于男性，在择业的时候受的影响更大。这一结果反驳了“男性希望获得更大的事业发展空间”这一成见。

（引自2008年6月6日《文汇报》）

讨论

(1) 对上述消息中披露的情况你有什么想法？

(2) 你能从上述消息中引申出一些可以讨论的问题吗？

(3) 如果要你对上述消息作出评论，你会选择哪个角度？提出什么观点？

【要点阐释】

一、新闻评论的涵义

新闻评论是对新闻事实进行分析、评价、论证，表达作者对新闻事实的看法、观点、态度的一种新闻文体。

二、新闻评论的特征

（一）针对性

新闻评论是一种新闻文体，不仅是因为新闻评论依附于新闻媒体，而且还因为新闻评论依附于新闻事实,它以新闻事实为其存在的条件,就是说,新闻评论因新闻事实而引起,评论的对象是新闻事实。同时,新闻评论必须围绕新闻事实展开,必须针对新闻事实进行议论。从这个意义上说,新闻评论具有针对性特征。

(二) 时效性

新闻具有时效性特征,当新闻事件被报道后,必然引发公众的即时关注,并对公众的行为产生影响。新闻评论所针对的对象是新闻事实,当新闻事实发生后,新闻评论必须及时跟进、及时做出反应,表达或引导公众的思考。如果新闻事件已经淡出公众的视野,那么新闻评论的意义也将被削弱。所以,新闻评论也有着甚至比新闻本身更强的时效性。

(三) 导向性

新闻评论由新闻事件引起,并针对新闻事实以及本质进行解读、引申和阐发,这对于公众对新闻事实的认识和理解以及思考,都有着导向性意义。新闻事件,特别是重大新闻事件或特殊新闻事件通过媒体披露后,必将产生不同程度的社会反响,新闻评论的作用就在于通过媒体舆论或社会舆论引导社会公众的认知。当然这种舆论在一定程度上可能是多元的、开放的和多角度的。

三、新闻评论的种类

根据不同的标准,新闻评论可以分为不同的种类。在这里,我们把新闻评论分为社评和署名时评两大类。

(一) 社评

社评是指以通讯社、报社、电台、电视台、网站等新闻媒体为主体发表的新闻评论,它包括社论、评论员文章、编者按等等样式。

我们之所以把社论、评论员文章和编者按归为一类,是因为它们有着共同的特点,那就是,它们都站在新闻媒体当局的立场,代表了新闻媒体的观点、态度。当然,它们也有着一定的区别,主要表现在程度上或者说规格上的不同。社论代表新闻媒体最高当局的立场、观点和态度;评论员文章则相对比较个性化,它可以是一定机构或专家等等的观点、态度,但这些观点、态度是新闻媒体当局所认可的;编者按则主要是编辑部门或有关编辑的观点、态度的反映,但其观点和态度显然不能脱离特定的媒体背景。

例如:

该重新思考城管的集中执法问题了

湖北天门市城管人员将公民魏文华活活打死，面对此种光天化日下令人发指的暴行，舆论讨伐声浪四起，天门市委书记也抛出了“天理不容”的重话。目前，天门市有关部门已启动问责，24 名城管人员被控制，其中4 人被刑拘，可以预料，天门市城管部门将面临一场大整顿。

然而，将犯恶者绳之以法，还受害家属一个公道，也无法挽回一个公民的生命。自城管部门出现以来，各地城管暴力执法现象时有发生，一些城管的胡作非为几乎弄得天怒人怨。而出了一件事，再怎么追责善后，似乎都不能彻底铲除这些乱象。若要从根本上杜绝职权滥用，重新考虑行政综合执法的“去留”，或许是一条出路。

当初，之所以设立城管这一部门，目的在于通过集中行政处罚权，解决多头执法、职责交叉、重复处罚、执法扰民和行政执法机构膨胀等问题。不过多方执法权集一身的城管出现后，虽然对整治市容环境发挥了作用，却也不断引发恶性事件。其中的两个原因值得我们深思：

一是城管地位尴尬，行政建设滞后。许多地方的城管部门属于自收自支的事业单位，人员招募的门槛过低，这种“人多肉少”的局面，使得城管不得不想方设法来创收，各种违法滥权也就成了必然。再加上大量素质低下的社会人员混入城管队伍，极大影响了城管声誉。

二是一个部门委托一两项执法权给城管看似不起眼，可是，当大量部门将零星权力转交给城管，城管立刻压倒了其他行政部门，几乎成了一个权力的“巨无霸”。而对这么一个“巨无霸”，如果缺少有效的权力制衡，没有统一执法规范，职业伦理建设的空白无法及时填补，在这种状态下，一些城管的恶行便不断在挑战公众底线。

所以，摆在我们面前，有两个选择。倘若保留城管这个“巨无霸”，那就应明确城管的法律地位，把城管纳入统一的行政序列，全部由财政供养，城管人员全部按公务员招考流程，严格录取，这样的话，人员的高素质将有效保证执法的水准。此外，应该按“权力越大、责任越大；权力越多、制衡越多”的原则，建立起一套对于城管的限权机制，例如建立全国统一的城管执法规范；城市可以建立以人大代表、律师等社会人士组成的城市管理委员会，实现对城管的异体监督；可以常设简易的城管法庭，对城管执法进行日常的司法审查等。

而倘若城管的规范、限权无法做到，那城管就失去存在的理由，在城管执法过程中，出现违背法律初衷的扰民、侵民、害民事件，就难以避免。

与其如此，不如将城管解散，而城管掌握的权力则“谁家的孩子谁抱走”，查无证经营交给工商，查非法营运交给交警，查工地扬尘、噪音交给环保等等。这种专业对口的执法模式，显然要让人放心得多。

制度决定行为，规则决定人性，因此，对于层出不穷的城管暴力事件，把责任归到几个人或一个部门身上，显然失之简单。2003 年，孙志刚之死导致了存在几十年的收容遣送制度退出历史舞台，那么，2008 年，魏文华之死能否激起城管体制大变革的驱动力？我们拭目以待。

（引自《新京报》2008 年 1 月 11 日社论）

(二) 署名时评

署名时评主要是指那些以个人名义发表对新闻事件看法的新闻评论类型。

我们把新闻评论分为社评和署名时评两类，可能不尽合理，因为从广义上讲，社评一般也是时评，同时社评中有些也可以署名；但我们作这样的分类，主要是考虑其代表性，即评论所持观点、态度代表的是新闻媒体或官方还是代表个人。

例如：

博士培养规模全球第一的“喜与忧”

国务院学位办主任杨玉良院士日前透露，我国已超过美国成为世界上最大的博士学位授予国家，和以前博士毕业后九成以上在高校和科研院所工作不同，现在博士就业出现新动向，半数以上进入政府，当上了公务员。

我国博士教育规模的快速发展，可谓是既喜又忧。“喜”的是，我国的博士培养规模已经超过美国。数据显示，我国具有博士授予权的高校已超过 310 所，而美国只有 253 所。2006 年，美国培养的博士有 5.1 万人，我国培养的博士已达 4.9 万人；2007 年，中国博士人数继续上升，已超过 5 万人。而“忧”的是，由于社会经济发展等多方面原因，培养的博士有相当比例并没有到科研单位从事与所接受博士教育相关的研究工作，而是到了一些其他学术要求并不高的岗位。

我国博士生教育规模为什么会在大量博士不去从事学术研究工作（或者社会无法提供对应的学术研究岗位）背景下，出现如此快速的发展？

首先，“高大全”成为过去十年中大量本科高等学校办学的共同追求，不少高校在衡量学校办学水平时，把争博士点数、扩大博士研究生培养规模作为重要的办学工作。有的学校是有条件上，没有条件创造条件也要上——包括整体引进其他学校的学科团队、大量聘请校外兼职博导等等。在这一过程中，这些学校往往无暇顾及博士生培养的质量，主动分析博士生们的学术发展前景。一名导师同时带10多名博士生、几十名硕士研究生，学生无法接受导师指点进行学术训练的情况，在高校中并不少见。

其次，博士生教育的快速发展，还在于社会存在对博士学历的旺盛需求，除了高等学校教职岗位、科研机构的研究岗位按要求需要从业者有高学历之外，其他一些本不需要高学历的岗位，也纷纷提出学历门槛要求。有的地方招聘处级干部，就明确提出应聘者的学历为博士；还有的地方，在人才晋升中，学历也是明文或者不明文的重要标准。这导致一些人不是为了追求学术发展，仅仅为了提高学历层次而攻读博士学位，包括一些企业负责人、政府官员。

也正是由于这种"读博心态"，进一步鼓励了一些高校可以不考虑博士生的质量，而大力发展博士教育，甚至把博士学历资源与一些老板、官员手中的资源进行"共享"。因此，博士教育的异化受到社会的广泛质疑也就在情理之中，前不久网友热捧只有中专学历的发改委主任，其实也是出于对当前高等教育的严重不满。

客观上说，近年来，有关教育管理部门在反复强调博士教育的质量，突出博士培养的学术性方面做了不少工作，推出了博士点的淘汰机制、博士生导师遴选办法改革、博士生招生改革、博士生培养机制改革（比如，限制导师招收博士生的数量，实行博士生导师资助制，规定导师必须有课题方能招收博士）等等，但是以上这每一项改革、每一项措施，都在各培养机构引来不同议论，而且在具体实施中，对保证博士质量收效不大。

其实提高博士生培养质量，关键在于两方面。其一，从根本上转变学校的办学理念，不应追求学校规模的发展，而应注重质量的提高。然而目前这一办学理念并没有确立，从首届全国地方大学发展论坛上传出的消息是，教育部准备进一步发展地方大学，准备建设100所研究生院，让更多的地方大学参与国家人才的培养（目前全国有56所研究生院，基本都以部属院校为主），这一举措，可能会进一步助长高校办学追求"高大全"。

其二，从根本上转变学术资源配置模式，实行博士生导师负责制。高校的学术资源配置，主要还集中在学校行政力量手中，导师的自主权受到了很大限制，从而使博士培养出现大家负责，但事实上大家都难以负责的情形。提高博士生培养质量，必须从恢复导师的学术尊严做起，有导师的学术尊严，才能在博士招生时，严格执行学术标准，才能在培养过程中，开展深入的学术交流与学术训练，才能在学位答辩中，严把质量关。

而恢复导师学术尊严的过程，则涉及当前高等教育管理体制的整体改革，使大学能自主办学，有教授治学、学术自治的环境。没有这种环境，博士教育规模的持续扩大,只会加速博士的"贬值"。

作者　熊丙奇

(引自2008年5月6日《东方早报》)

四、新闻评论的写作

标　题	新闻评论的标题一般体现文章的中心论点。 新闻评论的标题要求简练、鲜明。
引　论	引论是新闻评论开头部分。一般先引述新闻事件的有关事实,然后表明作者对有关事件的总体看法,即全文的中心论点。 引论部分对有关新闻事实的叙述必须简要、概括。
主　体	主体部分是新闻评论的核心内容,主要分析有关新闻事件,并阐述作者由有关新闻事件引出的观点、看法。 主体部分往往按事物的内在逻辑关系层层深入或者从若干角度并列几个分论点展开论证。
结　语	结语部分主要深化中心论点,画龙点睛。 结语部分要简洁、扼要。

【难点提示】

(1) 要正确处理新闻和评论的关系。时事和新闻是新闻评论的基础,新闻评论要从时事和新闻报道的事实出发、由时事和新闻事实引出;新闻评论是时事和新闻事实的分析和看法,不能是新闻事实的简单重复,也不能仅停留在新闻事实表面,而要透过现象揭示本质,表明观点。

(2) 要选择好的角度。对新闻事实可以有不同的认识,也会引起不同的思考。新闻评论的价值在于用独特的眼光去发掘出引起社会思考的问题,并选择一个恰当的角度加以阐述。

【文例评析】

文例1:

许霆案重审判决,胜利属于法律

昨日下午,广州中级法院就许霆恶意取款案宣布重审判决。许霆被判处5年有期徒刑,罚金人民币2万元,并退赔从银行ATM机上取出的173 826元。法院在宣判书中表示,许霆构成盗窃罪,符合盗窃金融机构罪的主、客观要件。因社会危害性不大,情节较轻,遂作出上述判决。而在四个月前,同一家法院依据同样的事实,对许霆一审判处无期徒刑。正像各方所议论的那样，此案引起过轩然大波。法庭给出如今的结果，尚需最高人民法院核准才能生效，许霆当庭表示不上诉。

从无期徒刑缩减为5年刑期，最新的法庭判决更符合舆论的吁求，也与恰当的法律惩戒功能相吻合。对此，民众当然是乐见其成的。毋庸讳言，青年许霆能从极其不利的后果中脱身，于绝地里赢得目前的结果，得益于新闻媒体持续的关注。历经此案，相信社会对舆论的正面力量会更加认同。不过，将许霆案的柳暗花明完全归功于媒体报道，忽略司法者在这一过程中的思考与选择却是鲁莽的，也是完全不合适的。归根结底，许霆案的重审判决是法律的胜利，体现了司法过程的法律成长。

的确，许霆案发生直至一审判决之后，历经广州两会、广东两会和全国两会等舆论窗口期。各级代表委员都对许霆案抱有强烈的问询意愿，各级政治会议也都对这一事件进行了广泛讨论。在此期间，某次全国高级别的法律研讨会在广州举行，还将其列为专门议题。在此情况下，许霆案受到舆论充分浸染，再经过诸如此类的连番发酵，许霆案凝聚了法官、法学家、党政官员以及大众的普遍愿望，亦即：至少不该是无期徒刑，起码应当在程序上对正义的期待有所回应。

舆论作出这么多表达，且与司法公正遥相呼应，双方都停留在合适的位置上。正如前广东省高院院长透露的，不存在妨碍司法公正的问题，其实法院内部对许霆案也有不同见解，甚至争论。但这种争论绝非是因应舆情的质疑，而是基于案件本身对法律的冲击，以及法律条文在现时代遭遇的困扰。从维护法律的稳定性来说，一审无期徒刑的判决没有"违法"，尽管它对法律条文的遵守不无拘泥，但延续的是法律的确定性。而常识是，避免朝三暮四正是法律的使命。可同时，在法院系统内，建立在法官自由裁量权的基础上，许霆案又指向了法的变化，也就是法的进步。

所谓法律无外乎人情，重审判决突破了固定的法律解释。譬如，ATM机是否属于金融机构？"盗窃数额巨大"又该怎样规定？许霆案纠缠了某些似是而非的法律理解，法官们也公开坦承了这些矛盾和冲突。从现在的新判决看，虽然要求法律必要的稳定，但法官并不苛求它静止不变。借助自由裁量，重审法庭重新运转，纠正了亦步亦趋的逻辑判断。纵然舆论喧哗，法官仍拥有这种自由的方向感。在这一方面，舆论并不是指南针，提供法官以灵感的不是媒体压力，而是案件本身的歧义。

要重申的是，这里并无贬抑舆情的意思。直言的舆论与理性的法官一样值得尊重。媒体在许霆案上积极报道，供应了密集而又独立的讨论氛围。许霆迎来重审结果，并不意味着法律被打败了，而是用这个结果去证明:法律犹如人类,要活下去,就必须寻求妥协。法官承担着探索妥协路径的任务,永不相忘。这才是法的真正精神。在堆积如山的案牍中秉承这一要义,创造性地促动法律成长,远比将许霆案固化成某一门类的判例更为珍贵。若说许霆案一波三折的意义,恐怕就在于此。

漫长的许霆案或将落下帷幕。一斑而窥全豹。有人借此看见人性中薄弱的德性,有人欢呼公众舆论的威望,还有人试图用它来警醒法律的疲惫。总而言之,这不是一个令人乏味的案件,它给法官提供了真正的选择机会。分析各种社会利益,并排列出它们的重要次序,重审判决权衡考量,已说明一切。它也宣告一种新的是非标准由此产生。而在它的流程背后,是一群思绪纷飞而非抱残守缺的法官,他们鼓足勇气,最终没有令法律在歧路前失掉它的荣誉。胜利属于法律。

(引自2008年4月1日《南方都市报》)

许霆案改判　司法分歧未解

3月31日下午,备受关注的"许霆ATM机恶意取款案"重审宣判。广州市中级法院认定许霆盗窃罪名成立,并判处其5年有期徒刑。除退赔恶意取得的款项外,许霆还需缴纳两万元罚金。这一判决结果再次引爆了网络舆论,在留言和评论中多数是质疑。

但这样的重审结果并不意外。2月28日的《广州日报》曾报道,许霆案"将由广州中院逐级呈报至最高法院进行请示"。从程序上分析,最高法院已多次发文禁止"个案请示"。在四级二审终审制的审级制下,广州中级法院仍要逐级呈报最高法院的,当然不是关于许霆的罪与非罪,而只能是罪重或罪轻。其法律依据便是此前被网友反复提出的《刑法》第63条第2款,"在法定刑以下判处刑罚的案件,必须经最高人民法院的核准,其判决、裁定才能发生法律效力并交付执行。"而适用这一条的前提,就是认定许霆盗窃罪名成立,则属盗窃金融机构数额巨大,法定最低刑为无期。

从无期改判5年有期,当然是司法对民意的善意回应,但从反响来看效果似乎不佳。由许霆案所引发的公共议题涉及平等保护、有效辩护、程序正义、罪刑相适应等诸多现代司法理念,但围绕许霆案的争辩核心仍是许霆的罪与非罪,而不在或主要不在罪轻罪重。因此,在许霆的量刑上无论如何轻判都会引发争论。

当然,司法必须依其自身规律行事,并以其独立的品格坚守法律的底线。判决应尊重民意,却不可屈从于民意。在一个日益多元化的社会里,包括许霆案在内的大多公共事件,民意均无法达成共识。如果司法一味追随民意的变幻而反复无常，则法治、秩序将不复存在。尽管许霆案在事实上已成为一宗具有轰动效应的影响性诉讼，广州中院的重审判决却只能依事实和法律，而不能依许霆案的影响及该案一审所招致的批评确定刑期。许霆案重审，法院自然可以依法改判，只是法院还应在裁判文书中，明确告诉民众之所以如此定罪与轻判的理由。

媒体是这样引述再审判决理由的：许霆构成盗窃罪，符合盗窃金融机构罪的主客观要件。因社会危害性不大，情节较轻，经最高法院批准，遂作出上述判决。那么，我们如果尊重法院的再审判决，并相信判决理由是坚守司法独立品格的应然所在，那么同为“社会危害性不大，情节较轻”、但又尚未引发舆论关注的其他“恶意取款案”，也理应根据“同案同判”予以对待。

《新闻晨报》3 月 31 日报道，云南也曾发生过一起与许霆案类似的何鹏案，何鹏最终被判处的同样是无期徒刑，且如今何鹏已服刑七年。听说许霆案再审将结案，何鹏的父母特地从云南赶到了广州听取宣判。此外，还有宁波的唐氏兄弟从出错的 ATM 机上恶意转款 200 多万一案，在当地公检法之间来回旅行了几次后，至今仍悬而未决。

由于中国是制定法国家，许霆案的再审判决对其他案件在理论上并无拘束力。但在事实类似、依据的又是同一部法律的情况下，如果同案不同判，势必加剧民众对法律和司法的不信任，也将对“法制统一”原则造成冲击。如果定罪量刑，并非依司法规律，而仅仅因受新闻舆论关注度的多少，那么不论许霆案的改判是否合乎实体正义，都难称是司法的胜利。

许霆案改判易，维护司法统一难。尽管许霆已声言不再上诉，但许霆案似乎还未到画上句号时。

（引自 2008 年 4 月 1 日《新京报》）

评析：

以上是针对同一个新闻事实，从不同的角度加以评论的两篇社论。前文对许霆案改判作出了正面的、积极的肯定；后文则在肯定许霆案得以改判的前提下，对司法制度的公平、独立和统一性提出了独立的思考和见解。

我们把这两篇新闻评论放在一起，目的是让大家从中分析、思考：新闻评论如何处理新闻事实？新闻评论如何评论新闻事实？评论者如何对新闻事实作出独特的解读？

文例 2：

高校“热门”专业何以就业“冷”？

麦可思公司新近完成的“2007 届大学毕业生求职与工作能力调查”结果显示，我国最热门的几个本科专业都是供大于求，其中计算机科学与技术、法学、英语3个专业的学生在毕业半年后的失业人数都在万人以上，在10个失业人数最多的本科专业中，热门专业占了9个。（6月23日《中国青年报》）

此前，有研究者以开设范围和招生人数为标准，列出了截至2006年的国内公办高校本科热门专业。其中，英语专业最热门，全国有554所、超过83%的高校开设；其次是计算机和法学专业，全国分别有526所和407所高校开设，分别占全部高校数量的79%与61%。

然而以这样的标准来认定专业是热是冷，毫无科学根据。从就业角度说，一个专业的“冷”与“热”，是以这一专业人才的供给与社会对这一专业人才的需求关系为依据进行评价的，供给大于需求，此专业为冷门，反之为热门。也就是说，上述调查中所谓的“热门专业”，因为供大于求，本质上已是冷门专业。

这种严重的逻辑问题，普遍存在于高等教育界。一些高校在开设专业时，往往不认真去分析社会对这一专业人才究竟有多少需求，也不管自己是否有把这一专业办出自己的特色的实力，而是以这个专业在其他学校开设的情况，来推论自己可不可以开设，也就是“跟风开设”——别人开，我也开。

之所以如此，有两方面原因。一是国内高校在开设专业时，仅仅看重其在“教育市场”的吸引力，即有不少受教育者冲着专业的“好名声”来报考，而不顾及这些受教育者接受教育毕业后，是否受社会欢迎。最近几年来，有的专业在全国高校的开设数以及招生数增长了数倍，即便以前是“大热门”，也因专业培养人才数量大为增加，而社会的新增需求有限，导致这些专业急剧成为冷门，但高校仍旧以“热门”的模样招揽生源。二是国内的受教育者，无法获取充分的教育信息，不清楚大学开设的各专业，究竟有怎样的人才需求（包括根据社会经济发展，而对人才需求进行预测），以至于在选择大学专业时，十分盲目。

提供给受教育者充分的信息，扩大受教育者对教育机构的选择权，才可能让教育机构充分重视受教育者的利益，否则，“热门专业”实际上是大冷门的现象，还会在我国社会持续下去。

作者　熊丙奇

（引自2008年6月24日《东方早报》）

评析：

这是一篇针对高校专业设置和学生就业率一“热”一“冷”的矛盾现象的新闻评论，作者以数字对比引发思考，深入剖析了产生这种不正常现象的，源于高校内外部各方面的原因，并提出了解决这种矛盾现象的思路。

阅读本文，我们可以在如何透过现象看本质、如何运用对比手法分析问题、如何运用层层深入、层层推进的说理手法等方面得到启示。

文例 3：

女士们，乘地铁时还是多穿点

经常有地铁性骚扰事情发生，闹得大家不愉快。大凡这时，人们总是把谴责乃至拳脚全部倾泻向肇事者，对于受害者一方，就是同情、安抚、精神赔偿。

肇事者的确有错，甚至有罪，应该受到道德谴责和法律惩处；受害者也确实应该得到同情、安抚、赔偿。但除此以外，我觉得应该思考一下，为什么地铁频频发生性骚扰事件？除了因为地铁人群混杂而给肇事者留有可趁之机等客观原因之外，我觉得受害人恐怕也有"次要原因"。

从多次这类事情中不难发现，受害人大都是衣着暴露的年轻的女士。女士们爱打扮，甚至穿着暴露，没有错。关键是，打扮成什么样要考虑时间、地点，不然就要出问题。在地铁这种拥挤而人多手杂的空间，穿着过于暴露的话，要确保"平安"确乎是一件难事。人家用手机拍你几张照片，多看你几眼，直至要近距离接触一下，就在所难免。

因此，我以为，在地铁这种地方，原本就不该穿着过于暴露，何况现在偷拍盛行。天渐渐热了，女士们还是管好自己，乘地铁时多穿点吧。

作者　杨国生

（引自 2008 年 5 月 13 日《东方早报》）

评析：

这是一篇短小精悍的新闻评论，针对公共场合"性骚扰"现象，作者发表了与众不同的看法，值得引起深思。

阅读本文，我们可以得到的启示是：看问题可以有不同的角度。

【案例操作】

下列是一则图片新闻，请针对图文材料做出评论，标题自拟。

据《市场报》报道，2005 年 5 月开始正式运作的浙江金华市安监局，在大约两年时间内，通过盖章交钱、编印资料和利用安全生产事故等方式，建起近百万元的小金库。如何监督监督者，仍然是个难题。（李媛　绘）

（引自 2008 年 6 月 24 日《东方早报》）

第五节 广 告 词

【导入案例】

永兴商业集团公司入驻大学城学生公寓生活超市后，装修完毕，货物上架，但前来购物的学生人数并不多。正值新生报到，为什么人气这么低迷呢？

总经理要求市场部组织一次市场调研，找出存在的问题，寻求解决的办法。

市场部从调查中发现，新超市正前方没有开阔地带，尽管有一个招牌，但视线被前边的公寓楼遮了个正着。新大学生报到时一般由老生带路，多数老生还不知道新超市开张了呢。此外，先前的老超市推出了一些打折让利活动，做了一些醒目的广告招牌，市场就是一块有限的蛋糕，老超市多分去了一点，永兴自然就少一些了。

市场部建议，一要因地制宜，在新超市两侧加大广告宣传力度，尤其要发布有吸引力的广告中心语，招徕新老大学生前来购物；二要招募一批老生发放广告传单；三是拿出部分商品打特价，搞点促销让利活动；四是针对大学生思维活跃特点组织一次庆典演出；五是打一张人情牌，吸收新生中的贫困学子来超市勤工俭学。

讨论

(1) 新超市人气低迷的原因有哪些？

(2) 广告在该超市营运体系中占有什么地位？

(3) 总经理采纳市场部的建议，决定把打折、招募发放传单和勤工俭学学生事宜交给市场部办，庆典演出交给公关部，总经理办公室负责广告宣传文案拟定工作，并要求各职能部门分头准备。办公室主任回到办公室后传达了总经理的决定，要求大家共同策划，拟定广告词。

【要点阐释】

一、广告词的涵义

(一) 广告

广告是为了某种特定的需要或目的，借助一定形式的媒体并支付相应的费用，公开而广泛地向公众传递有关信息的宣传手段。

一般人们把广告分成两大类，一类是商业广告，一类是非商业广告。商业广告以盈利为目的，宣传、推销有关产品或服务；非商业广告不以赢利为目的，包括公益广告等。

（二）广告词

广告是综合艺术，根据不同的媒体，其制作包括图像、造型、音响、符号、文字等等构成元素，其中文字部分就是广告词。

二、广告词的特征

广告词除了具有作为传播文书共有的特征之外，还具有以下一些特征。

（一）创意性

作为广告整体创意的一个关键的构成要素，广告词承担着彰显形象、识别品牌、诉求价值、提升品位等多重功能，在广告整体创意体系中，广告词应发挥“创意眼”的特殊作用，凸显广告与众不同的创意思想和设计。任何对别人的模仿、重复或循规蹈矩都将损害广告以及广告词的应有价值。

（二）诉求性

广告既诉求受众的感官，也诉求受众的感性或理性认知。广告词在广告诉求的表意构成要素中往往借助于语言文字的表现力，凝聚各种构成要素形成诉求合力，表现出强烈的诉求效果。可以说，广告的诉求倾向在很大程度上，是通过广告词得到传导和体现的。

三、广告词的种类

根据不同的标准，广告词可以分为不同的种类。根据广告所强调的、企图劝服或打动广告对象的传达重点，即广告词不同的诉求点，可以把广告词分为理性诉求广告词和感性诉求广告词。

（一）理性诉求广告词

理性诉求广告词，也被称为说明性广告词。它是利用直接陈述、数据、图标等等手段，把通过广告词传导的信息诉诸受众的理性，以此激发受众的理智，引导受众通过广告事实，得到有关产品特征、性能、购买利益等等的真实而完整的信息。例如：

红牛饮料广告词

标　题：还在用这种方法提神？

广告语：轻松能量，来自红牛。

正　文：都新世纪了，还在用这一杯苦咖啡来提神；你知道吗，还有更好的方式来帮助你唤起精神：全新上市的强化型红牛功能饮料富含氨基酸、维生素等多种营养成分，更添加了8倍牛磺酸，能有效激活脑细胞，缓解视觉疲劳，不仅可以提神醒脑，更能加倍呵护你的身体，令你随时拥有敏锐的判断力，提高工作效率。

醒　题：迅速抗疲劳　激活脑细胞

随　文：www.redbull.com.cn

（二）感性诉求广告词

感性诉求广告词，也被称为兴趣型广告词或诱导型广告词。它是利用富有情感冲击力的语言文字，通过暗示、诱导等方式，把通过广告词传导的信息诉诸受众的感性，以此激发受众的情感、引起受众的情感共鸣、满足受众的某种心理需要，从而引导其产生购买欲望和行动。例如：

飞利浦真柔灯泡广告词

子夜，灯一盏一盏熄了
浓密的夜色淹没了初歇的灯火
万物俱眠
怎舍得未归的人
独自在黑夜赶路
且点上一盏灯
点上家的温暖与期待
让晚归的人儿
不觉孤独
飞利浦真柔灯泡
为晚归的人点上一盏温馨的灯

四、广告词的写作

标　题	广告词的标题是对广告内容的概括，是广告的核心信息。 广告词的标题要能够鲜明地表现广告的主题，能对正文起统领作用。
广告语	广告语又被称为广告口号、广告标语，是为了强化受众对产品或服务的印象而反复出现的简短语句。 广告语必须短小精悍、通俗易记。
正　文	正文是对标题的解说和论证，广告词的具体信息都通过正文传达。 正文可长可短，但必须准确、简明、针对性强。
随　文	随文也被称为附文，是广告词中次要的、备查的信息，主要介绍广告主的信息，包括名称、地址、电话、传真、银行账号、联系人等等。

【难点提示】

(1) 精心处理真实性和艺术性的关系。广告不能违反真实、诚信原则，又要讲求艺术效果和感染力，把握好创意尺度是广告及其产品和商家赢得受众认同的关键点。

(2) 要善于综合运用多种艺术手法。在广告如林的商品社会里，要想使广告吸引人、感染人，就要讲求广告的创意。可使用比喻、夸张、象征、双关、暗示、通感等手法使广告词新颖别致、独树一帜，创造瞬间效果。生动形象、简明扼要、突出个性、便于朗诵、能够吟唱，都是易识易记的有效方法。

【文例评析】

文例 1：

铁达时表广告词

广告语：不在乎天长地久　只在乎曾经拥有

正　文：一厢情愿

爱在世界的边缘

梦难圆

咫尺天涯

不再回首

此生隐没在无爱的忧愁

评析：

爱是一种高尚的人间情感，作者用移情手法，让“物”呼唤人类的情感，使受众在情感体验中被“俘虏”。

文例 2:

宝来汽车广告词

广告语:驾驶者之车

标　题:奔跑,奔跑者之间的语言

正　文:他,他们,

天生的运动者。

以奔跑为生以奔跑为乐,

以奔跑为表情以奔跑为语言,

以奔跑为态度以奔跑为价值。

不以物喜,不以己悲;

平凡态度,超越平凡。

宝来,超越平凡。

随　文:略

评析:

想想:你能从上述广告词中感受到阳刚、动感、力量、时尚、超值、深沉吗?——那是感性诉求广告的影响力、煽动力。

文例 3:

科龙冰箱广告词

广告语:梦想无界　科技无限

标　题:或许,精美的干花对干燥室早就艳羡不已

正　文:科龙星云座,以独树一帜的专利技术——多功能干燥室,完全颠覆传统冰箱之概念,开创性地于冰箱中配备了可在+1摄氏度—+25摄氏度自由调控的防霉防潮储物间,平时可作为干货、药品、胶卷、香烟的专用存放空间,而如有需要更可借助“分立四循环制冷系统”,自如转换成冷藏室。一个空间,两项功能,实属智慧科技的经典杰作。

评析:

它没有面面俱到,而是突出新功能、新技术,使你受惑于产品的高附加值。当你不幸钟情于此的时候,谁能说这则广告只诉诸你的理性呢?

【案例操作】

(1) 模仿写作:阅读下列广告文案,以推销《学习》杂志为题,撰写一则广告文案。

亲爱的读者：

《××报》从9月1日开始征订。遗憾的是明年的订户将不得不增加负担，全年订费为人民币90元。订费是涨了。在纸张涨价、销售劳务费提高的形势下，我们的报纸要生存下去，我们别无选择，而你们有办法。你们完全有权拒绝订阅《××报》，将90元钱订费用在急需的地方。

《××报》一年的订费可以用来：在昆山的市场上购买5公斤猪肉，或在武汉购买6公斤猪肉，或在某家商场购买一两包香烟或一瓶质量稍好的白酒。这样的“或者”只有一次享受，而您选择《××报》——将全年享用。事情就是这样，亲爱的读者。

(2) 收集你印象最深刻的10条广告语，选择其中一条分析其创意与思维特征。

(3) 你的家乡正在开发旅游项目。以你对家乡风物的印象和感情，选择你认为最有价值的一种特产或一处旅游景点撰写广告文案，将它推荐给你周围的同学和朋友。

练　　习

一、简答题

1. 传播文书的特征有________、________、________、________。
2. 消息主要包括________、________、________、________等四种类型。
3. 事件通讯常常反映具有________和________新闻事件。
4. 新闻评论具有________、________和________特征。
5. 广告词的结构包括标题、________、________、________等部分。

二、辨析题

1. 传播文书必须借助于一定的媒体才能实现传播功能　(　　)
2. 传播文书具有共享性，因此所有的公众都是传播文书的传播对象　(　　)
3. 传播文书必须真实，因此，都不能使用夸张、抒情等表现手法　(　　)
4. 消息报道的是新近发生的事件，所以，过去发生的事件不能报道　(　　)
5. 事件通讯不能只反映事件，它也应把表现人物形象放在突出的地位　(　　)
6. 工作通讯往往带有较强的政策性指导性和警示性　(　　)
7. 新闻文体中只有新闻评论才具有舆论导向性　(　　)
8. 新闻评论主要阐述评论者的观点、看法，因此可以不顾新闻事实　(　　)
9. 广告词可以诉诸受众的感性，因此往往具有情感煽动性　(　　)
10. 广告词的随文也被称为附文　(　　)

三、选择题

1. 传播文书的种类有　　(　　)

A. 新闻类　　B. 广告类　　C. 消息类　　D. 通讯类

2. 下列不属于传播文书特征的是　　(　　)

A. 时效性　　B. 真实性　　C. 夸张性　　D. 可读性

3. 下列传播文书类型中包含有评论性元素的有　　(　　)

A. 述评消息　　B. 广告词　　C. 通讯　　D. 社论

4. 下列应该在工作通讯中得到反映的情况有　　(　　)

A. 成就　　B. 做法　　C. 经验　　D. 教训

5. 新闻评论包括　　(　　)

A. 述评消息　　B. 社论　　C. 评论员文章　　D. 编者按

6. 广告的构成元素有　　(　　)

A. 图像　　B. 符号　　C. 音响　　D. 文字

7. 广告词中可以运用的修辞手法有　　(　　)

A. 比喻　　B. 暗示　　C. 双关　　D. 通感

8. 广告词可以采用的诉求手段有　　(　　)

A. 理性诉求　　B. 诱导　　C. 感性诉求　　D. 陈述

四、简答题

1. 在时效性这一特征方面，传播文书和行政公文有何异同？

2. 请从教材提供的文例中分析述评消息、通讯和新闻评论三种新闻样式中的评论性要素的异同。

3. 如何理解广告词的真实性？

4. 撰写新闻评论应注意哪些问题？

5. 通讯和消息的区别只在于篇幅的长短吗？

五、案例操作题

1. 2005年世界卫生组织发出了禽流感警告，在这种情况下，昆明水面的候鸟栖息地发现一只红嘴海鸥的尸体。同一天，你家的院落也发现一只饿死的麻雀。如果都写成消息报道，哪一条有新闻价值，为什么？

2. 请给下列消息加上适当的标题

二手房买卖不成，卖家没收了买家10万元预付款。为讨回10万元，买家将卖家告上了法庭。为证实买家违约，没收钱款依法有据，卖家在买家不知情的情况下，私下录制了双方谈话内容，并以此作为证据递交法庭。近日，上海市静安区法院对该案作出一审判决，认定私下录音不能作为证据，卖家应返还买家人民币10万元。

该案中买家叫王辉，卖家是一对夫妇。去年6月17日，双方签订一份购房意向书，约定王辉向这对夫妇购买位于本市常德路的一套房子，总价为人民币262万元。至当月21日，王辉支付了定金共10万元。由于双方对何时支付首期房款意见不一，导致未能签署正式的房屋买卖合同。此后，这对夫妇发函给王辉，称由于一方违约，购买意向书已解除，定金全部没收。由此引发了这起讼案。

原告王辉认为，由于被告夫妇不按购房意向书行事，导致房屋买卖不能正常进行，被告应承担违约责任，双倍返还定金20万元。而被告夫妇向法庭递交的谈话录音光盘中，王辉多次承认自己违约。面对录音光盘，原告王辉认为，被告夫妇偷录的谈话内容断章取义，不足为信。

法院在判决中认为，谈话录音光盘是在原告不知情的情况下偷录的，法院无法确认谈话内容是否经过剪辑，因此该证据不予采信。由于原、被告均没有充足的证据，法院以被告返还原告10万元了结此案。

3. 请给下面一则消息加上"导语"

小狗饿了会喊主人"妈妈"

这只小狗叫"匹克"。它的主人开了一家超市。主人说：因为有"匹克"的帮忙，节省了人力、财力，不用任何防范措施，"匹克"便可独当一面。一次，主人在外面乘凉，一个爱占便宜的路人走进超市，拿完东西见没人，未付钱便走，"匹克"见状上去就追。主人家的母猫生了4只小猫，"匹克"又担当起保姆的角色，每次小猫跑散了，"匹克"就负责一只只找回来，然后冲着主人叫几声，表示任务完成。

邻居都非常喜欢这只小狗，邻居李大妈说："这只小狗特别通人性，还常常照看别人家。"其实，"匹克"除了这些优点，还有一绝，就是会喊"妈妈"，这也是主人偶然发现的。一次，"匹克"饿了，向主人要吃的，没有讨到，非常着急，就喊了声"妈妈"，当时，主人以为听错了，以后每当"匹克"饿了就喊"妈妈"。这更增加了"匹克"的神奇色彩。不仅邻居常常来观看，连过往行人都好奇寻看。久了，"匹克"便成了小明星。"匹克"非常具备语言天赋，会学着说一些生活单词，如饿、渴等，虽然它的发音不是很准确，但是一般人都可以听得懂。主人现场演示了一下，让它去李大妈家，"匹克"马上就知道是哪个方向。"匹克"给辖区居民带来了欢乐。

（本文来源：《大连晚报》）

第五章　商 务 文 书

第一节　商务文书概述

【导入案例】

李明系上海某商务公司的资深秘书，日前由行政助理荣任行政经理一职，主持办公室全面工作，是公司总裁顾民的高级助手。

这一天，公司来了一位上海大学的实习生江山。总裁顾民指定李明担任他的实习指导老师。在指导实习生熟悉了公司基本情况之后，李明针对对方爱好写作的特点，为他讲解起商务写作的心得来。

李明说，商务写作是公司秘书必须完成的文字工作。随着经济深入发展，商务文书写作已成为当前应用写作的一个热点，企业内部的大部分沟通也是以商务文书的形式进行。在公司的商务活动中，大到一份市场调查报告或一份市场营销策划书，小到向你的客户致歉或邀请客户到公司参观，都需要用到商务文书。商务文书与商务活动是分不开的。商务活动愈活跃，愈需要商务文书参与其中。

李明在了解到江山已经在报纸杂志上发表过好几篇作品时，李明更加欣赏对方的能力了。他鼓励这位未来的准秘书，公司里有一个文学社，很多社员是办公室系统的秘书人员，可以报名参加他们的活动，多交一些志趣相同的朋友。但同时他又说，相对于应用写作而言，商务文书写作的难度较大，秘书必须有丰富的专业知识，对情况非常熟悉；同时要有很强的逻辑思维能力和娴熟的表达能力。对此，合格秘书必须形成清醒的认识。

一席话，说得实习秘书频频点头。

讨论：

(1) 应用文写作与商务写作有何联系和区别？

(2) 说明商务写作的类别和特点。

(3) 如果你是这位实习秘书,请说说你对商务文书工作的理解。

【要点阐释】

一、商务文书的涵义

商务文书是在商务活动中形成,用以处理商务活动中的各种业务工作,具有特定的商务内容和规定格式的各种文章的总称。

二、商务文书的特征

(一) 目的的实用性

首先,商务文书的目的是为了解决商务活动中的实际问题;其次,商务应用文本身就是商务工作的实效在文字上的一种反映,每一篇文章都要求能产生不同程度的效用;另外,商务活动是崇尚实干,非常讲求时间和效率的务实活动,与之相应的商务应用文也不例外。

(二) 内容的专业性

商务活动涵盖包括营销、管理、心理、统计、会计等许多学科知识。因此,要求撰写者必须具备相关的商务专业知识,使得商务信息得到准确无误的传递,不至于在沟通中产生理解或认识上的偏差。

(三) 格式的规定性

大部分商务应用文都具有相对固定的结构,这种格式上的规范性和稳定性使得商务活动规范、高效、可操作。因此,商务文书的写作要按规范的体例格式进行。当然,随着国际商务活动的频繁、新的社会需求或新的书写工具的出现,会使原有的一些文体格式出现"变体",但这些"变体"也创造了新的规范。

三、商务文书的种类

商务文书的运用十分广泛,商务文书种类繁多,商务活动的各阶段、各环节都要用到相应的商务文书,主要种类如下:

(1) 商务调研决策文书。包括:市场调查报告、市场预测报告、可行性研究报告、经济活动分析、营销决策方案、企业经营方案、商品价格方案等。

(2) 商务广告招商文书。包括:招商说明书、商品说明书、企业说明书、商务广告文案、公关策划方案、招标投标书等。

(3) 商务谈判协议文书。包括:商务谈判方案、商务谈判纪要、商务谈判备忘录、商务合作意向书、商务合作协议书、商务通用合同等。

(4) 商务经营管理文书。包括:工商登记文书、企业规章制度、企业章程、授权委托书、聘请书与解聘书、商务请示与批复、商务会议纪要、商务工作总结、商标注册申请书、专利请求书等。

(5) 商务涉外业务文书。包括:涉外项目意向书、涉外贸易合同、销售代理协议书、补偿贸易合同、商检申请书、报关单、商函等。

(6) 商务财税审计文书。包括:企业财务报告、税务申请书、纳税检查报告、审计报告、审计意见书、审计决定书等。

本章重点学习市场调查报告、市场预测报告、可行性分析报告、经济活动分析报告、意向书、协议书、合同书、招标书、投标书和商务信函等。

【案例操作】

(1) 下述案例中秘书小张犯了什么错误?

某商行与新疆一家皮货收购站签订了收购优质羊皮的合同。条款中"1.5米以上,有剪刀斑的不要"被恶意抄成了"1.5米以上、有剪刀斑的不要"。商行总经理秘书小张平时写文章,一般不注意标点符号,逗号、句号、顿号不分,审核时自然也没有看出来,签字盖章,合同生效。收购站后来所供的货都是1.5米以下的羊皮,使商行遭受了巨大的经济损失,而收购站是按合同办事,其行为受法律保护。因为合同上的条文可以理解为"1.5米以上和有剪刀斑的都不要"。

(2) 收集一个实际案例,分析商务文书写作的作用与意义。

第二节　市场调查报告和市场预测报告

一、市场调查报告

【导入案例】

红星商业集团主要经营家用电器,现拟于六月下旬和七月初,对合肥、淮北、淮南、蚌埠等几个城市进行为期10天的热水器消费者和终端卖场调查。调查对象主要是有一定文化层次和稳定经济收入的人群。此次调查拟采用调查问卷和面谈提问相结合的方式，有效调查人数按 1 000 人计算。样本选取方法为在每个城市的不同地点随机选取。通过此次调查，目的是了解目前中高消费群体对于储水式电热水器、燃气热水器、即热式电热水器、太阳能热水器的看法，进行分析研究，并提出对策建议，为公司今后营销策略的调整服务。

讨论：

(1) 市场调查报告有哪些种类？

(2) 市场调查报告和报告有何区别？

(3) 红星商业集团市场部销售经理要求你经过调查之后，拟写一份市场调查报告文案。

【要点阐释】

一、市场调查报告的涵义

市场调查报告，是指企业单位或经济部门等运用科学的调查方法，有目的、有计划地对商品生产、供应、需求和销售等市场情况资料进行全面、系统的搜集、整理、分析、研究，从而得出符合市场发展趋势的结论的书面报告。

市场调查是市场调查报告写作的前提与基础，要想写出好的市场调查报告，首先必须认真进行市场调查。如何选择市场调查的范围和内容，应该根据市场调查报告的要求而定。

二、市场调查报告的特征

(一) 针对性

针对性是指市场调查报告的写作要有明确的目的性。在一篇市场调查报告中，往往从市场实际出发，围绕企业某种产品所面临的主要问题，有针对性地调查市场营销的某一个或某几个环节，如产品质量、价格、营销状况、消费心理、市场占有率、销售环节、竞争对手状况等，但不能面面俱到。

(二) 真实性

市场调查报告所依据的材料必须真实可靠、准确无误。市场调查报告中涉及的一切材料，诸如历史资料、现实材料、典型事例、统计数据等都必须言之有据、准确无误。市场调查报告搜集的材料应该尽量是第一手材料，应该选用科学的调查方法。

（三）典型性

优秀的调查报告往往能通过某个具体事例的调查，反映出带有普遍意义的问题。解剖一个“麻雀”，做的是“点”上的工作，但若能抓住问题的本质，对“面”上的工作就能起指导作用。要写出具有典型价值的调查报告，必须注意两点：一是对调查得来的所有材料，要进行科学的分析研究，从中找出规律性的东西，反映市场变化的内在规律；二是报告的结论要准确可靠，在结论基础上提出的建议必须切实可行，有较为广泛的适应性和实实在在的可操作性。

（四）时效性

市场调查报告要及时、迅速、准确地反映、回答现实经济生活中出现的具有代表性的紧迫的问题。市场调查报告对市场瞬息万变的情况反应要迅速及时，否则，时过境迁，市场调查报告就失去其参考价值。

三、市场调查报告的写作

（一）标题

标题常用的写法有两种：

1. 单行标题

(1) 公文式：

结构为“调查范围＋调查时间＋调查内容＋文种”。可省略调查范围、调查时间。如：《上海市 2007 年夏季流行服饰调查报告》

(2) 文章式：

一般直接点明作者的观点和看法。如：《商品包装不容忽视》

(3) 提问式：

把调查研究的主题加以概括作为问题提出。如：《加入 WTO，企业最关心什么？》

2. 双行标题

由正标题和副标题构成。正标题点明文章主旨，副标题说明调查的内容、范围、时间等。如：《安于“小”、专于“小”、发展“小”——温州小商品市场生意红火》。

(二) 正文

市场调查报告的正文可以分为前言、主体和结尾三个部分。

1. 前言

有两种方法:一是对调查情况作简要说明,交代调查的目的、时间、地点、对象、范围、方法、结果等。二是开门见山,直接提出市场的供求矛盾或介绍文章的主要内容、主要观点。

2. 主体

是正文的核心部分,包括以下三方面内容:

一是基本情况。可以包括历史情况和现实情况,是对市场调查了解到的客观事实、有关数据进行叙述、说明,重点放在现实情况方面。对一般情况可简要介绍,重点情况则详尽阐述,要根据调查目的的需要而有所侧重,做到详略得当。写作手法上,一般以文字叙述、说明为主,辅之以数据、图表。

二是分析判断。是对市场调查了解到的基本情况进行研究,确定调查对象在市场竞争中所处的位置,从不同方面揭示原因,判断市场发展的趋势和前景等。写作手法上,一般以议论、说明为主。

三是对策建议。这是这类报告的落脚点。根据分析判断得出的结论,思考相应对策,供决策者参考。写作时要注意可行性、针对性,语气要委婉。

3. 结尾

是全文的结束部分。有些调查报告在正文表述完后,即告结束,没有单独的结尾。多数报告有结尾。结尾部分或是对全文的概括归纳,或是重申观点,或是提出希望和建议,或是提出未能解决而又需引人注意的问题。

(三) 落款

如果市场调查报告是为了供内部参阅,则调查者在正文右下方署名,并写上完成的日期;如果是在报刊上发表,则在标题下方署名,一般不再写明写作日期。

【难点提示】

(1) 调查报告要首先做好调查研究,占有大量详细的第一手材料。

(2) 调查内容要有针对性,确立正确的主题,如实反映客观情况。

(3) 要作深入的分析研究,注重写出内容充实、条理清晰和有一定思考深度的调查结论。使调查报告能向领导部门或领导者汇报、提供情况,作为决策的参考;也使调查报告对工作有指导价值。

【文例评析】

文例：

上海市社会团体秘书人才市场需求情况调查报告

上海大学高等技术学院2000级涉外秘书专业社会团体调查组

为了让在校大学生了解上海市各社会团体对秘书人才的需求情况，特别是了解中国入世后的需求情况，从而明确高校秘书人才的培养方向，改进秘书人才的培养方法，我们于2002年6月4日—2002年6月21日对上海市主要的社会团体进行了一次关于秘书人才市场需求情况的调查。

本次调查发放问卷108份，回收95份。回收率为87.9%。调查人员对上海市总工会、上海文学发展基金会、上海市作家协会、上海市归国华侨联合会、上海市社会科学界联合会、上海汽车工业教育基金会、上海市宝山区残疾人联合会、上海市黄浦区工商业联合会等90家社会团体的181人进行了抽样调查。被调查者大多是部门负责人，受过良好的高等教育，年龄在40岁左右。以下是这次调查的材料和基本结论：

社会团体中秘书人才的基本特点

1. 年龄偏大

在我们所调查的社会团体中，秘书工作人员的年龄在40岁以下的仅占总数的25%，40岁至50岁之间的占总数的44%，50岁以上的占总数的31%，其中年龄最大的已有73岁。

2. 学历较高

调查结果显示，在职的秘书中，高中学历程度的37人，占总人数的20.4%；专科生和本科生共有135人，占总人数的74.6%；硕士生有9人，占总人数的5%。

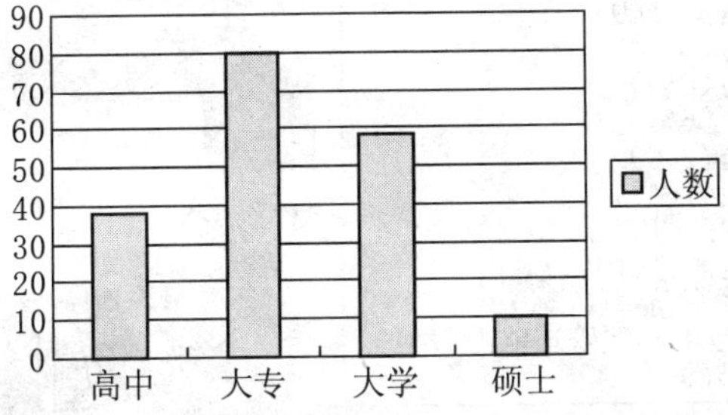

3. 工作重点在办文、办会和接待

数据显示，在被调查的社会团体中，秘书所从事工作的重点是办文、办会和接待。另外，也要求秘书对信息有敏锐的嗅觉，注重搜集对工作有利的信息。对文书的整理和归档也占了秘书工作的一部分。

秘书人员主要从事的工作

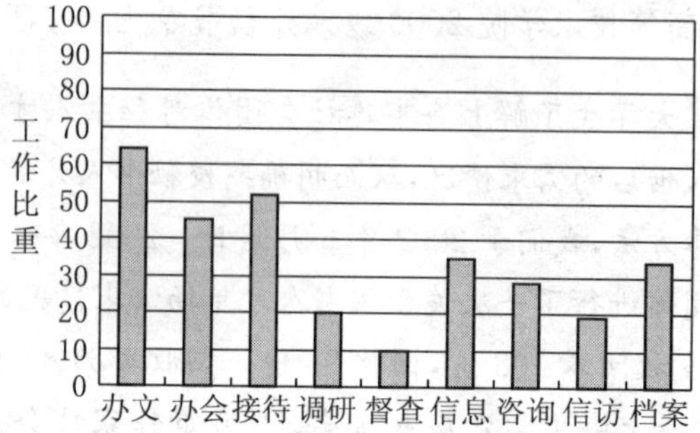

被调查的社会团体部门负责人认为，一个合格的秘书必须有很好的文字处理能力和口头表达能力，分别占总比重的23%和9%。从占总比重的6%的外语能力和4%的计算机能力来看，在职社会团体秘书的外语水平和计算机水平不高。无一人懂两种以上的外语，懂英语的人数为55人，占总人数的30.3%，其中95%的人不能用英语写作；能熟练操作计算机的秘书人员不到总人数的18%。因此，这些秘书人员在工作中使用的文字语言主要是中文，不能做到无纸办公。调查过程中，各团体的负责人都强调了领会领导意图的能力和协调问题的能力，各占总比重的15%和10%。他们称，这两项能力是一个合格秘书必须具备的。是做好工作的关键。公关能力所占比重虽不高，仅6%，但被调查团体的负责人都希望秘书人员有更高的社交能力和社交技巧。在其他能力中，部分人员提到了创新意识。

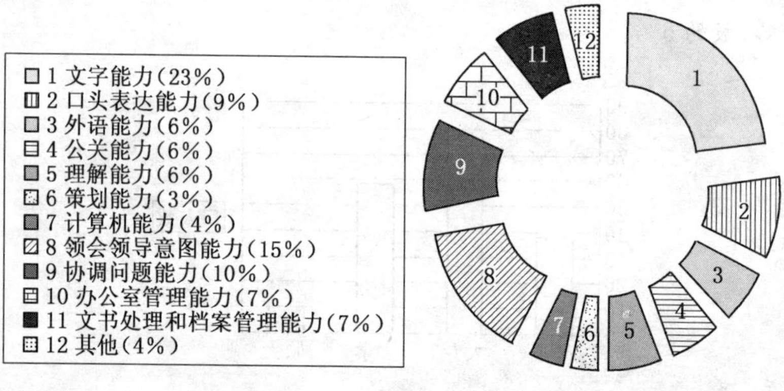

社会团体对秘书人才市场的分析

在被调查的社会团体中，秘书的来源属单位内部转岗和通过熟人介绍的占了近80%，通过人才市场招聘的所占比重很小。这些秘书大多在岗位上工作了3年以上，即便是资历最浅的，也有2年的工作经验了。打算在今后三年里招聘秘书的社会团体占28%。在聘用条件上，有关负责人表示，他们将招聘年龄在20到30岁的人；对外貌并没有很高的要求，大方端正即可；性别上男女皆可；对于学历，大部分人从岗位需要出发，认为大专生就能胜任秘书一职，没有必要聘用硕士和博士。

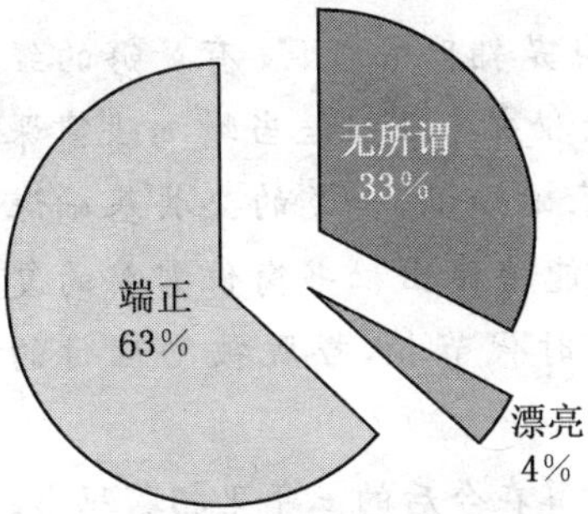

对秘书的外貌要求

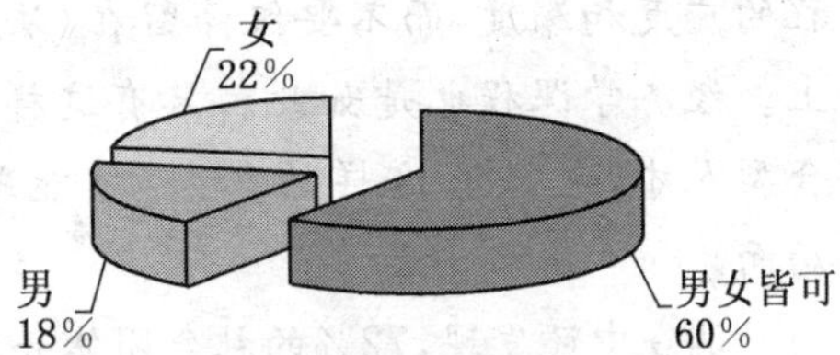

对秘书的性别要求

社会团体对秘书人才培养的要求

调查结果表明，随着城市的发展，社会团体对秘书人才的要求越来越高。低水平的，传统型的，不适应新形势、不懂市场经济的人终将被淘汰。大部分负责人表示，他们理想中的秘书人才应该是知识广泛，具备法律知识、管理知识、经济知识、金融和财务知识；长于分析、归纳与综合；有调研能力，善于进行调查研究；有外语能力，能进行英语对话，用英语写作、起草文件；有多方面的能力，包括办事能力、写作能力、语言交际能力；了解入世知识、世贸规则等。具备以上条件的现代化、复合型秘书人才受到普遍欢迎。

对策和建议

本次调查是对上海主要社会团体的秘书设置情况，及其秘书人员各方面素质的深入考察，通过对调查反馈材料的综合与分析，我们有以下的认识和建议：

虽然社会团体对秘书的外语能力和计算机能力不像企业要求的那么高，但此次调查的数据本身表明，社会团体中现职秘书的外语和计算机能力不能令人满意。所以客观上，社会团体对这方面的要求还是十分迫切的。此外，社会团体的秘书也缺乏必要的经济、政治和法律知识。

我们认为，随着中国改革开放进程的加快和中国加入世贸组织，外语作为一种对外交流的工具，应该是当今社会秘书人员所必备的能力。同时，熟练的计算机操作能力也是一个合格秘书必备的素质。更是实现办公自动化的前提。因此，社会团体的秘书在熟悉办文、办会等传统业务的同时，务必努力提高自己的外语能力和计算机水平。这就对高校秘书专业教学提出了新的要求：必须加强英语及计算机教学，尤其是英语口语、英语写作和办公自动化。也可适当开设第二外语、计算机编程等课程，使学生在这两方面有更多发展空间。另外，还要加强经济、政治和法律知识的教学。秘书工作的重点是辅助管理，没有足够的经济及法律知识，是无法胜任的。所以，高校秘书专业应适当增加法律课程的广度和深度，而不要仅停留在《法律基础知识》一类的公共基础课上。经济学课程也是如此。只有这样，才能培养出秘书岗位需要的复合型人才，也只有这样的秘书，才能跟上时代节拍，摆脱被动应付的局面。

调查中还发现，72%的社会团体并不打算在今后的三年里招聘秘书。但经过分析我们认为，这并不意味着目前社会团体的秘书人才市场已处于饱和状态。现任的社会团体秘书的年龄普遍在40岁左右，且外语和计算机的水平不高，再学习对他们来说有一定的难度，一旦他们所在的社会团体受到了改革发展带来的压力和竞争的冲击，这些秘书就很难以其自身固有的能力为“整台机器的运转”服务。从这方面来讲，未来社会团体对高素质秘书人才的需求是迫切的、大量的。

总之，只有知识结构合理的现代化复合型秘书人才，才是适应时代发展，满足市场需求的。

（来源：《秘书》2002.12部分摘录）

评析：

这是一篇关于上海市各社会团体对秘书人才的需求情况的调查报告。

标题采用公文式，由调查内容和文种两项构成。因是在报刊上公开发表，故在标题下方署名。

正文由前言、主体、结尾三个部分组成。前言对调查情况作简要说明，交代了调查的目的、时间、地点、内容、对象、范围和调查的方法。主体部分包括三个层次：一是社会团体中秘书人才的基本情况（年龄、学历、工作重点、实际能力）；二是社会团体对秘书人才市场的分析判断（秘书的来源、招聘秘书的条件、理想型秘书应具备的能力）；三是对策建议。结尾重申观点，指出，“只有知识结构合理的现代化复合型秘书人才，才是适应时代发展，满足市场需求的”。

文章运用数据和图表相结合的形式，观点鲜明，材料翔实，分析科学、客观，结论明确。

【案例操作】

1. 评析题

下面是一则病文，试指出其存在的毛病。

大学生课外阅读情况的调查

阳光下、草坪上、教室里、图书馆……到处可以看见书不离手的大学生，他们脸上洋溢着满足自信的笑容。

“你课外阅读的主要目的是什么?”“你最喜欢阅读哪种类型的书籍?”“你平时看一本书用多长时间?”……前不久我们对大学生的阅读取向进行了一次访问式调查，目的是了解当代大学生读什么书，读多少书和怎样读书的问题。

通过调查有部分学生的课外阅读主要是为了休闲。他们认为“平时专业课程的阅读量已经很大了，课外阅读当然选择内容较轻松的课外书籍，以缓解读书的压力”。这样的学生大约占44.9%。还有部分同学的课外阅读是为了拓展知识面。这样的学生所占比例较少，只有8%。

大学生不青睐具有专业知识的书籍是否合理呢？不少招聘企业都感慨现在的大学生专业能力很薄弱，学以致用的能力较差。在学校期间不注重专业知识的积累和自身专业技能的训练，不阅读、不关注相关专业课外书籍，是造成这种现象的原因之一。

在回答“你最喜欢阅读哪种类型的书籍?”时，大多数学生选择报纸杂志。报纸杂志始终占据大学生阅读排行榜的首位。多数学生选择此类书籍的原因大多是因为“阅读起来方便”和“信息量大，来源广泛，易获得”。调查中发现，学校为学生免费提供的《文汇报》成为阅读人次最多的报刊，《青年报》、《环球时报》、《参考消息》、《电脑报》、《读者》有一定的市场。在阅读内容上，阅读新闻占61%，领先其他三项，阅读“生活信息及收集资料”占24%，阅读“文学作品”占16%，阅读“评论文章”占18%。

目前大学生的阅读结构对大学生正确世界观、人生观的形成非常不利，急需加以正确引导。

2. 写作题

利用假期调查家庭所在地对豆浆机、榨汁机、干衣机、加湿器等小型家电的需求情况，并撰写一份市场调查报告。

二、市场预测报告

【导入案例】

红星商业集团服装分公司拟对2006—2007年我国针织服装最新流行趋势进行调查，从环境（新时期人们着装需求、国际贸易中的绿色壁垒）对针织服装的影响着手，在调查的基础上作出科学的预测，以促进该服装公司针织产品的高质化、时尚化、生态化，从而进一步提高市场占有率。

讨论：

（1）市场预测报告和调查报告有何异同？

（2）市场预测报告的正文包括哪些内容？

（3）你作为红星商业集团服装分公司业务员，如何拟写一份市场预测报告文案，并为公司针织服装的生产提出相应的对策建议？

【要点阐释】

一、市场预测报告的涵义

市场预测报告是在对市场历年来的历史资料统计以及对市场现状调查的基础上，运用科学的方法，对客观过程及未来市场供求变化趋势进行分析和预测，并提出有针对性的措施和建议的商务文书。

市场预测报告是调查报告的一种特殊形式。市场调查的目的是预测，市场预测的前提是调查。市场调查报告通常以写现状为主，市场预测报告以写未来为主，两者侧重点不同。

二、市场预测报告的特征

（一）预见性

“凡事预则立，不预则废”。预见性是市场预测报告的生命，预测是否准确是衡量其价值的标尺。

首先，经济预测报告的预见性来自于对多方面经济信息的全面、准确的了解；

其次，经济预测的预见性来自于经济活动必然规律的认识和揭示；

再次，经济预测的预见性来自于科学的分析、预测方法。预测的结果要尽可能准确，符合市场未来的实际，只有这样才能为有关部门、有关企业的决策提供有力的保障。

（二）指导性

市场预测报告不是凭主观想象，而是从实际出发，在详细占有信息资料的基础上，通过逻辑推理、统计分析、数学模型、概率判断等科学方法，去推断未来，为科学决策提供可靠的依据，因而具有极强的指导性。失去了对经济实践的指导，经济预测报告就失去了它存在的价值。

（三）时效性

在市场经济环境下，经济活动往往是瞬息万变的。掌握时机，趋利避害是决胜商场的要诀。要在激烈的竞争中胜出，做好市场经济预测是至关重要的。为了更好地把握市场的发展趋势，及时为领导决策服务，市场预测报告必须及时分析，及时预测，及时报送给领导，否则，时过境迁，预测报告也会成为“明日黄花”，失去它的价值。

三、市场预测报告的写作

（一）标题

标题常用的写法有两种：

1. 公文式

(1) 由“单位或地区名称＋时间＋内容＋文种”构成。如：《××乡 2005—2007 奶牛业发展预测报告》、《长江三角洲地区 2006 至 2007 年家用电脑需求量的预测》。

(2)“单位或地区名称＋内容＋文种”。如：《××厂对电饭锅市场供销的预测》。

(3)“内容＋文种”。如：《饮水机消费趋势预测报告》、《我国钢材市场预测报告》。

2. 文章式

多由正副题组成，正题揭示中心内容，副题说明预测内容和文种。如：《小电器市场热销，大件电器需求减弱——近期电器市场形势预测》。

有时也可把预测的观点或结果在标题中写出来。如：《医药零售市场前景广阔》。

(二) 正文

1. 前言

要简明扼要地提出预测的对象,这往往反映了市场预测报告的内容指向。有的预测报告还概括地介绍预测问题对具体单位的重要意义。

2. 主体

包括基本情况、分析预测、提出建议三项内容。

基本情况主要是选择有代表性的资料、数据来说明市场的历史和现状,这是进行分析预测的事实基础。分析预测是核心,重点是预测市场对某产品的需求总量和某产品、服务的市场占有率。具体可以从销售量、技术发展、资源、生产成本、市场需求、产品更新换代、同行的发展状况等方面着手去分析预测。写法上,可以用定量预测,也可以用定性预测,或者两者结合起来。建议部分要依据预测分析的结果,为决策者提出切合实际的、有价值的、值得参考的建议。写法上可根据预测对象的情况,指出企业或有关部门如何才能更好地扩大销售、提高竞争能力、服务能力,取得良好的经济效益,适应市场的发展趋势。微观经济市场预测报告中建议部分不可或缺,但在宏观经济市场预测报告中则常常省略。

3. 结尾

有的市场调查报告把提出建议部分单独列出来作为结尾。要不要把建议部分单列出来,主要是看这部分的内容含量。如果建议部分是由正文的分析评价自然而然得出来的,且文字也比较简明,最好把它归入正文部分;如果建议这部分内容不能简单地由正文直接得出结论,且需要说明的文字又比较多,那最好就把它单独作为一个部分。

(三) 落款

在正文右下方写上单位名称或作者姓名、日期。日期应写明年、月、日。如公开发表,可以不写日期,作者署名可以写在标题的正下方。落款虽然简单,但不能省略,其作用主要是备查。

【难点提示】

(1) 把握预测的基本原则,运用科学的预测方法;

(2) 要求能运用资料数据,准确说明现状;

(3) 准确、精练地表达预测的结果;

(4) 依据分析预测,提出可行建议。

【文例评析】

文例：

2006年中国轿车市场分析与预测

2005年中国轿车市场回顾

2005年乘用车市场由2002年和2003年的井喷期到2004年巨大回落后开始反弹，需求再次回复到平稳、快速增长的态势，截止到2005年10月份，总需求增长率达到22.7%，2005年全年乘用车需求达到320万辆（含进口车），全年增速将在21.6%；2005年市场需求实际增长速度在27%以上。2005年的宏观调控政策稳定使得企业对经济预期得到好转，商务用车B级别以上车型有大幅度回升，间接促进了2005年乘用车的需求；2004年由于市场价格的不稳定以及等待配额取消的持币待购人群在2005年得到释放，这也是推动2005年需求增长的另一个特定因素；部分大城市的出租车的批量更新在总体上拉动了2005年需求的高速增长。剔除上述因素带来的约16—17万辆的销量，2005年市场需求的趋势性增长速度约在19%左右。

2006年中国汽车市场预测

政治要素

党的十六届五中全会提出了“十一五”时期，要把增强自主创新能力作为调整产业结构、转变增长方式的中心环节，加快发展先进制造业，努力提高产业技术水平；资源利用效率显著提高，单位国内生产总值能源消耗比“十五”期末降低20%左右；要着力推进行政管理体制改革，坚持和完善基本经济制度，推进财政税收体制改革，加快金融体制改革，加强现代市场体系建设，形成有利于转变经济增长方式、促进全面协调可持续发展的机制的经济社会发展的主要目标，为深化体制改革和促进经济增长方式的转变指明了方向，经济体制改革是全要素生产率提高的最主要的动因，其对全要素生产率的贡献率为67%，主要实现了劳动力跨地区、跨部门的流动和促进了非公有经济的发展。未来，我国经济改革仍将会进一步促进民营经济的发展，全要素生产率将会进一步提高。

1. 贸易规则

货物贸易方面，国民待遇、取消配额、降低关税是三大主要内容；在服务贸易方面，2004年12月11日起，我国全面放开了零售业，取消了外商投资商业企业在地域、股权等方面的限制。在汽车领域，除对汽车服务企业的股权限制外，其他限制也基本取消，促进了汽车业的快速发展；经过

WT0 过渡期内每年关税的调整，消费者对关税影响整体价格水平的感知力不断增长，2006 年关税调整将分两次，这样每次的幅度将更小，也就是说 2006 年关税降到我国加入 WTO 承诺的水平，对整体市场需求影响不明显。

2. 政策与法规

加入 WTO 后，我国的汽车政策也进行了许多调整，2004 年 6 月 1 日起实施的《汽车产业发展政策》不仅取消了原《汽车产业政策》中不符合 WTO 原则的内容，而且做出了许多有利于中国汽车工业长远发展的规定，包括鼓励技术研发和整合重组。这些政策的导向呈现出自由化、公平化、透明化、国际化、人性化。本次消费税调整，一方面是税率调整，另一方面是征税排量级别细分化；由于消费税属于价内税，税率调整所带来的影响主要由企业内部消化，消费者对此的感受不明显；而且在市场需求的主体排量区间 1.5—2.0 税率没有变化，对于生产多排量产品的企业总体平均税负变化不大。燃油税改革涉及各方面利益，改革难度非常大，预计在半年多的时间内很难协调落实。总体上，2006 年国家税制改革对整体市场需求不会带来影响。

3. 能源约束

相对于购买力等因素，能源、交通等外部约束将逐渐演变成汽车业的致命约束，近三年国际油价大幅度上涨，我国进口石油成本随之上升。但由于政府对油价的管制，造成了国内油价一直低于进口成本。有关资料显示，国内油价至少上涨到 5.12 元/升，才能使得相关的石油、石化公司不至于亏本，2005 年以后油价变动频繁，与国际油价接轨的步伐加快。由于我国油价定价机制是政府根据国际油价三个月变化情况确定的，同时也会综合考虑社会承受能力。由此可以判断，2006 年油价水平将会上涨，目前油费在家庭养车费用中平均占 42%的份额，未来随着油价的上涨，油费占养车费用的比重还将上升。从对有车家庭测试来看，油价的上涨会使得部分消费者放弃购车，但放弃购车比例较小；同时消费者对油价上涨的承受能力呈阶段性上升，并且在油价上涨后一段时间内对该油价的承受力会提高。

长期的高油价也必将影响汽车工业的发展。根据欧美国家经验，“机动车节油”最有效的措施，就是实施燃油税、燃油经济性标准等制度。这将控制汽车需求过度膨胀、引导购买低油耗汽车；同时迫使生产商改进技术、降低油耗，提高车辆燃油经济性水平。总体而言，2006 年消费环境对市场需求负面作用比 2005 年略有提高。

经济因素

1. 人均GDP增长率

由于中国经济带有较强的宏观调控色彩，汽车消费基本用于满足内需，外销比例低，受本国经济影响大。导致中国汽车产销量与GDP总量间的高相关性。在GDP环比上升时，汽车产量成倍增长；而在GDP环比下降时，汽车产量成倍下降。由于投资、消费、进出口的三驾马车仍能保持较高水平的增长，预计2006年宏观经济增长速度比2005年略有回落，但仍能保持在高位上的平稳增长，其增长率预计在9.0%左右。2005年二类地区乘用车千人保有量与保有量最高的北京相比仍然很低，但这些省份人均GDP已达到或超过2 000美元，开始进入汽车快速发展时期；这些省份总人口接近3亿人口，远远高于北京，其快速发展期应该长于一类地区。三类地区也将是乘用车市场持续发展的后续力量，随着经济的发展，它对乘用车市场发展的贡献度也将逐渐显现。

2. 汽车金融

由于我国的个人诚信体系建设还处于初级阶段，央行的个人信用数据库对消费信贷开展的促进作用还有限，2005年，个人信用数据库已实现全部商业银行之间联网，数据库已纳入3 474万自然人的信息，基本覆盖了商业银行发放个人贷款的范围。但与全国人口相比，系统覆盖的自然人仅占全国人口的2%；央行公布的《中国人民银行个人信用信息基础数据库管理暂行办法》规定："个人信用数据库服务对象为商业银行"。当前的个人信用系统只包含个人的存贷信息，没有能够把个人涉案记录、纳税记录、工商记录等完整的个人用数据纳入本数据库管理。随着我国个人征信体系的逐步完善，商业银行、汽车金融公司等相关机构业务将步入正轨。2006年消费信贷基本上保持2005年的态势，得到明显改善的可能性不大。

社会因素

1. 社会要素的影响

社会、文化、人口和地理位置因素左右着人们生活、工作和消费的方式，对几乎所有的企业产生直接影响。消费者的环保意识日益增长不失为一个很好的例子，对此，减轻汽车对环境的污染，大力发展环保型轿车便成为汽车厂商应该仔细考虑的问题。同时在生产过程中也是如此。一些企业在生产过程中采用可再循环再造的材料，这一举措将提高企业在消费者心目中的形象，有助于汽车的长期发展。

2. 消费结构和水平

消费结构和水平是影响汽车消费市场的重要因素之一。居民消费结构升级将引导我国汽车行业持续健康发展。消费者在决定购买之前，自然要权衡各方面的因素。政府继续加大力度推行鼓励内需的政策，通过提高公务员的工资水平，有利于增加中等收入阶层收入；个税起征点统一上调，有利于减轻工薪阶层负担；提高最低生活保障标准，有利于增加低收入人群收入；采取一系列措施提高人民收入水平。“十一五”期间贯彻以人为本的思想，加大财政对教育、医疗、养老的支持力度，落实住房货币化补贴政策，社会保障制度不断趋于合理和改善，居民消费倾向提高；政府对农民收入补贴，取消农业税等措施将继续保持农村收入的较快增长，农民收入快速增长将为农村消费增长提供支持。2006 年全社会消费品零售总额增长 13%，实际增幅高于 2005 年 0.2 个百分点。

3. 进出口

2006 年国家的外贸政策取向意在扩大进口，延缓出口，2006 年人民币将继续小幅升值，使得出口产品以美元计价格会略有上升；纺织类产品国际贸易摩擦也会限制我国产品出口，但总体上构成我国出口产品总金额最大的是机电产品(约占出口总额的一半以上)，对我国总出口金额的影响较小；但在严重产能过剩的情况下，从增加就业的角度考虑，政府不会大规模削减出口。2006 年仍将保持较高的外贸顺差，但与 2005 年相比对经济的拉动作用有所下降。

4. 投资

2006 年作为“十一五”的头年，一些重大的基础设施建设项目将开工；地方和民间投资积极性仍比较旺盛。但是，2006 年国家宏观调控的力度不会放松，土地严控对固定资产投资的约束越来越强；产能过剩、利润降低打击了部分行业的投资积极性，钢铁、水泥、电解铝等行业的投资增速将继续下降；各种投资的资金来源收缩成为影响 2006 年投资快速增长的另一因素。增长速度仍将维持在 20%的高位，但增长速度比 2005 年预计将下降 5 个百分点，由于投资的减速，进口的动力依然不足。

5. 车价

2006 年新上市的产品数与 2005 年相当，对总需求的拉动作用减弱，从丰田推出锐志的定价策略来看，丰田佳美也会采取低价入市的策略，2006 年几款非常有影响力的产品将要上市，由于它们后入市定会采取极具竞争性的定价的策略，这将打破目前车价的格局；一些效益较好的企业有能力迎战新产品的挑战；价格的传递效应使高级别车的降价压力逐级传导到低级别车，由于 A 级和 A0 级市场的车型已经相当丰富，许多企业在价格上的让步已显得力不从心，因此这些车的引入可能导致两个结果：第一，有实力的企业继续靠价格竞争手段阻止新产品的份额扩大；第二，没有实力企业的产品逐渐被市场淘汰。2006 年乘用车价格水平将继续下降，经过连续几年的价格下调，多数企业的盈利水平下降，降价潜力不足；随着 2006 年劳动力成本的提高和一些紧缺资源、能源价格的上升，企业的盈利水平还可能下降。降幅与 2005 年基本相当，但作用有所下降。

6. 停车费用

停车费现在在养车费中不足 10%，随着保有量的增大，停车难的问题将导致停车费上涨。为缓解城市交通和停车问题的困扰，城市将逐步通过停车费用等价格杠杆来控制车辆增长速度和使用频率，部分城市譬如北京、上海、深圳正在制定市中心区停车规划，利用停车费调节私车的使用；大城市停车日趋紧张将会直接影响消费者的购车行为，这种效应比费用标准的提高更为明显。

7. 其他

从省会、直辖市万人保有量来看，出租车保有水平已经达到非常高的水平，远远高于世界其他国家。未来这些城市出租车保有量再增加的可能比较小，将会呈总体下降的趋势。从现有出租车保有车龄结构和出租车平均更新周期测算，未来几年将是出租车更新高峰期。

结论是从影响需求的各个因素可以判断 2006 年乘用车需求仍保持快速增长，但增速比 2005 年下降，从需求月度走势变化同样可以得到如此判断，预计 2006 年需求仍将保持快速增长，增速比 2005 年有所下降，总需求达到 355—360 万辆。

（来源：《中国汽摩配》2006/4　39—40 页）

评析：

这篇市场需求预测报告的正文包括基本情况和分析预测两部分。第一部分对 2005 年中国轿车市场的情况作了回顾，选择有代表性的资料、数据来说明市场的历史，这为预测 2006 年中国轿车的市场需求情况奠定了认识和判断的基础。第二部分着重分析影响 2006 年中国轿车的市场需求的主要因素，其目的是为了表明预测结果是各种因素综合作用所致，为预测结论提供了客观依据。结论对 2006 年中国轿车的需求增幅、总需求量作了预测。不足之处是未能提出建议，如能依据预测分析的结果，为决策者提出切合实际的、有价值的、值得参考的建议，将更有说服力。

【案例操作】

1. 评析题

分析下面这份市场预测报告的毛病并修改之。

全国洗衣机产销趋势预测

你厂想扩大洗衣机生产吗？请看看全国市场的趋势，目前真可以说是“产销两旺，形势大好”。据了解，最近召开的全国家用电器1994年下半年供应会议上，许多客户需要不能满足，一般只能订到需求量的60%左右，大都乘兴而来，扫兴而归。

十四届三中全会以来，改革开放逐步深入，城乡人民的生活将会越来越好，过去人们不买洗衣机的主要原因之一就是居住条件差，这个问题也会逐步解决。再加上引进技术，提高质量，预计再经过一段时间，市场上需求量分别将为700万台和1 300万台左右，总产量将在世界上独占鳌头，首屈一指。

根据近三年的规律，城镇家庭普及率平均每年增长7%左右，每增加1%相当于40万台洗衣机，即1年均需增加300万台。乡村家庭普及率每年增长0.3%～0.4%，每增加0.1%均相当于18万至20万台洗衣机，即年须增加70万台左右，仅就这一方面分析，全国城乡每年平均增加380万至400万台。

目前洗衣机总体来说是畅销的，具体来看有如下特点，即：名牌供不应求，杂牌销售不畅；全自动机趋紧，双缸机趋缓。竞争中取得优势的产品，必须是大批量、多品种、低成本、高质量。一些生产名牌洗衣机的厂家也各有一套“秘诀”：如“美的”价廉物美，以新取胜；“海尔”加强售后服务，做好信息反馈工作；“金羚”销售方式灵活，广开流通渠道。

根据各地材料汇总表明，引进技术有重复的趋势，不少洗衣机厂都向日本松下和东芝两家公司引进技术，购买模具，国内模具技术不过关，重复引进难于控制。另一方面，1995年预计生产规模将达到869万台，超过计划建设数。“九五”期末生产规模将达到2 000万台，也大大超过前述的预测需求量。因此，有关领导部门对洗衣机的技术引进应严加控制，要在现有基础上逐步形成日益扩大的生产能力，并在花色品种和产品质量上多下功夫。

2. 阅读分析题

(1) 读下述案例，你从中得到什么启示？

一个英国人和一个美国人都到非洲一个海岛上推销鞋子，当他们来到这个岛上的时候，发现这里的人根本就不穿鞋。面对这种情况，英国人做出的分析判断是鞋子在这里没有市场，回去了；而美国人却从这里看到了巨大的商机，他先给岛上的酋长、首领们送鞋子穿，而等到老百姓想穿，就需要买了。

(2) 阅读一篇报刊上或网上的市场预测报告，利用本节所学的知识，分析其预测方法和正文的写法。

3. 写作题

为方便学生生活，学校拟在校区内办一个小型实习超市。为使经营方向、规模、品种、方式等更切合实际，在做出决策之前，请你进行市场调查与预测，并写出预测报告。

第三节　可行性研究报告和经济活动分析报告

一、可行性研究报告

【导入案例】

红星商业集团拟在红旗镇和平村新建绿色蛋鸡养殖场。建设期限初步定为一年。养殖场建筑面积 3 210 m^2，其中鸡舍饲养设施 2 160 m^2，禽医室、饲料加工设备等辅助生产设施 700 m^2，管理设施 350 m^2。项目需购置各种设备 550 组(台、套、辆)，其中鸡笼等饲养设备 545 组，禽医诊断、饲料加工等辅助生产设备 2 台(套)，管理设备 2 套，工具车 1 辆。项目总投资 202.6 万元，其中建筑工程 72.6 万元，设备购置费 34.2 万元，引种费 65.8 万元，土地使用费 10 万元，流动资金 20 万元。预期达到的生产规模是饲养蛋鸡 3 万只，向社会提供鸡蛋 540 t/年，提供鸡肉 45 t/年。

讨论：

(1) 可行性研究报告的正文包括哪些内容？

(2) 可行性研究报告有何特点？

(3) 如果你是红星商业集团生产部经理，请在充分的调查研究之后，拟写一份红旗镇和平村绿色蛋鸡养殖场建设项目可行性研究报告，向集团汇报，为领导决策提供依据。

【要点阐释】

一、可行性研究报告的涵义

可行性研究报告(也称可行性分析报告)是对拟开发的新项目(科学研究项目、新产品开发项目、建设项目等)进行可行性分析研究后就其结果所写的书面报告。

可行性分析报告的基本任务是:为技术改造、技术开发、基本建设、科学研究、技术引进和设备进口项目等,进行方案规划、技术论证、经济核算和分析比较,为项目的决策提供可靠的依据和建议。

二、可行性研究报告的特征

(一) 论证的严密性

在建设、决策前,要从经济、技术、财务、市场销售、原材料、人力资源等方面,对该项目进行综合、比较、分析,并就法律、政策、环保以及对社会的影响,做出科学严密的论证与评价。论证是否科学严谨直接关系到项目能否立项以及实施的结果。

(二) 方案的最佳性

可行性分析报告的目标是拟定一个实施项目的"技术上合理、经济上合算"的最佳方案。报告最终确定前,要对研究对象进行全面系统的分析,找出有利与不利因素,分析成功与失败的可能性,权衡所得与所失的各种情况,并在此基础上提出若干种可相互替代的方案和措施,经过反复比较,最后选择出最佳方案。这种最佳方案,可以是优中选优的方案之一,也可以是选择各个方案中的合理部分组合而成。

(三) 材料的真实性

可行性分析报告是进行决策的重要依据,它的所有材料要真实、可靠。从虚假材料中得不出任何正确的结论。

(四) 参与的专业性

可行性研究是一项专业性很强的工作,往往涉及自然科学、社会科学、人文科学的知识,涉及的专业理论往往既有深度,又有广度。因此要吸收各方面的专家,共同研究。要尊重专家们在可行性研究过程中的意见和结论。

三、可行性研究报告的写作

可行性分析报告的结构因所属行业、工程项目、规模大小、复杂程度的不同而异。

可行性分析报告由“标题＋正文＋附件”组成。

（一）封面和标题

由“项目主办单位＋项目内容＋文种”三部分组成。有时可省略主办单位名称，只突出项目内容。有的可行性分析报告也可以把论证得来的结论作为题目，如《三峡工程宜早日兴建》，这是一种变通形式的标题，为了表述更加清楚，有时可在正标题下加副标题。

大型的可行性分析报告有封面，包括项目名称、项目主办单位、成文日期，有的报告还有项目负责人和主要参与者的署名。大型项目可行性分析报告必须有目录。

（二）正文

正文是可行性分析报告的核心部分，一般包括前言、主体、结尾三部分。

1. 前言

是对项目作总的说明，即简要地陈述项目提出的依据、理由和背景，项目投资的必要性和经济技术意义，项目的具体名称、起止年限、承担单位、项目研究或开发的目的和内容以及通过可行性研究所得出的结论或建议等等。

2. 主体

各类可行性分析报告的主体内容各有侧重，但概括起来，主要是以下三大方面：

一是市场研究，主要任务是解决立项的必要性问题，这是可行性研究的前提。

二是工艺技术研究，主要任务在于解决技术上的可能性问题，这是可行性研究的基本内容。

三是经济效益研究，主要解决项目的合理性问题，这是可行性研究的核心和重点。

具体包括以下内容：

市场调查情况：目的是依据市场情况来论证项目实施后进入市场的前景。内容包括现有生产能力，市场对产品的需求，销售预测，拟建规模，工程建设及投产速度。

资源、原料供应及公用设施情况：主要指资源的储量、品位、成分、勘察情况和审批情况，原材料、辅助材料、燃料的种类、数量、来源，所需水、电等公用设施的供应方式和条件。

厂址的选址：主要指选址理由，如地理位置、气象、水文、地形、地质等条件，交通、运输及水电气供应现状和发展趋势，地价、拆迁及其他工程费用情况。

工艺技术：主要评估项目所采用的设备、工艺技术是否先进、适用，是否符合我国国情。

组织机构设置及人员管理：主要是工厂生产管理体制和机构设置方案的论证，劳动定员和配备方案，人员培训计划和费用估算。

环境保护：主要是调查环境现状，预测项目对环境的影响，提出环境保护和“三废”（废气、废水、废渣）治理的初步方案。

项目实施计划的进度方案：主要是勘察设计、设备购置、工程施工安装、试生产所需时间及进度要求，整个工程项目的实施计划方案和进度的选择方案，最佳计划方案的选择理由。

项目投资和资金筹措方案：主要是项目建设的总投资、各项基本费用和流动资金的估算，资金的来源（一般有政府拨款、银行贷款、单位自筹、集资等四种）、筹措方式及贷款的偿付方式。

经济和社会效益：对项目投资的收支、盈亏情况等财务问题作客观、缜密的分析。如分析销售计划，管理费用，总投资额，现金流量，资产、负债情况，投资回收期内部收益率、收支平衡分析，项目风险和不确定性，还要分析项目对国民经济的宏观效果以及社会的影响。

3. 结论

主要是根据以上各方面的研究论证（技术、经济、财务各方面），明确得出项目是否可行的结论，供领导决策时参考，并适当地写上一些建议。结论必须单独作为一部分列出。

（三）附件

附件主要包括：项目建议批准书；有关协作意向书；可行性研究委托书；地址选择报告；环境影响报告；引进技术设备专题报告批复；产品市场预测资料以及工程项目一览表和设备材料一览表等。

【难点提示】

（1）可行性研究报告要恪守实事求是的原则，以科学的态度对待研究中涉及的各种问题。

(2) 撰写可行性研究报告时,必须从实际出发,尊重客观事实,摆脱个人的偏见,集思广益,注意研究内容的全面性、完整性和准确性。

(3) 撰写可行性研究报告要讲究科学,报告中涉及的各种数据和有关内容必须绝对真实可靠,必须掌握和运用各种科学的研究方法。

【文例评析】

文例:

关于生产水性印刷油墨的可行性分析报告

一、水墨用途市场的发展

水墨通常指采用20%—50%的水来代替油墨中有机溶剂的柔性凸版印刷和轮转凹版包装印刷,目的是为了节省资源,改善环境和安全生产。

随着社会消费量的日益增长,特别是随着树脂工业的发展,新型合成包装材料的出现,对水性油墨提出了特殊的要求,促使水溶性纸箱油墨日趋完善并促成水溶性塑料柔性凸版编织袋油墨、水溶性塑料凹版油墨、水溶性凹版香烟包油墨、水溶性UV油墨以及水溶性烟包上光油等像雨后春笋一个个面世。柔性凸版几乎广泛应用于包装纸、瓦楞纸板,而凹版则应用于塑料薄膜、包装纸、衬纸、铝箔、壁纸和建材用的钛纸以及PVC装饰纸等。在近二十年里,美国水墨年增长速度为12%,日本为16%,欧洲为3%—5%,而国产水墨由于光泽差、不耐水、变色褪色、纸制品易翘边翘角、在聚烯烃金属铝箔等软包装上附着牢度不良等等,严重地阻碍了该产品的推广应用(市场现有的大都属低档产品),更无力应对进口产品的冲击和挑战。

二、水墨性能和生产原理

1. 水墨性能

水墨一般分为柔性凸版(过去称为苯胺版)和凹版两类,是以水溶性天然树脂或合成树脂或改性树脂为连结料,以多种不含有机苯等有害物质为溶剂,在加入颜料、填料、助剂后采用新工艺制造加工的一种新型油墨。可分别用于纸印刷、塑料印刷、金属铝箔印刷等,在包装印刷行业上该产品的最大特点是以无污染、无毒性,以水稀释油墨和清洗印刷设备,因而能有效地降低生产成本和人工劳动强度。同美、日、欧洲的低毒水苯油墨相比,还被称为绿色环保产品,深受包装印刷行业的欢迎。基本能获得油溶性、溶剂性包装印刷油墨所产生的印刷效果。

水墨虽然以水稀释调节油墨，但在塑料、铝箔制品附着力优良、黏度低、挥发适中、颜色鲜艳、光泽度好，遇水不褪色，遇热不返粘，与油溶剂、溶剂油墨比较，能达到同样的工艺要求，而且具有无毒、无味、无环境污染等优点。该产品不仅具有不爆、无运输危险和一墨多用的特点，而且也能在极性材料、非极性材料上印刷图文，因此为生产和运输及使用单位减轻了压力和提供了方便。

2. 生产原理

该产品涉及色度学、流变学、颜料中间体化学、胶体化学、合成树脂化学、物理化学、分析化学等专业性很强的知识内容，但在配方设计后，制造工艺简单，整个过程为：备料→溶解→颜、填料添加→分散→助剂添加→研磨→过滤→包装→入库待售。其他还包括各种成分的 pH 值、分散时间、温度、粘度、细度、流动度等技术工艺指标的控制等。

该产品主要技术指标引用的是以下五种标准及标准规定的检验方法：GB/T14624. 1—93；GB/T14624. 2—93；QB559—83；QB574—83GB/T14624. 4—93等。上述五种标准的主要内容与应用范围是：印刷油墨的产品分类（如凸、凹版、各种颜色的品种）、试验方法、验收规则、包装标准、运输贮存等事项。

三、投资规模及经济效益

根据包装印刷油墨生产行业规范管理要求，拟定由乳胶油漆增上水溶型包装印刷油墨分厂，年初产规模 200 吨，年销售为 160 吨，三年后年产最终规模为 2 000 吨，销售为 1 600 吨，其设备及流动资金投入总额为：

1. 投资：56 万元

生产设备（含试验）：

(1) 电力 25 kW/台×3=75 kW 或 3 kW/台×4=12 kW

25 立升卧式砂磨机 3 台计 13. 5 万元，或市式砂磨机 4 台计 6. 8 万元；2 立升砂磨机计 0. 5 万元，反应釜、分散机各 1 台计 4 万元，计 18 万元或 11. 3 万元。

(2) 主要指标检测工具，（凹版打样机 0. 6 万元；展色轮 0. 15 万元；不锈钢双槽刮板细度仪 0. 04 万元；酸度计 0. 1 万元；微调 40 倍放大镜 0.02万元等）计 1. 2 万元。

(3) 商标、包装（10 kg、20 kg 桶装，按三个月周转计算）0. 3 万元。

(4) 流动资金：20 万元。

(5) 厂房(含仓库):250 m^2/可利用现有闲置厂房,采取租住,7.5万元。

(6) 办公及不可预见费8万元。

2. 成本核算

效益:年按实际销售160吨计算,年产值320万元((1)普通型100吨计,售1.2万元/吨,(2)较中档型40吨计,售25万元/吨;(3)高档型20吨计,售6元/吨),年可获纯利52.13万元以上。中档水墨产品成本举例:(略)

四、产品开发前景及油墨市场分析

1. 销售市场举例:据调查在湖南一家编织袋厂、江苏天时利等年用水墨量80—100吨,其售价均突破2.2万元/吨,加之安徽桐城(纸箱基地)、河北雄县、上海松江、浙江温州(印刷示范工业园)等较集中印刷地均消耗水墨达千吨之多。在生产纸箱水墨同时,开发B0PP涂布纸水墨、烟包水墨、啤酒顶标和烟包合成纸(铝箔与白板纸),铝箔水墨以及书刊轮转新闻水墨等。由小到大(开始是200吨,最终达到2 000吨水墨生产能力),逐步扩展为二十家年产水墨500—2 000吨的生产厂的战略,一定能打入市场,赢得市场,占领市场,争得效益。

2. 为了迅速占领市场,利用该厂现有的销售人员和现有在厂生产人员,不必再耗资耗时进行培训。

3. 设备、仪器、材料几乎都是国产,这使设备的安装、材料购买、试产、投产缩短了时间,赢得了效益。

4. 此项目实行三年内三包,即包技术质量、包成本利润、包技术跟踪服务。按砂磨日产1吨计算,需占用厂房、仓库25 m^2,员工2—4人,月产印刷油墨15吨,当月投产当月见效(一年半内可全部收回投资,以此为依据,投资5万元左右也可上马,其投资规模的空间很大)。

我们致力于在变化中发展精细化工新、特、优、短、快产品,其目的不仅要有高质量水型油墨产品,更重要的是了解哪些产品更为包装印刷行业所看好。为赶超国内外先进技术及管理理念,愿意同有志之士共同探索属于环保型绿色(水墨)产品的应用途径,去开辟我国包装技术印刷市场经济的新航道。

(来源:《广东印刷》2006.2.12)

评析:

本可行性研究报告正文分四个部分论述。第一部分对水墨用途的市场进行研究,运用比较法,对近二十年内国外国内的水墨生产现状进行比较,指出国内水墨生产的严重问题，从而说明这一项目立项的必要性。第二部分对水墨性能和生产原理进行分析，指出水墨生产所采用的设备、工艺技术先进、适用。第三部分对投资规模和经济效益进行说明，并用表格体现中档水墨产品的成本核算，让人一目了然，具有说服力。第四部分对水墨产品的开发前景进行预测。此文如能根据以上各方面的研究论证，明确得出这一项目可行的结论，并提出切实可行的建议，供领导决策时参考，效果会更好。

【案例操作】

1. 评析题

请指出下文的优点和不足之处。

缝纫设备补偿贸易可行性研究报告

一、总论

我厂是初具规模的专业化服装生产厂。在改革开放方针的指引下，1986年开始了外贸生产，1987年领取了外贸生产许可证，1988年落实外贸生产任务200多万元。随着外向型经济的发展，现在生产规模和设备已不适应外贸生产高质量、高速度的需要，进行技术与设备改造已势在必行。为此，厂长×××在香港考察期间与香港××行×××先生就补偿引进关键设备事宜进行了友好的洽谈。双方初步达成了一致的协议，并因此进行可行性研究。

二、项目名称：缝纫设备补偿贸易

主办单位：××青春服装厂

法人代表：×××

企业地址：××市××路××号

项目负责人：×××　×××

三、合作双方简况

甲方：××青春服装厂是初具规模的专业化服装厂，现有职工670人，专业技术人员25人，服装设计师2人；年产衬衫160万件，毛呢服装8万件，产值2 400多万元。

乙方：香港××行是一个既有企业又有商店的综合性经济组织，有一定的资金和实力，信誉良好。

四、补偿金额：19.2万美元。

五、补偿方式：利用本厂生产的衬衫直接补偿。

六、补偿期限：19××年9月开始分期进行至2007年底之前全部补偿完成。

七、项目申请理由

1. 本项目引进的关键缝纫设备均为日本制造，具有性能好、生产效率高、操作简便等优点，是适合外贸生产的先进设备。

2. 引进项目后，每年可多为国家创汇100万美元。

3. 因该项目主要是利用本厂的衬衫作直接补偿。因此，可以扩大我厂产品在国际市场的销路，有利于我厂发展外贸生产。

八、市场需求分析

随着企业改革的不断深化，我厂产品质量越来越高。“北仑港”牌男女衬衫和拷花呢长大衣相继被评为省优、部优产品，畅销上海、南京、西安等20多个大中城市，现有销售网点300多个。今年已落实销售计划200多万件。产品供不应求。今年1—6月份，生产衬衫90多万件，销售130多万件。预计明年可销售衬衫250万件。外贸产品销售趋势良好。今年预计可完成外贸收购额200万元。

九、原辅材料及水、电供应安排

我厂在上海、常州、无锡、宁波等地已有固定的原辅料供应网点，因此，原辅料供应能保证满足生产。

水、电可利用本厂现有供电设备及水塔，能满足生产需要。

十、项目内容

本项目共引进缝纫设备160台，新增衬衫流水线一条，改造老衬衫流水线四条。(详见附表二)(附表略)

十一、项目实施进度安排

8月份进行立项审批与签订购货合同；10月份设备进行验收；11月份进行设备安装与调试；12月份进入正常生产。

十二、经济效益分析

该项目建成后，预计每年可增产衬衫50万件，产值425万元。创汇100万美元，创利税102万元，一年内可收回全部设备投资总额。经济效益显著。(详见附表一、二)(附表略)

××青春服装厂

××××年××月×日

2. 写作题

自己选定一个小项目，进行初步可行性研究，并将研究结果按可行性研究报告的模式写一篇可行性研究报告。

二、经济活动分析报告

【导入案例】

东国商业集团主要经营家用电器，××××年的×月因为有着较长时间的春节假期，虽然市场开市的天数没有往月那么多，不过市场整体还是很火爆，集团领导要求市场经营部经理上报本月经济活动分析报告。

讨论：

(1) 经济活动分析报告与调查报告有何区别？

(2) 经济活动分析报告的特点是什么？

(3) 请你在调查研究的基础上，写出一份春节假期后经济活动分析报告。

【要点阐释】

一、经济活动分析报告的涵义

经济活动分析报告，简称经济活动分析，是对企业在一定时期内的经济活动过程及其结果进行研究分析的基础上而写成的书面报告。

二、经济活动分析报告的特点

(1) 科学性。要选用准确翔实的材料，采用科学的分析方法得出科学的结论。

(2) 及时性。经济活动分析报告带有定期性，时间性较强。

(3) 指导性。经济活动分析报告对经济现状和经济发展进行科学的分析，有利于正确决策，能较好地指导经济决策。

三、经济活动分析报告的种类

(1) 按内容分，有综合分析与专题分析。综合经济活动分析报告是对一定时期的经济活动进行全面、系统的综合分析后所形成的报告，具有涉及面广、综观全局的特点。专题经济活动分析报告是对某一重要问题或关键环节进行重点分析所形成的报告，具有涉及点深、内容专一的特点。如对技术、信息、财务、成本、效益、营销等内容的专门分析。

(2) 按报告涉及的对象分，有成本、生产、推广、销售等多方面的经济活动分析报告。

(3) 按时间分，有事先经济活动分析报告与事后经济活动分析报告。前者是指在某一活动未进行之前所进行的分析，具有预测性质；后者是在活动进行到一定阶段或全部结束后进行的分析，具有总结性质。

四、经济活动分析报告的写作

经济活动分析报告由“标题＋前言＋主体＋结尾”四个部分组成。

（一）标题

标题主要有三种：第一种是公文式标题。完整的公文式标题由分析单位、分析时限、分析内容和文种四个要素构成，例如：《××化工集团 2003 年上半年经济活动分析报告》。公文式标题还可以省略某些要素：如《××公司经济效益分析报告》、《大蒜出口情况分析报告》等。第二种是文章式标题，如：《××厂是怎样转换经营机制的》。第三种是复合式标题，例如：《农村信用社改革的成功探索——江阴市农村商业银行运营情况初析》。

（二）前言

前言是经济活动分析报告的纲领，要简单明确地介绍所分析对象的基本情况以及报告的主题（如分析的目的、意义，报告的主旨等），利于读者形成整体印象。

（三）主体

主体由基本情况、主要做法和问题与建议三部分内容组成。

如《××造船厂 2003 年经济活动分析报告》，全文由以下三个部分组成：

(1) 主要生产指标完成情况；

(2) 取得良好经济效益的原因；

(3) 存在问题及建议。

（四）结尾

大多数经济活动分析报告不专门安排结尾，一般采取自然结尾的方式。有些经济活动分析报告另起一行，以总结概括或是进行展望来结束全文。

【难点提示】

(1) 撰写经济活动分析报告，应注意数据准确。经济核算是经济活动分析报告的重要组成部分，这就要求经济活动分析报告要进行定量分析。而只有在数据精确的基础上得出的结论才是可靠、可行的，所以经济活动分析报告中对数据的精确度要求很高。

(2) 选择材料要真实、典型、新鲜，既要有计划、报表、凭证、账册等书面材料，又要有通过实际调查取得的材料。

(3) 分析要深刻，要有全局观念。要摸清情况，善于提出问题，把宏观分析和微观分析结合起来。在分析过程中，把定性分析和定量分析结合起来。通过对各种数据的分析计算，使分析论证精确化，使报告具有科学性，令人信服。

【文例评析】

文例：

2006年电价走势分析

国务院是否已经批复国家发改委"继续实行煤电价格联动政策"的请示，电价是否将上调？尽管发改委官员不愿透露详细信息，但业内人士分析，电价上调的压力正在加大，目前有涨1分的空间。

中国人民银行在上周公布的2005年四季度《货币政策执行报告》中提出，目前资源价格改革已经启动，2005年全国水价上涨7.8%，但电价调整幅度较小，仅上涨1.9%，随着电煤价格的市场化，电价上调的压力很大。

中国国际金融公司首席经济学家哈继铭认为，目前CPI持续走低，国家出台提高电价政策的可能性比较大。

在国家发改委日前已上报国务院的《关于进一步做好2006年全国重点煤炭产运需衔接工作的请示》中，明确提出要"继续实行煤电价格联动政策"。发改委价格司官员表示，目前正在等待批复。

在煤炭市场化前提下，煤价步步攀高，而电价仍然严守"计划电"，这让电力企业叫苦不迭。而应运而生的煤电联动方案成为国家发改委拯救亏损电力企业的利器。国家允许电价随煤价上涨做出相应调整，调整周期为6个月。

去年4月底，为解决前年6月以来煤价上涨对发电企业的影响，我国实行了首次煤电联动方案：自2005年5月1日起，全国销售电价平均每千瓦时上涨了2.52分。据业内人士分析，这次电力企业态度强硬并非针对煤炭企业，而是给国家电价政策施压，"逼"政府实施第二次煤电价格联动。但电价上涨后，社会能否接受，是否会刺激企业更加热衷于上自备电厂？国家发改委显然对电价改革十分谨慎。基于稳定国内物价的通盘考虑，发改委显然不会允许电价涨得过快。国家发改委在有关煤电联动的规定中明确提出，居民电价、农业电价、中小化肥电价要保持相对稳定。

如果实行第二次煤电联动，电价的涨幅能有多大？中国电力企业联合会秘书长王永干说，去年实行的第一次煤电联动后并没有完全消化电煤涨价，以 2004 年 12 月至 2005 年 5 月的数字与 2004 年 6 月至 11 月相比较，电煤涨价的"遗留问题"仍然没有彻底卸下发电企业的包袱；再加上铁路运费每吨调高 2.9 元，煤质下降影响价格每吨上涨 8.3 元，仅上述三项因素就使煤电联动综合缺口达到 26.23 元/吨。按照 2005 年全国供电煤耗为 374 克/千瓦时计算，26.23 元/吨的缺口约需要提高 1 分钱。

"根据煤电联动的调整周期，现在已经是第三个周期。我们目前的测算结果是，电价可能涨一分，也可能涨两分。外界所说的涨一分只是我们的预测方案之一。"中国电力企业联合会燃料分会负责人杨林军说。

除了电煤价格上涨带来的压力，发改委出台的《可再生能源发电价格和费用分摊管理试行办法》也在加大电价上调压力。根据规定，6 种可再生能源(水力、风力、生物质、太阳能、海洋能、地热能)的上网电价可收取 0.25 元的"附加费"。国家发改委能源所可再生能源发展中心主任王仲颖表示，电网企业应确保可再生能源发电全额上网，但实际上可再生能源发电在电网中所占比例微乎其微，即使明确提出的再生物质发电项目上网，"电价标准由各省(自治区、直辖市)2005 年脱硫燃煤机组标杆上网电价加每千瓦时 0.25 元补贴电价组成"，分摊后对电价的影响可能只有几厘钱。还有一组数据说明电价可能上调的空间。根据央行统计，从电力与替代燃料的比价关系看，我国单位兆焦的电力价格，只相当于燃料油和天然气的 70%、液化气的 67%、人工煤气的 56%。

就在国家发改委上报国务院请示"继续实行煤电价格联动政策"过程中，地方政府已经先行一步，22 日召开的 2006 年重庆煤炭订货会透露出信息，重庆从 4 月 1 日再次启动煤电价格联动制度，电煤价格每吨上调 16～29元。煤电联动后，电价上涨已成必然，但居民用电须召开价格听证会后才能确定。市委常委、常务副市长黄奇帆称，重庆市已拟订第二轮煤电联动方案，待国家发改委批准后即可执行。

(录自 http://www.hdcmr.com)

评析：

这是一份专题经济分析报告，就 2006 年电价走势进行了较为具体的分析，而且以小标题形式，摆出两个方面的原因，针对这两个原因，又采取了数字说明，引用说明等方法。很有条理,充分地说明了电价上调的原因,以及可能的涨幅。另外,本文作为一篇经济分析报告,结尾是一大特色:通过重庆4月1日再次启动煤电价格联动制度,婉转地点明了它先声夺人的态势,以及在启动煤电价格联动制度中的先导作用。

【案例操作】

下面这份经济活动分析报告《中国汽车产品出口国际市场前景分析》,其中的第6、7段是空缺,需要同学们根据上文补上这两节,其中的第8段是对全文的小结,请把它改为建议,使中国汽车产品出口国际市场的前景更加美好。

中国汽车产品出口国际市场前景分析

1. 作为由复杂的机械、电子技术和设备组成的精密系统,汽车产品的竞争力来自于设计和制造两个环节。但产品的销售及消费者对产品的满意度和忠诚度的形成,还需要完善的营销系统,从定价、渠道到品牌传播及服务,各个环节都不可或缺,这也成为汽车行业复杂性的具体表现。在复杂的汽车行业中,中国汽车走向海外的成功其实就是一种简单规律的体现:在保证产品质量的前提下,实施低价策略。

2. 从出口数据看,目前国产汽车出口以皮卡和轻型货车、客车为主,主要出口地区以中东、非洲、东南亚为主。而小型乘用车所占比例较少,主要出口到东南亚地区及欧美等地。

3. 对于这些国家和地区的消费者而言,汽车的主要用途是代步工具,简单、耐用、便宜成为他们对产品的基本要求,中国的汽车产品出口到国外正好满足这部分消费者的需求。而且中国产汽车的质量在近几年也取得了很大的进步,国外消费者对中国产汽车质量的信赖感也在逐步增加。

4. 除了不断提升的产品质量,低廉的价格成为国产汽车的另一个竞争力。根据国家海关总署的数据显示,1—5月国产轿车出口的平均单价为8 241美元/辆,同比下降了83.4%。举例来说,希望进军欧洲的中华轿车与现代索纳塔处于同档次的市场。在配置优于索纳塔的情况下,中华轿车在欧洲的价格比索纳塔便宜了4 500多欧元。中国汽车在海外市场的销售价格将比市场同类产品低20%到40%。

5. 国产汽车性价比的优势来自于中国汽车企业日益强大的制造能力和低廉的劳动力成本。

6. (缺)

7.（缺）

8. 前面的路是艰辛的，但也是充满希望的。我们遇到的技术机会和市场潜力，可以使中国企业做得更优秀。现阶段中国面对汽车出口、全球竞争这一复杂世界，要牢牢把握简单规律：提高生产制造能力，把质量、价格符合基本市场需求的产品推向海外。

第四节　意向书、协议书和商务合同

一、意　向　书

【导入案例】

上海北方贸易公司（以下简称甲方）与江宁旅游事业管理局（以下简称乙方）为发展××游览区之事，双方表示了共同的意向：甲方愿以经营旅游事业的经验及财力，协助乙方发展××风景区，并促进旅游事业的发展；乙方也愿竭诚合作，从各方面协助甲方推进工作；一俟双方达成正式协议，并经签字后，合作即可展开。

讨论：

请你根据以上材料，写一份意向书。

【要点阐释】

一、意向书的涵义

意向书是双方或多方合作者就合作项目在进入实质性谈判之前，根据初步达成的合作意愿而签署的文书，是双方或多方合作者内心愿望与初步设想的文字记录。

二、意向书的特征

(1) 目标的导向性。导向性文书，合作目标只求总体轮廓清楚，不求描述具体。

(2) 条款的原则性。意向书的条款只就一些重大问题做出原则性的确定，不具体表述细节。

(3) 行文的灵活性。一般比较灵活、留有余地，注意营造友好气氛。

三、意向书的写作

（一）标题

常用标题有三种形式：

（1）文种式标题，即写明“意向书”三字；

（2）简明式标题，由事由和文种两项组成，例如，“关于合作办学的意向书”；

（3）完全式标题，一般由合作双方名称、合作项目和文种三项组成，如“×××和×××合作经营××度假村意向书”。

（二）导语

意向书的导语包括三个方面的内容：签订意向书的单位、明确指导思想和政策依据、规定总体目标，最好用承上启下的惯用语结束引言，导出正文。

（三）正文

正文是意向书所要实现的总体目标的具体化，一般都以分项排列条款的形式来表述，各项条款之间的界限要清楚，内容要相对完整，既不要交叉叠叙，也不要过于琐碎，更不能有所疏漏。

正文后部一般以“未尽事宜，在正式签订合同或协议书时予以补充”作结语，以便留有余地。

（四）尾部

各方谈判代表签字、签订时间和抄印份数、报送单位等。

【难点提示】

（1）不要表现出本方对关键问题的要求。本方对项目中的关键问题的要求不宜写入，以便在下一步洽谈时，能进退自如，取得主动。

（2）凡本方要上级或其他部门才能解决的问题，不能写入意向书。

（3）不要写入超越本方工作范围的意向条款，也不要写入与我国现行政策和法规相抵触的内容。

（4）思考要周密，用词要准确，特别是不要随便使用肯定性的词句，尤其是关系到双方权益的问题，务必慎用肯定性词句，以便留有余地。

【文例评析】

文例：

意　向　书

为实现资源共享，优势互补，充分发掘和利用现有大学和社会力量两方面的办学资源，创建社会亟须的有关专业，依据国家有关政策、法规的规定，××大学（以下简称甲方）与××文化艺术培训学校（以下简称乙方）经过友好协商，一致同意合作办学。现将合作办学的意向记录如下：

一、合作内容

以甲方新闻传播类专业的教育优势和乙方的影视艺术优势相结合，共同举办影视艺术类职业教育。目前拟办播音与主持、电视编导、影视化妆与造型三个专业，并列入××年度招生计划。

二、双方责任

（一）甲方责任

1. 编制招生计划和录取学生。

2. 制定专业培养方案和教学计划，并按××大学的管理制度进行宏观管理。

3. 核发××大学毕业证书。

4. 提供基础课师资。

（二）乙方责任

1. 提供办学场所和教学设施、设备。

2. 提供专业课师资。

3. 对学生进行日常管理。

三、领导和管理

1. 甲、乙双方组建合作办学领导小组，负责协调和解决与办学有关的具体问题。

2. 乙方设置相应的管理机构，接受甲方本部的对口管理。

四、投资形式、经费来源及利益分配

1. 甲方以无形资产投入，乙方以固定资产投入。

2. 学生学杂费按艺术类专业的标准收取，作为办学的经常性收入。

3. 学费收入的30%划归甲方，作为管理成本；70%划归乙方，作为办学费用支出。有关合作办学的具体问题双方将作进一步的协商。

本意向书一式两份，双方各执一份。

甲方负责人签字（章）	乙方负责人签字（章）
×××	×××
××××年××月××日	××××年××月××日

评析：

意向书有单签式、联签式和换文式意向书等具体形式。内容概括单一的意向书，一般采用一段结构；内容较多的意向书，一般采用条款式写法。条款式写法的正文部分先概述签订意向书的目的意义和依据，接着表明了双方的意向。意向书的共同特点是：语言简练，表意周全，很有分寸。意向书是签订协议、合同的基础文件。具体事宜，如权利义务等，还要靠协议、合同的签订。

此外，需要强调的是有些联签式意向书在“记录”双方合作的设想、打算时，可像合同书那样，初步明确双方的责任义务及相关具体事项，以此作为进一步协商的“前奏”。上文意向书中传递的“意向”越接近，最终签订合同书，进行合作的可能性就越大。

【案例操作】

××电力公司与国外××公司通过协商，欲在中国××市××开发区建立××电力设备有限公司，主要从事各类开关及成套设备生产和销售。此合资企业由两方投资兴建，总投资××万元人民币，××电力公司投资占××%，国外××公司占××%，预计投产后年产值可达××万元人民币，利润××万元。生产场地和厂房由××电力公司提供，主要生产设备及产品设计、制造工艺、质量检测等技术资料由外国××公司从国外提供，其应为目前世界先进水平。

请你为该电力公司拟写一份合作意向书，题目自拟，字数要求在600字以上，内容可适当扩充。

二、协　议　书

【导入案例】

上海东国学院积极探索依托企业办学的人才培养模式。为此，同上海尚达集团公司双方经友好协商，决定进行教学合作，共同培养能适应社会需要、素质高、技能强的应用型高级职业人才。

上海东国学院聘任上海尚达集团公司推荐的专家参加专业指导委员会，共同制定适应社会需求的人才培养计划，进行专业建设和对教学质量进行评估检查；东国学院协助上海尚达集团公司开展员工培训，提高员工业务素质，提供相关教学服务；上海尚达集团公司根据企业发展需要和双向选择原则，择优录用学院毕业生。

讨论：

(1) 一份完整的协议书应具备哪些结构项目？

(2) 假如你是东国学院院长办公室主任，请你按规范格式拟写双方合作的协议书。

【要点阐释】

一、协议书的涵义

协议书是经过协商所取得的一致意见，把这些意见用书面形式表现出来，就成为协议书。它是有关企事业单位、团体或个人共同协商订立的一种具有经济或其他关系的契约。

协议书有广义和狭义之分。广义的协议书，是指人们在处理经济关系及其他社会关系时，常用的各种书面凭证，包括各种合同、协议、条约、联合声明、字据等。

狭义的协议，特指经济协议书，是指与合同并列的一种文体。两者没有本质的区别。

二、协议书的写作

协议书通常包括首部、正文、尾部三部分。

(一) 首部

1. 标题

有三种写法。

(1) 不完全性标题。用文种作标题，直接写“协议书”三字。

(2) 完全性标题。由事由(合同项目名称)和文种组成，标明协议的性质和内容。可以写明协议书的具体名称“××××协议书”。

(3) 公文式标题。由当事人名称和协议内容概括，如“×××公司与×××公司关于×××的协议书”。

2. 订协议单位名称

在标题下，正文之前，写明订协议单位名称，并在双方单位名称之后注明一方是甲方，一方是乙方，便于在正文中称呼。

(二) 正文

正文包括开头、主体两部分。

1. 开头

交代签订协议的目的、原因、依据，紧接着可用程式化语言转入主体，如“现对有关事项达成协议如下”。

2. 主体

当事人约定的内容，是协议的主要部分。要求就协议有关事宜作出明确的、全面的说明，尤其要着力写好协议双方的权利和义务。

(三) 尾部

应写明订协议双方单位的名称，单位代表的姓名并加盖公章。最后写上签订协议的日期。

【难点提示】

(1) 要贯彻合法原则。即协议书的内容、形式和程序，均须遵守国家的法律，符合国家政策的要求，方能得到国家的承认和保护。凡违反国家政策、法令和危害国家与公共利益的协议是无效的，当事人须承担由此而产生的法律责任。

(2) 要贯彻平等互利、协商一致、等价有偿的原则。平等协商、自愿互利是签订协议的前提和基础，不同的机关和经济组织在职能、规模和经营能力等方面各有区别，或有领导与被领导的关系，但在订立协议时，彼此的地位是完全平等的，应充分协商、互相尊重。任何一方不得以自己的意志强加于对方，任何单位和个人也不得从中非法干预。双方取得的权利和承担的义务应当是对等的。

(3) 要切实履行规定的义务，信守协议书的约束。协议一经签订，即具有法律约束力。由于故意或自己的过失造成的违约，必须承担赔偿损失的责任。

【文例评析】

文例：

协 议 书

中国×集团总公司(甲方)

美国×××金属有限公司(乙方)

双方于××××年×月×日至××日，在××市经过友好协商，在平等互利的原则下，就合作投资创办出租汽车公司事宜达成如下协议：

1. 合资企业定名为××出租汽车公司，经营大、小车100辆，其中“奔驰”轿车7辆，“丰田”车83辆，面包车10辆。

2. 合资企业为有限公司。双方投资比例为3∶7，即甲方占70%，乙方占30%，总投资140万美元，其中：甲方98万美元，乙方42万美元，合资期限为五年。

3. 公司设董事会，人数为5人，甲方3人，乙方2人。其中董事长1人，由甲方担任；副董事长1人，由乙方担任。正、副总经理由甲、乙双方分别担任。

4. 合资企业所得毛利润，按国家税法照章纳税，并扣除各项基金和职工福利等，净利润根据双方投资比例进行分配。

5. 乙方所得利润可以人民币计收。合同期内，乙方纯利润如达到乙方投资额后，企业资产即归甲方所有。

6. 双方共同遵守我国政府制定的外汇、税收、合资经营以及劳动法等法规。

7. 双方商定，在适当的时间就有关事项进一步洽谈，提出具体实施方案。

8. 本协议分别用中、英文书写，具有同等效力，以中文本为正本。

甲方(签章)　　　　　　　　乙方(签章)

代表(签字)　　　　　　　　代表(签字)

××××年××月××日　　　　××××年××月××日

评析：

本协议书的标题属于标题不完全式；交代了协议双方的名称；正文，首先写了达成协议的缘由，接着采用条款式，清楚交代协议双方所认可的单位名称、性质、投资总额、经营范围、年限、利益分配方法，以及必须遵守的法规。

【案例操作】

××建筑工程公司(甲方)与××装修设计公司(乙方)联手进行建筑装修业务合作，双方已就合作事宜达成初步的意向书，其主要的内容如下：

(1) 甲方承接的工程，装修设计任务均交给乙方。

(2) 乙方在接到任务后，组织精干设计队伍提出设计方案，并在方案认可后完成全部设计图纸。

(3) 甲方向乙方提供所需的一切建筑技术资料，以保证装修设计的顺利展开。

(4) 甲方组织实施装修工程的施工。施工期间，乙方派出高级工程师监督施工，以保证工程的质量。

(5) 甲方按照装修工程总费用的一定比例向乙方支付设计费。

请根据以上基本内容，为双方拟写一份具有法律效力的正式合作协议书。要求内容具体，表述周密。

三、商 务 合 同

【导入案例】

2006 年 7 月 20 日，在组织有关投标单位现场考察招标项目后，静安贸易学院就大学生公寓区新辟生活超市项目举行开标会。参加投标的有招投标各方代表及法律顾问。

经过激烈竞标，部哲商业集团公司以其规范、成熟的运营模式、有吸引力的标底从 20 余家投标单位中胜出。日前，该公司收到来自静安贸易学院的中标通知书。

为了赶在 9 月 1 日该院 6 000 余名新生开学报到前完成门面装修，不错过学年中最好的商机，部哲商业集团公司总经理办公室奉命立即草拟合同文本，等待与静安贸易学院正式签约。

与此同时，静安贸易学院也在准备相应的合同文本。

讨论：

(1) 商务合同的主要条款包括哪些具体内容?

(2) 一份完整的商务合同书应具备哪些结构项目?

(3) 假如你是部哲商业集团公司总经理办公室主任，请按规范格式准备合同文本。

【要点阐释】

一、商务合同的涵义

广义上的合同也称协议、合约或契约。狭义的合同专指经济合同。根据 1999 年 3 月 15 日全国人大审议通过，1999 年 10 月 1 日起实施《合同法》第 2 条的规范界定：“合同是平等主体的自然人、法人、其他经济组织之间设立、变更、终止民事权利义务关系的协议。”

商务合同是平等主体的各类经济实体在经济交往活动中为了实现各自经济目的、明确相互权利义务关系而签订的书面契约。商务合同是商品经济发展到一定阶段的产物，是商品交换关系用法律形式的表现。商务合同的订立是在交易双方自愿互利基础上签订的，一经签订就具有法律效力，并受法律保护。

二、商务合同的特征

(一) 目的性

经济合同以营利为目的,合同签订各方均应具有底线意识、目标意识、妥协意识和双赢意识。

(二) 法理性

签订和履行合同要以国家法律乃至国际法为准则,既做到内容合法,又做到形式合法、过程合法。

(三) 平等性

签订合同当事方主体地位及约定权利义务质和量对等或基本对等,显失公平的合同从一开始就属于无效合同。

(四) 风险性

合同的实现以当事人信用为基础,信用是有风险的。同时,合同在履行过程中还会遇到政策风险、法律风险、市场风险。

(五) 程式性

签订合同有一整套规范的操作程序,合同文本体式相当稳定,程式感强。结合各行业具体业务实际情况,各行业均已逐步形成统一、规范的格式合同样式。

(六) 完备性

各条款内容要构成一个完整、具体、明确的体系,基本要素不能残缺不全,涉及质量标准、数额款项等可能发生争议的内容要规定清楚,遣词造句要做到字斟句酌。

三、商务合同的基本要素

按照《合同法》的有关规定,完整的合同应当包括以下条款:

(一) 标的

指签约方权利义务共同指向的对象。

（二）数量与质量

数量是衡量合同当事人权利义务大小的尺度，通常用数字和计量单位表示。质量是指与标的（物）有关的规格、性能、款式、标准、材质等。

（三）价款或酬金

价款是当事人一方取得合同标的应该向其他方支付的代价，酬金是获得服务方应当支付给对方的代价。

（四）履行期限、地点和方式

是指合同履行的时间限度、标的物交付方式、价款支付方式等。

（五）违约责任

违反合同约定的过错方应向其他无过错方支付违约金或赔偿相关损失。

（六）解决争议办法

解决合同争议的主要方法有：和解、调解、仲裁、诉讼等。当事人各方可以事先约定好彼此发生争议后解决争议的程序、方法。

四、商务合同的写作

（一）标题

即合同名称，结构为“合同性质＋文种”。一般各行业均已形成规范的合同名称。

（二）首部

条款式排列订立合同方单位名称或个人姓名。

（三）正文

1. 导语

简要说明签订合同的目的或依据。

2. 主体

按合同基本要素逐次逐项作出具体规定与说明，是合同的核心部分。

各种不同类型的合同对具体要素的约定各不相同，因而主体部分内容差异非常明显。买卖合同、赠与合同、租赁合同、承揽合同、建筑工程承包合同、运输合同等传统合同种类在主体内容上存在差异性，近年出现的连锁加盟合同、广告发布合同、销售代理合同、直销经销合同等差异更大。

合同内容一般采用条款式表述，但在主体部分也可配合标的特征编制相关表格，使合同变得更简明、更灵活。

根据不同行业的业务特征，在某些行业的常规性业务活动中，经过长期实践，逐步形成了比较规范、详尽的固定格式合同，双方当事人只需把达成的各项协议条款逐项填入格式合同文字空挡或表格中即可。这样可以避免签订合同时因为考虑欠周到而遗漏相关内容的情况发生。如房屋租赁合同、房屋买卖合同、购销合同、保险合同等都属于格式合同。

3. 附加说明

指合同份数、有效期限等。

(四) 落款

签约当事人签字、盖章(含单位公章、法人私章)，填好签订日期。

【难点提示】

(1) 遵循商务合同订立的步骤。进行可行性研究、资信审查、协商洽谈、拟定商务合同文书等；

(2) 必须贯彻平等互利、协商一致的原则；

(3) 坚持互惠互利、等价有偿的原则；

(4) 经济合同当事人、经办人、代理人资格要合法。

【文例评析】

文例：

房屋租赁合同

出租方(甲方)：

承租方(乙方)：

依据《中华人民共和国合同法》及有关法律、法规的规定，甲乙双方在平等、自愿的基础上，就房屋租赁的有关事宜达成协议如下：

第一条　房屋基本情况

该房屋坐落于________省(市)________县(区)________________

____。

该房屋为：楼房____室____厅____卫，平房____间，建筑面积____平方米，使用面积____平方米，装修状况________，其他条件为____________________，该房屋(□已/□未)设定抵押。

第二条　房屋权属状况

该房屋权属状况为第____种：

(一) 甲方对该房屋享有所有权的，甲方或其代理人应向乙方出示房屋所有权证，证书编号为：________________。

(二) 甲方对该房屋享有转租权的，甲方或其代理人应向乙方出示房屋所有权人允许甲方转租该房屋的书面凭证，该凭证为：____________________。

第三条　房屋用途

该房屋用途为：____________。乙方保证，在租赁期内未征得甲方书面同意以及按规定经有关部门审核批准前，不擅自改变该房屋的用途。

第四条　交验身份

(一) 甲方应向乙方出示(□身份证/□营业执照)及________等真实有效的身份证明。

(二) 乙方应向甲方出示(□身份证/□营业执照)及________等真实有效的身份证明。

第五条　房屋改善

(一) 甲方应在本合同签订后____日内对该房屋做如下改善：____________，改善房屋的费用由(□甲方/□乙方)承担。

(二) 甲方(□是/□否)允许乙方对该房屋进行装修、装饰或添置新物。装修、装饰或添置新物的范围是：________________，双方也可另行书面约定。

第六条　租赁期限

(一) 房屋租赁期自________年____月____日至________年____月____日，共计____年____个月。(期限超过20年的，超过部分无效。)

(二) 租赁期满，甲方有权收回该房屋。乙方有意继续承租的，应提前____日向甲方提出(□书面/□口头)续租要求，征得同意后甲乙双方重新签订房屋租赁合同。

如乙方继续使用租赁房屋甲方未提出异议的，本合同继续有效，租赁期限为不定期，双方均有权随时解除合同，但应提前____日(□书面/□口头)通知对方。

第七条　租金

(一) 租金标准:________元/(□月/□季/□半年/□年),租金总计:________元(大写:________元)。该房屋租金________(□年/□月)不变,自第________(□年/□月)起,双方可协商对租金进行调整。有关调整事宜由双方另行约定。

(二) 租金支付时间:________,__________,________,________,________。

(三) 租金支付方式:(□甲方直接收取/□甲方代理人直接收取/□甲方代理人为房地产经纪机构的,乙方应在________银行开立账户,通过该账户支付租金,房地产经纪机构不得直接向乙方收取租金,但乙方未按期到________银行支付租金的除外。房地产经纪机构应于本合同签订之日起3个工作日内将其中一份合同送交银行。)

(四) 甲方或其代理人收取租金后,应向乙方开具收款凭证。

第八条　房屋租赁保证金

(一) 甲方交付该房屋时,乙方(□是/□否)向甲方支付房屋租赁保证金,具体金额为:________元(大写:____________元)。

(二) 租赁期满或合同解除后,房屋租赁保证金除抵扣应由乙方承担的费用、租金以及乙方应承担的违约赔偿责任外,剩余部分应如数返还乙方。

第九条　其他费用

租赁期内,与该房屋有关各项费用的承担方式为:

(一) 乙方承担(□水费/□电费/□电话费/□电视收视费/□供暖费/□燃气费/□物业管理费/□________)等费用。乙方应保存并向甲方出示相关缴费凭据。

(二) 房屋租赁税费以及本合同中未列明的其他费用均由甲方承担。

第十条　房屋的交付及返还

(一) 交付:甲方应于________年____月____日前将房屋按约定条件交付给乙方。《房屋附属设施、设备清单》经双方交验签字盖章并移交房门钥匙及________后视为交付完成。

(二) 返还:租赁期满或合同解除后,乙方应返还该房屋及其附属设施。甲乙双方验收认可后在《房屋附属设施、设备清单》上签字盖章。甲乙双方应结清各自应当承担的费用。

乙方添置的新物可由其自行收回,而对于乙方装饰、装修的部分,具体处理方法为(□乙方恢复原状/□乙方向甲方支付恢复原状所需费用/□乙方放弃收回/□归甲方所有但甲方折价补偿)。返还后对于该房屋内乙方未经甲方同意遗留的物品,甲方有权自行处置。

第十一条　房屋及附属设施的维护

(一) 租赁期内,甲方应保障该房屋及其附属设施处于适用和安全的状态。乙方发现该房屋及其附属设施有损坏或故障时,应及时通知甲方修复。

甲方应在接到乙方通知后的____日内进行维修。逾期不维修的,乙方可代为维修,费用由甲方承担。因维修房屋影响乙方使用的,应相应减少租金或延长租赁期限。

(二) 对于乙方的装修、改善和增设的他物甲方不承担维修的义务。

(三) 乙方应合理使用并爱护该房屋及其附属设施。因乙方保管不当或不合理使用,致使该房屋及其附属设施发生损坏或故障的,乙方应负责维修或承担赔偿责任。如乙方拒不维修或拒不承担赔偿责任的,甲方可代为维修或购置新物,费用由乙方承担。

(四) 对于该房屋及其附属设施因自然属性或合理使用而导致的损耗,乙方不承担责任。

第十二条　转租

(一) 除甲乙双方另有约定以外,乙方需事先征得甲方书面同意,方可在租赁期内将该房屋部分或全部转租给他人。

(二) 乙方转租该房屋,应按规定与接受转租方订立书面转租合同,并向房屋租赁管理行政机关办理房屋租赁合同登记备案手续。

(三) 接受转租方对该房屋及其附属设施造成损坏的,应由乙方向甲方承担赔偿责任。

第十三条　所有权变动

(一) 租赁期内甲方转让该房屋的,甲方应当提前____日书面通知乙方,乙方在同等条件下享有优先于第三人购买的权利。

(二) 租赁期内该房屋所有权发生变动的,本合同在乙方与新所有权人之间具有法律效力。

第十四条　合同的解除

(一) 经甲乙双方协商一致,可以解除本合同。

(二) 有下列情形之一的,本合同终止,甲乙双方互不承担违约责任:

1. 该房屋因城市建设需要被依法列入房屋拆迁范围的。

2. 因地震、火灾等不可抗力致使房屋毁损、灭失或造成其他损失的。

（三）甲方有下列情形之一的，乙方有权单方解除合同：

1. 未按约定时间交付该房屋达________日的。

2. 交付的房屋不符合合同约定严重影响乙方使用的。

3. 不承担约定的维修义务致使乙方无法正常使用该房屋的。

4. 交付的房屋危及乙方安全或者健康的。

5. 其他：____。

（四）乙方有下列情形之一的，甲方有权单方解除合同，收回该房屋：

1. 不支付或者不按照约定支付租金达____日的。

2. 欠缴各项费用达________________元的。

3. 擅自改变该房屋用途的。

4. 擅自拆改变动或损坏房屋主体结构的。

5. 擅自将该房屋转租给第三人的。

6. 利用该房屋从事违法活动的。

7. 其他：____。

第十五条　违约责任

（一）甲方有本合同第十四条第三款约定的情形之一的，应按月租金的________%向乙方支付违约金。

（二）因甲方未按约定履行维修义务造成乙方人身、财产损失的，甲方应承担赔偿责任。

（三）租赁期内，甲方需提前收回该房屋的，应提前________日通知乙方，将已收取的租金余额退还乙方并按月租金的________%支付违约金。

（四）乙方有本合同第十四条第四款约定的情形之一的，应按月租金的________%向甲方支付违约金。

（五）乙方擅自对该房屋进行装修、装饰或添置新物的，甲方可以要求乙方恢复原状或者赔偿损失。

（六）租赁期内，乙方需提前退租的，应提前________日通知甲方，并按月租金的________%支付违约金。

（七）甲方未按约定时间交付该房屋或者乙方不按约定支付租金但未达到解除合同条件的，以及乙方未按约定时间返还房屋的，应按________标准支付违约金。

（八）其他：____。

第十六条　无权代理

由甲方代理人代为签订本合同并办理相关事宜的，甲方代理人和乙方应在甲方开具的授权委托书或出租代理合同的授权范围内确定本合同具体条款，甲方代理人超越代理权或代理权终止后的代理行为，未经甲方书面追认的，对甲方不发生法律效力。

第十七条　合同争议的解决办法

本合同项下发生的争议，由双方当事人协商解决或申请调解解决；协商或调解不成的，依法向人民法院起诉，或按照另行达成的仲裁条款或仲裁协议申请仲裁。

第十八条　本合同经甲乙双方签字盖章后生效。本合同(及附件)一式________份，其中甲方执____份，乙方执____份，房屋租赁管理行政机关备案一份，________执________份。

本合同生效后，双方对合同内容的变更或补充应采取书面形式，作为本合同的附件。附件与本合同具有同等的法律效力。

出租方(甲方)签章：	承租方(乙方)签章：
住所：	住所：
证照号码：	证照号码：
法定代表人：	法定代表人：
电话：	电话：
出租方代理人(签章)：	承租房代理人(签章)：
住所：	住所：

签约时间：　　　　年　　月　　日

签约地点：

租赁关系由房地产经纪机构居间或代理的，房地产经纪机构和持证经纪人员应填写以下内容：

房地产经纪机构(签章)

房地产经纪持证人员姓名

经纪资格证书编号

(来源：北京市房地产管理局，有删节。)

评析：

本合同为职能部门根据多年处理此类合同纠纷实际工作经验总结制作的格式合同。规范周密，详细具体，条款完备，充分考虑了必备条款，又为合同主体处理特殊约定事项留有余地。

从思维路径上来说，本合同按起承转合四个部分来安排材料：

起——合同订立依据、目的、意义；

承——具体约定的权利义务等内容；

转——指违约责任，违反约定应承担的法律后果；

合——指结尾，约定合同可否修改及修订条件、附加说明等。

【案例操作】

(1) 小组作业：以部哲商业集团公司名义，按规范格式准备合同文本。

(2) 小组交换修改作业：假如你是部哲公司行政经理，对秘书草拟的合同文本中存在若干不尽规范之处，请予批改。

(3) 指出以下合同文本中存在的若干问题，并予以修改：

购 销 合 同

供方：上海蓝星缝纫机设备有限公司

需方：恒达商业广场

甲乙双方经协商一致，就乙方向甲方购买事宜，达成以下协议，双方共同遵守：

一、甲方为乙方提供缝纫机一批，总价款人民币 12 万元。

二、付款方式：签订合同后支付 30％的预付款，设备安装调试交货后尽快支付剩余 70％货款。

三、交货期限：签订合同之后甲方收到预付款后交货。

四、质量标准：甲方所供新的设备必须配有产品合格证，产品使用说明书。

五、售后服务：

1. 凡销售之机器设备如属机器或零件质量问题（不包括易损件，安装和使用不当造成的损坏）在保修期一个月内，甲方负责更换此零件。

2. 如机器出现质量问题，乙方应在购机之日一日内提出书面异议，经甲方确认无法解决的可以退货调换，超过期限概不退换。

六、乙方在付清全部货款前仅拥有此机器设备的使用权，机器所有权归甲方所有。若乙方未按约定期限内付清货款，甲方在此期限后有权利任意处置该设备，并将乙方前期所支付货款自动转为违约罚金。

七、乙方在付清余款前，若要转移此设备使用地必须征得甲方同意。

八、纠纷解决：未尽事宜，双方协商解决，协商不成，依法向上级有关部门反映。

本合同双方签字生效

供方（甲方）：______________ 需方（乙方）：______________

业务代表：__________ 业务代表：__________

法人代表：__________ 法人代表：__________

地　　址：__________ 地　　址：__________

电　　话：__________ 电　　话：__________

传　　真：__________ 传　　真：__________

网　　址：__________ 网　　址：__________

邮　　箱：__________ 邮　　箱：__________

本合同一式两份，甲乙双方各持一份。

第五节　招标书和投标书

一、招　标　书

【导入案例】

2007年6月，静安商贸学院院长办公会议决定，该院大学生公寓区新辟1 000平方米行政用房用于开发生活超市。地址为四号公寓一楼（原木工房），介于大学生活动中心与一食堂之间，地理位置良好。

该公寓区原有一小型超市但面积太小，经营品种不多，中午、晚餐后学生常常要排很长的队才能买到所需的商品，且所需的生活必需品往往购买不齐，大学生们常常需要步行10多分钟去校门口商业街购买，感觉很不方便。

为了体现公开竞争原则，该项目面向社会公开招标。有意投标者可在7月15日前与商贸学院后勤服务中心张海老师联系。

讨论：

(1) 招标的程序有哪些？

(2) 招标书和投标书有何关系？

(3) 请谈谈你的招标工作思路。

(4) 请以静安商贸学院后勤服务中心名义，拟写一份招标公告。

【要点阐释】

一、招标书的涵义

招标书又称招标说明书，是指单位或个人在兴建工程、合作经营某项业务或进行大宗商品交易时，先把有关标准、价格、条件等事项以通告形式对外公布，这种文字材料就是招标书。

招标书是指招标单位对外公布的有明确招标内容和具体条件要求的招标通告、启事、邀请书等文字材料；是招标人利用投标者之间的竞争从而达到优选投标人的一种告知性文书，是对招标的有关事项的解释和说明。

二、招标书的特征

(1) 规范性：要符合《招标投标法》。

(2) 准确性：对项目的主要目的、基本情况、产品要求、人员素质和具体规定等作出明确清晰的表达，防止含糊其辞，模棱两可。

(3) 具体性：内容具体化，写清有关招标的方法、步骤和要求。

(4) 竞争性：招标体现竞争性，招标结果选用优胜者。

三、招标书的种类

(1) 形式上分：公开招标，即在媒体上发布招标广告；书面通知招标，即邀请有承担能力的单位参加投标；议标，即对于一些项目，选择少数有承担能力的单位协商确定工期、造价的形式。

(2) 内容上分：招标公告、科技项目招标书、工程项目招标书。

四、招标书的写作

(一) 标题

文种或是招标单位加文种。

(二) 正文

1. 导语

写明招标目的和招标单位基本情况。如：“为了提高建筑安装工程的建设速度，提高经济效益，经市建工局批准，丽泽公司对丽泽大厦建筑安装工程的全部工程进行招标。”

2. 主体

(1) 具体写明招标书内容和有关事项。

(2) 文件编号。

(3) 招标项目(名称、数量、质量、规格等;中标者的责权利)。

(4) 招标范围(注明项目的具体招标范围)。

(5) 招标投标办法(写明招标程序、投标截止时间、发送招标文件的方式、地点和日期,开标方式、地点和日期)。

(6) 招标时限、地点。

(三) 落款与日期

【难点提示】

(1) 做好调查研究,制定预算、评估款项要科学合理;

(2) 遵循招标的写作要求,语言简洁、用词精确,文字、数据、图表精确无误;

(3) 写作前必须熟悉招标的程序。对招标的标准应当明确,文字表达必须准确。对于提出的质量要求和条件以适当为宜,不应订得太高,应注意留有余地。

【文例评析】

文例:

上海东国学院教材招标书

为加强学院教材的采购管理,经学院决定,现对××××年秋季学生教材采购进行招标。为确保采购教材的质量和及时供应,维护招、投标双方的合法权益,特制定此标书。

一、招标项目

××××年秋季所用全部教材。具体招标种类、版本、数量见所附《××××年秋季教材征订一览表》。

二、招标方式

上海市内公开招标。

三、投标人资质条件及证明

1. 投标人必须具有一般纳税人的企业资格;具有从事大中专教材经营权及相关教材代理权(国家有规定的按照国家规定),须能直接由出版社购进者,无中间环节;遵纪守法,无经营盗版教材、劣质教材及偷漏税等不良记录的,具有良好服务信誉:具有较大的经营规模;具备承担投标项目的能力;同时符合国家有关规定的资格条件。

2. 投标人必须提供下列证明材料:营业执照、图书经营许可证、法人代表证明、税务登记证、代理商具有的出版社授权证明或委托书、投标方参与人身份证;其他有关的资信证明(复印件需加盖公章)。包含投标人单位性质、供货能力、经营特色、服务保障人员及主要业绩等的投标人简介(A4幅面)。投标人在送达标书时,应提供以上材料的原件或复印件壹份(原件备查)。法人因故不能亲自参加投标而委托他人的。需有法人委托证明。

3. 投标人具备提供最新教材目录和教材发展动态的能力,主要包括新华书店总店编的《全国大中专教学用书汇编》、《高校教材图书征订目录》及高教、经济科学、东北财大、中国对外贸易、西安电子科技大、北京师大、机工、电子、财经、人大、清华、上海外教等国家大型出版社的当季的各类目录。目录套数按需方要求而定。

四、评标标准

符合投标条件的情况下,强调价格优势、投标人资信优势和服务优势。

五、供货时间及方式

购方最迟至××××年××月××日前发出订单,订单中标明各种类、版本的订购数量。

供货方接到订单后必须及时组织落实书源,若有不明或不确定之处,应尽快电话联系,中标者为拖延时间而假托出版社临时无货者,每种教材罚款1 000元。

供货方自中标之日起至××××年××月××日,所订教材分批到货。所有教材由供货方免费及时地送货到需方指定的库房,并在包装上分类标明教材名称,经需方查验无误后,由供货方负责搬放到指定的书架,由需方在两联单上签字确认。

六、价格条件

各种教材价格不高于出版社定价的80%。

七、中标方须做到

1. 投标人不得相互串通招标报价,不得排挤其他投标人的公平竞争,损害招标人或其他投标人的合法权益。

2. 中标人必须保证教材的质量,如果教材有质量问题,由中标人负责解决;中标人必须保证所供教材为正版优质教材,否则,由此引起的一切法律后果由中标人承担,并加倍赔偿由此造成的经济损失。中标人按招标人指定的书目提供,不得擅自夹带盗版书、劣质书和非招标方预订书。

3. 所供教材如发现版本有误，装订、印刷、污渍等质量问题，保证在10个工作日内退换完毕；因招生数量变动、学生专业调整等因素造成的教材种类、数量的变化，中标人要按变动后的教材订单执行；必须保证对近一年所定教材中多余及残缺教材及时退换，不得以任何理由推诿。

4. 由于中标人漏订、迟订等原因影响教学的，由中标人赔偿需方所订教材书款三倍的罚金，并解除供货合同。

5. 按招标人提供的订单，到书率须达98%以上。中标人供书发货差错率低于2%。

6. 中标人送书到招标人指定地点，并附有微机打印准确(含订单的所有项目)的一式两联的送书清单。

7. 中标人应当按照合同约定完成中标项目，不得向他人转让中标项目，也不得将中标项目分包他人。

8. 中标人不履行合同时，每涉及一种教材扣应付教材款1 000元，以此累加，且合同保证金不予退还。造成损失的按有关规定处理。

9. 采购实行信用一票否决制。招标人有下列情况之一的，一经招标人或相关业务主管部门发现，该投标单位参加投标的，投标无效；中标的，招标人有权立即终止与其签订的合同，并要求其赔偿因此造成的一切损失和费用；给招标人造成损害的，应承担相应经济责任与法律责任。且今后不得参加我院此类项目的招标。

(1) 提供虚假材料的；

(2) 采用不正当手段诋毁、排挤其他投标人的；

(3) 与其他投标人恶意串通的；

(4) 中标后，无正当理由不与招标方签订合同的；

(5) 其他违反法律法规给招标方造成损害的；

(6) 中标后在履约过程中没有严格按照招标文件、合同等要求保证质量的；

(7) 中标后转包项目的；

(8) 提供的教材有较大规模质量问题的；

(9) 违反国家法律法规其他规定的。

八、开标

投标人应在××××年××月××日上午9:00时前，将投标书密封、并加盖单位印章交招标办公室，同时缴纳投标保证金叁万元整(￥30 000.00)。定于××××年××月××日上午9:00时在××地点开标。未中标者保证金原数退还；中标者保证金转为合同保证金。

九、本招标书解释权归教务处。

东国学院教务处

××××年××月××日

附：×××学院××××年秋季教材征订表

评析：

这是某院校教材招标文件(招标书)。

标题采用三要素式：招标单位＋招标内容＋文种名称。正文由前言、主体组成。前言写明招标的目的、依据及招标项目名称等内容。主体部分分别写明招标项目、招标方式、投标人资质条件及证明、评标标准、供货时间及方式、价格条件、对中标方的要求、开标时间及相关事项等。落款写明招标单位名称、发文时间、地址、电话号码、传真、邮政编码、联系人等。本招标书的格式规范，内容具体明确，语言表达简洁而准确。

【案例操作】

(1) 小组实训：以小组为单位，分别代表恒达、华银旺和、步步高、千百惠、金洲等商业公司参与静安商贸学院有关招标活动。

(2) 收集实际工作中有行业特色的招标、投标文书范本，体味其结构、语言及对相关工作的要求。

(3) 东国大学后勤管理处拟在全校办公场所和学生宿舍区内统一添置饮水设备，现发布招标公告寻求理想供应商。假设你是当地一家饮水机生产企业，请根据下面的招标条件，拟写一则文字的投标文书。

招 标 通 告

招标机构名称：东国大学后勤管理处

地址：××市××区××路××号(××楼105室)

邮编：×××××××

电话：×××××××××；传真：×××××××××

联系人：×××、×××

东国大学后勤管理处就"东国大学学生宿舍和各行政单位饮水机设备采购及安装工程"项目邀请合格投标人就该项目的货物和相关服务提交密封投标书。

一、招标内容：

1. 设备名称：自动电热式饮水机。

2. 数量及技术规格要求：1 226 台，可持续供应开水和冰水，并具有净水除垢功能。

3. 招标范围：设备采购及安装、调试以及售后服务等。

4. 交货时间：9月15日前安装调试完毕。

5. 交货地点：××大学。

二、合格投标人必须符合《中华人民共和国政府采购法》第二十二条。

三、报名登记时间及办法：

1. 报名时间：2007年×月××日12时至××日15时止。

2. 投标商报名时出具下列相关文件：

营业执照(复印件)；法人资格证明或法人代表授权书；税务登记证明(复印件)；企业资质；产品资料。

3. 招标单位对报名单位资格预审后，另行通知领取招标文件时间。

4. 报名地点：××大学后勤管理处(××楼109室)。

四、投标时间与投标、开标地点：

1. 通过资格预审的企业单位在领取招标文件时确定投标时间。

2. 开标时间和开标地点：招标单位对通过资格预审的各报名单位进行考察后确定。

3. 投标地点：××大学后勤管理处(××楼109室)。

东国大学后勤管理处

二、投　标　书

【导入案例】

教学大楼工程施工投标书

根据静安贸易学院兴建教学主楼工程施工招标书和设计图的要求，作为建筑行业的×级企业红星公司完全具备承包施工的能力与条件，决定对此项工程投标。具体说明如下：

一、综合说明

工程简况：教学主楼一幢，建筑面积10 700 m^2，主体6层，局部2层。框架结构：楼长80 m，宽40 m，主楼高28 m，二层部分高9 m。基础系打桩水泥浇注，现浇梁柱板。外粉全部，玻璃马赛克贴面，内粉混合砂浆彩面涂料，个别房间贴壁纸。全部水磨石地面，教室呈阶梯形，个别房间设空调。

二、标价(略)

三、主要材料耗用指标(略)

四、总标价

总标价 3 408 395.20 元,每平方米造价 370.23 元。

五、工期

开工日期:××××年 2 月 5 日;

竣工日期:××××年 8 月 20 日;

施工日历天数:547 天。

六、工程计划进度(略)

七、质量保证

全面加强质量管理,严格操作规程;加强各分项工程的检查验收,上道工序不验收,下道工序决不上马;加强现场领导,认真保管各种设计、施工、试验资料,确保工程质量达到全优。

八、主要施工方法和安全措施

安装塔吊一台、机吊一台,解决垂直和水平运输;采取平面流水和立体交叉施工;关键工序采取连班作业,坚持文明施工.保障施工安全。

九、对招标单位的要求

招标单位提供临时设施占地及临时设施 30 间,我们将合理使用。

投标单位:红星建筑工程总公司(公章)

负责人:××(盖章)

××××年××月××日

附件:本公司基本情况介绍

讨论:

(1) 这则投标书属于哪种类型的投标书?

(2) 请简要分析本文的基本结构和主要内容。

(3) 这则投标书在附件中提供了该公司的基本情况介绍,这有何作用?

(4) 试举例说明本文的语言是否存在表述不够严谨的地方?

【要点阐释】

一、投标书的涵义

投标书是投标者根据招标单位提出的招标条件,向招标者提出自己的投标意向的书面材料。投标书与招标书相对应,投标书的编制是否合适,直接关系到投标者能否中标。

投标书具有针对性、求实性和合约性。

二、投标书的种类

投标书主要有生产经营性投标书和技术投标书等。

三、投标书的写作

按照规定时间报送投标申请书，并附有关投标文件，如投标企业简介、标书、总预算表即书面咨询等。

（一）标题

“投标项目名称＋文种”；“投标单位名称＋文种”。

（二）正文

1. 引言

投标依据、目的、指导思想。如“在研究了丽泽大厦建筑安装工程的招标条件和勘查、设计、施工图纸以及参观了建筑安装工地以后，经我们认真研究核算，愿意承担上述工程的施工任务。我们的标书内容如下”。

2. 主体

根据标书提出的目标和要求，介绍投标企业的现状。正确分析承包企业优势；承包指标、计算依据和可行性分析；经营方案或措施。

3. 结尾

投标单位的名称、地址、电话号码和传真。

4. 附件

投标人情况简介、计算过程和图表。

（三）落款和日期

【难点提示】

（1）做好调查研究，制定预算、评估款项要科学合理；

（2）遵循投标的写作要求，语言简洁、用词精确，文字、数据、图表精确无误；

（3）写作前必须熟悉投标的程序。对投标的标准应当明确，文字表达必须准确。对于提出的质量要求和条件以适当为宜，不应订得太高，应注意留有余地。

【文例评析】

文例：

培训楼工程施工投标书

根据××铜矿兴建培训楼工程施工招标书和设计图的要求，我公司完全具备承包施工条件，决定对此项工程投标，具体说明如下：

一、综合说明

工程简况：（工程名称、面积、结构类型、跨度、高度、层数、设备）培训楼一幢。建筑面积 10 700 m^2，主体 6 层，局部 2 层。框架结构：楼长 80 m，宽 40 m，主楼高 28 m。二层部分高 9 m。基础系打桩水泥浇注，现浇梁柱板。外墙全部玻璃马赛克贴面，内墙混合砂浆，表面刷涂料，个别房间贴壁纸，全部水磨石地面。

二、标价（略）

三、主要材料耗用指标（略）

四、总标价

×××××××元，每平方米造价××××元。

五、工期

开工日期：××××年×月×日；

竣工日期：××××年×月×日；

施工日历天数：×××天。

六、工程计划进度（略）

七、质量保证

全面加强质量管理，严格操作规程；加强各分项工程的检查验收，上道工序不验收，下道工序决不上马；加强现场领导，认真保管各种设计、施工、试验资料，确保工程质量达到全优。

八、主要施工方法和安全措施

安装塔吊一台、机吊二台，解决垂直和水平运输；采取平面流水和立体交叉施工；关键工序采取连班作业；坚持文明施工，保障施工安全。

九、对招标单位的要求

招标单位提供临时工人住房××间。

十、坚持勤俭节约原则，尽可能杜绝浪费现象。

投标单位：××建筑工程总公司(公章)

负责人：李××(盖章)

电话：××××××传真：××××

地址：×××××

××××年×月×日

评析：

在投标书中，必须写明标价，完成项目的承诺及应对措施，完成招标项目的时间及投标人的承诺，只有这样，招标单位才有可能接纳投标并使投标单位在评标中胜出。这份投标书在这方面做得比较好，既有明确的标价和完成招标项目的时间，又有多项承诺，态度诚恳而又有自信。单从字面上看，这份投标书胜算的可能性就很大。

【案例操作】

(1) 参考下面所给材料，写一份投标书：

某招标公司受某区城建局委托，对尚需装修的兴隆大酒店进行招标，兴隆公司拟定装修款不超过150万，工期从2005年9月到2006年1月，有同类项目建筑经验并且口碑良好的建筑公司参加竞标。某市二建公司是某市建筑行业的龙头老大，想以100万元竞标，保证按时完成。根据所学知识，替某市二建公司拟一份投标书。

(2) 病例修改：

a. 请按照招标书的写作要求，指出下文缺写什么内容，并进行修改。

××集团公司修建办公大楼招标书

本集团公司将修建一栋办公大楼，由××市城市建设委员会批准，建筑工程实行公开招标，现将招标有关事项公告如下：

一、工程名称：××集团公司办公大楼

二、建筑面积：××××m^2

三、设计及要求：见附件

四、承包方式：实行全部包工包料

五、索标书时间：投标人请于××××年6月5日前来人索取招标文书，逾期不予办理。投标人请将投标文书及上级主管部门的有关签证等，密封投寄或派员直接送本集团公司基建处。收件至××××年7月5日截止。

开标日期定于××××年××月××日，在××市公证处公证下启封开标，地点在本集团公司××楼第一会议室。

电　话：×××××××

联系人：××××

××集团公司招标办公室

××××年××月××日

b. 请按照投标书的写作要求，指出下文存在的问题。

××××公司投标书

女士们、先生们：

我们认真研究了××××招标文件，对××项目所需货物我们愿意投标，并授权下述签名人××、×××，代表我们提交下列文件正本一份，副本四份。

(1) 投标报价表。

(2) 货物清单。

(3) 技术差异修订表。

(4) 资格审查文件。

签名人兹宣布同意下列各点：

(1) 所附投标报价表所列拟供货物的投标总价为××美元。

(2) 投标人将根据招标文件的规定履行合同的责任和义务。

(3) 投标人已详细审查了全部招标文件的内容，包括修改条款和所有供参阅的资料及附件，投标人放弃要求对招标文件作进一步解释的权利。

(4) 本投标书自开标之日起 90 天内有效。

(5) 如果在开标之后的投标有效期撤标，则投标保证金由贵公司没收。

(6) 我们理解你们并不限于接受最低价和你可以接受任何标书。

投标单位名称：×××公司(公章)

地　　址：××市××区××街××号

电　　话：×××××××××

授权代表：×××

××××年××月××日

第六节 商务信函

【导入案例】

永光公司在2007年2月10日收到红星公司销售部的有关女士风衣的报价后，决定于2007年2月15日订购风衣200件，其中米色60件，黑色80件，淡黄色60件，要求红星公司于2007年3月5日到货，货到后经检验合格，7日内即以信用证方式付款，付款银行为工商银行。

讨论：

(1) 商务信函与行政公文中的函两者的联系和区别？

(2) 按照业务内容划分，上述案例中应该选用哪种种类的函？

【要点阐释】

一、商务信函的涵义

商务信函是商务活动中，交流商务信息、商洽交易事项的信函，又叫商函。

商务信函与行政公文中的函，虽然同属公函，但它们是有区别的。商函用于商务工作，是商业、企业之间，商业、企业与其他部门之间业务联系，洽谈生意，磋商问题的函件。而函是用于不相隶属机关之间商洽工作，询问和答复问题，向有关主管部门请求批准和答复审批事项的公文。另外，函的写作格式与发文打印纸张都有较为严格的规定，而商函在这方面的要求要宽松得多。

二、商务信函的特征

(1) 内容范围的规定性。商务信函以商品交易为目的，使用范围仅限于商业活动，不涉及私人事务或其他事务。

(2) 一文一事。即一份商函只涉及一项交易而不同时涉及几项交易。

(3) 结构简单。因为内容单一，一文一事，所以篇幅较短，一目了然。

(4) 语言简明。商函以说明为主，或介绍业务，或报知商品品种与价格，或提出购买意向，或商洽货款，或通知货物发运及到达日期。语言务实、简明、直接。

三、商务信函种类

商务信函的种类很多，用途广泛。但常见的分类只有两种：

(一) 按适用范围分为

(1) 国内商务函:国内商务组织之间用汉语写作的商务函件。

(2) 国际商务函:国内商务组织与国外商务组织之间的商务函件,一般需要中文与外文两个版本。外文版本的格式与中文版本不同,正式的商务来往中需要由专门的翻译机构翻译,并经公证机关公证。

(二) 按业务内容分为

(1) 交易磋商函。交易双方就某一具体交易对象以及交易条件进行协商最后达成协议,在这个过程中形成的信函叫交易磋商函。

(2) 争议索赔函。在履行合同过程中,订立合同双方发生争议,引发索赔、理赔事宜,在这个过程中所使用的商函叫争议索赔函。

四、商务信函的写作

商务信函一般包括信头、标题、称谓、正文、附件、生效标识几个部分。

(一) 信头

商务信函大多采用特制的信笺,信笺上方都有印好的信头,其下用一横线与行文部分隔开。信头内容有:本企业名称、地址、邮编、电话号码、电挂,有的还有商函编号。

(二) 标题

由简要而准确地概括商函内容的语句+名称“函”组成;个别标题中,也可把“函”省略。标题写在信笺的第一行的中间,让对方一看就知道信的主要内容。

(三) 称谓

即收函对象,它可以是单位,也可以是个人。一般要加敬语,若个人是领导人时,要弄清职位、性别,以便正确称呼。顶格写在标题之下的第一行。

(四) 正文

正文可分开头、主体、结尾三个部分。

(1) 开头。说明写作缘由。若是初次去函,要自我介绍,并说明发函原因;若是复函,要先点明来函时间、内容。

(2) 主体。写明发函事项,它是商函的核心内容,是对发函事项或商函内容的具体阐述。若事项内容较多,可分条列项说明。若是复函,要答复来函所询问的事项。

(3) 结尾。常用惯用语“特此函达”、“此复”等。

(五) 附件

一般指商品目录、价格表、订货单等。位置在正文之后,生效标识前。不是每份商函都包含附件,若正文已把事情说得很清楚明白,就没有必要带上附件。

(六) 落款

落款写在正文之下或附件之下偏右位置,要写上发文单位名称,以个人名义写的商函,要加上自己所在单位名称与职务。落款下面要写上发函的日期。以单位名义写的商函要盖上单位公章。

【难点提示】

(1) 要针对具体的业务使用相应的函种。商函的种类很多,要根据业务情况拟定相应的名称,诸如推销产品函、希望建立贸易关系函、答复客户建立贸易关系函、询价函、催款函、质量不符索赔函等,要有针对性地写好函的具体内容,以及习惯性开头和结尾用语。

(2) 写作严谨。语言简练,层次清楚,措辞严密、准确,避免造成不必要的经济损失。

(3) 用语礼貌典雅。商函往来的目的是赢得对方好感,增加商业机会,体现双方平等交流的关系,所以商函语气要真诚、友好、礼貌典雅。

【文例评析】

文例:

关于商请报价的函

×××茶厂:

我公司对贵厂生产的绿茶感兴趣,拟订购君山毛尖茶。我公司要求该茶叶品质一级,规格为每包100克,望贵厂能就单价报价和交货日期、结算方式等给予回复。

如果贵厂报价合理,且能给予最优惠折扣,我公司将考虑大批量订货。

××××副食品公司

××××年×月×日

评析：

这是一则询问函。开头提出对对方产品有兴趣，接着提出请对方报价及相关事宜作出答复的要求。正文到此可以结束了，然作者继而强调如报价合理，考虑大量订购，这样写，可谓匠心独运，棋高一着，这样的写法值得借鉴。

【案例操作】

下面的商务信函在语言方面存在严重的不足，请你对此作修改。

商品检验磋商函

我国商品检验局是独立的检验机构，凡国家规定检验的进出口商品以及合同规定检验的商品，都由商品检验局检验并出具证书。海关监管凭商检合格证书验放。商品检验局还接受对买方、卖方、运输和保险部门申请的公证鉴定工作，如重量鉴定，残损鉴定，船舱检验，监督装卸，货载衡量，产地、价值、包装证明，签封样品等，并出具证明。

为确保买卖双方利益，对出口商品允许买方在合同规定期限内复验。如发现质量、数量上有问题，买方可凭第三检验机构的证明向我出口公司提出异议。

我国商品检验局与国外检验机构已逐步建立相互委托的业务关系。此间商品检验局可以接受国外检验机构或对外贸易关系人的委托，办理在我国的检验工作，也可委托国外检验机构为我们在国外办理检验。

你们如有询问，我们会答复。

××公司

××××年×月×日

练　习

一、填空题

1. 商务文书是在商务活动中形成，用以处理________工作，具有特定的商务内容和规定格式的各种文章的总称。

2. 市场预测是经济预测的一个重要方面。它是在________基础上，利用各种信息资料，进行测算，对产、供、销发展变化趋势进行分析并作出科学推断的一种方法。

3. 可行性分析报告是________(科学研究项目、新产品开发项目、建设项目等)进行可行性分析研究后就其结果所写的书面报告。

4. 经济活动分析报告是对企业在一定时期内的________进行研究分析而写

成的书面报告。

5. 商务合同是平等主体的各类经济实体在经济交往活动中为了________关系而签订的协议。

6. 协议书是________意见，把这些意见用书面形式表现出来，就成为协议书。

7. 意向书是双方或多方就合作项目在进入实质性谈判之前，根据初步接触所形成的带有________和________意见的文书。

8. 招标书指单位或个人在________________，先把有关标准、价格、条件等事项以公示形式对外公布，这种文字材料就是招标书。

9. 投标书也称"标函"，指投标者为了中标而按照招标人提出的条件、要求，向招标者提交的________等文字资料。

10. 招标章程是招标过程中的纲领性文件，用以说明招标的________、范围、要求、做法等基本问题。

11. 意向书具有________、________和临时性三个特点。

12. 按文体格式分，意向书可分为________和________两类。

13. 协议书具有________、简约性、________、协作性等特点。

14. 合同的内容因文而异，但一般不外乎通用条款、________以及________三类。

15. 技术合同主要包括：技术开发合同、________、技术咨询合同以及________等。

16. 签订合同时应遵循________、________和等价交换等原则。

17. 协议书写作的语言要求包括________、文词简洁、________等。

18. 经济合同的主体部分一般包括________、数量、质量要求、________、合同履行的期限、地点和方式以及________等主要内容。

19. 广义的协议书有多种多样的名称，如协议书、________、________宣言等。

20. 根据协议书的具体内容，协议书大致可分为________协议书、贸易经济协议书、________协议书等。

二、选择题

1. 经济合同的标题一般是由(　　)。

A. 名称加合同两字组成　　B. 事由加合同两字组成

C. 时间加合同两字组成　　D. 价款加合同两字组成

2. 经济合同的开头一般表述为(　　)。

A. 根据……，××方与××方××……为明确双方责任，经充分协商，特订立本合同，以资共同遵守

B. "你方"、"我方"为明确双方责任，经充分协商，特订立本合同，以资共同

遵守

C. 根据……，特订立本合同，以资共同遵守

D. 根据……，明确双方责任

3. 经济合同最重要的部分是（　　）。

A. 标题　　B. 开头　　C. 主体　　D. 违约责任

4. 经济合同中不可抗拒力条款、解决争议的方式、附件说明等内容一般写在（　　）。

A. 开头　　B. 主体　　C. 结尾　　D. 落款

5. 合同当事人因过错造成合同不能履行时所承担的经济和法律责任的条款是（　　）。

A. 标题　　B. 标的　　C. 合同落款　　D. 违约责任

6. 按预测的范围，市场预测报告分为（　　）。

A. 宏观市场预测报告和微观市场预测报告

B. 长期、中期、短期预测报告

C. 定性预测报告和定量预测报告

D. 经济活动分析报告

7. 某经济实体对特定市场商品供需变化情况分析研究的预测报告是（　　）。

A. 宏观市场预测报告　　B. 微观市场预测报告

C. 经济活动分析报告　　D. 可行性研究报告

8. 对二年至五年时间内经济发展前景进行预测的市场预测报告属（　　）。

A. 长期预测报告　B. 中期预测报告　C. 短期预测　　D. 暂时预测报告

9. 市场预测报告中，说明预测目的、缘由、介绍预测对象和预测方法的部分是（　　）。

A. 前言　　B. 主体　　C. 结尾　　D. 落款

10. 市场预测报告的中心部分是（　　）。

A. 标题　　B. 前言　　C. 正文　　D. 结尾

11. 市场预测报告主体部分的内容在文字表述上的要求是（　　）。

A. 一般化、概念化　B. 具体可行　　C. 呼应开头　　D. 简单、明白

12. 拟定经济活动分析报告的标题，应注意（　　）。

A. 标题的表述要与报告的内容相符　　B. 标题要具体明确、简洁醒目

C. 标题必须要完整　　D. 不能用非公文式标题

13. 经济活动分析报告的正文部分，包括（　　）。

A. 前言　　B. 主体　　C. 分析　　D. 结尾

14. 经济活动分析报告的写作要求包括（　　）。

A. 掌握科学的分析方法　　B. 要准确、全面地掌握材料

C. 要抓住重点问题进行分析　　D. 多列举材料，多进行预测

15. 经济活动分析报告中运用比较分析法比较时，比较的方面有（　　）。

A. 比计划　　B. 比历史　　C. 比现状　　D. 比现象

16. 运用基本分析方法进行经济活动分析时，要注意防止（　　）。

A. 罗列现象忽视分析　　B. 对多种指标进行综合对比

C. 用空洞的口号代替具体建议　　D. 观点与材料不统一

17. 经济活动分析报告写作中常用的分析方法主要有（　　）。

A. 比较分析法　　B. 因素分析法

C. 动态分析法　　D. 宏观分析法

18. 下列招标书标题，属于广告式标题的一项是（　　）。

A. 建筑工程招标书　　B. 试试看，你行不行

C. ××省高速公路招标书　　D. 招标书

19. 准备投标的单位，向招标主管部门报送的以备审定投标资格的书面文件是（　　）。

A. 招标书　　B. 招标申请书

C. 投标意向书　　D. 投标申请书

20. 下列选项中，属于灵活性标题的一项是（　　）。

A. 鹏程建筑公司投标书

B. 建筑安装工程投标书

C. 投标书

D. 我有妙招、必获成功——我的投标书

三、判断题

1. 通过评标确定了中标者后，只需通知中标者，不需要通知未中标者。（　　）

2. 广义的招标书泛指在整个招标过程中所涉及的一系列文件。（　　）

3. 招标邀请通知书一般适用于谈判招标。（　　）

4. 招标章程主要是用来告知投标人应注意哪些事项，对招标人没有约束作用。（　　）

5. 招标章程的正文部分往往需要对招投标活动的全过程进行说明或规定。（　　）

6. 在实际运用中，文字式投标书比表格式投标书用得更多。（　　）

7. 投标书介绍己方的优势时可以适当拔高。（　　）

8. 制作投标书要注意实事求是，但更要有竞争性地明确表达投标意愿。（　　）

9. 招标可以完全杜绝诸如“权钱交易”、“暗箱操作”等腐败现象的产生。 (　　)

10. 结尾是招标书的一个必要组成部分，一般会比较详细地写清楚招标单位(或承办招标事项的单位)的名称、地址、电话、传真、邮编、联系人等，以便于外界与之联系。 (　　)

11. 凡我方需要上级主管部门帮助才能解决的问题，也可写入意向书，因为意向书还不是合同。 (　　)

12. 运用留有余地而不具体地表达数量的词语，恰恰是意向书语言准确性的体现。 (　　)

13. 协议书具有与合同相类似的作用。 (　　)

14. 外交条约也是协议书的一种。 (　　)

15. 在货物购销合同中，卖方称为甲方，买方称为乙方，不得颠倒。 (　　)

16. 意向书是签订合同的先导，可为正式签订协议或合同订下基础。 (　　)

17. 意向书因为具有临时性的特点，故不需要讲究写作格式。 (　　)

18. 协议书与合同只是名称上有差别，实际上是一回事。 (　　)

19. 合同的签订可减少当事人双方有失信毁约的担忧，可使企业的管理水平因此得到提高。 (　　)

20. 意向书的语言应精确周密，以避免法律纠纷。 (　　)

21. 经济合同必须双方或多方当事人意思表示一致。 (　　)

22. 经济合同双方或多方当事人的法律地位可以不平等。 (　　)

23. 签订经济合同的双方或多方当事人的意思表示首先必须符合双方的利益，并且不损害社会。 (　　)

24. 经济合同一经依法签订，就具有法律效力。 (　　)

四、简答题

1. 调查报告与报告有何区别？

2. 调查报告有哪些写作要求？

3. 找一个调查选题，拟写一份调查报告提纲，撰写一份调查报告。

4. 市场预测报告和调查报告有何异同？

5. 市场预测报告的特点是什么？

6. 试就本专业的就业趋势作预测报告。

7. 请运用对比分析法，因素分析法将两个同类型的企业的发展状况作经济活动分析。

8. 可行性报告有何特点？

9. 可行性报告有哪些写作要求？

10. 经济活动分析报告的特点是什么？

11. 经济活动分析报告与调查报告有何区别？

12. 招标书有哪些分类法？

13. 了解招标书的一般程序。

14. 招标书和投标书有何关系？

15. 投标书的程序有哪些？

16. 询价函的主体部分包括哪些内容？

17. 确认函作为一种商业信函，与一般书信相比较有什么不同？

18. 索赔函的主体部分包括哪些内容？

五、根据要求回答问题

1. 阅读下面询价函，评析是否正确，找出其病因。

询 价 函

××××：

我们从九龙商厦获悉，贵公司日前用上好的原料生产了一种供出口的手工制鞋。这种类型的高档商品，工艺精美，颜色也相当鲜艳。我方十分需要。敬请贵方给我们寄份资料。

盼赐复

××××年××月××日

2. A公司向新加坡客户B公司发出一份订货单：童装兔毛衫200打，货号CM034，每打100美元，8月份装运，即期信用证付款，25日货到有效。B公司表示愿意为A公司供货，并及时发一封确认订购函给A公司。

根据以上情况，假设你是A公司负责人，请你写一份确认函，要求格式规范，内容完整。

3. 假定你是B建材公司的经办人，请依据下述事实给A公司写一份催款函。

2007年6月13日，A公司从B建材公司订购一批建筑材料，双方达成协议后，B建材公司于一周后发货给A公司。A公司查无质量问题并签收，承诺按合同约定于6月27日前将购货款汇入B建材公司银行账户，现在已是7月2日了，A公司仍未向B建材公司交付货款。

4. ××市工业学院为改善办学条件，拟在校园北操场后，建一座公寓式学生宿舍楼，占地面积1 000平方米，6层框架结构，建筑面积6 000平方米，预算资金1 100万元。和本市建工集团分公司鉴定协议，本年3月破土动工，本年11月底交付使用。请你准备其他附加资料,拟写一份合同。

5. 根据下述内容,拟写一份购销合同。

红星果品商店(甲方)王建,于今年5月30日与西山果园(乙方)刘芳签订了一份合同。合同提到甲方今年购买乙方生产的无核蜜橘5吨,蜜桃2吨,各分三批提货,由乙方于6月20日之前送到甲方所在地,运费由甲方负担,各类水果价格视质量好坏,按国家当地收购价计价。货款在每批货物到货时当天通过银行托付,这份合同一式四份,双方各执1份,各自上级单位备案各1份。

6. 阅读下面这篇工程项目招标书,回答文后问题。

×××公司局域网楼内布线工程项目招标书

×××公司就公司局域网楼内布线工程项目进行公开招标,欢迎本市有同类工程经验的公司参加投标。具体内容如下;

一、招标内容

局域网楼内布线工程包括:11座楼宇内469个信息点布线,以及每座楼中配线间的布线。详见《×××公司局域网楼内布线各楼楼层布点表》和《×××公司局域网楼内布线各楼楼层布点图》。

二、技术要求

1. 符合布线工程要求的技术规范和施工规范。

2. 符合EIA/TIA—568B标准。

3. 网线、配线架、理线器、全套信息座、RJ-45水晶头及扩套均要求为Lucent超五类产品。

4. 配线间中配线架、跳线缆上均要有清晰永久的位置标签。

5. 各种线槽、管材要求质量可靠;施工美观整齐、经久耐用。

三、施工注意事项

要求避开上班时间,在晚上10时至早晨7时施工。

四、验收方式

由公司组织工程验收。要求施工方提供的布线工程文档齐全,提交布线工程图,包括每楼层的布线平面图、配线架与信息插座对照表等,图、表要求A4规格。全部工程完成后,按照ELA/TIA—568B标准进行验收,要求施工方提供所有信息插座及配线间的技术认证检测报告。

五、维护要求

项目验收合格后,要求免费维护1年。

六、付款方式

项目验收合格后，付合同总金额的90%，其余1年内付清。

七、公布标书时间

××××年4月16日。

八、投标截止时间

××××年4月26日。

九、议标时间

××××年4月29日。

联系人：××，××

地　点：×××公司新办公楼3楼网络信息中心

联系电话：××××××××××

传　真：××××××××××

电子信箱：××××××××

×××公司

二〇〇八年四月八日

(1) 这则招标公告的标题属于哪种结构类型？

(2) 请简要分析本文的基本结构和主要内容。

(3) 从整体上看，本文在写作方面有哪些主要优点？是否还存在可以改进的不足之处？

7. 东国大学后勤管理处拟在全校办公场所和学生宿舍区内统一添置饮水设备，现发布招标公告寻求理想供应商。假设你是当地一家饮水机生产企业，请根据下面的招标条件，拟写一则文字的投标文书。

招标通告

招标机构名称：东国大学后勤管理处

地址：××市××区××路××号(××楼105室)

邮编：×××××××

电话：×××××××××；传真：×××××××××

联系人：×××、×××

东国大学后勤管理处就"东国大学学生宿舍和各行政单位饮水机设备采购及安装工程"项目邀请合格投标人就该项目的货物和相关服务提交密封投标书。

一、招标内容：

1. 设备名称：自动电热式饮水机。

2. 数量及技术规格要求：1 226台，可持续供应开水和冰水，并具有净水除垢功能。

3. 招标范围：设备采购及安装、调试以及售后服务等。

4. 交货时间：9 月 15 日前安装调试完毕。

5. 交货地点：××大学。

二、合格投标人必须符合《中华人民共和国政府采购法》第二十二条。

三、报名登记时间及办法：

1. 报名时间：2007 年×月××日 12 时至××日 15 时止。

2. 投标商报名时出具下列相关文件：

营业执照(复印件)；法人资格证明或法人代表授权书；税务登记证明(复印件)；企业资质；产品资料。

3. 招标单位对报名单位资格预审后，另行通知领取招标文件时间。

4. 报名地点：××大学后勤管理处(××楼 109 室)。

四、投标时间与投标、开标地点：

1. 通过资格预审的企业单位在领取招标文件时确定投标时间。

2. 开标时间和开标地点：招标单位对通过资格预审的各报名单位进行考察后确定。

3. 投标地点：××大学后勤管理处(××楼 109 室)。

东国大学后勤管理处

8. 阅读下面这篇投标书，回答文后问题。

教学大楼工程施工投标书

根据××职业技术学院兴建教学主楼工程施工招标书和设计图的要求，作为建筑行业的×级企业，我公司完全具备承包施工的能力与条件，决定对此项工程投标。具体说明如下：

一、综合说明

工程简况：教学主楼一幢，建筑面积 10 700 m^2，主体 6 层，局部 2 层。框架结构：楼全长 80 m，宽 40 m，主楼高 28 m，二层部分高 9 m。基础系打桩水泥浇注，现浇梁柱板。外粉全部，玻璃马赛克贴面，内粉混合砂浆采面涂料，个别房间贴壁纸。全部水磨石地面，教室呈阶梯形，个别房间设空调。

二、标价(略)

三、主要材料耗用指标(略)

四、总标价

总标价 3 408 305.20 元，每平方米造价 370.23 元。

五、工期

开工日期:××××年2月5日;

竣工日期:××××年8月20日;

施工日历天数:547天。

六、工程计划进度(略)

七、质量保证

全面加强质量管理,严格操作规程;加强各分项工程的检查验收,上道工序不验收,下道工序决不上马;加强现场领导,认真保管各种设计、施工、试验资料,确保工程质量达到全优。

八、主要施工方法和安全措施

安装塔吊一台、机吊一台,解决垂直和水平运输;采取平面流水和立体交叉施工;关键工序采取连班作业,坚持文明施工,保障施工安全。

九、对招标单位的要求

招标单位提供临时设施占地及临时设施30间,我们将合理使用。

投标单位:××建筑工程总公司(公章)

负责人:××(盖章)

电　话:×××××××××传真:×××××××××

附　件:本公司基本情况介绍

(1) 这则投标书属于哪种类型的投标书?

(2) 请简要分析本文的基本结构和主要内容。

(3) 这则投标书在附件中提供了该公司的基本情况介绍,这有何作用?

(4) 试举例说明本文的语言是否存在表述不够严谨的地方?

9. 请按照招标书的写作要求,指出下文缺写什么内容,并进行修改。

××集团公司修建办公大楼招标书

本集团公司将修建一栋办公大楼,由××市城市建设委员会批准,建筑工程实行公开招标,现将招标有关事项公告如下:

一、工程名称:××集团公司办公大楼

二、建筑面积:××××m^2

三、设计及要求:见附件

四、承包方式:实行全部包工包料

五、索标书时间:投标人请于××××年6月5日前来人索取招标文书,逾期不予办理。

投标人请将投标文书及上级主管部门的有关签证等密封投寄或派员

直接送本集团公司基建处。收件至××××年7月5日截止。开标日期定于××××年××月××日，在××市公证处公证下启封开标，地点在本集团公司××楼第一会议室。

电　话：××××××××××

联系人：×××

××集团公司招标办公室

××××年5月15日

第六章　社 交 文 书

第一节　社交文书概述

一、社交文书的涵义

社交文书是人们在社会交往、人际交往活动中形成和使用的应用文书。

二、社交文书的特征

(一) 礼仪性

它往往强调社会交往，组织与组织，人与人交往中讲礼仪、讲礼节、讲文明、讲礼貌，它是建立良好社会、人际交往的基础，千百年来被视为人们公认的社会交往的准则。

(二) 抒情性

人类在社会交往、人际交流时最需要情感的交流，心与心的交换，人是有感情的高级动物，无论是人与人，还是组织与组织，都需要情感的投入，以情感为纽带来维系良好的人际关系。

(三) 交流性

作为社交，不管组织与组织，个人与个人总是不断相互联系，需要交往与沟通，需要借助语言文字传播，交流和沟通是最频繁、最广泛、使用频率最多的方式。

三、社交文书的种类

社交文书在人类历史的长河当中,涉及社会交往,人际交往的各个方面,各种领域,种类繁多。就书信而言,有一般书信,如个人之间、朋友间、长辈间、师生间的书信;专用书信,如介绍信、证明信、感谢信、表扬信、慰问信、邀请信、请柬;公务书信,如各种函件。还有条据;启示、声明、海报;演讲稿、欢迎词、欢送词、答谢词等。

第二节 书　信

【导入案例】

某天晚11时,天正下雨,东国经济文化学院教师翁老师从朋友处回家,当时她由南向北在江宁路上,行至建设银行门口,一位中年妇女站在屋檐下向她打招呼,并用东北口音问她附近有没有自动柜员机。她俩正说话,一辆大卡车从北向南飞驶过来,随后听到一声怪异的紧急刹车声,她们回过身,发现那车在离她们大约20米处撞倒了什么东西,当她们急忙赶过去时,那辆大卡车已匆匆发动起来开走了(翁老师留意到车牌号码的尾数好像是"37"),她们走过去一看,路上躺着一个老人,身边一辆手推车被汽车轧烂了,此时正好有一辆出租车过来,中年妇女就招呼翁老师一起将那个老人扶到车上,翁老师因为要赶回家准备第二天一早飞往加拿大出差,心里很急,又看看老人不至于有什么生命危险,就拿出100元钱交给那位女士,随后就自己回家了。她问了那名女士的姓名,她说她叫赵琴。等翁老师从加拿大回校时,大家都在谈论赵琴的事,原来赵女士因那一夜送伤者去医院而蒙冤含屈,被撞伤老人的家人将赵琴女士告上法庭,认为赵琴是事故制造者。

讨论:

翁老师觉得自己正巧是目睹事故发生过程的人,有责任和义务以个人名义向有关部门写一封证明事实真相的书信。

(1) 翁老师要写的书信是属于哪种类型的书信?

(2) 如果你是这位翁老师,你如何向有关部门写一封证明事实真相的书信?

【要点阐释】

一、书信的涵义

书信是个人与个人、个人与组织、组织与组织之间，运用文字交流思想感情、沟通情况、研究问题、商讨事宜、互通信息的一种应用文体。

二、书信的种类

书信大体上可以分为三种类型：一般书信、专用书信和公务书信。公务书信在日常生活中使用较少。本节主要学习一般书信和专用书信的写法。

三、一般书信的写作

一般书信是指私人之间往来的信件。它由六部分组成，即称谓、问候语、正文、祝颂语、具名、日期等。

(一) 称谓

就是对收信人的称呼(故也叫“称呼”)。首行顶格写起，以示对对方的尊重。单独成行，后加冒号。

同事、朋友之间，可以用先生、同志，也可在姓氏前加“老”、“小”字，以示亲切。如果是不熟悉的人，可根据具体情况称先生、女士、同志、阁下等。注意用语一定要有礼貌，符合对方身份。

(二) 问候语

向收信人表示问候或者想念之情的礼貌用语。写在称呼的下一行，空两格写起，独立成段。通常用“您好”，还可以对收信人的工作、学习、生活、身体等方面的情况进行问候，如“近日工作忙吧(学习好吧)”、“身体好吧”、“生意兴隆吧”、“好久没有写信了，十分想念您”等。

(三) 正文

这是书信的主体。另起一段，空两格写起。一般先说写信的原因(有的书称之为“缘起语”)，可以说明什么时间收到对方来信，表示谢意或回信迟的歉意；也可询问对方的情况以示关怀。

(四) 祝颂语

表示祝愿或敬意的话,普通的书信多用"此致敬礼"、"祝你万事如意"之类的词语。还可因人、因具体情况选用相应的词语,如"即颂学安(写给学生的)、顺致冬(春、夏、秋)安(依具体季节而定)、祝新春快乐、祝健康(长寿)(写给老年人的)"等,注意要用语得当,不可乱用。如对病人就不能用"祝健康(长寿)"的字样,只能写"祝早日康复(痊愈)"。

祝颂语的习惯写法一般是在正文写完之后,另起一行空两格写"此致、祝、即颂、顺致"等(后面不加标点),再另起一行顶格写"敬礼、如意、安好、冬安"等。这种格式在古代的原意是后退向人行礼,表示对人尊敬。但今人对此已不特别注意,而是将其移向中间。近年还流行一种不用传统的分两行写祝颂语的写法,就是正文写完之后,另起一行,直接写"祝万事如意、祝圣诞快乐"之类的祝颂语,这也是可行的,但一般用于较熟悉的人。

(五) 具名

也称"署名",写信人的名字,它位于书信的右下方。如果是写给亲朋好友的,可以在名字前加上对方对自己的称呼,如"弟、妹、儿、友、同学"等,收信人怎么对写信人称呼,写信人就怎么署名。如果写信人是对方熟悉的长辈,则不必署名,直接写收信人对写信人的称谓即可,如"爸爸"、"二叔"、"大姑"、"老姨"等。写给组织、单位或不熟悉的人的信,具名一定要把姓与名写全。

(六) 日期

在具名的后面或正下方,写发信的年月日,以便于收信人查考。

四、专用书信的写作

专用书信是针对某种特定事务或特殊需要而写的具有专门用途的书信。专用书信包括介绍信、证明信、推荐信、感谢信、表扬信、慰问信、邀请信等。

(一) 介绍信

1. 介绍信的涵义

介绍信是机关、团体、企事业单位介绍本单位的人员到其他单位接洽、联系、磋商工作、事情等所写的一种专用书信,它可以证明持有人的身份,具有凭证性的特点。

2. 介绍信的写作

较正规的介绍信一般由两联构成，一联是存根，另一联供外出人员携带，两者之间有用虚线表示的中缝。填写时，存根与本文的内容要完全一致，并且要在中缝上填写该介绍信的字号，字体要稍大些，并加盖公章。有些小的单位没有印刷的介绍信，只用普通信纸来写，但格式写法与印刷的基本上是一致的。

介绍信由如下内容组成：

(1) 标题在第一行正中写“介绍信”或“××单位介绍信”，字体一般用黑体，较大。

(2) 字号在第二行偏右，由单位规范代字、文种代字(“介字”)和该介绍信的顺序号构成。如“××院介字 00321 号”。

(3) 称谓前往联系单位的名称，顶格写，后加冒号。

(4) 正文包括持介绍信者姓名、人数，接洽的具体事项。一般用“兹有”、“现有”等词语开头，用“请接洽”、“请协助”等词语结尾。人数要大写。

(5) 祝颂语格式要求同一般书信，内容一般都是“此致”、“敬礼”。

(6) 有效期限一般是往返路途加办事所用时间再稍宽出一二天为宜。

(7) 时间就是介绍信开出的时间，写完后在其上加盖公章。

3. 介绍信写作的注意事项

(1) 联系的事情要写得具体清楚，语言简洁概括平实，不写原因、结果，不议论、抒情。

(2) 向对方提出要求时语气要谦和，一般用“请接洽”、“请予协助”等，不能使用“要”、“应该”、“必须”等带有命令性的语气。

(3) 一份介绍信只写一个联系单位、一件事情。

(4) 不得随意涂改。如有涂改，涂改处必须加盖公章，否则，对方可以不予接待。

(5) 与一般书信相同，介绍信以及其他专用书信均不可使用红色墨水的笔或铅笔书写。

(二) 证明信

1. 证明信的涵义

证明信是由机关、团体或个人出具的，证明某人的身份、经历、学历或某件事情真实情况的专用书信。

2. 证明信的写作

证明信的标题通常由两种方式构成：一种是单独以文种名作标题，就是在第一行中间冠以“证明信”、“证明”字样。另外一种是由文种名和事由共同构成。一般也是写在第一行中间。如“关于×××同志××情况(或问题)的证明”。称谓位置同一般书信(如果收信对象不确定，可以不写称谓)。正文内容若复杂则分段写。

“特此证明”是证明信正文的专用结语。祝颂语要求同介绍信，署名、日期格式同一般书信。若是单位出具的证明，须加盖公章。

3. 证明信写作的注意事项

(1) 证明的内容要针对对方所要求的要点写，其他无关的不写。如果证明的是某人的某段经历，应写清人名、时间、地点及所经历的事情；如证明某一事件，要写清参与者的姓名、身份及其在此事件中的地位、作用和事件本身的前因后果。

(2) 证明信有时是作为结论的根据的，写信者要对证明的内容负责。所以，写证明信态度要严肃认真，实事求是，言之有据，对被证明的人或事，必须有清楚的了解。如果不太熟悉或记得不十分准确，应写清并注明“仅供参考”。

(3) 语言要简明、准确、平实，不得有半点夸饰，也不能模棱两可、含糊其辞，更不要抒情。

(4) 不能用铅笔或红色墨水的笔写，不得涂改。若有涂改，单位出具的要在涂改处加盖公章，个人出具的要在涂改处加盖证明人的指纹。

(5) 单位出具的证明要加盖公章，并且留有存根备查。

(6) 以个人名义所发的证明信，要写明写证明信者本人的政治面貌、工作情况等，也可由写证明信人所在的单位签署意见。内容主要包括对写证明信人的身份、职务、政治面貌的简要介绍和对证明材料的态度。以便使审阅证明信的人了解证明人的情况，从而鉴别证明材料的真伪与可信程度。组织签署意见后，要署名、加盖公章，并写上具体日期。

(7) 有时单位为外出办事的个人出具证明其身份的证明信，对于这种随身携带的证明信，一般要求在证明信的结尾注明有效时间。

(三) 表扬信

1. 表扬信的涵义

表扬信是为表扬单位、集体或个人的先进思想、事迹，致发给对方单位或领导，上级组织或新闻媒体的一种专用书信，同感谢信一样，它的写作者也可以是单位、集体或个人。

2. 表扬信的写作

标题为“表扬信”，其他格式同感谢信。正文由三部分组成：

(1) 事迹介绍，叙述要表扬事情的发生、发展、结果，这是开头也是主体。

(2) 评价和赞扬，这部分内容要简洁，评价要恰当。有时候可以不单独成段，在前一部分的夹叙夹议的“议”中体现。

(3) 希望和要求，提出对表扬对象予以表彰的建议，若对方单位是下级则可用要求的方式提出。

3. 表扬信写作的注意事项

(1) 内容上要重点叙述事件的发生、发展、结果及其意义,让事实说话,少讲大道理。不要把无关紧要的事实经过备细罗列,以免繁冗啰嗦,冲淡主要事迹。

(2) 议论要适当,赞扬要热情。

(3) 事实要准确,实事求是,不夸大、不缩小。

(4) 语气热情恳切,篇幅不宜过长。

(5) 表扬信一般用大红纸誊写好,贴到对方单位墙上。

4. 感谢信与表扬信的区别

(1) 感谢信重在致谢,因感谢而产生了表扬效果;表扬信重在宣传,表扬之中含有感激之情。

(2) 感谢信以议论抒情为主要表达方式,表达感谢之情是主体;表扬信以叙述为主要表达方式,叙写对方的先进事迹是重点。

(3) 旁观者虽然没有受到关怀和帮助,但耳闻目睹了有关情况,也可以给有关部门写表扬信;而感谢信只能由受帮助者本人或者其亲属写,一般不能由旁观者写。

(四) 邀请信

1. 邀请信的涵义

邀请信也称请柬或请帖。是单位或个人邀请别人出席会议、参加活动所写的一种书信。

2. 邀请信的写作

与一般书信大体相同。其特别之处在于:有封面和标题,没有问候语和祝颂语。大多在封面上写明"请柬"、"请帖"等字样,少数没有封面的写在正面。

四、专用书信与一般书信的区别

(1) 专用书信常有标明性质的标题,有的还在标题前加上标题内容的修饰语。一般书信没有标题。

(2) 专用书信的收信人称谓可写在开头第一行,有的写在正文之后另起一行顶格,还有的写在正文中。一般书信的收信人的称谓均写在开头第一行。

(3) 不少专用书信,为表示慎重,要在具名处加盖公章。一般书信除单位写的外,一般不用印章。

【难点提示】

(1) 第一次同对方通信时，在正文之后或日期之下一定要详细地写上自己的联系地址、邮政编码。

(2) 如果是给熟悉的人写信，在写完之后发现有遗漏的内容，可以在结尾后补写附言。在附言开头的地方加上“附”、“又及”、“另及”等字样即可。对不熟悉的人、尤其是写求职、应聘的信，绝对不可以这样做，这样会给人以草率的印象。

(3) 写信就是和对方交谈，只是对方不在面前，把要说的话写出来而已。因此要抓住重点，内容清楚，诚恳有礼。又由于书信可以长期保存，有些未考虑成熟尤其是可能与对方造成利害冲突的话，应该绝对慎重。

(4) 要考虑对象，要考虑对方的身份、经历、文化水平等，语言一般要尽量口语化，直截了当，浅显明白，用语规范。给文化水平较高的人写信，典雅些也无妨。

(5) 要字迹工整、标点符号正确、格式规范，不可潦草，尽量不要涂改。

(6) 不可用红色墨水的笔或铅笔写信，这是不礼貌的。尤其是用红色墨水的笔写信，在古代意味与对方绝交。忌用！

【文例评析】

文例1：

证 明 信

××市商贸公司：

你公司××同志，2005年9月至2007年6月曾在我院涉外秘书专业学习。在院期间，学习刻苦，工作积极，要求进步，连续两年被评为“优秀学生”。

特此证明。

××市东国经济文化学院（公章）

2007年11月30日

评析：

本证明信措词明确，表述客观。

文例2：

表 扬 信

东国经济文化学院学生处：

我们是中国人民解放军某部三连的全体官兵。2月4日我连干部妻子陈某自杭州携三岁的女儿来部队探亲，不慎在某火车站失窃所有的现金和火车票，正当陈某母女俩万分焦急之时，你校的张某和施某同学向她们伸出援助之手，这两位同学不仅掏钱为她们买了到某某的火车票，而且一路上为陈某母女俩买饭买菜，递茶递水，最后又为她们叫好出租车并预先付了车费，陈某母女俩这才平安到达部队驻地。

张某和施某同学这种助人为乐的精神，令我们全体指战员感动万分。我们十分感谢张某、施某同学助人为乐的优秀行为，我们号召全连干部战士向这两位同学学习，在建设四化，保卫祖国的工作中奉献我们的青春，同时也希望学校领导对张某、施某同学予以表扬。

此致

敬礼!

某部三连全体官兵

2007 年 2 月 10 日

评析：

这一表扬信是单位发给学校的，语气热情恳切，文字朴素精炼，篇幅短小精悍。用概括叙述的语言首先交待人物事件的发生、发展过程，叙述清晰自然，条理分明，用事实说话，突出了事情最本质的一方面。其次在叙事的基础上进行评价，赞颂对方所作所为的道德意义，即“助人为乐”。另外行文中发信人真诚的谢意蕴于字里行间，有利于弘扬社会公义。结尾处，写有希望学校予以表扬的句子。总体看来，表扬信以表扬为主，不乏感谢之意，同时也表现出发信人的诚恳态度与真挚的情感流露。

文例 3：

感 谢 信

××公安派出所：

我母亲××多岁，今年×月××日从××老家送我的小儿子到××××，在××倒车时，她去厕所迷了路，找不到孙子了。贵所所长刘××同志了解这情况后，立即发动所有同志去找，据我母亲说，你们找了一个来小时，在离火车开车前几分钟终于找到了我的小儿子，并将他们祖孙二人送上火车。我母亲要给大家买汽水，也被你们谢绝了。你们这种精神真值得我学习。在此，我代表我全家向贵所及全体同志表示衷心的感谢!

我是一名售货员，我一定要像你们那样兢兢业业，热情周到地做好我的服务工作。

此致

敬礼!

××市××商店　售货员×××

××××年×月×日

评析：

本感谢信叙述事件的经过和原委，用语朴质自然，人间至情，往往无需华丽的词藻，此信可为证明。

文例 4：

郑州市人民政府对军人的慰问

中国人民解放军驻郑部队、军事院校、武警部队全体官兵，全市烈军属、革命伤残军人、军队离退休干部和转业复员退伍军人同志们：

正当全市军民满怀豪情跨入新世纪、新千年的时候，我们又将迎来春节这一中华民族的传统节日。在这普天同庆的日子里，市委、市政府向你们致以节日的祝贺和亲切的慰问！

刚刚过去的 1999 年是极不平凡的一年。市委、市政府带领全市广大党员、干部和群众，高举邓小平理论伟大旗帜，认真贯彻落实党的十五大精神和中央一系列重大决策，克服了经济社会生活中的重重困难，取得了改革开放和各项建设事业的新胜利。我们同全国人民一道，举行了建国 50 周年庆祝活动，喜迎澳门回归祖国；胜利开展了三场大的政治斗争，经受住了考验；在市直机关县级以上领导班子和领导干部中深入开展了"三讲"教育；贯彻实施中央关于扩大内需、开拓市场的战略方针，实现了 9%的经济发展目标；精神文明建设、民主法制建设和党的建设进一步加强，社会大局稳定，各项事业全面发展。这些成绩的取得，是全市各级党委、政府和广大干部群众共同努力的结果，同时也是与驻郑各部队、军事院校和武警官兵的大力支持和帮助分不开的，与全市烈军属、革命伤残军人、军队离退休干部和转业复员退伍军人同志们的勤奋工作、积极进取分不开的。在此，市委、市政府向你们表示崇高的敬意和衷心的感谢！

过去的一年，我市"双拥"工作继续健康发展，更加富有成效，巩固和发展了军政军民团结的大好局面。广泛开展"爱心献功臣行动"，切实为老烈属、老伤残军人、老复员军人等重点优抚对象解决了生活难、住房难、医疗难等实际问题。妥善安置驻军随军家属及转业退休军人的就业和生活问题。优抚对象的抚恤补助标准得到提高，有力地支持了部队的现代化建设。同时，驻郑各部队、军事院校和武警部队全体官兵继承和发扬我军的光荣传统，以维护社会稳定、保护国家人民生命财产安全、支援地方重点工程建设和支持社会公益事业发展等为己任，积极承担急、难、险、重任务，为我市的改革、发展和稳定做出了特殊的贡献。在全市军民的共同努力下，我市再次荣膺“全国双拥模范城”称号，实现了市委、市政府提出的“三连冠”奋斗目标。这不仅是全市军民生活中的一件盛事，也标志着我市双拥工作又上了一个新的台阶。

2000年是世纪之交的一年，也是实现“九五”计划的最后一年。新的一年，我们要继续高举邓小平理论伟大旗帜，进一步深入贯彻落实十五大和十五届三中、四中全会精神，紧紧围绕改革、发展、稳定大局，军民携手，齐心协力，做好我们的各项工作。市委、市政府和人民群众要按照江总书记“同呼吸、共命运、心连心”的总要求，妥善安置军队转业干部、退休军人、离退休干部和随军家属，做好优抚安置工作；驻郑各部队和广大优抚对象要继续发扬我军的优良传统和作风，发挥优势，一如既往地积极参加和支持我市两个文明建设，不断发展社会生产力，提高部队战斗力，增强军民凝聚力，加强军政军民团结，与全市人民一道，同心同德，艰苦奋斗，为郑州的繁荣和发展作出新的贡献！

恭祝大家新年快乐，工作顺利，身体健康，阖家幸福！

中共郑州市委

郑州市人民政府

2000年1月25日

（引自《郑州晚报》2000年1月26日）

评析：

这是一种例行公关性质的专用慰问信。先介绍慰问原由，再陈述主要成就与未来使命。从文体思维路径来分析，成就的取得离不开对方的奉献，完成新任务、新使命，更需要同心同德。这样，向对方表达慰问之情对于促进双向联系、鼓舞士气、调动一切积极因素搞好经济建设工作有积极的推动作用。

【案例操作】

根据材料写作相应书信。

(1) 李振东，现年30岁，中共党员。2005年8月李振东同志刚从××财贸学院调往××审计事务所，事务所希望原工作单位能够出具李振东同志工作经历及表现的证明。李曾在××财贸学院会计系担任副主任职务，工作认真负责，业务能力强，多次被评为市级劳动模范，院内先进工作者。

(2) ××大学在“绿化××，美化家乡”的义务劳动中，表现突出，不仅提前、出色地完成了分给自己的任务，而且能主动协助临近单位，主动承担额外任务，他们这种积极主动、助人为乐的精神受到了政府的重视。

(3) 为了提高学院教学质量，加强实践性教学，培养学生实际操作的动手能力。××学院旅游管理系烹饪专业特聘请××饭店特级厨师王世亮同志为兼职教授,在两年聘期里王世亮同志表现突出,不仅提高了烹饪专业学生的专业素质,而且,还培训学生参加多次比赛,并多次获奖,为此,学院决定给王世亮同志写一封感谢信,感谢他为学院做出的突出贡献。

(4) 在传统重阳节即将来临之际,为了感谢老一辈恒达人对公司做出的历史性贡献,行政经理李明决定向全体离退休老同志发一封信表示慰问。如果你是单位的行政助理,请你拟写该书信。

第三节　条　据

【导入案例】

北国商业集团公司总经理准备次日一早出差,去邻省诗博实业股份有限公司洽谈一笔业务。仅差半小时就要下班了,还有两件事情需要马上处理,一是估计此行开销约需现金人民币2万元左右,二是需给对方发一份确认总经理行程的电子邮件。行政经理指示为领导做出差准备的秘书徐达,先到公司财务处替领导借现金2万元,待领导出差后再报销;再给对方发一份电子邮件并电话通知对方,详细介绍总经理此行的日程安排情况,请对方安排相应级别的领导出面接洽。

讨论:

(1) 请说明条据的种类及写作条据的格式。

(2) 假如你是公司总经理秘书徐达,请先给财务处出具一份借款2万元的借条,再拟定电子邮件文本,报行政经理李明核准后发给对方。

【要点阐释】

一、条据的涵义

人们在日常生活、学习、工作中,借到、领到、收到或者欠他人钱物时,一般要写张字条交给对方,需要对某件事作简单说明以求达到彼此沟通情况的目的,也要写张字条留给对方。这些作为凭证,进行说明的字条,就是条据。

二、条据的种类

条据有多种,基本上可分为两大类,即凭证式条据(如借条、欠条、领条、收据)

和说明式条据(如请假条、留言条、托事条),后者也叫便条。

三、条据的写作

(一) 凭证式的条据

(1) 在上方中间写条据的名称,表明条据的性质,如“收条”、“借条”、“领条”。

(2) 正文开头空两格,写对方的名字或名称、涉及钱物的数量、原因等相关内容,也可在开头直接写“今借到”(“今收到”、“今领到”),再另起一行,开头空两格写正文。在正文结尾处,也可以另起一行空两格写“此据”二字。

(3) 右下方用“立据人(借款人):×××”的方式署名(单位需加盖公章),再下一行写出条据的年、月、日。

(二) 作说明的条据

(1) 一般不写名称,需要写名称的写在第一行中间(如请假条)。

(2) 正文开头空两格,简明扼要地写明要说明的事情,交代清楚写给谁、什么事。请假条有称谓、祝颂语,要求同书信。

(3) 右下方署写条人的名字(代表单位的要写单位名称和经手人姓名),并注明日期。

条据种类较多,因内容不同,在写法要求上也略有区别。

【难点提示】

(1) 条据正文的文字要准确、明确、简洁。条据,特别是单据性的便条,一定要准确、明确,没有歧义,没有含糊不清的地方。

(2) 条据,特别是凭据性的便条不能涂改,涂改即无效。写错了,必须重新写,这是由其凭据性质决定的。

(3) 便条要将所说的事写清楚,使他人一看便知。

(4) 便条要一文一事,切忌长篇大论。

(5) 牵涉数字、金额的,应采用大写,不写阿拉伯数字。金额前不留空白,金额后要加“整”字,以防添改。

(6) 书写时不要用铅笔、易褪色的墨水或红墨水,最好用钢笔或毛笔,字迹应工整、清楚,不要用草书,以防误认。

【文例评析】

文例 1：

借　　条

今借到财务处人民币伍仟元整。本年12月31日前归还。

此据。

借款人：×××（签字或盖章）

2007年6月5日

评析：

钱款金额、物品数量数字采用大写。金额前不留空白，金额后要加"整"字，如"壹仟元整"，以防添改。签名或盖章以示认真负责。

文例 2：

刘云在借音响设备时，写了一份借条。

今 借 到

校学生会音响设备一套（包括主机、功放机各壹台，音箱肆个），用于新老生联谊会。九月二十日前送还。

此据。

电子系：刘云

2007年9月17日

评析：

开头偏左直接写"今借到"，省略标题。正文写清所借物品、借物原因、拟归还时间。署名，时间。

文例 3：

因钱款不够，哈利海仍欠他人部分钱款，为此给对方写了一个欠条。

欠　　条

原借王华先生人民币壹万元整，现已经归还陆仟元，尚欠肆仟元整，准于一个月内还清。

此据。

鸿发公司：哈利海

2007年5月13日

评析：

（1）欠条一般是在下列情况下，写给对方的作为约期归还凭据的条据。一是借了单位或个人的钱物，到时不能归还或不能全部归还；二是购买物品时，不能支付或不能全部支付应付款项；三是借了他人或单位的钱物，当时没有写借据，需要事后补写凭据。

(2) 名称开头居中写；正文写明所欠款项原因、数额(大写)、归还日期；署名；时间。

(3) 借条和欠条这两种条据的格式写法基本相同，都应标明数量、归还时间，有的还要写清归还方法。但欠条一般要将所欠原因略加说明。在借(欠)财物还清之后，应将借(欠)条还给借(欠)方。如果一时找不到或失落，或者代他人接收，则应由收方给借(欠)方开具收条，以明责任。

文例 4:

收条是收到钱财物时写给对方的凭条，要求写明什么时间、收到何人的什么钱物，数量多少。有的还标明原因或用途。如果是收到他人写了借条的钱物，归还借条即可，不需要写收条。借条丢失或由他人代收，则应写收条。

国贝宁代人收到他人所还的音响设备，给对方出具了一个收条。

代 收 条

今收到刘云同学归还音响设备一套(包括主机、功放机各一台，音箱四个)，经检查机件完好。

此据。

代收人：国贝宁(盖章)

2007 年 10 月 20 日

评析:

(1) 条据名称居中写(若是单位写的，则叫“收据”)；正文具体写明所收物品数量(大写)，并写明“经检查机件完好”，以明责任；署名，时间。

(2) 与收条相近的还有领条(也称领料单或料单)。领条是到单位仓库或财务部门领钱物时用的。要求写明从何处领取到什么物件，及相关的数量、型号、品种等内容，其格式写法要求与收条相同。如果单位有印制好的空白领条，则只按项目要求填写即可。

文例 5:

伍德昭因为家里有事不能上班，给他所在的车间主任写了一个请假条请假。

请 假 条

宋主任：

我父亲在台湾的舅舅今天到沈阳探亲，我们全家去机场接站。我今天不能上班，特此请假一天，请主任准假。

　　此致

敬礼

伍德昭

2007 年 4 月 11 日

评析：

（1）名称居中写，称谓顶格写起，正文写清请假的原因和时间，语言简洁。用“请……准假”，有礼貌，符合身份。祝颂语，署名，时间。

（2）请假条是因故不能按时上班或上课，给单位负责人或学校老师写的请求准假的条子。

主要说明请假的原因和时间，要简明扼要。必须要注意的是，“请假条”是“请求准假的条子”，用语一定要有礼貌，宜用“请……准假”的字样。忌讳使用“望……准假”之类的词句。

【案例操作】

（1）王力海同学因参加××集团组织的家电商品促销活动，周五至周日共三天，周五要耽误学校上课一天。根据材料写一张请假条。

（2）王云同志因孩子生病住院急需用钱，向纺织工会借人民币三千元，两个月之内归还。根据材料，写一张借条。

（3）通过网络给你的同学、朋友发一封电子信函，畅谈学院学习生活的感受。

（4）北国商业集团公司将承办中部地区中小企业投资洽谈会，行政经理李明负责组织新闻发布会，届时将有包括央视在内的多家新闻媒体到会。请你根据以往的经验，概括说明一下此次新闻发布会准备和进行过程中应注意的问题，并就需要做好哪些工作向李明做出相关建议（可根据试题内容自定日期及邮箱地址）。

第四节　启事、声明和海报

【导入案例】

上海某外服公司经理例会决议：为了加强企业文化建设，凝聚人心，增强企业软实力，决定以工会组织为依托，成立各种职员业余社团。初步规划拟成立歌舞、曲艺、主持、文学、书画、公关、武术协会，2007 年 10 月底以前摸清职员选择意向，11 月中旬分协会单独召开筹备会议，11 月底集中召开隆重的成立大会，届时公司总裁、各部门经理均出席成立大会。为了广泛发动职员，扩大参与度，要求每位职员结合自身特长选择一至二个协会报名参加。各协会统一发布征集会员启事，并在内部刊物《上服报》上连续刊登三期。

讨论：

(1) 请谈谈启事的含义、特点和种类。

(2) 请你按照上述要求撰写一份启事。

【要点阐释】

个人或团体有事要提请公众注意，或者需要大家协助解决，就需要使用告启类的文书。这类文书很多，如启事、声明、海报、通告、布告等。其中，启事、声明和海报三种文体在日常工作生活中使用频率较高，在本节作为重点。

一、启　事

(一) 启事的涵义

启事是机关、企事业单位、团体或个人向公众说明某一事项或希望公众协助办理某一事项时使用的日常事务文书。启事的本意是公开陈述事情。“启”即叙说、陈述；“事”即事情。

(二) 启事的特点

1. 告启性

启事面向公众告知事宜。具有知照性，无强制性和约束力。

2. 简明性

启事要求写得简洁明了。无论是登报、广播、电视或张贴，启事都须简明。

(三) 启事的写作

现将几种主要启事结构内容列表比较如下：

三种启事写作结构与内容比较表

结　构	招聘启事	开业启事	征文启事
标　题	文种名称，如“启事”、“招聘(开业、征文)启事”等。		
正　文	(1) 介绍招聘单位性质、所在城市、地理位置及企业基本经营状况。 (2) 招聘岗位与应聘者条件：性别、年龄、学历、专业、工作经历等。 (3) 工作待遇、优惠条件。	(1) 企业名称、开业时间。 (2) 开业企业主要经营商品。 (3) 开业期间为消费者提供的优惠让利服务。 (4) 开业优惠活动起止时间。	(1) 征文目的。 (2) 征文主题。 (3) 征文范围。 (4) 征文要求。 (5) 征文起止时间。 (6) 征文评选办法、设立奖项及奖金标准。

（续表）

结　构	招聘启事	开业启事	征文启事
正　文	(4) 报名办法、需准备的个人资料。 (5) 招聘单位名称、地址、电话、联系人、网址。	(5) 开业企业名称、地址、电话、联系人、网址。	(7) 欢迎应征的礼貌语。
结　尾	一般写明企业名称、联系地址、电话、联系人姓名、日期等。		

二、声　明

(一) 声明的涵义

声明是有重要事项向社会公众作出公开说明并表明自己的观点、态度和立场，或说明事实真相的应用文，它主要用于较重要、严肃的事情。声明有两大类别，一类是外交声明。这类声明往往是针对某重大事件、重要问题的外交专用公文。另一类是任何机关单位、团体、组织或个人都可以使用的事务性文书。本节主要学习后一类。

(二) 声明的写作

1. 标题

一般有三种形式。

(1) 只写“声明”，这种形式最多见。有的在“声明”前加修饰语“郑重”或“严正”，以示自己的严肃态度。

(2) 事由加文种，如《关于××事的声明》、《遗失声明》。

(3) 发布者、事由加文种，如《××公司关于授权××律师为常年法律顾问的声明》。

2. 正文

简明扼要地写发表声明的原因、事情的真相和对该事的立场、态度、观点。

如果是因被他人侵权而发生的声明，须向对方提出警告、要求，说明为制止事态的继续发展将要采取的措施。包括要求对方立即停止侵权行为，采取一定形式(登报或通过广播、电视)公开道歉，限期在适当范围内消除影响，说明对侵权方保留追究法律责任的权利等。往往用“特此声明”结尾。对于遗失重要凭证、证明类的声明，要写明遗失的物品及特征。支票要写明号码和银行账号；证件、执照要写明签发机关和编号，然后表示“声明作废”。

3. 署名和日期

有的声明必须署名，如断交声明；有的署名以示郑重；有的不言自明，则不署名，如遗失声明。声明要刊登在报刊上或在广播、电视上发表，故可以不标日期。

(三) 声明写作的注意事项

(1) 不是对任何事情表态都使用声明这种文体，只有重要、严肃且需要向公众表明自己态度的事情才使用。

(2) 声明的写作态度要严肃认真，语言要严谨准确，观点要旗帜鲜明，一般不可使用幽默诙谐的语气。

(3) 要注意用语分寸。如有的单位出于对侵权行为的义愤之情，在声明中使用了“本单位一经发现仍有侵权行为发生，必将严惩不贷”等语句，显属不当。因依法制裁是司法行政机关职权范围的事情，被侵权的单位有权依法起诉、但无权惩罚制裁侵权者。

(四) 声明和启事的区别

(1) 重点、范围不同。声明重在表明观点态度，用于较严肃郑重的事情；启事重在告知事项，使用范围较广。寻物、招领，用“启事”；遗失转账支票，则常用“声明”告知作废。征婚常用“启事”，离婚则用“声明”。办公地点迁址、招聘、启用新公章，可用“启事”；鉴于本厂商标遭侵权，则用“声明”。

(2) 态度、措辞不同。声明的态度严肃慎重，措辞常较强硬。启事则态度礼貌，语言谦和。声明常以“郑重声明”、“严正声明”等为标题，并常以“声明……”或“特此声明”一类的句式作结语。启事一般没有专用的结语。

三、海　报

(一) 海报的涵义

海报属于一种宣传广告，大多用于向群众发布有关文娱、体育、举办展览或学术活动等专门消息。大多在放映或表演场所、公共场所张贴，一般不在报刊上发表。

(二) 海报的写作

海报的格式一般不特别固定，许多都配有图片、插图等。但在文字上，一般都有标题、正文和落款三部分。

1. 标题

可以用文种作标题，只写“海报”。也可以用内容如电影名、晚会名代替，如“进口大片《哈里·波特》”、“球讯”等。还可以用有吸引力的句子，如“著名歌星×××来我校演出了！”

2. 正文

要写得简单明了。时间、地点、内容三要素准确、俱全即可，其他修饰、溢美之词可以根据情况随机发挥。

3. 落款

正文如果已有明确的时间和主办单位，署名和时间也可省略。但较正式的仍不可以省略。

（三）海报写作的注意事项

（1）标题要醒目、新颖、简洁，最好是能在一瞥之间就把人的兴趣和注意力紧紧抓住，让人深深地被吸引，激起强烈的参与欲望。标题的字要写得大且显眼，大到可以占整幅海报的一半空间。可以而且大多都使用美术体。

（2）文字要精练、简洁。看海报的人都想一眼就知道内容，谁也没有耐心、没有兴趣去看长篇大论式的海报。

（3）活动的时间、地点要具体、准确。如“本月10日（星期五）上午8点整”，就不可以粗线条地写“本月10日上午”；“院图书馆二楼阅览室”，就不可以简略地写“院图书馆”。

（4）内容介绍上必须真实，不可虚假、夸张。

【难点提示】

（1）启事内容应具体简洁，针对性强，有关事项陈述清楚，篇幅短小精悍，一文一事。

（2）启事语言表达准确、恰当，语气掌握讲究分寸，希望获得他人协作、帮助的启事，语言要诚挚恳切，以获得对方的积极反应。

【文例评析】

文例1：

××中学教师招聘启事

××中学隶属于××市教育局，是一所公办的全日制完全中学。因办学发展的需要，需向社会公开招聘老师若干名。

一、所需学科:中文、数学、英语、物理、生物。

二、招聘条件:有良好的敬业精神和较强的教育、教学能力,大学本科及以上学历,年龄在45周岁以下,高级、特级教师年龄可适当放宽。

三、待遇:凡被聘用者,可办理正式调动手续,家属工作、子女入学问题学校帮助解决安排,年薪和待遇从优。

四、报名办法:凡有意者,请将个人简历、学历证书、职称证书、身份证等复印件,近期照片两张,在6月30日前寄往××市教育局人事科。

初审合格者,通知面试试讲。

联系地址:××省××市教育局人事科

联系人:丁老师　张老师

电话:×××××××

网址:×××××××

评析:

标题规范,学校性质、所需的学科、招聘教师的条件、待遇等介绍具体、清楚,简洁明了。联系地址清楚。

文例2:

××高等技术学院学生会邀请了著名书法家金振峰来校做"书法艺术鉴赏"学术报告,特贴出海报以达周知。

海　报

一个人的字就是他的第二张脸。脸是父母所赐,难以选择;字须个人用功,才能提高。练就一手好字,对于今后的求职、就业乃至生活,无疑都会有很大的益处。院书法协会特邀我市著名书法家、省书法协会秘书长金振峰先生前来讲学,欢迎同学们踊跃参加学习。

时间:6月22日下午1点30分

地点:校礼堂

××高等技术学院学生会

2007年11月19日

评析:

标题首行居中;正文用两组对偶句,形象生动地说明写好字的重要性,引出活动的内容,激发参与兴趣结尾;写活动的时间、地点。因是近期的校内活动,所以地点只写"校礼堂",时间省略年份,简洁清楚。署名;日期。

【案例操作】

(1) ××大学一学生在校体育场内拾到一提包,内有一部手机,一串钥匙,一个钱包里面装有人民币 362.8 元,现已交到校学工处,请你代学工处写一份招领启事。

(2) 博大公司为了丰富员工的业余生活,决定开办一次“电影之夜”活动,假如你是该公司宣传部秘书,请你起草一份备忘录,张贴在宣传栏里,邀请该公司所有的员工参加,要求在备忘录里写清楚电影之夜举办的时间、地点,而且还要恳请大家对如何开展好这次“电影之夜”活动提出好的建议和设想。

(3) 你有一个同事将于下一周出国,部门主任决定在他出国前为他举行一个欢送会,届时邀请本部门所有同事参加。作为办公室秘书,由你负责起草一份备忘录,在备忘录里要写明举行这次欢送会的原因、时间、地点等内容。

第五节　演　讲　稿

【导入案例】

科学的颂歌

我亲爱的朋友们:

我十分高兴看到我面前的你们——选择了科学作为职业、精力充沛的青年人队伍。

我将反复唱一首赞美歌,赞美在应用科学上我们已经取得的伟大成果,赞美你们即将带来的更大的进步。

事实上,你们是在应用科学时代,也是在这样一个应用科学的国度。

如果说我现在不合时节地说话,那是错误的!恰像有人认为不开化的印第安人经济不丰富、生活不愉快一样,但我不这么想。事实上,开明国家的孩子是那样地喜欢“印第安人”游戏,这具有深刻的意味。

伟大的应用科学又使我们减少劳动,使生活变得安乐舒适,但为什么现在它带给我们的幸福这么少呢?简单的答案就是:因为我们仍然没有把科学置于合理的应用之中。

战争年代,科学为我们可能中毒和相互伤害服务,和平时期,它使我们的生活变得匆忙和不稳定。代替大规模从脑力消耗的劳动中解脱我们,它使人们成为机器的奴隶——人们的大部分时间给用在了漫长单调的令人厌恶的工作上,且还要继续担心自己的可怜的口粮。

你们可能觉得我这个老头儿唱的歌不中听,可是我这么说具有一个良好的目的——为了指出科学的重要和前途。

为使你们的工作能够赐福于人类,仅仅懂得应用科学本身是不够的!对人类本身及其命运的关心必然是培养出努力学习各种技术的兴趣;对尚未解决的巨大劳动起源和商品分配的问题的关心——为了我们思想意识的建立,将会给整个人类带来幸福而不是灾难。在你们的图表和方程式中,千万不要忘记这一点。

(这是著名科学家爱因斯坦在美国加利福尼亚工学院对1938级学生的演说。)

讨论:

(1) 这篇演说词属何种类型?在材料的使用上有何特点?

(2) 本演说词在表述上有哪些特点?

(3) 演说词有哪些写作要求?

【要点阐释】

一、演讲稿的涵义

演讲是演讲者在特定场合,针对某一问题或观点发表自己的意见,宣传自己的主张和阐明某种事理的一种口头表达形式,演讲稿是为演讲而准备的书面文稿。

演讲稿是演讲的依据,规范提示的文本,属于应用写作中的独立文书,也称讲话稿,演讲词,演说稿。一般分成三种:命题演讲稿、即兴演讲稿、辩论演讲稿。

二、演讲稿的特征

(一) 社会性和群众性

演讲稿是一种社会活动,用于一定社会公众场合的宣传形式,它以一种思想,感情,事实事例通过语言打动感染群众,引起公众的共鸣,具有社会性和群众性。

(二) 可讲性和可听性

演讲稿诉诸于口头就要求能朗朗上口,入耳悦听,演讲者要写好一篇演讲词来说就必须可讲好讲,对于听者来说,就是可听好听,凡是讲不顺口的、听不顺耳的就必须修改,具有可讲性和可听性。

(三) 鼓动性和激励性

一篇好的演讲稿应能激发听众、公众的情绪，赢得公众的好感；思想内容健康、丰富、深刻、哲理性强；要有精辟的见解，有独到之处，能鼓动和激励公众凝聚力量，具有鼓动性和激励性。

三、演讲稿的写作

一般由标题，开头，正文和结尾组成。

(1) 标题：有不同场合的写法，但是一定要有新意，生动，有独到之处。

(2) 开头(引言)：演讲词的开头要有新意，生动，精彩，响亮，是演讲稿的成功与否的关键。用最简洁生动的语言，用最简短的时间把听众的注意力吸引过来，达到出奇制胜的效果。常用方法：开门见山，点明主题，引人思索；或引用名言警句，借题发挥，说理论情等。

(3) 正文(主体)：演讲词对演讲的主题进行阐述和议论，主要内容把叙事说明抒情融为一体，说服公众，语言要通俗，要以情动人，以理服人，追求哲理美，情感美，引用事例典故要恰当，层次分明，逻辑性强，伦理透切，充分自然，引人入深达到高潮。

(4) 结尾：演讲词开头难结尾也不容易，开头正文非常精彩，结尾平淡无味那就会影响演讲效果，功亏一篑；结尾要含蓄深刻，妙趣横生，韵味无穷，发人深省；结尾形式不拘一格，概括全文画龙点睛，也可以抒情议论升华主题等。

【文例评析】

文例：

别让诚信抛弃自己

同学们：

大家好！

最近我看到了三份资料。第一份是关于大学生助学贷款违约情况的简报。据中国工商银行北京某支行统计，它所分管的五所高校目前已进入还款期的毕业生计 3 111 人，而拖欠率高达 38.6%。第二份是关于中国学生造假问题引起美国教育界密切关注的消息。半年前，加利福尼亚大学洛杉矶分校披露一名来自中国武汉某大学的学生，伪造成绩单和三份推荐信。事情败露以后，学校取消了他的博士生入学资格。第三份是最近的文化先锋网站关于大学生就业协议违约情况的报道。称天津市各高校毕业生撕毁就业协议的比例达10%，不少用人单位违约罚金甚至已提升到1万元。三月初南开大学的就业洽谈会，校方采取了控制措施，不准已签约的毕业生入内。

看来，大学生们正在面临着诚信危机。其实，大学生的诚信危机还可以列举一些其他的表现形式，例如考试作弊、作业抄袭、代笔捉刀、冒名顶替等等。要说真正恶意的犯法违规，在大学生中毕竟是极少数，但是持有一种不以为然的玩笑态度却真是大有人在。清华大学的最近一个抽样调查答卷说明了这种倾向：游泳馆，本校学生收费10元，校外人员30元，问：如果校外朋友来游泳，你是否会去借一个同学的学生证给友人，买一张优惠票？答"是"的同学高达70%。现在大家可以明白，既然有这样大比例的人群对"诚信"的原则视为儿戏，那么，毕业时有一部分贷款人拖欠还贷，有一些人同时与两三个单位签约，这些现象的出现也就不足为怪了。

历史也好，现在也罢，社会总是认为大学生是栋梁之材，大学生们知识最丰富、思想最开放、举止最文明，被称为"天之骄子"。正因为如此，当大学生中的一些人显示出诚信危机，社会就会给予特别的关注和重视。

我们相信，社会的诚信风气会随着经济的发展、物质的丰富和法制的健全而得到改善，更会因为一大批优秀青年的模范行为而从根本上改观。美国1990年的助学贷款拖欠率也曾高达22.4%，经过十多年的努力，到了2001年，助学贷款拖欠率已下降到5.6%。

不敢说，大学的好坏就可以用学生的诚信程度来评判，但是一个大学的社会声望、它的教学和科研成就确实是与学生的品德紧密相关的。1999年的统计资料表明，像普林斯顿、哈佛这样的大学，它们毕业生的贷款拖欠率几乎就是零，真让我们心服口服，自愧不如。所以我现在想，与其说一流大学的主要标志是它们的毕业生中出了多少总统、首相，多少科学家、企业家，还不如说一流大学总是在踏踏实实地培养成千上万诚信的人、刻苦的人、有知识有能力的人、有社会责任感的人。至于社会把他们中的哪一位，在什么时候，什么岗位上造就成为杰出人物，那是会带有偶然性的；然而，在这样的一流大学的毕业生中产生出一批杰出人物则是必然的。

已经有不少社会学家、心理学家做过详尽的研究，从长远的观点看，锦绣前程还是属于那些恪守诚信的人。那种玩世不恭、耍小聪明、占小便宜的人，到头来是毁掉了自己的前途。当社会逐步建立起个人金融诚信档案，当银行把投资贷款的审批、买房按揭的签约和留学贷款的发放与每个客户的诚信记录联系起来，那些人就会知道今天对诚信原则的背弃要为将来付出怎样的代价。当一个小骗局被拆穿，当一份假证明被识破，那些人就会看见自己的路是真的走到尽头。用个人的毁誉利害来规劝大学生们，或许是带了些功利的色彩；中国古代的哲学名著《中庸》则将诚信放在了更高的高度；"诚者，天之道也；诚之者，人之道也。"就是说，诚是社会的基石，是做人的根本，是最高的道德。当然，《中庸》里讲的这个"诚"字，不仅是诚信、诚实的概念，还含有对事业的忠诚，对信仰的虔诚。

如果你失掉了诚信，诚信必然也会将你抛弃，到那时，生活在谎言与背叛中的大学生们还谈何理想与价值，信念与追求？

我想，今天毕业的大学生就应该做一个"至诚"的人；你们的人生追求就应该是奋斗不息、厚德博学、成就高明、经纶天地。再过两个星期，就是康德逝世200周年纪念日，这位伟大的哲学家在他的《实践理性批判》中说过这样一段名言警句，后来人们把它镌刻在他的墓碑上："有两种东西，我们愈是时常反复思索，它们就愈是给人的心灵灌注了时时翻新、有增无减的赞叹和敬畏，这就是我头上的星空和心中的道德法则。"同学们，社会培养了我们，大学教育了我们，我们既要理解、征服头上的星空，也必须坚持、恪守心中的道德法则。这是我们双重的社会责任。

谢谢大家。

评析：

这篇演讲词针对大学生思想上需要解决的问题，根据学生的实际情况，发表了演讲者的真知灼见，循循善诱、诲人不倦。

演讲词始终将学生、责任、社会这三者紧密地联系在一起，借用准确数据来说明问题，阐明观点，给人真实、亲切之感。同时旁征博引，用哲理名言画龙点睛，道出真理，使听众豁然开朗。演讲词没有空洞的说教，而是以深刻的洞察力，使听众感受其演讲中所体现出的巨大感染力和号召力。

（引自张耀辉主编《应用写作》）

【案例操作】

(1) 6月5日是世界环境日。请搜集有关资料，完成下面这篇演讲稿的写作：

假设你是一名在校大学生，学校于世界环境日前夕举办"关注环保，从身边小事做起”为主题的专题演讲比赛，请写作一篇参赛稿件。题目自拟，字数不限。

(2) 根据下面的内容，写一篇演讲词。

欧阳光伟同学此次想去竞选学生会主席，他认为自己有较大的竞争优势。一、他现在是一班之长，有做学生干部的经历，而且对工作有一股执著的热情。他认为从事一项事业的原动力是热情，是一种从心灵迸发出的力量，做好学生会主席工作需要这种热情和力量。二、他性格开朗，兴趣爱好广泛，和许多同学都谈得来，有良好的人际沟通能力。他开展活动总是从同学们的角度来分析筹划，充分体现大多数同学的意见，从而获得大家的支持。他认为学生会主席就需要有这种通过良好的人际关系获得他人支持的能力。三、他学习时间比其他同学少，常常要在其他同学复习功课的时候为工作而奔波，但他能处理好学习和工作的关系，他的做法是力求在课堂上消化并巩固大部分知识内容，靠抓紧工作之余的点滴时间和提高学习效率来弥补。他认为，学习与工作对他来说已经是一个不可分割的整体，它们互相促进，学习给予他工作的信心和动力，而工作又可以让他保持旺盛的斗志。如果他有幸成为新一届学生会主席，他会加倍努力，因为成绩在于努力的程度。他会竭尽全力为大家提供优质的服务，努力做好学生会的各项工作，与时俱进，锐意进取，创造学生会的新的辉煌。他希望学代会代表能投他一票。

第六节　欢迎词、欢送词和答谢词

【导入案例】

××市东国应用技术学院成立于1999年5月，设有七个系四十二个专业，学院的办学理念先进，在教育、教学中注重应用技术能力的培养，注重学生的实践操作能力的培养。同时积极探索与国内外教育机构联合办学的新途径。目前学院部分专业已和美、法、德、澳等国多所高校建立联系，并与国内知名企业联合办学。办学几年来，学院取得了优异的教学成果，因此被评为××市职业教育示范性院校。2007年秋天，有二千余名新生入学。学院院长在开学典礼上致欢迎词，向新生提出要求和希望：一是要文明守纪、修身养德，成为一个有高尚道德的人；二是要树立远大理想，胸怀报国大志；三是要培养良好的学习习惯，主动学习；四是希望新入学的同学为祖国的二十一世纪的建设立志成才。

讨论：

(1) 欢迎词和欢送词名称各异，内容不同，但其写作格式却基本相同，试比较二者写作格式的相同、相异之处。

(2) 写作欢迎词和欢送词要注意什么?

【要点阐释】

一、欢　迎　词

(一) 欢迎词的涵义

欢迎词是在接待或招待宾客的正式场合上,主人对其到来表示欢迎之意的讲话稿。

(二) 欢迎词的特征

1. 礼仪性

欢迎词的使用是出于礼貌待客以示尊重的需要,因此欢迎词具有礼仪性。

2. 情感性

欢迎词虽是礼仪之需,其情感流露也是真诚自然的,表达出主人的真情实意。

(三) 欢迎词的写作

欢迎词一般包括标题、称谓、正文、结尾和落款五部分。

1. 标题

写法之一,是在第一行正中写"欢迎词"三个字。写法之二,由致词人姓名和欢迎仪式的名称组成,如"×××在欢迎×××宴会上的讲话"。

2. 称谓

第二行顶格写称呼。为讲究礼仪,要在被欢迎者的前面加上"尊敬的"、"亲爱的"等敬语,以示尊敬和亲切。

3. 正文

欢迎词正文的内容:一是对宾客到来表示热烈的欢迎、诚挚的问候和谢意;二是介绍或汇报有关情况,阐述宾客的来访或与会的意义,赞扬双方的友好合作;三是表示良好的祝愿和希望。

4. 结尾

再一次对宾客表示热烈欢迎。

5. 落款

在正文后右下方署上致词人姓名或致词单位名称及致词日期。

二、欢　送　词

（一）欢送词的概念

欢送词是在告别宾客的正式场合上，主人对宾客的离去表示热情欢送的讲话稿。

（二）欢送词的特点

欢送词的特点除了时间、场合的差异外，与欢迎词相似；在感情上，表达出对宾客依依惜别之情。

（三）欢送词的写作

欢送词一般也包括标题、称谓、正文、结尾和落款五部分。

1. 标题

欢送词标题也有两种写法：一是只写文种“欢送词”三字；二是由致词人姓名和欢送仪式的名称组成，如“×××在欢送×××仪式上的讲话”。

2. 称谓

写法与欢迎词相同。

3. 正文

欢送词正文的内容：一是表达对客人欢送之情；二是对客人在来访或会议过程中所取得的成果，给予充分肯定和恰当评价，指出其重要意义和深远影响；三是提出诚恳希望或真诚勉励。

4. 结尾

以富有感情的语言表达对客人依依惜别之情，并致以美好的祝愿。

5. 落款

在正文后右下方署上致词人姓名或致词单位名称及致词日期。

三、答　谢　词

（一）答谢词的涵义

答谢词是宾客将离去时对主人的热情款待表示谢意，或是某人在公众场合对他人的帮助表示感谢的讲话稿。

(二) 答谢词的特征

答谢词的特点与欢迎词、欢送词相似；在表达上，突出感谢和称颂的内容。

(三) 答谢词的写作

答谢词一般包括标题、称谓、正文、结尾和落款五部分。

1. 标题

在第一行正中写“答谢词”三字，或由致词人姓名和欢送仪式的名称组成，如“×××在××会上的答词”。

2. 称谓

在第二行顶格写被答谢对象的姓名，一般要突出被答谢的主要人物，然后用泛称称呼被答谢对象。

3. 正文

正文内容一般包括：感谢对方热情关心、帮助和给予的盛情款待；对方提供帮助所起的作用或所具有的意义；称颂对方的成就和双方的友谊；提出真诚的希望和良好的祝愿。

4. 结尾

再一次表示感谢，并致以美好的祝愿。

5. 落款

在正文后右下方署上致答谢词者的姓名及致词的时间。

【文例评析】

文例 1：

在欢迎尼克松总统宴会上周恩来总理的欢迎词

尊敬的总统先生、尼克松夫人，女士们、先生们，同志们、朋友们：

首先，我高兴地代表毛泽东主席和中国政府向尼克松总统和夫人，以及其他的客人们表示欢迎。同时，我也想利用这个机会代表中国人民向远在太平洋彼岸的美国人民致以亲切的问候。尼克松总统应中国政府的邀请，前来我国访问，使两国领导人有机会直接会晤，谋求两国关系正常化，并对共同关心的问题交换意见，这是符合中美两国人民愿望的积极行动，这在中美两国关系史上是一个创举。

美国人民是伟大的人民。中国人民也是伟大的人民。我们两国人民一向是友好的。由于大家都知道的原因，两国人民之间往来中断了二十多年。现在，经过中美双方共同努力，友好往来的大门终于打开了。目前，促使两国关系正常化，争取缓和紧张局势，已经成为中美两国人民强烈的愿望。人民，只有人民，才是创造世界历史的动力。我们相信，我们两国人民这种共同愿望，总有一天要实现的。

中美两国的社会制度根本不同，在中美两国政府之间存在巨大分歧。但是，这种分歧不应当妨碍中美两国在相互尊重主权和领土完整、互不侵犯、互不干涉内政、平等互利和和平共处五项原则的基础上建立正常的国家关系，更不应该导致战争。中国政府早在1955年就公开声明，中国人民不想同美国打仗，中国政府愿意坐下来同美国政府谈判，这是我们一贯奉行的方针。我们注意到尼克松总统在来华前的讲话中也说到："我们必须做的事情是寻找某种办法使我们可以有分歧而又不成为战争中的敌人。"我们希望，通过双方坦率地交换意见，弄清彼此之间的分歧，努力寻找共同点，使我们两国的关系能够有一个新的开始。

最后，我建议：

为尼克松总统和夫人的健康，

为其他美国客人们的健康，

为在座的所有朋友和同志们的健康，

为中美两国之间的友谊，

干杯！

评析：

这是一篇热情动人、永载史册的欢迎词。美国总统尼克松一行的访华向全世界表明了中美关系的大门已经打开，中美关系已经步入了一个新阶段。

此欢迎词充满了尊重、友好、礼貌和热情。尽管在某些方面两国存在着比较严重的分歧，但是能在坚持原则的前提下，委婉表态，话语十分得体。称谓得体，表示了对所有来宾应有的礼貌与尊重。开篇即表达了对来宾欢迎的宗旨，且强调了对美国人民友好的感情。对美国总统一行的来访原因（应中国政府的邀请），做了高度的评价（这在中美两国关系史上是一个创举）。阐明了中美两国人民的共同愿望（促使两国关系正常化，争取缓和紧张局势），充分肯定了这一美好的愿望总有一天要实现。表达了对这次会晤的诚心和信心。中美两国关系长期不正常，其原因是多方面的。此欢迎词在坚持原则的前提下既承认了"两国政府之间存在着巨大的分歧"，同时又承认这种分歧并不影响在"和平共处五项原则的基础上建立正常的国家关系"，并力陈"中国政府愿意坐下来同美国政府谈判，这是我们一贯奉行的方针"。在引述了尼克松总统在来华前的讲话之后，充分表达了我们的希望："通过双方坦率地交换意见，弄清楚彼此间的分歧，努力寻找共同点，我们两国的关系能够有一个新的开始。”

最后以“干杯”表示热忱的欢迎和美好的祝愿。

整个致词篇幅不长，但层次清晰，条例分明，结构完整，令人有一气呵成之感。

文例2：

在欢送会上的即席话别

相见时难别亦难！在今天这个欢送老战友、老学友、老朋友×××同志的茶话会上，我先带头“话别”，抛玉引砖（误会的笑）——引金砖！（掌声）×××同志是属牛的。无巧不成书，它给我们的印象也是诚实的、正直的、无私的，是一头拉硬套的老黄牛！（热烈的掌声）

几年来，×××同志如牛负重：照顾病妻，抚育幼子，赡养老人，但他拉革命的车从没松套！在他的新闻干事岗位上，呕心沥血，辛勤笔耕，爬格子，绞脑汁。可谓烟熏火燎著文章，水酒淡茶笔生花！（掌声、欢呼声）那早谢华发的头顶，就是他辛苦耕耘的“知识天地”；那早现的皱纹、“鱼尾”，就是他遨游书海的余波。

有句行话叫：“有女莫嫁记者郎，一年四季守空房，偶尔一次回家转，抱回一堆脏衣裳！”我们的×××同志也是这样的记者郎。几年来，他跋山涉水、栉风沐雨，足迹遍及中州警营，屡过家门而不入。正因为如此，广大武警官兵才送了他一个名副其实、恰如其分的雅号——永不松套的老黄牛！

然而，他不光是一头老黄牛，更是一匹千里马！是一匹有胆、有识、有德、有才、政治敏锐、魄力超群、啸天奔腾的千里马！（掌声）这是早被他奋斗所证明了的：那各级报刊上的铅字儿，各级电台中的声音儿，各种画报里的身影儿，不乏×××的名字儿！（笑声）

而且，值得引以自豪的是，这匹上好的×××最初还是本人发现的！（掌声）可眼下，“伯乐”却要跟千里马告别了，我的内心是非常留恋、非常复杂的。（会场顿时鸦雀无声）

然而，我也感到欣慰。千里马已近而立之年，正是血气方刚之时，应该奔向广阔的天地去奋蹄，去驰骋，去竞争，去建功立业，去夺得无愧于千里马称号的荣誉！（热烈的掌声）

评析：

这篇欢送会上的致词十分精彩、生动。其写作特点主要有如下几点：

一是欢送与惜别相交织，表现出对被欢送者的一种非常复杂的留恋之情，说到动情之处，全场顿时鸦雀无声。该文在内容上是赞扬与勉励相结合，既热情赞扬和肯定被欢送者的美好品德、勤奋作风和工作成绩,又满怀热忱地勉励被欢送者去建功立业,争取更大的光荣。这对被欢送者和听众都有鼓舞作用。

二是比喻形象贴切,言辞生动活泼。致词中把被欢送者喻为"老黄牛"、"千里马",并用生动的语言描述出被欢送者既是"老黄牛",又是"千里马"的性格特点,更使比喻显得生动,形象而贴切;言辞饱含热烈赞扬之情,多用短句和排比句,生动而活泼,引发听众掌声与笑声不断。

三是首尾俱佳,精彩引人。致词的开头,引用古诗,言简意深,又采用相声"抖包袱"的技巧,"抛玉引砖——引金砖!"全场掌声热烈。精彩引人的开头已渲染出热烈欢送的场面气氛。致词的结尾,是致词者对被欢送者的热情激励,"去奋蹄,去驰骋,去竞争,去建功立业,去夺取无愧于千里马称号的荣誉!"采用气势渐强的排比句式,热情高涨地结束了致词。

【案例操作】

阅读下列文字,然后完成文后的问题。

答 谢 词

尊敬的×××主任,女士们、先生们、朋友们:

我谨代表我们代表团全体成员对×××主任今晚为我们举办如此丰盛的晚宴表示由衷的感谢。

此次访问中,你们对我们的热情款待给我留下了深刻的印象。在你们周到、细致、全面的活动安排中,我们获益匪浅。在此,我再次感谢你们为我们提供的一切帮助。

我希望×××主任和其他朋友能到我市访问,以便让我们得到一个作为东道主感谢你们款待的机会。

我深信,这次访问将导致今后我们之间更多的互访。

现在我提议:

为我们之间的友谊,为×××主任的健康,为各位朋友的健康,为我的同事们的健康,为在座的所有女士们、先生们、朋友们的健康,干杯!

问题:

1. 这篇答谢词在谋篇布局上有何特点?
2. 本答谢词在表述上有哪些特色?

练　　习

一、填充题

1. 社交文书是指________，________经常使用的文书，社会交往和人际交往是通过语言和非语言交流来获取获得相互间思想、感情、信息传递沟通的。

2. 社交文书是应用文体中使用________，________，________的应用写作。

3. 书信大体上可以分为三种类型：________、________和________。公务书信在日常生活中使用较少。

4. 条据有多种，基本上可分为两大类，即________条据(如借条、欠条、领条、收据)和________条据(如请假条、留言条、托事条)，后者也叫便条。

5. 启事是机关、企事业单位、团体或个人向公众说明某一事项或________协助办理某一事项时使用的日常事务文书。启事的本意是公开陈述事情。

6. 演讲词是演讲者在特定场合，针对某一问题或观点发表________，宣传自己的主张和阐明某种事理的一种讲话稿。

7. 欢迎词是在接待或招待宾客的________，主人对其到来表示欢迎之意的讲话稿。

8. 欢送词是在________的正式场合上，主人对宾客的离去表示热情欢送的讲话稿。

二、判断题

1. 感谢信中应把表示感激的话语说透，俗话说"礼多人不怪"。（　　）

2. 相比较而言，讲话比演讲更追求艺术性、鼓动性和感染力。（　　）

3. 演讲往往需要同时使用有声语言和无声语言来达到感染听众的目的。（　　）

4. 演讲稿的优劣能在很大程度上决定演讲的成败。（　　）

5. 自由演讲或即席演讲比较自由，因此演讲过程中可以自由发挥，无需顾虑主题是否鲜明。（　　）

三、情境模拟

1. 你班举行文艺晚会，假如你是组织者，

(1) 你需要到生活委员处领取班费购买所需物品，请写一张领条。

(2) 购物回校后，在生活委员处清点物品，请你代生活委员写一张收条。

(3) 需到校团委处借一套音响设备，请你写一张借条。

(4) 需向校工会租借场地(100 元/晚)，但班费不够，请你写一张欠条。

(5) 班上刘军同学因病不能参加晚会，请代写一张请假条。

2. 某校学生会为了丰富同学们的业余生活，培养同学们的审美能力，在×月

×日举办了一次全校性的摄影比赛，现欲将比赛的优秀作品在学校展览室展出，时间为×月×日至×月××日下午 4:00—6:00。请写一张海报张贴于学校宣传栏。

3. 根据以下材料写作一封表扬信。

由宁波来沪出差的刘先生在江宁路扬招了一辆震旦出租汽车公司的出租车。到达目的地后，他忘了拿发票就匆匆离去。没走多远，他猛然发觉随身携带的皮包不见了踪影，里面装有 8 万元现金和一份价值不菲的工程承包合同，无奈，他只能心事重重地返回淮安。不料，刘先生刚到家，震旦出租汽车公司的一个电话，解了他的燃眉之急。原来司机在清理车厢时发现了皮包，立即交到公司，经过仔细清点，工作人员找到一本通讯录。于是他们根据上面的电话号码，四处联络。几天后终于从刘先生在山东的朋友处得知了失主的去向。刘先生接到电话后，立即赶到上海，从出租汽车公司领取这只皮包。他十分感激，向公司员工连连道谢，并决定给报社写一封表扬信，表扬这位出租汽车司机拾金不昧的高风亮节和公司为乘客排忧解难的优良服务态度。

第七章　法 务 文 书

第一节　法务文书概述

一、法务文书的涵义

法务文书,是适用于法律活动,带有法律专业属性的所有非规范性法律文件的总称,略同于"法律文书"。法律文书,是指我国公安机关、国家安全机关、人民检察院、人民法院、监狱、国家行政机关、公证机构、仲裁机构、律师事务所等司法、执法机关和法律机构以及自然人、法人和其他组织,在诉讼和非诉讼法的法律事务中按照法定程序,就具体案件或法律事务适用法律而制作的具有法律效力或者法律意义的非规范性法律文件的总体。这也就是法务文书的定义。

从法务文书的概念出发,我们可以归纳出它的主要特征:(1)法务文书的制作主体众多,但每一种法务文书都必须由法定的主体制作和运用;(2)法务文书的使用范围为各类诉讼案件和非诉讼法律事务;(3)法律文书必须依法制作,既符合法定条件、遵循法定程序,还要据事依法论理,得出完全合法的结论;(4)法务文书具有法律效力(包括强制执行效力、一般执行效力和证据力)或者法律意义(推进诉讼或法律事务、约束当事人的行为等);(5)法务文书只适用于某一个案件,而有别于具有普遍约束力的法律、法规等规范性法律文件,属于非规范性的法律文件。

二、法务文书的分类

(一) 按照文书的制作主体分类

按照制作主体的不同,法务文书可分为公安、检察机关的法务(法律)文书,人民法院、行政机关法务文书、监狱法务文书、律师实务文书,公证文书、仲裁文书等种类。由于笔录也是一种重要的法务文书，但它又是泛主体的，一般往往将其专门列为一类。

(二) 按照文书的格式及其所呈现的形态分类

按照这种标准，法务文书由简到繁可以分为填空式、表格式、笔录式和文字叙述式四大类。目前，公安、检察机关和人民法院往往将这种分类作为它们对各自拥有法律文书的一种技术分类标准。

(三) 按照文书的适用范围和功能分类

按照此项标准，法务文书可以分为诉讼类和非诉讼类法务文书。前者包括公、检、法三家的绝大部分法务文书(检察建议书和法院的司法建议书等少数文书除外)，诉状、答辩状、申请书等律师代书和辩护词、代理词等律师工作文书；后者包括大部分监狱文书(监狱起诉书等除外)，公证文书、仲裁文书、经济合同、遗嘱等律师代书文书和法律意见书、律师见证书、纠纷调解书等律师工作文书以及行政机关法务文书等。

法务文书种类繁多，本章主要侧重于介绍有关处理民事法律事务方面的法务文书。

三、法务文书的制作要求

法务文书是一种多层次、多角度的结构体系，它可以分为规定格式、内容要素、事实(含证据)表述、理由阐述、作出结论、语言和表述、(超语言)制作技术等层面。相应的，其制作就有如下要求：

(一) 格式规范

法务文书属于程式化文书，规定格式是其外在形式，也是其重要的构成要素。法律文书的格式规范主要表现在两个方面：一是结构的模式化，二是用语的固定化。法务文书的格式均由司法或行政领导机关专门制定，全国统一，非经这些机关修订，制作者不得随意变易、增删，以保证法律活动程序的合法、有序。

(二) 内容完备

在遵循规定格式的同时，要按格式规定的要求对所有的事项和要素，明晰、周全、具体地予以表述，以符合内容完备的要求。

（三）叙事明晰

一些重要的法务文书都要求叙述事实客观真实、清楚明晰。要做到：叙事简明有序、写清基本要素、重点写清关键情节。此外，还要做到：抓准、凸现争执热点，因果关系交代明确，证据表达严密科学等。

（四）论理透彻

理由是法务文书的灵魂。法务文书说理透彻充分是成功地进行法律工作的必然要求，也是司法、执法公正与效率和裁处决定公信力的体现。为了论理透彻，要求做到：

1. 论据充足、论证充分

在法务文书中，论据包括对已经确认的当事人之间的法律关系和本案事实的高度概括、相关的法学理论和法律条文，当事人的基本观点和举证质证情况等，在论证中对之充分运用，这就是论据充分。所谓论证充分，是指围绕案件的核心问题或争议焦点，运用正确的论证方法，强化、细化说理，充分展开，公开、细致地反映撰制者判断是非责任的思维过程。

2. 结构完整、逻辑严密

法务文书的论理，必须充分运用逻辑推理技巧，构建一个完美的三段论结构，以使得出的结论完全符合法理和逻辑事理。为了追求论证结构的完整，民事、行政法务文书的理由部分应当具备下述基本内容：(1)依据事实与法律，确定当事人之间的法律关系；(2)明确当事人的权利义务，指出放弃权利、不履行义务的法律后果；(3)确认当事人违反法律、法规之处，明确是非责任、过错大小，指明行为、结果之间是否存在因果关系、何种因果关系；(4)讲明支持何方当事人的请求、主张和辩解并阐明其理由，表明确定何种归责原则，如何解决案件的实体问题，在法律规定的幅度内行使自由裁量权的，也要充分阐明理由；(5)准确、完整地引用裁处所依据的法律、法规和规章的条、款、项、目。对一些主要刑事法务文书的理由，司法领导机关在制定文书格式时，已作了模式化的层次要素规定，应当按要求制作。

为了论理透彻，还要做到：理由与事实证据以及处理结果协调一致，充分展示每起案件的“个性”。

（五）结论公正

法务文书的结论亦即对案件的处理决定，应当合理合法，充分体现司法、执法公正。把经过对特定事实、证据进行认定和推理后得出的结果进行明确、具体、完整的语言表述，使之成为公正结论的良好载体，并使之便于理明和履行，使公正的裁处决定得以圆满的落实和兑现。

(六) 语言准确

语言和与语言密切相关的表述是法律文书存在的前提和根本构成要件，对法务文书的制作和运用具有至关重要的作用。要掌握、理解和准确使用法律术语和司法惯用语、适度合宜使用文言词语与句式；对普通词语的使用，要重视法务文书的语境赋予普通词语特殊的法律含义，要划清词义范围、区分语义轻重、区分词义的褒贬色彩。在句子的层面，要注意法务文书语言的句法结构（如多用并列结构、复杂的同位成分）、句式选择（多出长句，主谓句、散句和紧句）、句类选择（普遍使用陈述句，对疑问句、祈使句和感叹句有限制地使用）。在句段篇章层面，法务文书要求结构完整、严谨，条理贯通，程式稳定。

(七) 表述科学

法务文书的表达，是指撰拟制作法务文书的过程中，充分、完善地传递法律信息，成功有效地进行诉讼和非诉讼法律事务的方法与手段。法务文书的表述，包括陈述、描摹和论证三种方式。其中(1)陈述。叙述事实和说明情况。法务文书的叙述有两大特征：概括性和要素化。概括性指的是简明精要，不追求面面俱到；要素化指的是对不同案件叙事要因性质和构成要素的不同，具备特定的要素（如刑事案件包括时间、地点、动机、目的、情节、手段、结果等七大要素）。叙事的方法则以顺叙为主。法务文书的说明特别要求客观翔实、简而得要、言之有序、科学周密。(2)描摹。多用于刻画人物形貌、案发环境、现场状况等，对描摹的要求是简洁平实而客观周到、翔实具体。(3)论证。法务文书的论证也包括立论和驳论两种方式。立论要注意论据（包括对本案事实的概括归纳、法学原理和法律条文）的充足性和论证的充分、完善（层次清晰、结构完整）。驳论有反驳论点、反驳论据、反驳论证等方法。法务文书的反驳论据居多，反驳论证也时有所见，直接反驳论点的方法不多见。

(八) 技术完美

对法务文书的制作技术要求体现在纸张纸型、字体型号、天地页边、印刷要求诸方面。对此，可以参照国家行政机关公文的国家标准(GB/T9704-1999)，赋予上述事项以新的内涵。此外，还要从中国文化和汉语言文字的实际出发，探讨法务文书的视觉处理技术，在突出文书核心内容、增强文书准确性的前提下，顾及文书的总体布局疏密相间而不失稳妥、错落参差又不失规整，使文书兼具庄重朴实和活泼清晰的心理印象。

第二节 民事起诉状

【导入案例】

刘×与李××于196×年结婚，婚后生育刘甲(男)、刘乙(女)子女两人。198×年刘甲与本案被告齐××结婚。199×年刘甲因公死亡，199×年初刘×病逝，遗有祖传房产5间。此后李××与刘乙、被告共同生活。200×年底，李××病逝。刘乙要求继承祖传房产，但承诺让齐××继承使用东屋两间，齐××拒不同意。为此，双方多次发生纠纷。刘乙遂以齐××在公婆生前未尽赡养义务，且对婆婆李××有虐待行为为由，具状向××市××区人民法院提起诉讼，要求继承全部祖传房产，并判令被告齐××不享有继承权。

讨论：

(1) 民事起诉状的呈送机关是什么？本诉状行文的目的是什么？

(2) 据你所知，除民事起诉状外还有什么起诉状？

(3) 本起诉状行文时，应当以哪些法律条文作为本诉讼状诉讼请求的依据？

【要点阐释】

一、民事起诉状的概念和功用

民事起诉状是各民事权利主体，在其民事权益受到侵害或与他人发生民事争议时，为了维护自身的合法权益，依据事实和法律，就有关民事权利、义务的争议，向人民法院提起诉讼，请求依法裁判所提出的书状。

民事起诉状适用于民事、经济纠纷案件。任何法人、组织和自然人都依法享有起诉权，都可以制作民事起诉状向人民法院提出维护自身合法权益的请求。当事人向人民法院递交民事起诉状，可以引起民事诉讼程序的发生。民事起诉状是人民法院审查立案、审理和审理终结后判决或调解的依据和基础。

二、民事起诉状的结构、内容和制作方法

民事起诉状由首部、正文(诉讼请求，事实和理由，证据和证据来源、证人姓名和住址)及尾部组成。

(一) 首部

首部应依次写明:(1)文书名称,即"民事起诉状";原告和被告的姓名、性别、出生年月日、民族、籍贯、职业或工作单位和职务、住址。(2)原告是无民事行为能力或者限制民事行为能力的,应当在原告项下写明法定代理人的姓名、性别、出生年月日、职业、工作单位及其与原告的关系。当事人是法人或者其他组织的,应当写明法人或者其他组织的名称、所在地址和法定代表人或者代表人的姓名、职务、电话,以及企业性质、工商登记核准号、经营范围和方式、开户银行、账号。

(二) 正文

1. 诉讼请求

应写明通过诉讼要达到什么样的目的,也就是请求法院解决什么问题。请求要明确、具体,如请求离婚、财产继承、履行合同等。有多项具体要求的,可以分项表述。如离婚,除诉请与×××离婚外,还应对财产分割、子女抚养等提出明确的要求。

2. 事实与理由

第一,事实部分要围绕诉讼目的,交代清楚当事人之间民事法律关系的主要内容,写明纠纷事实,即纠纷发生的时间、地点、涉及的任务、起因、发展过程、造成的后果及双方争执的焦点等,并按照案件的不同性质,写明不同事件中的法定要素。如离婚案件,一般要写明双方何时结婚,婚前感情基础如何,婚后感情变化情况,什么时间因什么事情关系开始变化,以致发展到感情破裂的地步等,为法院依法审理提供依据。侵权纠纷应当写明侵权人实施侵权行为的时间、经过、情节和造成的损害后果。叙写事实要实事求是,条理清楚。第二,理由部分,论证原告诉讼理由和要求的合理性、合法性,并应具体引证相关的法律条款,分清是非,明确责任。

3. 证据和证据来源、证人姓名和住址

主要是围绕所述案情事实列举相关证据。列举书证,要附上原件或复印件,如系摘录或抄件,要如实反映原件本意,并注明材料出处,切忌断章取义;列举物证,要写明什么样的物品,在何处由何人保存;列举证人,要写明证人姓名、住址,证明什么问题等。

(三) 尾部

尾部,依次写明致送人民法院的名称,附项注明起诉状副本份数和提交证据的名称和数量。最后由起诉人签名和盖章,写明起诉日期。

【难点提示】

（1）诉讼请求要明晰、具体，不可混淆案件性质。民事诉状不能意气用事，夹杂刑事诉状的请求，刑事和民事不分，使法院难以受理。

（2）写事实和理由时，要摆事实、讲道理，努力做到据事论理，以理服人。切记随意夸大或缩小，捕风捉影，甚至讽刺挖苦，污蔑漫骂。理由阐述要概括，要避免诉状过长，主旨不清。不要进行过多的分析论证，全面详细的论证分析应由代理词来完成。

（3）民事起诉状所列述的事实与理由应以能够立案为标准。更深层次的观点与论证可以在法院将案件正式受理后，根据被告的答辩和庭审调查情况，经权衡利弊，有针对性地适时向法院进行叙述和论析，进一步支持自己的诉讼请求，确保始终掌握诉讼的主动权。

【文例评析】

文例：

中石化××石油公司诉××信用担保公司
委托理财合同纠纷民事起诉状

民事起诉状

原告名称　中国石化集团××石油有限责任公司
所在地址　××市中山东一路24号甲
法定代表人　张××　公司总经理　电话：6321××××
委托代理人　王××　男　公司财务资产部干部
企业性质　国有独资　工商登记核准号　31000××××××
经营范围　石油成品油、石油化工产品、实业投资等
开户银行　工商银行××市分行营业部　账号
1001261000052l781
被告名称　××信用担保有限公司
所在地址　××市东城区东××街1号东方广场东经贸城西二办公楼7层1104室
电　　话　010-85××××××
法定代表人　孙××　企业性质　有限责任公司
经营范围　企业贷款担保、高新技术企业、民营企业、中小企业投融资担保、资产受托管理等
工商注册号　100000×××××××××

诉讼请求

一、请求法院判令被告返还原告委托理财本金人民币12 825 697.45元。

二、被告返还原告上述本金款的银行2002年6月至实际清偿时利息人民币36万元(以上两项合计人民币13 185 697.45元)。

三、本案件诉讼费由被告负担。

事实与理由

原告和被告于2002年6月中旬签订《委托协议书》,协议规定原告(协议甲方)委托被告(协议乙方)投资管理的资金共计人民币2 500万元,将其存入甲方名下资金专户(99772)中,并授权被告在该账户内进行证券买卖操作,操作范围限于沪深交易所上市挂牌的股票、国债等有价证券(见《委托投资协议书》第一条)。该协议第二条约定:"甲方委托乙方投资管理的期限为12个月,即自2002年6月12日至2003年6月11日(具体时间以资金实际到账日为准)。被告承诺(支付原告)委托投资管理资产的收益为年利率9.3%。在原告委托被告投资理财期间,被告将自有资金和托管证券市值2 500万元存入被告名下的资金专户(99771)中,作为对原告资金的风险保证。"该协议第九条约定"在协议期间,若原告资金总额低于2 000万人民币时,乙方应于二个工作日内补足,如被告不能及时补足,原告资产总额仍低于2 000万元人民币时,被告承诺原告于第三天起可对原、被告名下账户证券平仓,平仓所得资金不少于投资本金及支付甲方约定收益之和,并将相应资金划入原告名下账户……平仓后资金若少于投资本金及支付甲方收益之和,则被告承诺在二个工作日内补足……"上述协议书第十二条还规定了被告若违反协议书第九条应承担的违约责任等事项。

原、被告双方在签订《委托投资协议书》的同时,还分别与第三方××证券股份有限公司××新沪路证券营业部签订了《授权书》。该《授权书》约定第三方对原告账号为99772的资金账户和被告账号为99771的资金账户内的资产(包括资金及有价证券)进行监管,期限为2002年6月12日到2003年6月11日止。(授权书)有"当监管账户内资产总值(以当日收盘价计)低于2 000万元,营业部须在后一交易日开市前以电话或传真方式通知对方"(原、被告账号中的起始资产总值均为2 500万元)。此授权书实为第三方与原、被告订立的"委托监管合同"。

原、被告之间的《委托投资协议书》,原、被告与第三方的委托监管合同签署后,原告与案外人××正申石油化工有限公司(简称"正申石化")商定以"正申石化"的名称开设投资账户(99772)。在99772账户中共

3 000万元的委托投资，其中500万元为正申石化出资，2 500万元为原告出资。99772账户于2002年6月12日开户，该资金账号与2002年6月12日以本票形式转入资金3 000万元，资金账户下的交易或托管股票账号数30个，该资金账户买入“世纪××”股票，总计1 293 252股，无融资及抵押情况。股票买卖事宜全部由被告的代理人李××及被告授权的王×、郑×等操作。

从2003年4月16日起，“世纪××”股票交易出现异常情况，监管方(××证券公司××新沪路营业部)立即以电话通知被告，征得被告同意后进行平仓。监管方于2003年4月25日将99772账户名下的世纪××股票总计1 313 252股转入××证券公司下属单位延安西路营业部(监管方认为延安西路营业部在深交所席位靠前，便于加速抛售)。嗣后监管方将股票卖出所得金额全部转入委托方资金账户名下。至此，原告投资的3 000万元仅剩1 700万元，股票余额为零。平仓后，监管方已将正申石化投资的500万元归还该公司。原告的经济损失达12 825 697.45元。

原告与被告签订《委托投资协议书》，并由被告将原告的资财进行证券买卖操作的过程中，被告的法定代表人系刘×远。刘×远当时即是××信用担保有限公司的董事长，也是世纪××控股股东世纪兴业的董事长。被告以原告委托理财的资金3 000万元炒作世纪中天股票，违反了我国《证券法》第七十条、七十六条之规定，系该法规定的禁止交易的行为。2003年4月中旬“世纪××”股票交易出现异常情况，也是由于刘××涉嫌贵州省委书记刘×仁受贿一案，被司法机关监视居住后所引发的。在股票交易出现异常情况后被告也未按《委托投资协议书》第九条、第十二条之规定进行补救和补偿。

由于被告的原因，给原告造成巨大经济损失后，原告与被告多次交涉，并于2004年8月31日与被告谈判达成被告以部分股权、部分现金清偿债务(计本金损失1 282.5万元和收益损失232.5万元)的协议。但至今被告拒不履行此协议。

综上所述，原告委托被告投资理财，在履行协议过程中，恪守诚实信用原则。而被告在受托理财过程中，作为知悉证券交易内幕信息的知情人员，买入其所持有的公司的证券，实施法律所禁止的交易行为。最后，又因为被告当时法定代表人刘×远涉案的原因，导致所买入“世纪××”股票的狂跌，造成所购股票暴跌，且被告对原告的损失不采取补救措施，这又违反了双方的协议，最终给原告造成巨大的经济损失。按照我国《合同法》第一百一十二条之规定，请求法院判令被告返还原告委托理财本金人民币 12 825 697.45 元，并返还原告上述本金款的 2002 年 6 月至 2005 年 1 月份银行利息人民币 36 万元，共计人民币 13 185 697.45 元。

此致

××市第二中级人民法院

起诉人：国石化集团××石油有限责任公司

法定代表人　张××

二〇〇五年一月十五日

附：1. 本诉状副本壹份

2. 证据材料详见清单(清单及材料一式两份)

评析：

撰制民事起诉状，除了遵循规定的格式事项要求和技术上的规定外，关键是要提出合法、合理且明确、具体的诉讼请求，并进而阐明足以支撑该诉讼请求的事实和理由，并提供足够的具有真实性、合法性和关联性的证据材料。证据材料必须在举证期内一次悉数提供，至于事实与理由内容的繁简当因案而异，不必言无不尽，面面俱到，只要简明扼要地表明案件原委，让法院能够立案即可。进一步的意见和理由，可以在庭审阶段进一步提出并阐明。这是一份委托理财合同纠纷案的民事起诉状，涉及一种比较新颖的案件，最高人民法院《民事案件案由规定(试行)》中尚无这一案由。受委托律师在充分掌握本案事实且了解各地法院对此类案件的审理意见后代书诉状，提出要求被告返还原告委托理财的本金及该本金至实际清偿时的银行利息等诉讼请求，而放弃了对年利率 9.3%收益的追索。事实部分，按时间顺序叙述了合同的订立、合同的主要内容、最初的履行情况，委托理财资金所购股票出现异常及其引发原因，被告未按约进行补救和赔偿及涉诉前双方交涉未果的情况。理由部分阐述了在履约过程中，原告始终恪守诚信原则，由于被告方的原因造成股市异常，且被告又违反了协议，不采取补救措施，对原告的损失负有不可推卸的责任，最后引用《合同法》的有关规定请求法院判令被告返还委托理财的本金及同期银行利息。全文语义连贯，诉讼请求和事实与理由之间协调一致，再加上与本案关联的多项证据，构成一个逻辑严密的整体。此案经××市第二中级人民法院审理，一审原告胜诉，被告提起上诉，××市高级人民法院终审判决维持原判，驳回上诉。事实证明，这份民事起诉状在诉讼中发挥了良好的作用。

【案例操作】

根据以下案情材料，拟写一份民事起诉状。

王×荣，男，56 岁，汉族，其弟王×华，54 岁。1979 年兄弟二人分别成家与父母分居，1984 年，王×华又重新与父母一起生活，直到 1990 年二老去世。父母去世时未留下遗嘱，当时王×荣考虑到父母刚去世及王×华的实际困难，没有提出分割遗产的要求。

2006年4月，王×华在没有经过王×荣同意的情况下，将父母留有的三间房屋出卖，并将18 800元价款全部据为己有。王×荣向其提出分割遗产要求，王×华认为自己对父母尽义务较多，拒绝共同继承。为此，王×荣于2006年×月×日向××省××县人民法院提起诉讼，要求平均继承18 000元遗产。

王×荣认为：(1)在1979—1990年中，自己坚持每月负担老人赡养费200元，与王×华所负担的份额大致相同。邻居王×可以作证。(2)与王×华共同负担老人丧葬费用。(3)自己身在外地，无法直接照顾老人，而且老人生前长期为王×华操持家务。因此，王×华并没有尽更多的义务。邻居孙××可以作证。

附：《婚姻法》第十八条："父母和子女有相互继承遗产的权利"。

《继承法》第十三条："同一顺序继承人继承遗产的份额一般应当均等。"

第三节　民事上诉状

【导入案例】

2007年1月7日，上海市长宁区某居民小区居民金海龙往住宅楼房的地下车库取助动车准备外出时，由于电梯因故停驶，金海龙只得由楼梯步行而下，当他由一层向地下车库行进时，又因声控灯失灵，四周一团漆黑，不慎踏空摔伤(经司法鉴定已构成8级伤残)。事故发生后，金海龙向法院提起诉讼，要求××物业管理有限公司等两家单位赔偿伤残赔偿金等各种费用193 715.36元。该事故事实清楚，证据充分。然而一审法院以"对于系争声控灯未能点亮导致的危险因素，属于本案原告明知并具备控制及避免能力的事实范畴"为由，得出"原告要求被告承担赔偿责任的诉请，本院不予支持"的结论。金海龙不服一审判决，依据国务院《物业管理条例》等法规的规定，认为物业公司对其本人遭遇因电梯故障、声控灯失灵而引发的人身损害，具有无可推卸的法律责任，向上海市中级人民法院提起上诉。

讨论：

(1) 民事上诉状与民事起诉状有什么联系与区别？

(2) 除民事上诉状外，还有哪些上诉状？

(3) 民事上诉状应当针对一审判决的错误和不当处来撰写，写述上诉理由时应当注意哪些事项？

【要点阐释】

一、民事上诉状的概念和功能

民事上诉状是民事案件的当事人，不服人民法院第一审裁决、裁定，在法定期限内向上一级人民法院提起上诉，请求撤销、变更原裁判的书状。

民事上诉状是当事人行使上诉权的具体体现，对于维护自身的合法权益具有十分重要的作用。同时，它能引起第二审程序的发生，有利于二审法院审判工作的监督，审理好上诉案件是确保办案质量的重要环节之一。

二、民事上诉状的结构、内容和制作方法

民事上诉状的内容由首部、正文(上诉请求、上诉理由)和尾部组成。

(一) 首部

首部依次写明：(1)文书名称“民事上诉状”。(2)当事人身份基本情况，其写法和民事起诉状基本相同，只是在上诉人和被上诉人之后，要用括号注明是原审原告，还是原审被告。如“上诉人(原审被告)”、“被上诉人(原审原告)”。共同诉讼的案件，上诉的内容未涉及的当事人，仍列原审中的诉讼称谓，而不列为上诉人或被上诉人。(3)提起上诉的缘由，通常表述为：“上诉人因××(案由)一案，不服××人民法院××××年××月××日(××××)民初字第××号民事判决(或者裁定)，现提出上诉。”

(二) 正文(上诉请求、上诉理由)

上诉请求和上诉理由是上诉状的主要内容。上诉请求要求具体明确，除要求撤销或变更原裁判外，还要写明上诉人对民事权益的实体或在程序上的诉讼权利的主张。一般主要是针对原审在认定事实、定性、适用法律和程序几个方面提出。上诉理由应围绕着上诉请求，针对原审裁判而论，不能把矛头对准对方当事人，这是民事上诉状和民事起诉状在制作方法上的根本区别之处。上诉理由实质是对原审裁判进行驳论，夹叙夹议，以议为主。叙述事实时，如原审认定事实失实，应列举证据有针对性地详细叙述，并逐一提出原审裁判认定事实的不实之处；对认定事实

无异议之处则无须复述。论证时，根据具体情况既可以采用引用原裁判文书中的关键部分，通过摆事实、讲道理分点来驳，也可以采用概括其要点集中辩驳的方法。总之要紧扣上诉请求，观点明确、内容精炼、语言准确简明，说理针对性强。要避免文字冗长，观点不明，更不要在无关紧要的枝节问题大做文章而喧宾夺主。

写完上诉理由后，行文一般另起一段写："为此，特提起上诉。请二审法院依法撤销原判决(或裁定)，依法改判。"

(三) 尾部

尾部的内容和写法与民事起诉状相同，只是将"起诉人"改为"上诉人"即可。

【难点提示】

(1) 叙事说明要注意详略，对原审裁判无异议之处可以不提或一笔带过，重点放在不服的内容上。

(2) "上诉理由"是民事上诉状的重点与难点，要针对一审判决的错误或不当之处(如认定证据与事实错误，适用法律不当、滥用自由裁量权等)用驳论的方法展开，要实事求是、语言平和，切忌意气用事、任意贬斥一审法院。还要留意，交待上述理由时，要注意不服的是原审裁判的结果，要避免写成"不服……民事判决书(或裁定书)"，正确的表述应为"不服……民事判决(或裁定)"。

【文例评析】

文例：

刘××与××××旅行社劳动合同竞业限制纠纷案民事上诉状

民 事 上 诉 状

上诉人(原审被告)刘××，女，1971 年 8 月 4 日生，汉族　住××市×州路×号××××室。

被上诉人(原审原告)××××旅行社有限公司，住所地××市××中路××××号×楼×室。

法定代表人王××，职务总经理。

上诉人刘××不服区人民法院(2006)×民一(民)初字第××××号民事判决，现提起上诉。

上 诉 请 求

请求撤销(2006)×民一(民)初字第××××号民事判决，另行公正判决。

上诉理由

原告××××旅行社有限公司诉被告刘××劳动合同竞业限制纠纷案，一审法院判决认定上诉人刘××违反了劳动合同竞业限制条款，有悖于劳动者的诚实守信义务，从而判决上诉人支付被上诉人竞业限制违约金10万元。上诉人对此判决不服，理由如下：

一、上诉人与2005年6月23日离职后，一年内未从事与被上诉人有直接关系的工作。判决书之所以认定上诉人违反了竞业限制约定，是由于对被上诉人指控上诉人为××××旅行社从事业务活动的不实指控予以采信。事实上是上诉人于2006年7月2日应西藏旅游局驻××联络处之邀请参加了青藏铁路首发仪式，会上上诉人一般性地讲述了铁路竣工后对西藏旅游业的促进。此次活动的举办单位系西藏自治区政府驻沪机构，无权也不可能从事旅游业务。因此上诉人的行为绝对不属于"从事与被上诉人有直接竞争关系的工作。"至于被上诉人所指的××××旅行社与此活动毫无关系。在此之前，上诉人对该旅行社闻所未闻。

二、从时间上来看，上诉人参与上述活动是在上诉人离职一年之后，因此更不该受到无端指控。上诉人得到公司的同意后于2005年6月22日办妥了全部交接手续，并于翌日即6月23日结清了工资。显然，上诉人的离职日期是2005年6月23日，而上诉人参加上述首发仪式的时间是2006年7月2日，早已过了劳动合同上规定的竞业禁止期。

总之，上诉人认为一审法院的判决缺乏事实和法律上的依据，请求上诉法院撤销原审判决，另行公正判决。

此致

××市第一中级人民法院

上诉人：刘××

二〇〇七年二月十四日

附：1. 本上诉状副本壹份

2. (2006)×民一(民)初字第××××号判决书壹份

评析：

上述实例系一起劳动合同竞业限制纠纷案的民事上诉状。首先，此案的案件性质具有新颖性。受理该案的一审法院于2007年2月7日作出判决。二审法院于2007年3月1日立案受理。据悉此类案件在××(直辖市)尚属首例。此案案情并不太复杂，但一审、二审的审理结果及相关情况却颇耐人寻味。一审法院作为认定事实和判决依据的四项证据不是根本不存在就是与原告的指控没有关联性，其中还存在取证的合法性问题。在二审开庭当天，××市多家媒体争相发表由一审法院通讯员等撰写的宣传一审判决结果的文稿或播放反映他们观点的音像节目，以此影响和钳制二审判决。在二审中，经上诉方据理力争，推翻了一审所采信并据以定案的主要依据，但二审法院仍旧作出“驳回上诉，维持原判”的判决。这份民事上诉状撰制时，从本案的实际情况出发，针对一审法院“认定被上诉人违反了劳动合同竞业限制条款，有悖于劳动者的诚实守信义务，从而判决上诉人支付被上诉人竞业限制违约金 100 000 元”这样一个总论点，以上诉人被控行为不属于“从事与被上诉人有竞争关系的工作”和上诉人被控行为发生在劳动合同所规定的竞业禁止期以外这两个理由，从总体上全面辩驳一审法院的不当判决，而不涉及具体的认定事实和证据以及适用法律等方面的错误。对于一审方面的错误，在二审法院辩论阶段委托代理人充分论证，对此被上诉方无言以对，显得很被动。这份民事上诉状上诉请求具体明确，上诉理由紧扣上诉请求，内容精粹、语言准确简明，观点明确，说理针对性强，与庭审阶段的代理词互相配合、互相呼应。二审法院不得不否定一审判决所依据的主要证据，仅凭一审法院亦不得不承认是“瑕疵”证据的一个与指控事实缺乏关联性的孤证作出上述判决。因此，虽然上诉人通过二审程序并败诉，但二审代理人对包括代书这份上诉状在内的法律服务工作还是认真负责且有成效的。

【案例操作】

根据以下案件材料，制作一份民事上诉状。

1999 年 4 月 5 日，安×因急需资金购原料，遂口头委托其朋友周×到××信用社贷款。周×以自己为担保人，安×为借款人与××信用社订立一份借款合同。合同注明，借款金额为 26 000 元，用途为购原料，期限为 1999 年 4 月 5 日到 1999 年 11 月 5 日。借款人安×以其本人的房产提供抵押，房产证由信用社保管。当时，周×还与该信用社订立了借款保证合同，同时注明安×愿以其价值 18 万元的房产抵押担保。合同订立后，××信用社制作了借款凭证，并将 26 000 元交给了周×。周×在办理借款手续时，该信用社曾电话通知了安×。第二天安×赶到信用社，分别在借款合同、保证合同上补签了姓名，补盖了印章。周×款借出后交给了安×，但安×事后不认可。信用社的还款手续上记载该笔借款曾于 1999 年 4 月 6 日偿还 1 000 元，1999 年 5 月 10 日偿还 6 000 元。信用社确认第一次去还款的为周×，第二次是谁还的款项不能确定。周×、安×对还款予以认可，但均不认可系本人还的。

2002 年 8 月 2 日，信用社曾向周×、安×追要此款，并以安×为借款人，周×为担保人达成逾期还款协议书。协议书主要载明：因借款人于

1999 年 4 月 5 日借款 26 000，由于周×担保已逾期，现三方达成协议，由安×于 2002 年 10 月 30 日前还清借款，保证人周×承担连带保证责任，保证期间为 2002 年 8 月 2 日至 2002 年 10 月 30 日，原抵押仍然有效。周×在担保人一栏签姓名。之后安×一直未偿还贷款，信用社亦未曾要求周×承担担保责任。

2004 年 12 月 30 日××信用社诉到法院。诉讼中，××信用社放弃追究被告安×偿还借款之责，要求实际借款人周×偿还借款 19 000 元及利息。

一审法院认定：被告周×1999 年 4 月 5 日在安×未到场，未与原告(××信用社)签订借款合同的情况下，以保证人身份先与原告签订借款保证合同，原告支付其现金 26 000 元的同时，在借款付出凭证上加盖上自己的印章，形成了事实上的借款人。因此被告周×应当承担偿还贷款本息之责。据此判决：一、被告周×于本判决生效后十日内偿还原告××信用社借款 19 000 元及利息；二、被告安×不承担还款责任。案件受理费 1 210 元，由被告周×承担。

周×不服一审判决，于 2005 年×月××日向市中级人民法院提起上诉。

第四节　民事答辩状

【导入案例】

毛××系外省来××市的经商人员，至今已拥有一定的资财，杭××系从外省回××市的知青。多年前，毛××离婚后与杭××相遇，双方均对对方产生好感。后杭××与前夫离婚后与毛××结婚。婚后双方虽有过争吵和摩擦，但物质生活尚比较优裕，双方关系也属稳定。2006 年 6 月杭××以毛××破坏杭××与其前夫婚姻，婚后无感情基础、遭受家庭暴力，毛××不尽夫妻抚养义务等为由向××区人民法院提起离婚诉讼。毛××的委托代理人在了解了全案情况后建议毛××目前以不离婚为宜，遂为之代书答辩状，并以答辩状的主要论点作为庭审中的抗辩理由，最后获得预期的诉讼效果。

讨论：

(1) 民事答辩状作为一种答辩文书，在一审和二审程序中，被答辩人分别是哪一方？

(2) 若你成了民事案件的被告，在撰拟答辩状之前要做哪些准备工作？

(3) 在规定的期间内，被告不向法院提供答辩状是否会妨碍法院如期开庭？

【要点阐释】

一、民事答辩状的概念和功用

民事答辩状,是指民事案件的被告或者被上诉人,针对原告的起诉状和上诉人的上诉状,进行回答和辩驳的书状。

根据《民事诉讼法》第 113 条和第 150 条的规定,人民法院将起诉状副本送达被告或者对方当事人,被告和对方当事人应在 15 日内提出答辩状。民事答辩状是被告和被上诉人实现诉讼权利、维护自身合法权益的手段。提出民事答辩状,体现了当事人的诉讼地位和权利平等的原则,也有利于人民法院查明案件事实,全面分析案情。但是,如果被告或被上诉人不提出答辩状,就意味着放弃了这种诉讼权利,不过并不影响人民法院对案件的审理。

二、民事答辩状的结构、内容和制作方法

民事答辩状由首部、答辩理由和尾部组成。

(一) 首部

应依次写明:(1)文书名称"民事答辩状";(2)答辩人基本情况,其具体列项和表述与民事起诉状的写法基本相同。

(二) 答辩理由

先写"因……一案,提出答辩如下",然后另一段写答辩理由。答辩应针对原告起诉状或上诉人上诉状中的事实、理由和请求来给予答辩。民事答辩状写作方法上的最大特点就是驳论。叙述事实要客观,要注重让证据说话,要运用法律、法理和逻辑事理进行论辩,否定对方的诉讼请求,并最终阐明自己的主张。

(三) 尾部

写明受状人民法院名称,附件的名称和份数,由答辩人签名或者盖章,写明答辩日期。

【难点提示】

(1) 答辩状在内容上应注意针对起诉状或上诉状的事实、理由和证据来进行答辩。观点要集中鲜明,论据要充足,论证要充分。

(2) 围绕着自己的答辩理由，也可提出相反的事实和理由。答辩人提出反诉的，一审民事答辩状还可以同时反映反诉状的内容。

【文例评析】

文例：

毛××离婚案民事答辩状

民事答辩状

答辩人：毛××，男，1948年6月26日出生，汉族，上海××化工有限公司经理，住本市××新路××弄×号701室。

因杭××诉我离婚纠纷一案，提出答辩如下：

答辩人不同意原告离婚的诉讼请求，答辩人认为其同原告的夫妻感情基础牢固，婚姻生活尚属美满。即使平时因生活琐事偶有不快，尚不至于因此解除婚姻关系。答辩人有信心也有能力挽救这段来之不易的婚姻。

针对原告在民事诉状中列举的事实，答辩人提出如下意见：

一、关于原告指控答辩人为达到自己目的破坏原告同其前夫婚姻一说。答辩人认为原告作为完全民事行为能力人应当具备认知判断自己行为可能造成的各种法律后果的能力。原告当年毅然离开自己的前夫带着女儿回到上海同答辩人共同生活，是其深思熟虑后所作出的人生重大抉择。这不是任何人以任何方法可以随便迷惑唆使的。原告作为一个成年人将当初的离婚归因为答辩人的唆使迷惑，无疑是可笑的且不负责任的。

二、关于婚后无感情基础，实施家庭暴力一说，显然同本案的基本事实不符。本案原被告从在火车上偶然相识到最后冲破世俗观点的束缚结为夫妇，应该说原被告之间的这段婚姻十分来之不易。婚后，答辩人对原告同其前夫所生的女儿视如己出，呵护备至。原告本案起诉的日期是二〇〇六年六月中旬，可就在不久前的五一长假期间，原被告和他们的女儿还一起出外旅游。一家人共同驱车前往无锡、镇江等地游玩，这样的家庭怎能说无感情基础？关于原告将夫妻间争执导致的偶然的相互冲突定义为家庭暴力，显然是原告错误地理解家庭暴力的真正含义。答辩人在此不就这个问题赘述。

三、关于原告曾向法院起诉要求离婚一说。答辩人认为这些都是生活中已经过去的一页：十数年前，原被告曾因家庭琐事不合，一方一时冲动诉至法院，最终在法院的说服和劝解之下以撤诉结案。现在原告以此作为离婚的理由显然是将两个发生在不同时间、空间的事件混为一谈。事实上，这两件事根本不具有法律上的因果关系。

四、关于所谓不履行夫妻相互抚养义务一说是原告不负责任的单方面的说法。正如答辩人在前面已经列举的事实，婚后，答辩人一人在外打拼事业以维系这个来之不易的家庭，对妻子、女儿无论是在物质上还是精神上都是倾其所有。本案中，答辩人将其实际经营的海纳公司的法人代表登记为原告。将一间完全由答辩人出资的不动产登记在其继女一人名下且将公司财务这一重要岗位交给继女控制。稍有法律常识的人都可以看出答辩人对这个家庭的付出已经达到普通人难以企及的地步。原告病重期间，答辩人尽心竭力照顾之，为原告提供了最好的医疗条件。原告现在居然以此作为离婚的理由是没有根据的。

五、关于答辩人患有性病一说更是无稽之谈。答辩人不愿在此问题上同原告作过多纠缠。请原告举证证明上述事实并说明此节事实和原告的离婚诉请有何关联。

综上所述，原告因生活琐事造成不快，在欠冷静的情况下，贸然向法院提出离婚的诉讼请求是不合适并对答辩人不负责任的，答辩人在此请求原告和法院充分考虑原被告这段来之不易的婚姻，同心协力挽救这段婚姻。

答辩人：毛××

二〇〇七年七月×日

评析：

在离婚纠纷案件诉讼中，当事人间的诉辩应当围绕“夫妻感情是否破裂”这一主题来开展并作出结论，但在某些特殊情况下不妨暂时作变通处理。本案被告系一外省××市创业人员，在事业上已有一定建树，原告系从外省回××市的知青，双方均系再婚。女方在逐步控制男方财产权（女方名义上任男方开设公司的法定代表人、房产产权人、汽车车主等）后以种种理由向法院诉请离婚，且缄口不提财产分割，其用意十分清楚。男方接到法院应诉通知后十分愤慨，认为这场婚姻非结束不可。受理此案后，被告代理人认为在这种情况下离婚，被告的处境十分困难，不如暂不同意离婚，待取得各项财产于己有利的证据后再酌情作下一步的打算。当事人表示接受这一建议。本答辩状依据原被告双方婚前婚后的真实情况，针对原告起诉状的五项指控（一、被告唆使原告与前夫离婚。二、被告实施家庭暴力。三、原告十余年前曾向法院对被告提出离婚诉请。四、被告对原告不履行扶养照顾义务。五、被告患有性病）一一进行辩驳。本答辩状格式规范，针对原告起诉状的事实、理由和请求目的性很强地开展驳论，叙事客观，按照《婚姻法》的精神进行论辩，不仅晓之以理，而且动之以情。一审判决对原告离婚的诉讼请求不予支持。判决之后，原告并未提起上诉。

【案例操作】

根据以下案情材料，拟定一份民事答辩状。

被告杨×江(13岁)，2002年11月10日，与同学田××玩时，曾用土块打田××未中，就回到教室。两天后，老师到被告家中通知说杨×江将田××头部打伤。被告父母到医院时，田××正在看书，三天后，精神也正常。被告父母要求见医生询问病情，原告父母不同意。田××于11月23日出院，但25日再度入院。过了两天，被告父母要求转院到医大一院诊断，原告父母不同意。田××12月18日出院，原告起诉，要求被告支付人身损害赔偿费20 000元和后继治疗费等30 000元。

被告认为：(1)杨×江未必打中田××，因为田××能继续上课，三天后诊断为颅骨骨折。(2)原告称田××已神志不清，与被告所见不相符。

法定代理人(被告之父)杨××，男，38岁，××××厂工人，住××市××区×路×号。

第五节 民事再审申请书

【导入案例】

腾北实业有限公司系市郊××区政府属下的一个经营工业园区土地使用权转让的企业，汇典模具有限公司系租用工业园区土地及厂房的厂商。2007年8月汇典公司向××区法院状告腾北公司，要求享有其租用的××路475号土地及厂房的优先购买权，主要依据是腾北公司于2003年5月8日将该处过户给腾北属下的荣奕公司。××区法院判决支持原告的诉请。腾北公司向××市二中院提起上诉，该院于2008年3月18日作出终审判决维持原判。二审判决之后，腾北公司提出新的证据，证明：一、荣奕公司于2006年5月19日设立并登记，2003年5月8日尚未组建；二、自荣奕公司成立至今，荣奕与腾北两家公司的审计报告等历年财务资料可以反应荣奕并未向腾北支付涉讼房地产的相应对价。由此提出新的抗辩意见：腾北与荣奕之间根本不存在厂房买卖和土地使用权转让关系，因此汇典公司依法不享有对涉讼房地产的优先购买权或优先受让权，并依据《民事诉讼法》第一百七十九条第(一)项之规定，向××市高级人民法院提出再审申请。目前，××市高院已受理并审理此案。

讨论：

(1) 查阅 2008 年 4 月 1 日起施行的《中华人民共和国民事诉讼法》第 179 条、第 180 条等条款，并对照修订之前的相关条款，试述：民事诉讼法修订后对民事再审申请书的制作与运用有什么重要影响。

(2) 再审申请书的制作目的是什么？

(3) 申请人应当将再审申请书提交给哪一级人民法院？

【要点阐释】

一、民事再审申请书的概念和功用

民事再审申请书，是指民事案件的当事人在法定期限内，对已经发生法律效力的判决、裁定认为有错误的，或者对已经发生法律效力的调解书，提出证据证明调解违反自愿原则，或者调解协议的内容违反法律规定，依法向原审人民法院或者上一级人民法院提出再审申请，请求重新审理的诉讼文书。

根据我国《民事诉讼法》第 179 条规定，当事人的申请符合下列情形之一的：(1)有新的证据，足以推翻原判决、裁定的；(2)原判决、裁定认定的事实缺乏证据证明的 13 种情况之一(具体内容请参见该条款)，或者“违反法定程序可能影响案件正确判决、裁定的情况，或者审判人员在审理该案件时有贪污受贿，徇私舞弊，枉法裁判行为的”，人民法院应当再审。此外，《民事诉讼法》第 182 条还规定，当事人对已经发生法律效力的调解书，提出证据证明调解违反自愿原则或者调解协议的内容违反法律的，也可以申请再审。

民事再审申请书是当事人诉讼权利的重要体现，是引起审判监督程序的重要条件。它有助于人民法院发现并纠正确有错误并已经生效的判决和裁定，确保司法公正，并使当事人的合法权益得到切实的保护。

二、民事再审申请书的结构、内容和制作方法

民事再审申请书的结构内容和制作方法与民事上诉状相似，但其正文部分包括“请求事项”和“事实与理由”两部分，文书的名称应写为“民事再审申请书”，但当事人的称谓应称为“申请人”。

【难点提示】

申请再审的时限。必须是民事判决、裁定发生法律效力后 2 年内提出。另外，

民事诉讼法还明确规定，以下案件当事人不得申请再审：对已经发生法律效力的解除婚姻关系的判决和按照督促程序、公示催告程序、企业法人破产还债程序审理的案件以及依照审判监督程序审理后维持原判的案件。

【文例评析】

文例：

葛××房屋产权案民事再审申请书

再审申请书(房屋产权纠纷)

申请人葛××，女，1930年7月29日生，汉族，××省东台县人，县建筑公司工人(已退休)，住城关镇万缘巷15号。

申请人葛××对××省××地区中级人民法院19××年4月10日(199×)×民终字第54号民事判决，申请再审。

请求事项

一、请求撤销××地区中级人民法院199×年4月10日(199×)×民终字第54号民事判决。

二、依法改判，请求确认申请人对××房产的所有权。

事实与理由

1. 我和傅×宝婚姻关系存续期间所买的房子，房款是我独自筹借，也是我独自承担偿还的，有债权人臧××、冯××等人证明。

2. 买房子时，我的丈夫(已故)，即被申请人之父傅×宝公开表态：不与我共买此屋，并请沈××代书了不愿共买房子的申请书。申明报告内容见代书人沈××的书面证明。

3. 第一审、第二审法院只是泛泛地认定事实，援引法律。对于我提供的证人、证据既不调查核对，也不分析、不驳斥，下判时也全部不予采纳。这样的判决怎能使人信服？

4. 夫妻(婚姻关系)存续期间所得财产，应理解为包括双方或一方的劳动所得。如属这样的性质，其产权应为夫妻共同所有。我买的房子虽在婚姻关系存续期间，但买房用款不是劳动所得，而是借债支付，还债又是在我故夫死后。第一审、第二审引用《婚姻法》第十三条，只讲第一款“夫妻在婚姻关系存续期间所得的财产，归夫妻共同所有”，而不提该条的第二款：“双方另有约定的除外”。

根据上述事实与理由，特申请贵院提审此案，依法判决，以保护申请人的合法财产权利并维护法制尊严。

此致

××省高级人民法院

申请人　葛××

一九九×年十二月二日

附：1. 第一、二审判决书副本复印件各1份。

2. 房契影印件1份。

3. 书证8份。

评析：

这份再审申请书针对原审判决在认定事实和适用法律方面存在的偏差提出撤销原判、依法改判等请求。修订前的《中华人民共和国婚姻法》第13条有关夫妻共同财产的认定中"双方另有约定的除外"这一点，在司法实践中往往因证据不足而难以认定。这份申请书就紧紧抓住"另有约定"这一点，列述三个方面的事实和理由：(1)申请人买房虽然是在夫妻关系存续期间，但是买房费用由女方借款支付，还债又是在丈夫病故之后，有债权人作证；(2)买房时，对方当事人的生父即申请人的亡夫曾公开表态，不参与共买，有书证为证；(3)适用法律不全面，只引用"夫妻在婚姻关系存续期间所得的财产，归夫妻共同所有"的普遍性规定条文，却忽略了"双方另有约定的除外"这一特殊规定，所以原审判决在认定事实和适用法律上有失偏颇。这份申请书分条叙事说理，层次清楚、逻辑性强，叙事简要、举证充分，说理有针对性，格式正确，内容要素完备。

这篇申请书也有一些不足之处，例如，有些内容要素因叙事过简而被疏漏，如争讼的房产的坐落处所、规格、数量(间数、面积等)，买房时间、款额等，尽管或许在原审的诉状及裁判文书中已详尽说明，但在再审申请书中仍应一一叙明，以保证法律文书的准确、严谨；事实与理由之三的内容比较空泛、笼统，可与第4条合并写述，以使论点、论据密切配合、结构紧凑。另外，申请人与对方当事人系继母女关系，对方当事人与申请人的亡夫系生父女关系，应在"事实与理由"起始部分有所交待，可使有关人员易读易懂。按规定，再审申请书系一种没有被申请人的申请书，因此在文书中不应以"被申请人"称呼对方，还是以"对方当事人"为宜。此外，称已病亡的丈夫为"故夫"似有歧义，以称"亡夫"为宜。

第六节　辩　护　词

【导入案例】

当年的綦江虹桥垮塌事故及其对一些相关责任人员工程重大安全事故等案的审理令世人瞩目，阎×的案件是这一系列案件中的一个。检察机关指控阎×构成犯罪的主要依据是他“违反国家规定，不具备施工员资格而参与虹桥关键部位的施工”，“在施工过程中，不按图纸设计要求对PVC管和锚头内灌注混凝土，致使钢绞线、锚具头锈蚀严重……”成为导致事故的一个因素。两位辩护人受理了此案后，经过认真的调查研究，据事依法充分论理，要求法院对被告人按照《刑法》第一百三十七条之规定从轻处理。

讨论：

(1) 作为法务文书的辩护词具有法庭辩论演讲稿的性质，用于法庭辩论阶段。具体运用时能照本宣科吗？为什么？

(2) 在制作辩护词之前，辩护人应当开展调查取证的工作并去法院阅卷，还要会见被告人，但辩护词不可完全按照被告人的意愿进行辩护。为什么？

(3) 在公诉案件中，若检察机关的起诉书所指控的犯罪事实清楚、证据确凿，那么辩护词应当如何进行抗辩？

【要点阐释】

一、辩护词的概念和功用

辩护词是在刑事诉讼中，受被告人委托（或法院指定）的辩护人根据事实和法律，在法庭辩论阶段，为维护被告人的合法权益，针对起诉书的指控进行辩驳，所发表的演讲词。

按照刑事诉讼法的有关规定，犯罪嫌疑人、被告人有辩护的权利，既可以自己行使辩护权，也可以委托律师和法律许可的其他人员担任辩护人为自己辩护，提出证明犯罪嫌疑人、被告人无罪、罪轻或者减轻、免除其刑事责任的材料和意见，维护犯罪嫌疑人、被告人的合法权益。

二、辩护词的结构、内容和制作方法

辩护词主要由标题、称呼语、序言、辩护理由和结论五部分组成。标题写明“辩护词”或“关于×××（犯罪嫌疑人或被告人姓名）××（案由）一案的辩护词”。在序言之前先写明称呼，写为“审判长、审判员”或“审判长、人民陪审员”，如何称呼，视法庭组成人员灵活确定。下面对序言、辩护理由和结论分别说明。

(一) 序言

序言部分包括三点内容：(1)引用法律根据，简要说明辩护人出庭的合法性和出庭任务；(2)简要说明辩护人开庭前进行活动的情况；(3)提出对本案的基本看法。

这一部分通常表述为："根据《中华人民共和国刑事诉讼法》的第32条第1款的规定，我接受×××(犯罪嫌疑人或被告人姓名)××(案由)一案犯罪嫌疑人或被告人×××的委托，担任他的辩护人，为其进行辩护。开庭前，我根据×××人民检察院的起诉书所指控的犯罪事实，详细地查阅本案的全部材料，会见了被告人，走访了有关证人，并进行了必要的调查了解，今天又听取了庭审调查情况，使我对本案有了更加全面的认识。我认为起诉书指控被告人×××犯罪事实不能成立，现提出以下几点辩护意见。"

(二) 辩护理由

辩护理由是辩护词的核心内容，律师的辩护理由要针对起诉书指控(二审辩护则要针对一审判决书认定)的犯罪事实、证据、性质、罪名及引用的法律条文，从事实认定、证据效力、适用法律等方面进行辩护，具体阐述被告人无罪、罪轻或应当减轻、免除其刑事责任的理由和有关证据材料；也可以从本案被告人个人的情况(诸如平时表现)，作案的动机、犯罪的后果、认罪态度等等进行辩护；还可以从逻辑事理和有关学科科学原理的角度进行辩护。这些方面只要结合具体案情灵活掌握运用，也能起到良好的效果。认定事实应当实事求是，对于被告不利的事实和证据，不能无根据地否定；对于被告人有利的证据要有根有据，理由论述要重点突出，证据充分，有破有立，条文清楚，逻辑严密，语言分寸把握得当，冷静客观中不乏感情。

(三) 最后结论

结论主要是对发言归纳总结，提出明确具体的结论性意见。署名并写明发表的年、月、日。

【难点提示】

(1) 因为辩护词是演讲词，要善于把握听众的心理，争取让听众对辩论发言产生共鸣，求得合议庭的认可和采纳。为此，要充分注意利用口语的技巧，增强表达的效果。

(2) 先列大纲，结合庭审调查和辩论情况不断进行调整，并在开庭后整理完善，将正式的辩护词呈交法庭。

(3) 要准确针对案件事实运用法律专业知识对案件进行分析，提出辩护意见。切忌哗众取宠，脱离案情而大谈法理，或以教训人的口吻向法庭和旁听的人来谈自己的意见，结果给人以卖弄之嫌，招致反感，影响辩护效果。措辞表达要刚柔并济，冷静以对，不可意气用事，态度偏激。

【文例评析】

文例：

阎×建筑工程重大安全事故案辩护词

辩 护 词

审判长、审判员：

××市××律师事务所受被告人家属的委托，经被告人阎×本人同意，指派杨××、陈×二位律师，依法担任其一审的辩护人参加本案的诉讼活动。

我市綦江县虹桥垮塌事故公开报道以来，在全国引起了极大的震动，因桥梁垮塌造成40人丧生，14人受伤，经济损失六百余万元，这是我国桥梁史上的罕见悲剧。这座“中承式钢管混凝土提篮式人行拱桥”从建成到垮塌仅存了1 055天。这条消失的“彩虹”吞掉了40个无辜生命，吞掉了人民的几百万元血汗钱。惨痛的后果无论从哪方面讲都是令人痛心的。

在这里，我借开庭公开审理这一机会向死难的无辜者表示悼念，对死者的亲属深表同情，对国家财产，对人民血汗钱随虹桥垮塌而付之“白”流而深表惋惜。

另外，在提出辩护意见之前，我受被告人的委托转告法庭，转告死者家属，转告在座的各界人士和电视机前的亿万百姓，被告人对因虹桥垮塌所造成的严重后果感到非常难过，从良心上讲对不起死者的家属，也希望通过本案的审理，厘清事实，给人民一个公正的说法，以告慰死者，警示世人。

现在根据已进行的法庭调查和鉴定情况，针对起诉书中所指控被告人阎×的犯罪事实作如下辩护：

一、被告人阎×在虹桥施工过程中的具体地位及作用

在这个问题上，必须强调已弄清的这些事实，即被告人阎×参加该桥施工的时间，在该桥从事的工作，以及怎样实施这些工作的。该桥始建于1994年11月5日，1996年2月15日建成投入使用，建桥共用了一年零两个月又十天，被告人阎×是1995年10月由被告人费×利招请到建桥工地的。截止到该桥建成，被告人阎×只在该桥修建中干了3个月左右。在被告人阎×进入该建桥工地以前，其桥梁主拱钢管、吊杆、锚具锁锚和相关的主体工程已经基本完成。在1995年12月以前，按建桥施工总负责人费×利的安排，阎×干的是图纸和资料的整理，未参加具体施工操作活动。12月以后，按费×利的安排，调整到桥上进行吊杆和锚头的水泥灌浆，同时处理桥面花台、座椅、栏杆、装饰挂板的瓷砖饰面工作。这些工作均在无图纸情况下按费×利口头交代进行施工操作，在除桥面和其他施工按照要求办理外，在对吊杆和锚头内的水泥浆灌注时曾遇上无法灌注的问题，阎向费×利汇报时，提出应该采用泵压进行压浆灌注，但费×利仍要求使用人工方式进行灌浆，在无设计图纸的情况下被告人阎×照费的安排，对28根吊杆进行了人工灌浆(其中一根曾采用过压浆方式压灌，因PVC管接头处破裂，故就没有再采用压浆)。综上可以看出这样一个基本事实，即被告人阎×是在该桥修建尾期的后3个月才进入现场的，而且所做的工作只是资料、图纸的整理和对吊杆、锚头防护的水泥灌浆工作。

二、被告人阎×在虹桥垮塌事故中应该承担什么责任

针对起诉书的指控，辩护人认为对被告人阎×应根据以下事实定责。

(一) 起诉书指控说：被告人阎×"违反国家规定，不具备施工员资格而参与虹桥关键部位的施工。"这一指控如果是指被告人阎×不具备桥梁施工员的资质参与虹桥施工是无疑的，但是指对主拱钢管焊接和安装吊杆锚固关键部位施工，指控与事实是有出入的。被告人阎×在修建该桥的收尾期对吊杆和锚头内灌注水泥浆与关键部位的安装应有区别。辩护人认为指控应该明确具体的虹桥关键部位，被告人并未参与主拱钢管、吊杆、锚具锁等工作，他所从事的浇灌混凝土不属于施工的关键部位，而只应是相应的辅助工作。这样考虑就便于分责。另外，不具备桥梁施工员资质担任该桥施工员无可非议是违反国家规定的，但被告人阎×是学工民建专业的，并依法取得了土建专业的工程师技术职称，根据被告人阎×在该桥担任施工员工作范围都属于工民建中最基本的结构，其工序和施工规范与工民建要求近乎一致，这一范围的施工即使不具备桥梁施工上岗证，就他的行为后果与安装后果相比，在应承担的责任大小也应有区别。

(二) 起诉书指控被告人"在施工过程中，不按图纸设计要求对PVC管和锚头内浇注混凝土"，在整个桥梁该部位的灌注水泥浆施工过程中，被告人从没有在施工中见过原设计图纸，对设计变更后的图纸更没有见到过，所有施工均是按费×利口头交代进行的，这与不按图纸施工是有性质差别的。另外，钓竿是由钢绞线和套管即PVC管组合而成，前者是起受力作用的，后者则是起防护作用的，其作用范围是不一样的。按照建筑常识，两种不同材质材料的接缝处该如何结合，怎么解决，不是施工人员的责任而是设计责任，在没有提出解决方案的情况下，施工自然就不规范，而这不规范的结果是被告人阎×无法预料和防止的，因为每一步骤都是在无施工监理情况下进行的，对质量问题出在何处，完全无法监管，这就是说既有设计原因，也有具体操作人失职的原因。所以按不按图纸施工和没有图纸施工及无监理其所负责大小是显而易见的。

（三）起诉书提出的指控："致使钢绞线、锚具头锈蚀严重，从而降低了锚具对钢绞线的夹持能力，使一些钢绞线部分或全部滑出。"根据我们的调查，生产锚具的厂家是××市金属软管厂（该厂前身为万盛金属软管厂）。这个厂截至1997年6月在工商登记注册的主营范围内还只是生产、制造、销售荧光灯整流器系列和镀锌金属软管系列，而无任何生产、制造销售YCM15-3锚具的登记，对未经工商登记注册生产、销售的YCM15-3锚具，亦未进行质量鉴定。用在一座设计不规范、施工不符合要求的"豆腐桥"上，自然会产生锈蚀，并且钢绞线也来路不明（不明是指何处生产，质量如何）。这些不符合规格的建材本身就是锈蚀的导因，所以锈蚀是综合性原因造成的。此外，锚具的安装是在无监理人员监理下进行的，而且是由没有经过专业技能培训的民工安装的，对其锚具的锚固肯定达不到规范要求，由此他们自己的安装就连他们自定的"标准"也没有达到，这自然要导致钢绞线在吊杆锁锚错误基础上的不均匀受力。这种责任是不应该由被告人阎×来承担的。

综上所述，辩护人认为被告人阎×在此案中应承担违反国家规定，不具备桥梁施工员资格即桥梁施工无上岗证参与虹桥施工的责任，但就施工过程中，起诉书所指控的其他与之有关的问题则只能承担相应的责任。因为这是一个多因一果的建筑工程重大安全事故，不能孤立地从某一角度或某一个侧面来确定被告人阎×的责任，只能根据整个案件全部关联的事实和该桥整体垮塌的根本原因来对其进行责任的认定。

面对虹桥垮塌所造成的严重后果，被告人阎×表示认罪。根据我国《刑法》第一百三十七条之规定，辩护人认为被告人阎×参与虹桥施工时间短，所从事的施工范围和具体部位也非桥梁垮塌的关键部位，且主观表现为过失，故对被告人阎×应该比照该条前款来进行量刑处罚。但希望受到的不是一个代人受过的不公处理，而应该是公正的处罚。

最后，本辩护人认为，虹桥垮塌的惨痛教训，彻底地暴露了建筑行业管理的混乱，也证实了某些政府部门的腐败为行业混乱提供了条件基础。

应该客观地看到，这场悲剧是腐败现象与行业管理混乱共存状态下的必然结果。所以，加强社会主义法制不能流于形式，强化规范管理不能停留在口头上，掌权的管理者心里一定要装着老百姓的利益，这才能国泰民安。

辩护人××××律师事务所律师

杨××、陈×

一九九×年×月×日当庭发表

评析：

辩护词应当从本案的实际情况出发，针对公诉人的指控，从事实、证据、法律、诉讼程序、逻辑事理和相关学科的科学原理等方面为被告人进行无罪、罪轻或者可以免除刑罚的辩护。在綦江虹桥垮塌事故案中，阎×被指控涉嫌工程重大安全事故犯罪，鉴于阎×作为工程施工人员又违反规章制度的事实，主观方面对事故的后果有一定的过失，本辩护词主要为被告人进行法律适用、从轻量刑角度的辩护。本辩护词的主体（“辩护理由”）分为两个部分：一、被告人在虹桥施工过程中的具体地位及作用；二、被告人在虹桥垮塌事故中应该承担什么责任。其中，一、通过具体事实确认阎×在工程末期最后三个月才进入现场，而且所做工作只是资料、图纸的整理和对吊杆、锚头防护的水泥灌浆工作。二、则依据案件具体事实对起诉书三项主要指控进行辩驳，指出对一个多因一果的重大安全事故，阎×只能承担起诉书指控罪状中的相应责任。最后建议对阎×根据我国《刑法》第一百三十七条第一款进行量刑，使其受到一个公正的处罚。辩护词主体这两部分结合紧密、互相配合，第一部分为第二部分打下基础，第二部分对起诉书的主要指控进行了针锋相对的辩驳，证据充足、说服力强，且平心静气，语气稳妥。“前言”对死难者的哀悼和“结束语”中对这一惨痛事故的反思，用在这样一起特定案件的辩护词中也是合宜、得体的，有助于提高辩护词的整体效果。

不足之处：“主观表现为过失”是构成这类罪的主观方面，用作辩护理由不妥。另外，我们认为，被告人阎×在主客观方面均无十分显著的过错或过失，若为其作无罪辩护，似乎更加实事求是，也更能充分保护被告人的正当权益。

【案例操作】

根据下列案情制作一份辩护词的辩护提纲。

200×年1月8日早晨3时许，被告人林×兴驾驶××百货公司货车一辆，内装打字纸202盒，前往××县。开车前，被告人违章同意黄×忠乘车，并将车后门钥匙交给黄。黄趁被告人不在时，擅自将6篓摔炮和1万张发令纸等危险品在林×喜（被告人的师傅）的协助下搬进了车厢。同时林×喜不仅自己搭车，又私自叫郑×花、占×朱和姚×妹三个妇女坐进车厢和驾驶室。被告人当时拒绝，但在黄×忠说情下，还是让他们乘了车，车行至某公路处，摔炮和发令纸突然发生爆炸燃烧。当场烧伤黄×忠、郑×花二人，林×喜因重伤死亡。造成一人死亡、二人重伤并使国家财产遭受损失40 000多元的重大事故。

××县人民检察院于200×年3月13日向××县人民法院提起公诉。起诉书认定被告人林×兴个人违反交通运输规章制度，致使装在车厢内的摔炮及发令纸受震爆炸，造成一人死亡、二人重伤，并使国家财产遭受损失，已构成交通肇事罪，要求依法惩处。未对其他人提起诉讼。检察院提供的证据材料有：1. 乘车人占×朱、姚×妹证实：黄×忠趁被告人林×兴不在时，将大量危险品擅自装入车厢。2. 林×兴在汽车出事时，保住汽车油箱，避免爆炸，减少了损失。事发后，被告人林×兴及时将伤者送往当地××县医院抢救，并主动向当地××县公安局自首，如实交代事实的经过情况。

法律依据：《中华人民共和国刑法》第六十七条第一款："犯罪以后自动投案，如实供述自己的罪行，是自首，对于自首的犯罪分子，可以从轻或者减轻处罚。其中，犯罪较轻的，可以免除处罚。"

第七节 民事代理词

【导入案例】

2002年6月××石油公司将2 500万人民币的巨资委托××信用担保公司(非金融机构)理财增值。信用担保公司用该款在一家证券公司投资股市并由该证券公司作为双方协议的监管方。2003年4月股票交易出现异常情况，造成石油公司资金的巨额亏损。按照双方协议约定：当资金因故亏损，受托人应当补足投资方的本金、收益，以继续履约，否则需补偿受托方的本金、收益等全部损失。鉴于受托方在股票暴跌之后置之不理，监管方受委托方的委托，于同年5月14日将股票全部抛出，得款1 700多万元，但已损失本金1 244多万元。事后，双方经多次协商无果，石油公司只得诉请合同履行地××市第二中级人民法院裁判双方纠纷。

讨论：

(1) 民事代理词运用于法庭辩论阶段，它与同一案件的民事起诉状有什么联系与区别？

(2) 代理词的主体部分"代理意见"应当事先征得委托人的同意。为什么？

(3) 有一位委托代理人在发表代理词时没有称呼语。这合适吗？为什么？

【要点阐释】

一、代理词、民事代理词的概念和功用

代理词是在民事、行政等诉讼中，当事人委托的诉讼代理人在法庭辩论阶段根据被代理人的委托，依据事实和法律为维护被代理人的合法权益所发表的演说词。

代理词是代理人为当事人实现代理职能的重要手段。代理词制作质量的高低，直接关系到代理的效果和能否有效维护被代理人的合法权益。好的代理词不仅有利于法院审理案件，还往往会缓和当事人之间的矛盾，促成案件的和解，有利于社会的稳定和经济的发展。我国诉讼法规定，民事、行政案件的当事人、法定代理人，刑事自诉案件的自诉人，公诉案件的被害人及其近亲属均可委托代理人参加诉讼。因此，代理词的种类，以案件性质来划分，有刑事案件自诉人和被害人的诉讼代理词，有民事和行政案件当事人(原、被告和第三人)诉讼代理词；以诉讼程序来划分，有一审各当事人的诉讼代理词和二审即上诉审各当事人的诉讼代理词。在本节，我们以最常用的第一审民事诉讼代理词为例，对代理词进行探讨。

二、民事代理词的结构、内容和制作方法

代理词的结构与辩护词相似，由标题、称呼语、序言、代理意见和结论构成。每份代理词都应有一个确切的标题，用以反映案件性质和所代理的当事人在案中的地位，如“民事诉讼原告代理词”等。称呼语：“审判长、审判员”。下面着重讲序言、代理意见和结论的撰制方法。

(一) 序言

要写明律师接受案件哪方当事人的委托参加诉讼，并写明出庭的法律依据和出庭前的准备工作，以及对案件的基本看法。

(二) 代理意见

这部分是代理词的核心内容。主要是围绕着代理观点充分、详细地进行分析论证。如果是原告的代理人，要围绕起诉的事实和证据，论述诉讼请求的合理性、合法性，指出对方的过错及应负的法律责任；如果是被告的代理人，则要针对原告的诉讼请求和所主张的事实、理由，提出新的事实、证据，引用相应的法律条款，反

驳对方的观点,阐明被告的观点是正确、合法的。如果是代理二审的上诉人,就应对原审的裁判进行论析,指出其在认定事实上、适用法律上以及程序方面的错误,用新的事实和证据进行论证,请求改判。为被上诉方代理,则应围绕着上诉理由进行驳斥,提出原判决正确的事实和法律依据,请求二审法院予以维持。代理意见在写作中一定要观点鲜明、结构严谨、逻辑严密、说理充分、简洁明了。

(三) 结论

对代理意见进行归纳总结,提出结论性意见,以供法庭考虑,最后署名并注明发表时间。

【难点提示】

(1) 代理词只能在代理权限范围内发表代理意见,不能超越代理权限,代理人代为承认、放弃或者变更诉讼请求,进行和解,提出反诉或上诉,必须有被代理人的特别授权,离婚等案件还须按有关法律的特别规定进行代理。

(2) 庭前应准备好代理词的代理要点,在庭审中按新出现的情况进行调整补充。庭审后将代理词修改完善后呈交法庭。应避免在庭前将代理词固定化,否则开庭后因对方提出新的观点和证据时,会穷于应对,措手不及。

(3) 代理词要抓住案件争议的焦点问题,直奔主题,重点突出。对经过庭审调查已经查清且无争议的事实不再赘述,避免面面俱到,主次不分。

(4) 要以理服人,体现出解决问题的诚意。切忌空洞的说教,避免给人故弄玄虚,画蛇添足之嫌。对纠纷的解决,要采取与人为善的态度,动之以情,晓之以理,始终语气平和,切忌尖酸刻薄,讽刺挖苦。

【文例评析】

文例:

××石油公司诉××信用担保公司
委托理财合同纠纷案原告诉讼代理词

代　理　词

审判长、审判员:

在本案中我代理原告。刚才原、被告与第三人分别向法院陈述了自己的诉讼请求、答辩意见等。看来原被告双方的意见、主张完全相左。诉讼的最终目的是为了达成共识,消除纠纷,解决问题。达成共识的前提是大家都要尊重本案的客观事实,并以相关的法律为准绳来进行权衡。

本案是一起委托理财纠纷案，在2000年最高院《民事案件案由规定(试行)》第72条中委托合同类案件包括诉讼代理合同纠纷、进出口代理纠纷等8个具体案由，其中还没有委托理财合同纠纷。可见本案还是一种比较新颖的商事案件，但各地法院受案量呈上升趋势。既然是一种合同纠纷，就应当适用《民法通则》、《合同法》等法律法规进行考衡。

原、被告于2002年6月12日签订了一份《委托投资协议书》，由原告提供委托资金2 500万元，存入××证券公司上海××路营业部99771资金账户内，授权被告进行证券买卖操作，合同期限为一年，无论情况如何，被告保证原告的年收益为9.3%。这份合同没有违反国家政策法律的规定，且系双方真实意思的表示，系依法成立的合同，应当受法律保护。依法成立的合同，对当事人具有法律约束力，当事人应当按照约定履行自己的义务，不得擅自变更或者解除合同。合同履行完毕后，如果双赢，那当然很好。但世事难以预料，商海云谲波诡，若因客观的原因，没有实现自己的初衷，也不能曲解合同，规避自己应当承担的义务。

2005年4月21日在二中院各方交换证据的听证会上主审法官根据各方的举证和初步质证，归纳了本案的争议焦点：一、被告是否实施了委托理财的行为？二、原告转托管后，被告是否应当承担责任？对此归纳，我们表示赞同。各方围绕这两个焦点，进一步进行举证、质证和庭辩，我想，本案的最终结论也就不难得出。

一、被告是否实施了委托理财的行为？原告和被告签订《委托投资协议书》的同时，2002年6月12日，原告及××石化公司，用本票形式转入99772账号人民币3 000万元，其中××石化公司500万元。被告则开立99771账户，名称“××担保”，于6月13日由××证券公司南京××路营业部转入本部转托管股数923 160股，并于6月19日以本票形式汇转入资金900万元，6月21日至24日期间，该资金账户又买入“世纪××”股票386 050股。按上述《协议书》第三条规定，乙方将自有资金和托管证券市值存入被告名下的资金专户(99771)，作为对原告资金(本金和约定收益)的风险担保。

同时，原被告又分别以《授权书》的形式向××证券公司上海××路营业部承诺，其中第四条约定：在符合平仓条件情况下，被告承诺对原告何时、何价实施平仓无任何异议。同时被告还承诺在监管期内不得撤销原告对被告名下账户内证券平仓及资金划转权。在《授权书》上写明被告的联系人为郑×。早于2002年6月4日，被告已出具《委托开户授权书》授权李×代表被告在××证券公司开立股票交易资金账户，2002年6月

14日被告又授权王×对被告在××证券公司开立的99771、99772两个账户的资金进行股票买卖操作。此后，被告对这两个账户资金也进行了实际的控制和操作。直至2003年4月16日起，两个账户名下的“世纪××”股票出现异常交易情况，4月16日—5月14日连续跌停。关于股票出现异常的情况，第三方李×于4月17日早上打电话通知了被告。2003年4月24日，原告资金99772账户市值已跌破2 000万元以内，原告、第三人得悉股票下跌后，根据原、被告签订的《协议书》第九条的规定和被告对第三人出具的《授权书》中的承诺，鉴于原告99772账户股票市价已跌破2 000万元，原告于4月25日出具《申请书》，要求第三人按协议规定将原告99772账户和被告99771账户中的“世纪××”股票2 649 317股按市价悉数卖出。上述两个账户中股票于2003年5月14日全部售出，最后得款人民币17 174 313.99元。所得款额归还××石化投入资金5 000 000元，其余12 174 313.99元属原告所有。

由此可见，签订了《协议书》，对按约开立99771、99772两个账户，被告实际进行了操作，购入与当时被告法定代表人刘×远关系十分密切的“世纪××”股票，直至该股发生异常交易情况。第三人及时与被告沟通，征求意见，实际履行了监管义务。后来原告方依《协议书》约定委托第三人售出两个账户中的股票，以避免更惨重的损失。凡此种种，均证明被告方确实已经实施了委托理财行为。

二、原告“转托管”，被告是否应当承担责任？被告所称“转托管”，实际上是在“世纪××”连续跌停的情况下，为了更快地售出股票，减少损失，根据第三人的建议在××证券公司的另一家营业部（××西路营业部）卖出。××证券公司各营业部之间可以通买通卖，统一作业，况且平仓后次日又及时将资金全额划回了××路营业部。事实上，从××西路营业部对账单（第三人提供的证据材料之4）看，该公司于4月29日以每股9.29元的价值，售出世纪××300 000股，与5月14日成交价6.09元相比，减少人民币96万元的损失。这种情况应当不属于《授权书》第二条所称的“提取、划转、质押和对其账户进行撤销或转托管”，只是在一个公司内部卖出股票，完全是对原、被告双方的一种善意行为。好比在一所大学里实行选课制，在这间教室人过于拥挤，就换一个班去听课，这不能叫“转学”，道理是一样的。平仓之后，两个账户的实际金额仅余17 174 313.99元。与原告的委托本金及收益部分之和相比，差额甚巨。按原、被告《协议书》规定，被告应当在2个工作日内补足原告的委托本金及收益部分，但是被告没有这样做。根据《协议书》合同立约的本意，被告应当兑现其承诺，不能以合同未到期为由不对原告的财产安全承担责任。

原被告间的《协议书》第十一条写得很清楚，如果被告2天内不履行补足原告的委托本金及收益的义务，“除应进行补足外，乙方(即被告)承诺以差额部分为计算依据向甲方支付每日万分之五的违约金，并承担差额部分及违约金的赔偿责任”。按本案的实际情况，差额部分包括本金1 282.5万元，受益279万元，以及差额部分每日万分之五的违约金。这是双方经考虑后郑重其事约定的，绝非戏言，作为国内的知名大公司，怎能信口雌黄，因时过境迁而一风吹呢?

被告的答辩状中陈述的意见除了1、2陈述一个基本事实外，其3所称2003年4月24日两个账户“世纪××”一种股票(实际上也是全部股票)市价总和达3 376万元，似乎不符合平仓条件，事实上当时99772账户内股票市值已跌破2 000万元，按双方《协议书》第九条规定，已具备了平仓条件。答辩意见之4,“所谓合同期限未满”的理由，前面已澄清，不赘。答辩意见之5关于转托管的抗辩，答辩意见之6,对原告委托第三人在××西路营业部售出股票的异议前面亦已经回答。至于答辩意见之7,称原告为炒作“世纪××”的“始作俑者”，不仅与事实完全相反，且似乎离开了本案的争议焦点。因为原告委托被告理财，究竟操作何种股票或其他有价证券的主动权完全在被告手中。我们不要在“炒”与“操”这两个字眼上争论不休。被告答辩状的意见之9认为原告提供的200×年7月9日原、被告双方就清偿债务达成协议，不是赔偿协议，被告在200×年4月21日称事后对原告的要求已经“予以拒绝”，那也没关系。但至少可以证明，被告当时曾表示“××公司经营层意向同意采取债转股方式解决未清偿债务，一旦得到公司董事会和股东会的认可即可实施”这样一个基本态度。从中不难看出，被告对其所负责债务及清偿义务是确认无疑的，只是对清偿方式尚未决定。至于最后究竟如何解决，那就看这次诉讼的结果了。

还有，原告与被告签约及履约期间，被告的法定代表人系刘×远。刘×远又是世纪兴业投资有限公司的法定代表人，“世纪××”是贵州省上市公司世纪××的控股公司。被告用本案协议双方开立的99772和99771账户资金操作“世纪××”股，实施了我国《证券法》第七十条、第七十六条所明确规定的禁止交易的行为。从这个层面来考察，被告对原告的经济损失也负有无可推脱的责任。

总之，代理人认为，原告所提出的诉讼请求并不过分，是合情合理的，请被告三思，请求法院判决如原告之诉讼请求。

原告委托代理人上海市中信××律师事务所

潘××律师

二〇〇五年五月十二日当庭发表

评析：

委托理财纠纷是各地法院近年来受理的一类新颖商事案件。目前，这类案件数量呈上升趋势，而各法院关于委托理财行为的效力认定和处理原则不很一致，对案件归类和案由称谓也不统一。本案系一非金融机构从事受委托理财业务，在一家证券公司进行股票投资操作并由该证券公司作为协议的监管方。由于股票交易出现异常情况，造成委托人资金的巨额亏损。按照双方事前约定，受托人应当补足投资方的本金、收益并支付该付的违约金。因协商无果，投资方诉诸法院，要求受托人补足本金及补足资金部分的同期银行利率，而放弃了对收益等的主张。法院受理后，被告在答辩状及庭前听证会中，以原告及第三人(监管方)违背理财协议擅自实施转托管行为等为由对抗原告的诉讼请求。这份原告诉讼代理词在简要阐述本案的性质及双方签约情况后，围绕主审法官所归纳的争议焦点，从“被告是否实施了委托理财的行为”和“原告‘转托管’被告是否应当承担责任”两个方面进行论析，之后又对被告答辩状中的9条抗辩意见进行扼要辩驳，最后，还指出被告实施了法律明令禁止交易的行为。

这篇代理词针对性强、重点突出，立论明确、论据充足、逻辑严密。最后，还能做到语言稳妥、心平气和，据事依法充分论理，以理服人，这种姿态和文风有利于尽快地妥善解决京、沪两家大公司间的权益纠纷，息讼止纷。

【案例操作】

根据下列案情材料，以原告委托代理人身份，拟写代理词中的代理意见要点。

一、案情简介

北京某电脑公司(原告、买方)与北京某外贸公司(被告、卖方)，于2005年3月19日在北京某宾馆，经双方法定代表人平等协商，签订了一份买卖合同。合同内容合法，手续齐全。合同规定，卖方供应买房进口游戏机8 000台，每台100元，共80万元。规定履行期限为同年8月20日。逾期交货、提货一日，付违约金×××××元。合同签订后，原告就把货款全部付给被告。但是时至8月25日，卖方才迟迟通知买方提货。恰恰在此之前，即从8月22日起，进口关税上涨，8 000台游戏机进口关税上涨款额合计人民币9万元。买方接到提货通知后，当天派有关人员与之交涉。卖方认为，逾期交货非我方因素，而是由于外商发货晚了几天，我们无能为力，这属不可抗力，并提出9万元涨价款各承担一半的要求，对此，买方提出异议，双方未达成协议。

8月26日，买方又一次派人持提货通知单到指定地点提货。卖方竟以扣押货物为手段，胁迫买方承担半数(即4.5万元)涨价款。为此，双方发生争执，遂引起纠纷。原告于当年8月27日向某某区人民法院提起诉讼。

二、民事起诉状摘要

1. 诉讼请求

合同有效，被告必须尽快如数付货

被告必须依法支付违约金

2. 起诉理由

合同有效，当事人必须履行。我国《合同法》第107条规定，当事人一方不履行合同义务或者履行合同义务不符合规定，应当承担继续履行、采取补救措施或者赔偿损失等违约责任。

原告认真履行合同规定的义务，无任何违约之处。被告违约事实客观存在(逾期交货)，被告既然违约，就应当按合同规定支付违约金。我国《合同法》第114条第3款规定:“当事人就迟延履行约定违约金的，违约方支付违约金后，还应当履行债务。”

货物涨价是在履行期限之后发生的，与原告无关，造成差价损失按合同法规定应由被告承担其后果。被告要求原告承担一半涨价款，于法无据，是毫无道理的。

根据我国《民法通则》规定，所谓不可抗力，是指不能预见、不能避免并不能克服的客观情况。被告提出“逾期交货非我方因素，而是由于外商发货晚了几天，我们无能为力，这属不可抗力。”这里说的不可抗力，根本不符合《民法通则》规定的精神。

第八节　行政复议申请书

【导入案例】

张××系××市××纺织厂工人。2006年×月×日张××骑自行车上班，途中与逆向骑车的林××相撞，两人由争吵发展到互相斗殴。路人报警后，张××和林××被带到公安机关。××公安局对张××作出罚款200元的治安处罚。张××感到很委屈，认为林××逆向行驶，违章在先，发生口角后又自恃身强力壮，率先动手。张××被打后才还手，双方均有轻微伤。张××经向××律师事务所咨询后，决定申请行政复议，请该律师事务所律师代书"行政复议申请书"。

讨论：

(1) 行政复议申请书由哪些主体在什么情况下撰制？其行文目的是什么？

(2) 不服行政机关具体行政行为的当事人除了提起行政复议申请书外，还可以通过什么方式提出自己的诉求？

(3) 行政复议申请书与诉讼类的行政起诉状有什么异同？

【要点阐释】

本节内容以公安机关行政复议申请书为例进行讲授。

一、行政复议申请书的概念和功用

行政复议申请书，是公民、法人或者其他组织对行政机关作出的具体行政行为不服，依法书面提出行政复议申请时使用的文书。

《中华人民共和国行政复议法》第11条规定"申请人申请行政复议，可以书面申请，也可以口头申请。"《公安机关办理行政复议案件程序规定》（以下简称《程序规定》）第18条规定"行政复议书面申请的，应当提交《行政复议申请书》，……。"以上诸条法律、法规是制作行政复议申请书的法律依据。

行政复议申请书对申请人具有要求行政复议机关对行政机关对其作出的具体行政行为进行复议，维护其合法权益的作用，也是行政复议机关启动行政复议程序的依据。

二、行政复议申请书的结构、内容和制作方法

行政复议申请书属于文字叙述式文书，其内容结构包括首部、正文、尾部三部分。

(一) 首部

首部为文书标题——行政复议申请书。

(二) 正文

正文包括申请人和被申请人的基本情况，行政复议请求及申请行政复议的事

实和理由。

1. 申请人的基本情况

如果申请人是公民的，应当写清其姓名、性别、出生年月日、工作单位、住址、联系方式。申请人有代理人（法定代理人、指定代理人、委托代理人）的，则在申请人的基本情况后写清该代理人的姓名、性别、出生年月日、工作单位、住址、联系方式。如果申请人是法人或者其他组织的，则写清法人或者其他组织的名称、地址、法定代表人或者主要负责人的姓名、职务、住所、联系方式。

2. 被申请人的基本情况

被申请人，即作出具体行政行为的公安机关，要写清公安机关的名称、地址、法定代表人（即公安局长）的姓名。

3. 行政复议请求

行政复议请求，就是申请人对行政复议机关提出的维护自身合法权益的要求，要写得简洁明了。行政复议请求不外乎有：(1)是撤销，即申请人认为行政机关的原具体行政行为违法或者不当，请求行政复议机关（上级行政机关）撤销原具体行政机关未履行法定职责或者履行不当；(2)撤销、变更原具体行政行为已无意义，请求复议机关确认原行政机关的行为违法。

4. 申请行政复议的事实和理由

申请行政复议的事实，是指行政机关的具体行政行为及侵犯申请人合法权益的事实。既包括案件事实，又包括行政机关的具体行政行为侵犯申请人合法权益的事实。案件事实，简明扼要写清案件发生的时间、地点、当事人、事件、原因、结果；行政机关的具体行政行为侵犯申请人合法权益的事实，要写清哪个公安机关、何时依据何种法规，因何种原因作出了何种处理。

申请行政复议的理由，即申请人依据案件事实的客观情况和法律规定作出的结论意见。在申请行政复议的事实之后另起一段，用“综上所述”引领下文，阐述申请人不服行政机关处理、处罚的主观看法。

（三）尾部

尾部由申请人签名、盖章，注明申请行政复议的日期。有代理人的，也应让代理人签名、盖章。如果申请人是法人或者其他组织的，则在制文日期上加盖公章。

【难点提示】

《程序规定》对《行政复议申请书》载明的内容作了明确规定，但公安机关不能因申请书内容不符合《程序规定》的要求拒绝受理申请。尽管如此，申请人应当一丝不苟地撰制好这一文书，特别要注意事实的概要翔实，理由的充分透彻，以使这一申请事项获得预期的效果。

【文例评析】

文例：

张××不服治安管理处罚行政复议申请书

行政复议申请书

申请人：张××，男，19××年5月8日生，××市纺织厂工人，现住××市××区××路××号，联系电话：36××××××。

委托代理人：李××，男，19××年×月×日生，××律师事务所律师，现住××市××区××路××号，联系电话：136××××××××。

被申请人：××公安分局，地址：××市××区××路××号。法定代表人：刘××，局长。

复 议 请 求

请求撤销××公安分局2006年×月×日以×公××字[2006]第××号行政处罚决定书作出的罚款200元的处罚决定。

事 实 和 理 由

2006年×月×日，申请人骑自行车在上班的路上与迎面过来的林××(逆行)相撞，两人发生争吵，林××自恃身材高大，首先动手打人，申请人无奈被迫还手，双方都有受伤。××公安分局根据《中华人民共和国治安管理处罚法》第四十三条之规定以殴打他人为由，对申请人作出罚款200元的治安处罚。

综上所述，林××骑自行车逆行造成与申请人相撞事故，并且先动手殴打申请人张××，但××公安分局只处罚申请人，显然不公正，有悖规定，现请求行政复议机关予以撤销××公安分局的处罚决定。

申请人：张××(签名或盖章)

委托代理人：李××(签名或盖章)

二〇〇六年×月×日

附：申请行政复议的相关材料。

评析：

这份行政复议申请书，格式正确，事项也比较齐全。文书主体部分的“复议请求”概要明晰，“事实和理由”部分既概述了案件事实，也陈述了申请人认为公安机关执法不公从而侵犯其合法权益的情况，又以“综上所述”引领了申请人不服公安机关治安管理处罚的理由即其主观看法。事实上，这份文书也确实启动了行政复议程序。因此，这是一份基本符合制作要求的申请书。存在问题：附项中“申请行政复议的相关材料”的写法过于笼统，应当写明材料名称、件数和总页数。

练　　习

一、单项选择

1. 法务文书是具有(　　)的非规范性法律文件。

A. 法律效力　　B. 法律意义

C. 法律效力或者法律意义　　D. 法律效力和法律意义

2. 法务文书的语言风格是(　　)。

A. 准确、简明、朴实　　B. 准确、严谨、庄重、朴实和凝练

C. 生动、形象　　D. 朴实、凝练、简洁

3. 民事起诉状的制作主体是(　　)。

A. 各民事权利主体　　B. 原告

C. 原告或起诉人　　D. 第三人

4. 辩护词由标题、称呼语、序言、(　　)和结论五部分构成。

A. 案情分析　　B. 定罪量刑的意见

C. 从轻、减轻处理的建议　　D. 辩护理由

二、多项选择

1. (　　)属于法务文书。

A. 法院裁判书　　B. 检察法律文书

C. 律师实务文书　　D. 企事业单位的工作报告

2. (　　)均属法务文书叙事的要求。

A. 叙事简明有序　　B. 写清基本要素

C. 重点写清关键情节　　D. 给阅读者以审美愉悦

3. 按照文书的形式及其所呈现的形态，法务文书可以分为(　　)。

A. 填空式　　B. 表格式

C. 笔录式　　D. 文字叙述式

三、简答题

1. 什么叫法务文书？法务文书有哪些特征？

2. 制作法务文书应当符合哪些要求？

3. 如何写好民事起诉状的“诉讼请求”、“事实与理由”两个部分？

4. 如何写好民事上诉状的“上诉理由”？

5. “答辩理由”是民事答辩状的主体部分，制作时要注意哪些问题？

6. 辩护词的“辩护理由”可以从哪些方面为被告人进行辩护？

7. 按案件性质和诉讼程序划分，代理词可以分为哪些种类？在民事诉讼代理词的“代理意见”部分，原告诉讼代理词与被告诉讼代理词有什么不同的写法？

8. 试述行政复议书的功用。为了实现行政复议申请书的既定目标，应当如何写好“申请行政复议的事实和理由”？

第八章　学业文书

第一节　学业文书概述

一、学业文书的涵义

学业文书是指大学生从学业拓展的角度需要学习掌握的应用类文书。

从字面上讲,学业文书之“学”,主要侧重于专业学习、实践所需的应用写作方面;学业文书之“业”,主要侧重于毕业、就业所需的应用写作方面。

二、学业文书的种类

学业文书之“学”,一般包括科学研究类文书、实验报告、读书笔记、毕业设计、毕业论文等;学业文书之“业”,一般包括简历、求职信、自荐书、申论等。

本章主要介绍读书笔记、毕业论文、求职文书和申论等应用文体。

三、学业文书的特点

(一) 拓展性

学业文书的写作是学生在专业学习的基础上,对所掌握的专业知识和专业技能的拓展式运用。这种拓展主要指向两个方面:一是拓宽,即对原有专业知识面的进一步扩展。比如,撰写读书笔记,就是在训练学生阅读能力的同时,进一步调动学生的知识储备,开阔学生知识视野。二是挖深,即运用已有专业知识、理论,对某些问题进行深入思考并提出解决办法。如撰写毕业论文,就是主要考查学生提出问题、科学论证并最终解决问题的能力。

(二) 实用性

学业文书的写作具有很强的实用价值,是学生在跨出校门、走向社会之前的过渡性、衔接性应用文体。这类文体不单像其他文字写作那样一味追求个人性、审美性,如日记、散文、随笔等,而是更为强调直接应用价值。比如撰写个人简历、自荐信、求职信和学习申论写作等,主要是为了谋求职业;撰写毕业论文,主要是为了获得学位;即便是写读书笔记,也更多的是为了积累学术资料,寻找研发入口。

(三) 综合性

学业文书的写作需要写作主体较高的综合素质。比如申论写作,就是检验学生的阅读与理解、分析与概括、提出问题与解决问题以及论证与表达等能力;毕业论文撰写,是对学生搜集和辨析学术资料、发现问题、确立解决问题的思路、谋篇布局、运用材料进行论证等一系列能力与素质的检验;读书笔记也同样需要学生具有良好的阅读理解、审美感悟及文字表达能力。所以,学业论文具有综合性的特点。

(四) 创造性

学业文书的写作需要一定的创造能力,也就是要求学生在原有能力结构的基础上进一步寻求突破。比如撰写毕业论文,就需要学生能够尽量提出独到的观点和见解;申论写作,也需要在遵循考试基本规范的前提下,尽力提出富有创见的解决方案、建议对策;求职信、自荐信、个人简历,也不希望写得机械、呆板,千人一面,而需要在合乎应用文基本格式的前提下,力求生动、出彩,富有活力,这样才更利于吸引和打动对方。

第二节　读 书 笔 记

【导入案例】

况 钟 的 笔

巴　人

看了昆剧《十五贯》,叫我念念不忘的是况钟那支三落三起的笔。

自从仓颉造字、蒙恬造笔以来,凡是略识"之乎"的人,都是要用笔的。读书人著书立说,吟歌赋诗,要用笔;种田的、赶买卖的,记豆腐白酒账,要有笔;甚至像阿 Q 那样人物,临到枪毙之前,还要拿起笔来,伏在地上,在判决书上面画个圈圈,并且有慨于圈圈画得不圆,这就可见笔之为用是大得很哩。

自然，笔各有不同，我们用的或毛笔，或钢笔，而况钟所用的是朱砂笔。况钟虽然是苏州府尹，但这回担任的工作，却是监斩。他的职责就是核对犯人和榜上名字是否属实。如果属实，那就算他“验明正身”了，大可朱砂笔一挥，向榜上名字一点，叫刽子手拉出去，一斩了事的。然而况钟偏不这么做，一听到犯人呼冤，并且自述经过，又点不下去了。经过临时一次调查，冤情已经属实，但他既是监斩官，无权过问判决，于是又拿起笔来，但又看到犯人含冤莫申的情形，又点不下去。他想到人命关天，要对人负责。他终于立下决心，自担干系，延缓处斩，向巡抚大人据理力争，并且亲自勘察，破了案情，平反了冤狱。这样，况钟的朱砂笔，终于点中了真正的杀人犯。可见一个人会不会用笔是大有讲究的。

我们的机关首长，单位负责人，以至一般工作人员，都是要用笔的。有的是起拟计划、稿件，等等，有的则是拿起笔来在计划、稿件之类上面批示一下，或同意，或另拟，或写上一个名字。但是，我们用笔有没有像况钟那样用得慎重而严肃？实在是大可沉思一下的。我们之间固然不缺乏像况钟那样的人，善于在笔底下看到“人”并且用行动来帮助用笔。但我们中间也不缺乏只知大笔一挥，看不到笔底下有“人”；或者把任何工作，往上一推，往下一压，自己仅仅经过手，签个名，只考虑自己签名的字，是否“龙翔凤舞”，足够威势，也算是用过笔了。

没有对人负责的精神，不可能做出对工作负责的事，况钟的笔底下有“人”，就是况钟用笔的可贵精神。

经常用笔而又经常信笔一挥的人，是不能不想想况钟的用笔之法的。

讨论：

(1) 本文中“笔”的深层含义是什么？

(2) 从本文第一段话，简要分析一下作者的行文思路有什么特点？

【要点阐释】

一、读书笔记的涵义

读书笔记是人们在阅读书籍、报纸、刊物或查阅文献资料过程中，有意识、有目的地摘抄、记录某些内容，或者将自己对所读作品的认识、理解、心得、体会记载下来，以便在应用时查阅或参考的一种笔记文体。

二、读书笔记的特征

(一) 随即性

读书笔记的随即性特征体现在，这种文体是写作者在阅读过程中，不论产生什么样的感想、疑问和见解，都可以随即把它们写下来。这些文字有时候可能是一篇完整的文章，更多时候则是一些比较零散的、随即的文字记录，或者是出于某种明确研究目的而进行的文字资料摘录。

(二) 选择性

读书笔记的选择性特征体现在，这种文体明显受到写作者个人爱好和选择趋向的制约。写作者在阅读过程中并不需要对阅读对象作完整性的阐释，而是可以充分依据个人的不同审美趣味、学术兴趣来选择哪些引起自己强烈兴趣的“关节点”进行思考，这些“关节点”有时是写作者自己的独特发现，也有时是别人早已论及的问题，但是写作者有了与众不同的发现。这些都体现出读书笔记这种文体的独特魅力。

(三) 资料性

读书笔记的资料性特征体现在，这种文体无论对于学术研究，还是思考人生问题，都会形成重要的资料价值。因为读书笔记是读者对阅读对象进行认真研读，经过充分理解、感悟，然后用自己的语言重新组织、整理、评述的过程，所以撰写读书笔记本身就是一种研究活动，同时为将来积累了丰实的研究资料。

三、读书笔记的种类

读书笔记的种类很多，从其文体形式看，一般可分为四大类：

(一) 摘录式

即将书中或文章中一些重要观点、精彩警辟语句、有用数据和材料摘抄下来，目的是积累各种资料，为科研、教学、学习和工作做好准备。可按原书或原文系统摘录；也可摘录重要论点和段落；还可摘录重要数字。例如：

人最宝贵的东西是生命，生命属于我们只有一次。一个人的生命是应当这样度过的：当他回首往事的时候，他不因虚度年华而悔恨，也不因碌碌无为而羞耻——这样，在临死的时候，他就能够说，我整个的生命和全部的精力，都已献给世界上最壮丽的事业——为人类的解放而斗争。

（引自《钢铁是怎样炼成的》）

（二）评注式

评注式笔记不单摘录，还要写出自己对这些要点的看法和评价。常用方法有书头批注。即在书中重要地方用笔打上符号或在空白处加批注、折页作记号；也可用提纲方法把书和文章论点或主要论据扼要记叙下来；还可用摘要式综合全文要点、记下主要内容；读完全书或全文对得失加以评论也是一种方法。例如：

刚从远处看到的那个笔直的山峰，就站在峡口上，山如斧削，隽秀婀娜。（案）：用“隽秀”形容“笔直的”、“如斧削”的“山”尚可，而用“婀娜”来形容就不妥了。“婀娜”是形容姿态柔软而美好，“如斧削”一样笔直的山峰怎么能给人以柔软的感觉呢？可以把“婀娜”改为“挺拔”。

（引自《语文短评·顾此失彼》）

（三）心得式

即读后感。是读书或读文章后写出的自己的认识、感想、体会和启发。常用方法有：札记，也叫劄记，是摘记要点与心得结合的产物；心得，也叫读后感。将读书体会、感想、收获写出来；综合观点、见解，提出自己看法并记录下来，也是很好的读书方法。例如：

我只想在痛惜之余，说出几点希望 首先当然是希望大家（不限于知识分子，而是一切党员、团员，一切觉悟的青年和觉悟的劳动者）都应该向他们学习，特别是那些至今对知识分子还有某种不信任感、不敢推心置腹的人们，以及那些一味争名夺利，甚至对社会主义祖国至今还三心二意，羡慕资本主义“天堂”的人们，多读读他们的事迹。…… 其次，我想说，希望一切先进分子所在机构中的党组织、每个党员以至每个正直的公民能够更多地更好地关心这些先进的人们。…… 第三，我也想对活着的蒋筑英、罗健夫等同志说几句话。共产党员是一不怕苦、二不怕死的，是随时随地准备着为了共产主义事业的利益，为了社会主义祖国的利益，为了十亿人民的利益而牺牲一切。我们不是那种认为一个大学生“不值得”为一个农民的生命而牺牲自己的人，那样的人，如果在别的岗位上，当然也不会冒死去抢救一个小学生，或者同一个甚至几个拿着凶器图谋犯罪的歹徒格斗。这是事情的一个方面。但是事情还有另外一方面。我想，蒋筑英和罗健夫都并不是必然要死（我不懂医，不知道罗健夫同志所患的“低分化恶性淋巴瘤”和蒋筑英同志所患的多种凶险疾病能不能在早期治愈，这里是假定能够）。如果他们还健康地活着，尽管报纸上不会这样大量地表扬他们，但是他们却能为祖国和人民作出更多更重大的贡献，这是毫无疑问的。我们经常提倡自我牺牲，但是我们不是说一个共产党员或先进分子的生命和健康就不重要。生命和健康，这是我们战胜一切敌人而建设伟大的社会主义祖国的资本，它们不是属于我们个人而是属于祖国和人民的，对于党员，就是属于党。我们反对借保护自己的生命和健康而损公利私，而贪生怕死，但是有了病，特别是有了严重的病，还是要治，并且要治好。

（引自胡乔木《痛惜之余的愿望》）

(四) 记载式

其中包括：

1. 笔记本

成册笔记本可用来抄原文、写提纲、记心得、写综述。长处是便于保存，缺点是不便分类，但可按类单独成册。

2. 活页本

可用来记各种各样笔记。便于分类，节约纸张和日后查阅。

3. 卡片

好处便于分类，可按目排列，便于灵活调动又节省纸张，但篇幅小，内容不宜长。

4. 剪报

把报纸和有用资料剪下来，长文章可贴在笔记本或活页本上，短小材料可贴在卡片上。剪报材料可加评注，也可分类张贴，要注明出处，以便使用。

5. 全文复印

重要读书材料，为保持完整性，可全文复印编目分类留用。

四、读书笔记的作用

读书笔记的作用体现在以下四个方面：

(1) 撰写读书笔记可帮助记忆，弥补脑力不足，有效提高读书效率。

(2) 撰写读书笔记可锻炼思考能力与表达能力。读完一本书，想一想，用笔记记下来，这便是思考与表达。经常思考并将这种思考表达出来，可以有效锻炼人的思维的条理性、逻辑性，提高人的分析问题、语言组织、表达等综合能力。

(3) 撰写读书笔记会促使人产生新的思考，有利于发现新问题、研究新问题。

(4) 撰写读书笔记可积累有用材料，开阔视野，为日后进一步深入研究奠定基础。

五、读书笔记的写作要求

(一) 优先选择经典

大学生撰写读书笔记，最好还是多选择一些经典名著作为阅读、赏析对象。因为在今天各种书籍、读物泥沙俱下、鱼目混杂的情况下，选择经典作为阅读对象就显得十分重要。

什么是经典？一般来说，经典可从三个维度上考察，一是时间性，时间是对一部作品是否经典的最好检验。尤其中国传统文化中的经典作品，应是我们在内容上的首选；二是现实性，任何经典的选择，只有适合于当下现实需要才能确立其教育价值；三是针对性，人文经典是浩瀚的，只有从各自专业发展的内涵及外延的针对性考察中才能确定我们各自的选择方向。

对于这样的经典读物，我们在仔细阅读后，对于其中一些重要的段落、资料、信息，或者是引发出的一些感想、心得、体会，都可以随手摘抄在卡片上、笔记本上，或下载、存录于个人电脑中，以便一本书全部读完后再进行进一步的整理，为将来研究或写作提供重要依据。

(二) 广泛参阅资料

要写好读书笔记，除了对这本书有较为透彻的了解外，还要对作者的相关信息、该书的写作背景等有更深入、更广泛的理解。譬如，阅读了某一位重要作家的某一部代表性作品之后，最好再能找到作者的其他作品、作者的传记、访谈录，以及有关该书的研究资料、评论文章等，做进一步的更为充分的阅读了解，这样会帮助写作者获得更为开阔的视野，写出来的读书笔记也就会更为扎实、更为丰厚。

(三) 把握点面关系

读书笔记可以对一本书、一篇作品进行全面论述，但我们一般不提倡面面俱到，因为这样的论述很容易流于泛泛而谈，不如抓住最有感受、最有心得的一点或几点来谈，这样才能谈得更集中、深入。而且，最好是从某一点或某个方面出发，逐步地有序扩展向各个点、各个方面，形成一种点面呼应。同时还应注意，引述原文或引用他人观点时宜精不宜多，好的读书笔记应以自己的独立见解为主，过多引述原文或他人观点会淹没自己的思想见解，从而失去独创性。

【难点提示】

（1）撰写评注式读书笔记，关键是要对原文读懂、读通，把握准确，以防由于阅读不细致、理解不到位而出现两厢错位、自说自话的情况。

（2）撰写心得式读书笔记，应注意两点：一是一定要有"感"而发，且这种"感"应该具有独到之处才好；二是这种"感"应该与原文之间具有自然的内在联系，而不是彼此毫无关联。

【案例操作】

（1）请绘出《红楼梦》中荣、宁二府的家族图谱。

（2）仔细阅读下面这篇读后感习作，并结合读书笔记的写作要求，提出自己的修改意见。

读《三国演义》有感

"滚滚长江东逝水，浪花淘尽英雄。是非成败转头空。"说起此句，就让人想到那部巨作——《三国演义》。

《三国演义》写了三个国家的兴衰史，从桃园三结义至三国归晋，共经历了五大时期，那便是黄巾之乱，董卓之乱，群雄割据（官渡之战，赤壁之战），三分天下和天下归晋。

黄巾之乱是从桃园三结义开始，讲了黄巾起义之后，东汉政府的反击，出现了刘备、曹操等英雄，而东汉政权也快灭亡了。董卓之乱是讲董卓入京前后的故事，从何进与十常侍对战到少帝逃出京城，结果被董卓救驾。董卓入京后收买了猛将吕布，又废少帝，立献帝，大权独揽，实施暴政，逼得群雄联军讨伐董卓，虽然后来联军失败了，但是董卓最后也被吕布所杀。群雄割据是讲董卓死后，中原诸侯群龙无首，为了扩大自己的地盘互相厮杀，最主要分为三个战区，即北方的袁绍与公孙瓒，江东地区孙策的崛起，中原地区曹操、刘备、吕布、袁术之间的战争。

再后来的三分天下和天下归晋，其间的故事太多，什么三顾茅庐，青梅煮酒，草船借箭，蒋干盗书，七擒孟获，白城托孤，等等，我就不一一细说了，下面主要是想谈谈自己对《三国演义》的一些认识和看法。

在《三国演义》中，我最欣赏的就是曹操了，虽然为了突出刘备的仁义，他被写成奸诈之人，但是他的军事才能仍然没有被抹杀。他在几年的东征西战中，占领了长江以北的大片土地，连少数民族都臣服于他，他是三位郡主中最有才干的，魏也是三国中最强盛的，他奠定了魏国的基础，后来晋国才能一统天下，所以他是一位真正的英雄。

对于人才的求贤若渴，也是曹操值得欣赏的地方，曹操为了选拔更多的人才，打破了依据封建德行和门第高低任用官吏的标准，提出了“唯才是举”的用人方针，于公元210年春天下了一道《求贤令》。曹操在令中一开始就总结历史经验，认为自古以来的开国皇帝和中兴之君，没有一个不是得到贤才和他共同来治理好天下的，而所得的贤才，又往往不出里巷，所以都是当政者千方百计求、访得来的。有鉴于此，曹操立足现实，指出现在天下未定，正是求贤最为迫切的时刻。他希望自己左右的人不要考虑出身，帮他把那些出身贫贱而被埋没的贤才发现和推举出来，只要有才能就予以重用。后来，曹操于公元214和217年又下了两道《求贤令》，反复强调他在用人上“唯才是举”的方针。他要求人事主管部门和各级地方官吏在选拔人才上，力戒求全责备，即使有这样那样的缺点也没有关系，只要真有才能就行。经过一番努力，曹魏集中了大量人才，当时投奔到曹操门下的人很多，形成猛将如云、谋臣如雨的盛况。而且对于有才干的人曹操还能做到不计前嫌，比如陈琳本来是袁绍的部下，曾经替袁绍起草檄文，骂了曹操的祖宗三代。袁绍失败后，陈琳归降曹操。曹操问他说：“你从前为袁绍写檄文，骂我一个人也就可以了，为什么要骂到我的祖宗三代？”陈琳连忙谢罪。曹操爱惜他的文才，不仅对他不处罪，还照样任用他。

曹操的成功不仅因为他的杰出才能和善于招揽人才，还在于他有着豁达的胸襟和广阔的胸怀。在赤壁的惨败之后，曹操并未一筹莫展，而是笑着说了一句“今北方仍由我所据”，并且三次大笑展现出他对待挫折的乐观态度。曹操同时也是一个很有文学情趣的人，喜欢作文赋诗，即使大战在即也情致不改，他的许多诗作都是乐府中的名篇。

《三国演义》是古代历史小说中成就最高、影响最大的一部作品，它广泛流传，魅力无穷，在中国文学史上和人民生活中都有着难以估量的深刻影响。

第三节 毕 业 论 文

【导入案例】

建立具有中国特色的国家公务员制度

【提要】(略)

【关键词】(略)

建立国家公务员制度，是我们研究借鉴国外人事行政管理经验的一种探索。如何认真分析国外管理方法，结合我国的实际情况，建立有中国特色的国家公务员制度，是一个必须深入研究、慎重处理的重大课题。同时，如何完善公务员法规，使国家公务员管理制度化、法制化是直接影响政府行政管理效率和效益，甚至关系到国家兴衰的重要问题。

一、公务员的概念和特征

所谓公务员，简单地讲，就是行使国家权力，从事国家公务的人员。

(一) 公务员的名称(略)

(二) 公务员的范围

当前各国对公务员范围宽窄的界定不一，大致有以下几种类型：

1. 范围最小的类型(略)

2. 中等范围的类型

此类型是把政府行政机关中的所有工作人员界定为公务员。包括内阁总理、部长等政府任命的官员和其他法律任命的官员。不包括立法部门的参政员、众议员和国会的雇员，也不包括司法部门的法官。属于这种类型的代表是美国、德国。

3. 介于中等范围与最大范围之间的类型(略)

4. 范围最大的类型(略)

(三) 我国公务员的范围和特征

根据我国政治、经济和社会情况，依据目前我国拟订的《国家公务员暂行条例》，我国公务员的范围，是指中央和地方各级行政机关中行使国家行政权力，执行国家公务的中国公民。具有以下特征：

1. 必须是在行政机关中任职的在编人员。

2. 必须是行使国家行政权力，执行国家公务的文职人员。

3. 必须是依照法定程序选举或任命的，受宪法、政府组织或公务员法规管理的人员。

4. 具有中国国籍的中国公民。

二、国家公务员制度的含义及建立国家公务员制度的意义

(一) 国家公务员制度的含义

国家公务员制度，是指对国家公务员依法进行科学管理的制度。它既是一种法律制度，又是一种管理制度。公务员制度把公务员的权利和义务、职能和职责、福利和待遇等用法律的形式固定下来，成为公务员的活动准则，所以，它是一种法律制度。同时，公务员制度是国家人事管理制度中的一个组成部分，它通过对公务员的一些法定规定对公务员实施一种有效的管理，因此，它又是一种管理制度。

（二）建立国家公务员制度的意义（略）

1. 有利于实现国家行政机关工作的高效能。（略）

2. 有利于加强干部人事工作的法制化。（略）

3. 结合公务员制度研究干部的分类管理，有利于加强、改善党对人事工作的领导。（略）

因此，必须建立国家公务员制度。

三、建立的国家公务员制度必须是具有中国特色的国家公务员制度（略）

接着，让我们从影响国家公务员制度的因素来看问题：

1. 经济基础（略）

2. 国家的基本政治制度（略）

3. 民族文化传统（略）

由于受上述因素影响，我国公务员制度具有以下中国特色的特点：

1. 坚持四项基本原则（略）

2. 坚持全心全意为人民服务的宗旨（略）

3. 坚持党管干部的原则（略）

4. 坚持"德才兼备"的用人标准（略）

四、逐步建立具有中国特色的国家公务员制度

（一）建立我国公务员制度的原则

要建立具有中国特色的国家公务员制度，除了坚定不移地坚持四项基本原则、坚持改革开放的基本路线、坚持为人民服务的宗旨和德才兼备的用人标准之外，主要要严格依法行政、廉洁高效。这是建立我国公务员制度的总原则和总要求。依据这个总的原则，结合我国的实际，主要应遵循以下原则：

1. 高素质原则

（1）公开竞争性的录用制度。录用要真正贯彻公平、平等、竞争和择优的原则。

（2）严格的晋升制度。晋升必须在严格考核的基础上，按照法定程序进行，德才兼备、任人唯贤、注重实绩。

（3）规范化的培训制度。坚持"先培训，后上岗"的原则，逐步使公务员培训工作法律化、制度化。

2. 严格考核原则（略）

3. 激励原则（略）

4. 监控制度(略)

(二) 建立我国公务员制度的方法和步骤

1. 加强公务员管理法规研究队伍的建设。(略)

2. 加强公务员管理法规的宣传教育工作。(略)

3. 建立必要的、专门的国家公务员管理机构,使其根据国家公务员法规,加强对国家公务员的管理。

4. 逐步实施公务员制度。首先,搞好总体设想,并制定切实可行的长远规划和实施步骤,对各项具体方案,在实施前要进行认真充分的可行性论证。其次,搞好试点,从事物的整体性出发,重视区域性(如整个城市、区、镇等)、系统性(如整个海关系统、公安系统等)的综合改革和整体的试点。再次,要有一个强有力的权威机构,统一规划、协调和具体管理试行的公务员制度工作,建立强有力的组织保证。

总之,建立国家公务员制度必须在借鉴国外先进经验的基础上,从我国的实际情况出发,建立具有中国特色的公务员制度,使其科学化、法制化、现代化,为现代化建设服务。

注释(略)

参考文献(略)

(引自曾昭乐《现代公文写作》)

讨论:

(1) 阅读全文,并列出该文的三级提纲,然后回答:一篇完整的毕业论文包含哪些结构要件?

(2) 本文的重点部分在哪里?请简要阐述之。

【要点阐释】

一、毕业论文的涵义

毕业论文是高等院校的学生在毕业时所撰写的具有一定学术价值的文章。它是大学生完成学业的标志性作业,是对学习成果的综合性总结和检阅,是大学生从事科学研究的最初尝试。学生在教师的指导下进行选题,独立阅读文献,收集资料,编写提纲,最终以论文的形式来反映他所取得的研究成果。这也是检验学生学习、掌握和运用知识来分析问题、解决问题的基本能力的一份综合答卷。

二、毕业论文的特点

毕业论文属于学术论文中的一种，它和学术论文相比，有着自己的特点：

(一) 理论性

毕业论文是一种理论性写作，作者往往需要运用抽象思维，对所收集到的材料进行系统而深入的分析，然后从中提炼出富有创见性的理论观点，并充分运用材料对观点加以逐层论述，这就是毕业论文的理论性特点。它要求写作者能够将丰富的材料转化为理论性阐述，在必要的理论分析和论证的基础上，得出与事物本质内在相关的认识，由此达到一定的理论高度，显示出一定的理论价值。

(二) 创见性

由于毕业论文属于学术论文的一种，所以同样要求要有创见性。创见就是指开创性的见解。论文不能简单地重复前人的观点和结论，而是必须有自己独到的见解。主要表现在：一是文章的核心论点或主要观点应该能够在本学科领域体现一定的创新价值；二是所采用的研究、论证的方法具有一定的突破性、独创性。创见可以是开辟新领域、提出新课题、填补学术空白之“新”，也可以是在已有成果基础上的进一步拓展或深掘之“新”，还可以是只在某一个具体问题上的独到见解之“新”。

(三) 习作性

根据我国高校普遍实行的教学计划的规定，在大学阶段的前期，学生主要是学习专业基础知识、基本理论和技能；在大学的最后一个学期，开始进入毕业论文的写作阶段。这两者的关系是密不可分的，专业基础知识、基本理论的学习，是撰写毕业论文的重要基础；而毕业论文的写作又是对所学专业理论知识的运用和深化。大学生撰写毕业论文就是运用已有专业知识，独立进行科学研究活动，体现自己发现、分析、解决问题的实际能力。所以，这种活动依然是属于大学学习过程中的一项重要习作。目前，不少大专、高职院校也开始借鉴这种方式，在学生毕业前夕完成一篇有一定质量的毕业作业，其性质与本科基本相同，只是具体要求略低于本科毕业生。

(四) 规范性

毕业论文与学术论文一样，要遵循必要的学术规范，要合乎论文的常规要求和基本格式。譬如，在动笔写作之前，要收集资料、选定论题、制订论文提纲、做开题报告；在开始进入写作阶段后，要基本遵照引论、本论、结论的结构顺序行文；最后还要注明文中所有引文的出处、列出参考文献，等等。因此，撰写毕业论文时，要严格遵守规定的标准和规范。

三、毕业论文的格式

根据国家的有关标准和要求，毕业论文的格式一般包括三部分：前置材料、正文、文尾材料。

（一）前置材料

这部分是指正文之前必备材料的构成及排序，主要包括封面、目录、题目、摘要、关键词。

1. 封面

毕业论文的封面上到底应该具备哪些内容，目前并无统一规定，各高校会根据自己的情况设定一个内部统一的封面格式，具体项目和排列方式一般如下：

学校名称________

专　　业________

班　　级________

学　　号________

学生姓名________

论文题目________

指导教师________

指导教师职称________

填表日期________

2. 目录

目录一般由论文的摘要、篇章、条、项、注释、参考文献、附录等项内容的序号、名称和页码组成。根据论文本身的结构设置情况，目录可以列至二级或三级序号及标题。示例如下：

目　　录

摘要…………………………………………………… 1

一、××××××××× ……………………………… 1

（一）××××××××× ……………………………… 1

3. 题目

题目就是论文的眉目,它要以简洁恰当的词语反映论文的主题或论文中最重要的特定内容。题目要求明确、精炼、新颖,概括性要强,要能体现文章中最有价值的东西,避免出现晦涩的语意和浮华的词句。字数一般不超过 20 个字符。

4. 摘要

摘要是对论文的基本内容不加评述的简短陈述,应该包含与论文等量的主要信息,尤其必须有相关的结论,成为一篇完整的短文。不宜用本文、笔者、作者等字眼去介绍文章内容。摘要只能用文字表述,不得包含图表等内容。一般 200—300 字,字体最好与正文有所区别。

5. 关键词

关键词是从论文中选出的用以表示全文主要内容的名词或术语,一般由最能反映论文观点的名词或名词性词组组成,传达论文主题最精华的信息。它是论文的组成部分之一,位置在摘要的左下方,以 3—6 个词为宜,词与词之间空出一格,不用标点。

(二) 正文

毕业论文的正文部分主要包括引论、本论、结论、注释。

1. 引论

引论即论文的开头部分,也叫引言、导论、绪论。一般都是对论文的写作背景、基本意图、主要观点等做的简明扼要的陈述。

引论主要有以下几种写法:

交代背景法,即对论文写作的相关学术背景或研究态势做简要、清晰的勾描,说明本文的切入点或研究视角;提示观点法,即开宗明义将文章的主要观点直接揭示出来;提出问题法,即首先提出文章要解决的问题,设置一个悬念;阐释概念法,即解释题目和文章中运用的重要概念,为文章的下一步论述作好铺垫。总体上,引论部分要入题迅速，语言简洁，引人入胜，让读者产生阅读兴趣。

2. 本论

本论即文章的主体部分，包括了论点的确立、论据的使用、论证过程的完成。

本论的写作，一般要求是：立论科学，观点创新，论据翔实，论证严密。立论科学，就是要求文章的基本论点合乎科学原理，能够反映事物发展的客观规律，并且是从分析研究中产生出来的而不是主观臆断，不夹杂个人偏见。观点创新，就是要求文章尽可能运用新的理论或新的方法解决某些学术问题或现实难题，能够提出新的、富有创见性的观点。论据翔实，就是要求一篇论文不仅只有好的论点，还必须有充分的、翔实的论据作为观点的支撑材料。因为要使自己的观点为别人接受，就需要大量的、有说服力的材料来证明其正确性。论证严密，就是要求论证过程逻辑性强，通过概念、判断、推理来反映事物的本质和规律，事理阐述层次分明，条理清楚，语言运用合乎逻辑。

3. 结论

结论即文章的结束部分，是经过严密的逻辑推理和精细的理论论述以后得出的最终定论。结论的内容包括得出论证的结果和指出研究的方向两个部分，也就是在结论中对整篇文章做一个总结性的归纳，或总体性的概括；此外，还可以简要指出本文研究中的不足之处，为他人的继续深入研究指明线索。

结论的主要目的是收束全文，所以不宜再提出新的观点、想法或重要材料。语言要简洁有力，切忌草草收尾，与中心论点不加照应，也不能画蛇添足，当止不止。

4. 注释

注释即对文章中引用资料的出处加以标明，其作用在于，一是可以增强论据的说服力，二是为编辑、读者查阅核对资料提供线索，所以注释对于正文具有引申、佐证、澄明的作用，不可忽视。注释要求正确无误，数据齐全，排序规范，一般要求依次写清资料的作者、书名或篇名、出版社或期刊名称、出版时间或期数、页码等。注释有脚注和尾注，序码一般用方括号表示。

注意：除注释外，正文中引论、本论、结论部分不宜作为小标题在文章中直接出现。

(三) 文尾材料

本部分包括附录、参考文献、感谢词等。

1. 附录

附录不是必需的，有些珍贵的材料不便编入正文，有些新的研究方法或有关正文的补充信息，可以用附录的形式置于正文之后。

2. 参考文献

参考文献的标注既是对前人成果的尊重，也是对阅读者查阅资料提供指引，同时也表现出作者严谨的治学态度。因此，参考文献是毕业论文必须的组成部分，一般要求写清作者、书名或篇名、出版社或期刊名称、出版时间或期数等。

3. 感谢词

在论文末尾一般可加此项内容，用来向在研究和写作过程中提供帮助、指导的师长、朋友等表示感谢。

四、毕业论文的写作

毕业论文的写作主要包括选题、选导师、收集资料、编写提纲、写初稿、修改、完成定稿七个环节。

（一）选题

选题是论文写作的第一个关键环节。

一般来讲，选题应遵循三个原则：一是近专业原则，即贴近自己所学专业，从中选取某一个学科方向，进而确定这一方向的某一具体问题，然后再寻找切入这一问题的研究角度；二是近职业原则，即根据本专业的未来职业取向，在学业与职业的关系地带寻求研究课题，一般可以通过对未来职业发展趋势的判断来反观当下专业教育、学习的优长与不足，从而找到研究的切点；三是近兴趣原则，即从自己的兴趣或业务强项出发，调动自身平时的知识储备和直观感受，从中发现自己选题的优势条件及创新可能。

怎样才能选出既新颖又有研究价值的课题呢？这里提供几种考虑的思路：一是在学科的空白处寻找突破口。空白是指本学科内没有人涉足的领域，这类课题难度较大，但成效明显；二是在学科交叉处选择。目前科学发展的一个非常显著的特点，就是学科的交叉现象。这就为科学研究提供了很多新的机会与空间；三是从学科的热点或冷点中选找。热点问题往往比较新，因而漏洞也多，遗留的问题也多，许多方面都可能没有权威定论，作者有机会从不同的角度提出新的看法。冷点问题关注的人少，一般缺少深入挖掘和外围拓展，相对容易找到有价值的突破口。

（二）选导师

毕业论文的指导老师的主要任务，是帮助学生最后确定论题，指定有关参考书目，指导收集资料、制定相关研究计划，审定论文提纲，解答疑难问题，帮助修改论文，评定论文成绩等。其中特别是要指导好三个关键环节：一是选题，二是拟写提纲，三是修改论文。因此，选好导师对毕业论文的成败有着十分重要的作用。

（三）收集资料

资料是指作者为了某一写作目的，收集或写入文章中的事实和理论依据。充分占有资料，是撰写毕业论文的基础。论文的资料包括两大类：直接资料和间接资料。直接资料是指实地调查或从科学实验中获得的材料；间接资料是指从他人的书籍、文章中摘录、引用的材料。

在对收集来的资料进行整理、鉴别、筛选时，一是要注意资料对反映文章主题、支持核心论点的有效程度；二是要看资料能否代表某学科领域的最新研究成果。也就是要从论文的实际需求出发，抱着宁缺毋滥的原则，对收集到的材料进行取舍，将遴选出的材料精确恰当地运用到文章论述过程中，以体现资料对于文章的论证和支撑价值。

（四）编写提纲

编写提纲就是组织设计毕业论文的篇章结构，建立文章的基本框架。提纲的编写非常重要，对于论文写作起着疏通思路、安排材料、建构逻辑层次、把握文章篇幅等作用。

编写提纲，一是要理清论文中心论点与各分论点的关系，将凌乱的思维梳理清楚，使基本思路进一步明晰起来；二是在考虑相对成熟的基础上，将论点与材料（论据）进行合理搭配，以检查还有哪些重要的论点缺乏论据支持；三是分阶段修改，先制订一个简要的提纲，经过不断思考与推敲后再进一步修改、细化、充实，包括段落、层次间的过渡、转换等，都要从中体现出来，最后形成一个完整、详细的提纲。

（五）写初稿

初稿的写作是论文写作中最为艰苦的脑力劳动过程。写作者最常遭遇的情形，就是当自己的想法和观点用语言文字表达出来以后，发现与原先的设想有一定距离。这种情形的发生通常有两种原因：一种是自己的笔力所限，即作者驾驭语言贴近思维的功力还不够，需要多进行论述性的写作实践；另一种是作者原先的思维存在不严密、不到位之处，在实际行文时出现了对原思路的偏离。这种情况需要作者及时对原来的命题、构思、布局等加以调整，甚至可能需要修正原来的许多论点，并及时补充新的材料。

毕业论文的初稿要求做到论点明确，结构清晰，论证相对严谨，语言基本通畅。因为初稿完成后，还要经过多次的修改，所以并不要求一步到位，行文、语句、材料的使用等细部问题有待进一步修改，但大的框架结构应该基本严整，无需做太大的变动。

(六) 修改

论文的修改包括四个方面：

一是观点。一般来讲，经过前面几个环节的严格把关，一篇论文的观点(尤其是核心观点)不会再面临修改的必要。我们的修改主要是指向某些观点的确立、表述方面的问题，比如某些提法是否妥当，某些判断是否武断，行文当中是否有跑题现象等等。

二是材料。材料修改主要是看材料引用是否出现偏差，是否模棱两可，是否过于陈旧，不能代表最新学术成果等等。

三是结构。尽管我们强调在编写提纲阶段，就要重点设计安排好文章的框架结构，因为结构出了问题和论点出了问题一样，都属于很难修改的大问题，但是，修改阶段依然要反复推敲文章的结构，比如各部分之间是否均衡，段落层次是否清晰，过渡、转换是否顺畅、自然，首尾是否完整、照应等等。

四是语言。语言是论文写作的载体，要将论文写好，必须注意锤炼语言。语言的修改主要有三个方面：一是要清楚。这是论文语言的最基本要求，就是能够运用恰当的语言文字将所要表达的思想内容清楚地表达出来；二是要准确。论文本身是一种理论性很强的文体，需要在表述过程中有较强的理论语感。尤其是在阐释某些概念、界定某些专有名词的时候，更需要语言的精确、严密，避免一些似是而非的表述；三是要可读。可读就是要求语言通畅、明快、生动，避免出现语句不通、词义混乱、言不达意等毛病，尤其要减少错别字(包括错用标点符号)的出现。

(七) 完成定稿

毕业论文经过反复认真的修改后，就可以定稿了。定稿的构成内容主要包括：目录规范，页码明确；标题确定无误；摘要概括性强，能反映论文的要点；关键词的选择及数量恰当；正文结构明了，层次清晰，论述得当，语言表述流畅，无语法错误，无标点符号使用错误；参考文献充分、清楚；注释完整规范；所有项目齐全。装订合乎有关要求，美观大方。这样，一份完整的毕业论文就算完成了。

【难点提示】

毕业论文的写作常常出现以下几类问题：

(1) 选题不当。主要表现为：选题太大，如《论鲁迅》、《论中国市场经济改革》等；选题太旧，如《论鲁迅的杂文》、《中国式市场经济的可行性》等；选题太偏，如《懒惰对于秘书工作的影响》等；选题太小，如《秘书怎样布置会场》等。

(2) 论点不清。表现为作者对所要探讨的主要问题缺乏深入思考，对所要确立的核心观点缺乏提炼、概括，导致认识含混，立场摇摆，没有明晰的判断，没有贯穿的主题，这必将导致写作的失败。

(3) 结构混乱。这与上一点有密切关系，由于主题不明确，思路不清楚，进而就会导致文章结构安排上的不逻辑、不条理，层次错杂，脉络不清。

(4) 论证简单。只会机械套用现状、原因、对策的三部曲论证模式，不会运用诸如例证法、喻证法、类比法、对照法、反驳法、归谬法等多种论证方式，使文章显得呆板、僵硬，缺乏文采。

(5) 语言感性。毕业论文是一种理性思维活动，体现在语言上也同样需要一种理论性色彩，而不是简单、直观的描述一种内心感受或心理感觉。正因如此，读后感、随笔、札记等文体并不能等同于严格意义上的学术论文。

【文例评析】

文例：

浅论企业核心竞争力

吴×× 杨××

摘　要：企业核心竞争力是企业经营的根本依托，是企业竞争优势的决定力量，同时核心竞争力又是一个复杂和多元的系统。企业核心竞争力的形成和培育必是一个长期的战略过程。

关键词：企业核心竞争力　学习型组织　企业文化

随着市场经济的发展，企业核心竞争力已经成为企业竞争优势的决定性力量。从短期看，企业产品质量、性能和服务质量决定了企业的竞争力；从长期看，以企业资源为基础的核心能力则是企业保持竞争优势的决定性源泉。在本文中，笔者仅就企业核心竞争力谈一点浅见。

一、核心竞争力的含义(从略)

企业的核心竞争力是指以企业开发独特产品、发展独特技术能力为基础，通过企业战略决策、生产制造、市场营销、内部组织协调管理的交互作用而获得使企业保持持续竞争优势的能力，是企业在其发展过程中建立与发展起来的一种资产与知识的互补体系，同时企业核心竞争力的强弱在很大程度上受企业所面临的产业技术与市场动态性的影响。

二、核心竞争力的形成

核心竞争力是一个复杂和多元的系统，包含多个层面。归纳起来主要包括以下几个方面：

1. 创新能力。一个企业要保持发展和竞争优势，就必须善于总结和提高，永远追求卓越，不断超越自我，不断进取和创新。所谓创新就是根据市场和社会的不断变化，在原有基础上重新组合人才、资本等资源，进行新产品开发和更有效组织生产，不断创造和适应市场，实现企业的更大发展，它包括技术创新、产品和工艺创新、管理创新。在以技术快速更新和产品周期不断缩短为主要特征的现代企业竞争中，创新是保持长久竞争优势的动力源泉。创新能力是一个企业具有核心能力和旺盛生命力的体现。

2. 形象力。这是通过塑造和传播优秀企业形象而形成的一种对企业内外公众的凝聚力、吸引力、感召力和竞争力，是隐含在企业生产经营活动背后的一种巨大潜在力，是企业新的生产力资源，它包括产品形象、服务形象、品牌形象和管理形象。我们知道，塑造企业形象不是一朝一夕的事，形象力资源要求企业从长远发展角度来审视和制订企业的战略规划，它从企业的发展趋势和运行前景着眼，能对企业的发展产生长远的、战略性的推动力，带有战略性思考与制度安排的特征。

3. 服务增值能力。现代市场发展的一个重要趋势，就是服务竞争在现代市场竞争中的地位和作用越来越突出。质量概念，不仅包括产品质量，也包括服务质量。国外企业文化研究中首先使用的“服务增值”的概念，值得重视。因为同样质量的产品，可以因服务好而“增值”，也可以因服务差而“减值”。企业形象从根本上说是表现为产品质量和服务质量。服务的永恒主题是企业同客户、用户、消费者的关系问题。这里包括如何使抱怨用户转变为满意用户、忠诚用户进而成为传代用户，包括如何开发忠诚的顾客群，包括不丢失一个老客户而不断开发新客户的问题，包括如何使营销服务成为情感式劳动，真正让用户、顾客引导决策，进而引导产品开发的问题。

4. 管理能力。总理在去年的政府工作报告中指出今年是管理年，要向管理要效益。据统计，生产中有50%的效益来自管理，技术管理中的80%来自管理，可见管理能力的重要性。企业的管理也是生产力，它涉及企业结构组合、信息传递、沟通协调、激励奖惩以及各种生产要素的优化组合，通过高效优势的动作，保障技术优势的发挥，也保障了将生产优势转化为市场优势。

三、核心能力的培育

企业核心竞争力的形成不是一种短期行为，而在于要把企业建设成为一种创新型的学习性组织，在不断学习和积累中形成特有的竞争力，并通过机制来保障这种竞争力的发展。因此，形成并保持企业核心竞争力

是一项长期的根本性战略。为此,必须做好以下工作:

1. 建立学习型组织。企业核心竞争力的出现是系统整合的结果,尤其面对日益复杂多变的环境,企业需要比以往任何时候更重视持续地、更快地获取信息和知识。而且这种学习必须是全体的、主动的、积极的和创造性的。彼得·圣吉认为,企业是一个系统,可以通过不断学习来提高发展的能力,《第五项修炼》即在组织中实行共同愿景、自我超越、团队学习、改善心智模式和系统思考,在企业中建立一个相互关照、彼此通融的"学习型组织"。使组织形成"学习-持续改进-建立持续性竞争优势"的良性循环。

2. 建立良好的企业文化。从企业文化力的功能来说,它有5个方面:第一,凝聚力。企业文化搞好了是一种"黏合剂",可以把上下左右、广大员工紧紧地黏合、团结在一起,这是一种凝聚功能和向心功能。第二,导向力。包括价值导向与行为导向。在企业行为中该怎么想?怎么做?企业价值观与企业精神,发挥着无形的导向功能。第三,激励力。企业文化所形成的文化氛围和价值导向是一种精神激励,能够调动与激发职工的积极性、主动性和创造性,把人们的潜在智慧诱发出来。第四,约束力。在企业行为中哪些不该做、不能做、企业文化、企业精神常常发挥着一种"软"约束的作用,是一种免疫功能。第五,纽带力。企业、特别是大企业集团,维系发展要有两种纽带:一个是产权、物质利益的纽带;另一个是文化、精神道德的纽带。这两种纽带相辅相成,缺一不可。

3. 建立良好的管理队伍。企业核心竞争力是企业综合实力的表现,是人的主观能动性得以发挥的成果。要产生这样的效果,必须使企业有良好的领导者和良好的运行体系。拿破仑说过"世界上没有无用的士兵,只有无用的将军"。没有良好的领导者和运行体系,就难以建立起人力资源的集群,而没有知识结构合理、能力结构互补、规模相当、人才队伍稳定的集群,是很难发挥出主观能动性的,也很难保持持久的核心竞争力的优势。

4. 坚持技术创新与技术领先。技术能力是企业赖以生存的关键。小平同志说,科学技术是第一生产力。产品与服务的领先其支柱是科技。像英特尔不断推出高性能的微处理器的能力,诺基亚不断推出新功能手机的能力,微软不断推出新的计算机软件的能力等都是保持领先、形成垄断的基础能力。

综上所述,企业核心竞争力是企业综合实力的象征,是决定企业生死存亡的关键。企业应把核心能力的管理放到战略的高度来考虑,在企业的发展过程中逐渐积累、培育领先于对手的核心能力。

(引自刘杰、付胜著《经济文书写作范例》)

评析：

这篇毕业论文选题具有鲜明的时代感，作者紧紧抓住企业核心竞争力这个重要问题探讨现代企业的发展，显示出较强的现实针对性和一定的学术敏锐性。

本文脉络清楚，结构合理。引论部分言简意赅，阐明了选题的背景及缘由，并提出了本文的题旨。本论分三个部分：第一部分回答了什么是核心竞争力；第二部分进一步阐述了核心竞争力是一个复杂、多元的结构系统，它包括了创新能力、形象力、服务增值能力和管理能力这“四力”，并分别对“四力”的内涵及作用进行了论述；第三部分回答了如何培育核心竞争力，主要从建立学习型组织、建立企业文化、建立管理队伍、坚持技术创新等四个方面进行了论述。论文最后对全文的中心论点进行了总结、概述，收束全文。在结构方法上，本论采用了纵向推进的结构方法，层层递进，环环相扣；而在其中的第二、第三部分内部则采用横向并列结构方法，这样显得纵横交织，轻重有别，层次分明。本文语言简洁、明晰、流畅，理论性较强。

值得注意的是，本文在论证过程中相对缺少典型例证，多少会影响到对论点的支撑力度。另外，一些细节问题，如文中“核心竞争力”与“核心能力”混用，序号未严格遵循规定等级进行标示等，是可以进一步完善的地方。

【案例操作】

(1) 结合所学专业，试拟 3—5 个论文题目；

(2) 在自拟题目中任选一个，根据毕业论文写作的相关要求，拟写一份完整的毕业论文格式，包括：论文封面、目录、摘要、关键词、论文提纲、参考文献、感谢词等项目。

第四节　求职文书

【导入案例】

高强 2003 年从××大学管理学院秘书专业毕业后，应聘到××厂，厂领导安排他到××车间担任统计员工作。目前，他感觉到实际工作与所学专业及个人期望相差甚远，所学知识水平与个人工作能力均无法施展。经慎重考虑，他准备跳槽。在此期间，他获悉恒达商业集团公司正在招聘主管、助理、秘书等职位。高强分析，这些职位与他所学专业对口，自己参与竞争有一定优势，该企业需要的应该正是他这种科班出身又有实际工作经验的辅助性管理人才，因此，赵强决定去恒达公司应聘这些职位。

讨论：

如果你处在与赵强一样的情境中，根据以上材料，你能为自己准备一套系统、精美、有针对性的求职材料吗？

【要点阐释】

一、求职文书的涵义

求职文书是求职者在求职过程中用来推荐自我，使用人单位获取人才信息并判断求职者的能力和水平的书面材料。

二、求职文书的种类

求职前应准备的求职材料大致包括以下几种：

（一）求职信

（二）个人简历

经历丰富的人，个人简历要选择重要环节和重要事件来写，力求突出重点，简明扼要；对于经历比较简单的人也要有选择地组织材料；如果你的成长过程中没有获得过奖励也没有参与过较有意义的活动，那么写几点有创意的想法，或者表现一下你不同于常人的特别之处，以表明你是一个有思想有发展潜力的人。个人简历没有固定的格式，要求求职者精心设计，充分发挥你的电脑技术和手段，把你性格和素质当中最优秀、最特别、最具有魅力的部分展示给阅读者即可。个人简历常常用表格样式制作。

（三）成绩表

成绩表是大学生学习成绩的记录，也是学生业务水平和智力能力的量化表现，对于成绩较好的同学，这是一个具有帮助意义的材料，对于成绩稍差的同学，有时可能是一种不利的因素，但这个因素并不是决定性因素，任何一个决定都是综合因素促成的，成绩只是众多因素中的一个因素，有经验有眼光的用人单位和人事部门领导往往更注重人才伴随成绩表体现出来的其他方面的能力，诸如工作经历、组织能力、发展潜力、情商等不容易量化的潜在因素。所以关键是树立诚信意识，表现自信，体现你所在大学的学风、校风优势和学生具备的综合素质，从知识和能力的关系中寻求说服点、发现闪光点，以诚恳和执著打动用人单位，争取面试和实习机会，进而获取自己满意的单位和职位。

(四) 推荐表

推荐表主要表达所在学院、老师对你的关注和评价。推荐表应避免千篇一律，评语应避免泛泛而谈。要多角度、多侧面描述和塑造求职者的立体形象，给用人单位提供每一个不同个体的实际情况，给一个中肯的参考建议，以便用人单位准确地判断决策。

(五) 获奖证书、资格证书和发表的论文、文艺作品、科技作品

这是你在大学期间获得各种知识技能、参加各种社会活动、文体比赛、等级考试等结果的集中反映，是一个人在某一方面或某几方面的能力和水平的体现，认真搜集、整理、编排上述材料的复印件是制作求职材料非常关键的环节，证书较多的同学要有选择性地编排，较少的同学也要尽量地收集齐全，没有的就要在前述求职信和个人简历上多下功夫，力求使求职材料成为一份简洁明了而又是立体式的文字集合体，最大限度地展现一个完整的求职者形象。

三、求 职 信

(一) 求职信的涵义

求职信是向用人单位投递以谋求职位的专用书信。分为自荐信、推荐信、应聘信三种。一份好的求职信能体现求职者清晰的思路、优美的语言文字、独特的创意及具备的各种能力和才华。

(二) 求职信的写作

由三个部分组成：

1. 自我介绍

说明姓名、性别、年龄、籍贯、政治面貌、就读的大学、所学的专业以及在读期间从事的工作、担任社会工作情况和主要工作业绩。

2. 所学专业

简要地介绍本专业所学的课程和综合测评成绩，意在表明你的知识能力结构所达到的水平和综合素质。

3. 求职意愿

基于上述原因，做出对自己已具备职业能力与所求岗位具有一致性的基本判断，表明自己的专业知识、语言能力、沟通能力、性格要素等能够胜任所应聘的工

作。这一部分既是自己的求职意向，也是用人单位主考官考察人才的主要依据，应该有一定的针对性。

（三）求职信的格式

求职信通常由标题、称谓、导语、主体、结尾、落款、附件等部分构成。

1. 标题

标题是求职信的眉目，居中写明“求职信”。

2. 称谓

写给用人单位的人事部门或直接写给单位负责人，注意做到礼貌、得体。

用人单位明确的可直接写明单位名称，如“尊敬的××公司人事部”、“尊敬的××公司王经理”。在用人单位不确定的情况下，称谓可写“尊敬的公司人事部领导”、“尊敬的总经理先生”等。

3. 导语

先写问候语“您好”，表示礼貌、尊敬。再写求职人的自我简介或用人信息的获得渠道。如“我叫×××，是××大学工商管理系××专业的应届毕业生”。又如“近从省人才市场获悉贵公司拟招聘××专业人才×名，这给我提供了施展自己智慧和才能的机遇”。开头语表述应简洁明确、干脆利落，不宜过多过长。

4. 主体

这是求职信的核心部分。

首先详细介绍自己的专业优势，即学习的主要专业课程，参加的专业实践活动及在院校各类专业竞赛中的获奖情况等，要充分展示自己在专业方面的突出成绩，使自己在众多应聘者中脱颖而出。

其次介绍自己的工作能力及爱好特长，包括自己在校期间担任学生会、社团、班干部职务，在各类活动中的组织能力、人际交往能力、口才表达能力等等。求职者的兴趣、爱好及特长是用人单位颇感兴趣的内容，自然能使求职者获得竞争优势。

再次，可以谈谈对企业的认识、了解，表达迫切要求工作的愿望及录用后的打算。如“贵公司是闻名遐迩的中外合资企业，总经理知人善用，重视人才，我非常愿意并渴望到贵公司工作，并愿为贵公司的兴旺发达贡献自己的知识与才华”。

主体部分撰写时，要力求简明，注意扬长避短，突出自己的优势与长处。

5. 结尾

再次表达求职愿望和获得发展机遇的期待，起到吸引、打动对方的作用。如“希望给予面试的机会”、“热切地盼望着贵公司给予答复”等。也可写传统礼貌用语“此致”“敬礼”等。

6. 落款

署上求职者的姓名、日期。

7. 附件

这是求职信以外的其他材料，但也是求职信的重要组成部分。包括学历证书、成绩单、获奖证书、技能证书、论文作品等复印件。如材料多，依次标上序号。这些材料是个人专业优势和能力特长的验证，对用人单位来说是反映个人才能、知识的重要证据。

【文例评析】

文例：

求 职 信

尊敬的××公司领导：

您好！

我从《××报》获悉贵公司正在招聘秘书专业人才，贵公司在业界享有良好的知名度和美誉度，这给我提供了一个极好的施展才华的机会。现将我的简要情况介绍如下。

我今年21岁，广州人，现在××职业技术学院文法系公关文秘专业学习，今年7月即将毕业。三年学习中，我的各门成绩均在85分以上，毕业论文被评为优秀，在××局办公室实习期间，颇得前辈好评，深受主任器重（附××局办公室主任推荐信一封）。在校期间，担任系学生会文娱部秘书长一职，锻炼了我的组织和社交活动能力，并在《××××》等杂志上发表文学作品多篇（具体目录请参见附件）。

作为应届毕业生，虽然我积累了一定的公关文秘工作的实际经验，但坦率地说，我觉得还远远不够。不过，我热爱这项工作，深知这项工作的重要意义，三年专业学习为我打下了扎实的专业基础，我有信心胜任贵公司的公关文秘工作。

良禽择木而栖。士为知己者死。如能被录用，我将竭尽全力做好工作。

愿我有与您面谈的机会！

顺颂

商祺！

求职人：×××

二〇〇七年十月二十日

评析：

本文称谓妥帖，先介绍招聘信息的获得，再介绍三年专业学习情况及成绩表现，注意结合专业参加实践活动情况的说明，并将相关证明材料作为附件增强了可信度。最后表达求职愿望。内容具体、充实，语言简洁、朴实，格式规范。缺点是未将自身条件与所求岗位的关系作为行文重点。

【案例操作】

(1) 请根据个人的专业学习、在校表现及参加社会实践活动、能力特长等情况，拟写一封求职信。

(2) 收集有关求职材料封面、简历表、求职信资料，为自己制作一份新颖、独特、有美感和个性的求职材料。

(3) 根据下面的内容，写一封求职信。

李雯，女，是一名东国经济文化学院涉外文秘专业的学生，即将毕业。李雯专业学习成绩良好，英语已过四级，口语能力较强，又曾在全国大学生英语演讲比赛中获二等奖。李雯性格开朗，乐观、执著，做事有条不紊，曾在某外服公司实习期间受到总经理的表扬。

第五节　申　　论

【导入案例】

公务员录用考试《申论》模拟试卷

一、注意事项

1. 申论考试，是对应考者综合分析材料的能力、提出和解决问题的能力、文字表达能力的测试。

2. 作答时限：建议阅读给定资料 40 分钟，作答 110 分钟。

3. 仔细阅读给定资料，按照后面提出的“申论要求”依次作答。

4. 请在答题卡的相应位置上答题。

二、给定资料

1. ××市政府近日召开的优化投资环境会上，50 多岁的新加坡投资代表×××痛斥恶劣的投资遭遇，当着数千人不禁失声痛哭，与会者为之震惊。推三阻四、雁过拔毛的衙门作风，差点让××市最大的外商投资项目撤资。帮助外商渡过难关的市长×××指出：权力商品化，服务“口头化”，严重破坏着我们的经济环境，转变工作作风、改善投资环境是当务之急。

2. ××市康益粮油工业有限公司是市供销社与“鲁花”、“金龙鱼”食用油的投资商新加坡丰益国际贸易有限公司联合办的合资企业，投资总额1.8亿美元，生产色拉油。企业建成后年产值可达12亿元人民币，不仅为当地提供上千个就业岗位，还能消化当地农民种植的大豆。但这并没有保证这家合资企业能顺顺当当投入经营，它面对的仍是政府有关职能部门设置的道道门槛。

3. 去年7月份，办第一项合资手续时就“卡了壳”。市工商局说少一个批文，让找外经委；外经委的答复是找计委办；而计委说，该工商局办。如此反反复复，三部门踢了十几天的“皮球”。无奈之下，外商找到一位市领导，一问，其实什么手续也不缺，这位市领导马上开了一个协调会，事情三天就办好了。

4. 有了合资手续，外商资金陆续到位。可原先承诺一周内就可办好的营业执照和征地手续，直到10月份，拖了整整两个月还没有音信。外商提出撤资，正在住院的供销社主任急忙找到市委书记××。在市领导的过问下，三天办完了所有手续。刚刚松了一口气，可接着发生的怪事让外商应接不暇。康益公司经过市××区节水办批准，打了一眼工业用井。井刚打好，区水利局带着一万元的罚款单登门了，外商拿出节水办的审批手续，水利局说，没经我们批准就要罚款。

5. 今年1月，康益公司开始建设厂房。××市地税局直属分局委托康益公司对施工单位代征建筑税，并下了委托书。但是没过几天，××区地税局也赶上门征收建筑税。外商对此迷惑不解：为何一个税务局要收两道税？

6. 康益公司拆迁了厂区的一些旧建筑，可刚拆完，区拆迁办就上门要收拆迁税，张口就是4.7万元。外商不理解：一是拆迁你没有服务，二是对其他单位没有影响，为何要收我的税？拆迁办撂下一句话：这是上级规定。

7. 康益公司到某局办一个证书，当时××市撤地设市不久，审批科说，市政府的新章还没启用（其实已启用），等等吧。一周后，外商再去，答复是：局里的新章还没启用。过两天，再去，说是章可以用了，但是要补一个申请表，可是申请表已经用完了，等等再来吧。几天后，又去，答复说，申请表是有了，但我这里事多，挺麻烦的，你到区里办吧。来到区里，区里说要把以前的申请材料都拿来。市局审批科说，要材料找档案科，档案科的回答更滑稽：你的材料交我保管，拿走了，我怎么存档？外商一个月内跑了11趟,最终在局领导的干预下才办完手续。

8. 外商的话让人深思,这些职能部门有利益就争,有麻烦就推,结果逼着我们找了近十名市级领导,但是不是每一家企业都有这个"面子"吧?外迁一头猪要交一块钱,自己装卸要交装卸费……"雁过拔毛,人过破财"一度使工程停工。去年8月,康益公司拆迁厂内旧建筑。可第二天外商发现,在自己工厂的大门口,周边的村民竟设了一个"收费站",每拉出一车东西,要交50元。外商惊奇地问,我办了征地手续,你们为什么还要收费? 回答是:你的厂子建在以前我们村的地上。无奈,康益公司交了一万多元的"过路费"。当时外迁的还有一个猪场,有1 000多头猪,"收费站"每头猪加收一元"活物费"。去年12月,厂房开始建设。周边的群众开始强行装卸物料,市场价是每车35元到40元,可他们规定不低于60元,自己不干,也不许别人干。一个司机早上6点拉来一车沙子,因工地上没人便自己卸车,结果也付了"装卸费"。有一些大型机械设备,康益公司雇用大型吊车装卸,结果周边的群众就组织计数,数一辆,收一辆的"装卸费"。由于装卸费没有谈拢,工地还曾被迫停工。

三、申论要求

1. 概括出给定资料所反映的主要问题。要求:全面,准确,表达简洁,字数不超过150字。(20分)

2. 以××市政府调研室工作人员的身份,提出解决给定资料所反映问题的方案。要求:条理清楚,具体可行,不超过350字。(30分)

3. 就给定资料所反映的主要问题,自拟标题写一篇议论文。要求:观点明确,论述深刻,层次清楚,语言流畅,字数在1 200字左右。(50分)

讨论:

(1) 申论考试主要测试应试者的哪些能力?

(2) 申论的试卷结构包括几个部分?其中"申论要求"主要有哪几种题型?

【要点阐释】

一、申论的涵义

申论是公务员考试中公共科目笔试的必考科目,从2000年出现到目前为止,申论考试日渐成熟和完善。

"申论"一词出自《论语》的"申而论之"。"申"即说明、申述的意思,"论"即分析、论证的意思。"申论"就是针对某些事件或问题进行申说、论述。它属于应用文的范畴。

二、申论试卷的结构特点

申论考试的试卷有较为规范的结构,大体上分为三大部分:

(一) 提出“注意事项”

这是给考生重要的指导性建议。考生拿到试卷后首先要阅读“注意事项”,以便于答题过程中正确分配时间,按要求依次作答。

(二) 给定一组资料

申论考试给定资料一般都是一些半新闻性质的材料,篇幅一般在 5 000 字左右,近年来已经突破了 8 000 字。

(三) 提出“申论要求”

这部分具体给出若干测试题目,要求考生在阅读给定资料的基础上依次完成。通常涉及三个主要方面:

(1) 对给定资料叙述的主要内容或所反映的主要问题的概括。字数一般在 200 字左右。分值一般在 20 分左右。

(2) 针对主要问题提出见解或对策、方案。字数一般在 300 字左右。分值一般在 30 分左右。

(3) 抓住某一个重要的、核心的问题,或问题的某一方面进行论证,即写一篇议论文。字数一般在 1 000 字左右。分值一般在 50 分左右。

三、申论考试的主要环节

申论考试,必须按照一定的顺序进行答题,阅读资料、概括要点、提出对策、进行论证是申论考试中的四个主要环节。

(一) 阅读资料

这是申论的基础环节,主要考核应试者的阅读理解能力。申论考试,对给定资料的阅读一般会给予充分的时间。在 150 分钟的考试中,阅读资料的时间一般不少于 40 分钟。如果给定资料的篇幅很长,可以考虑适当延长阅读资料时间,以保证这一环节对后面作答的基础作用。阅读中要不断梳理材料,对材料进行不断深入的分析、思考，并随手标识出关键词句，逐渐理清脉络，提炼出主题。

（二）概括要点

这是申论承上启下的环节，主要考核应试者的分析问题、提炼、概括的能力。只有深入阅读，才能准确概括；只有准确概括，才能为接下来提出对策、进行论证奠定基础。概括材料要抓住主要内容、核心问题，按照逻辑顺序，运用简练的语言，分条分项予以表述。

（三）提出对策

这是申论的关键环节，主要考核应试者解决实际问题的能力。所提出的对策或解决问题的方案，一定要有针对性、可行性和可操作性，不讲假话、套话，避免空洞说教，并且注意每一条对策之间的逻辑关系。

（四）进行论证

这是申论的理论升华环节，主要考核应试者分析、论证、结构安排、语言表达等能力。这部分属于议论文写作，篇幅最大，分值也最高。一般要求观点明确，联系实际，分析具体，条理清楚，语言流畅。论证部分可以运用多种论证方法，以增强说服力。

四、申论考试的解题方法

（一）阅读资料的方法

阅读资料是申论考试的基础性环节，也是第一道“关口”，其唯一要求就是“读懂”。

在这个环节上，考生最容易出现的问题：一是把握不住中心。由于材料多，所提供信息较杂，很容易使考生理不清头绪，抓不住中心线索，导致后面概括材料及提出对策等环节偏离中心；二是覆盖不全要点。申论给定的材料是分角度、有层次的，需要考生对各个方面、各个层次都要顾及到；三是提炼不出重点。材料中的信息有些是重要信息，有些是辅助性信息，这就需要考生善于精简和提炼。

阅读资料的具体方法，主要有四点要求：

(1) 带着问题读。就是先看后面的考试要求，再回头阅读资料，这样会有效提高阅读的针对性和目的性。

(2) 抓关键词句。资料中必然会有一些关键词或语句，要在阅读中尽量标示出来，这些词句一般表现为：性质、特征、原因、规定、领导指出、专家认为等语态，以及一些高频词句、核心词句等。

(3) *总结段落*。每读完一个段落，就在后面用简要的语句将该段的主要内容概括出来。在此基础上，再进一步将同类段落进行合并，这样就能理清材料的层次。

(4) *提炼中心*。这是阅读资料的终极目的，即通过对材料各自然段、各层次之间内在意思和逻辑关系的梳理，考生就会水到渠成地归纳出材料所包含的中心思想。

(二) 概括要点的方法

概括要点，就是先从材料中提炼出要点，再对要点进行概括性表述。这是申论考试表现在卷面上的第一步，起着承上启下的重要作用。在这个环节上，考生容易陷入这样几个误区：一是泛泛而谈，抓不住重点；二是抓住一点，不及其余；三是只看见现象，看不到实质；四是错用逆向，全盘否定。

概括要点的题型，主要分两类：

(1) *概括主要内容*。这类题型一般要求概括的全面性，不能有重大遗漏，不能随意加入个人的主观认识、见解。

具体方法：

一般材料多涉及这么两类：一类是社会事件，即有特殊性；另一类是社会现象，即有普遍性。对于第一类，答题方法就是按照事件发展的先后顺序予以概括；对于第二类，答题方法就是按照逻辑分析的方法，从现象到原因，再到结论或态度。

(2) *概括主要问题*。这类题型一般要求概括的准确性，不能抓住芝麻丢了西瓜，忽视主要问题或核心问题。

具体方法：

概括问题一般有两种情况：一种是主要问题在材料中已经明显体现出来；另一种是主要问题未在材料中直接体现。对于第一种情况，考生只要直接归纳即可；对于第二种情况，则需要考生对材料所反映的事实进行分析，自己挖掘出现象背后的本质，提取出其中的主要问题。

概括要点，在语言表述上要注意：简明、概括，分条表述，注意每一条之间的逻辑关系。

(三) 提出对策的方法

提出对策分两种情况：一种是考试题目中已经对所要解决的问题做出了比较明确的说明，要求考生针对指定问题提出对策；另一种是考题中并未直接指明问题，而是需要考生在前面“概括问题”的基础上自己提出解决问题的方案。

提出对策的基本方法,可以分为三个步骤:

1. 锁定问题(假定考题中未明确指出问题),即抓住材料所反映的主要矛盾,从中提取主要的、核心的问题。

2. 剖析问题,即按照规定身份对问题进行分析。分析一般可分三个层面进行:一是表层分析,这一层面一般只涉及技术性问题;二是中层分析,这一层面一般涉及制度性问题;三是深层分析,这一层面一般触及人的思想、意识、道德根源等问题。

3. 解决问题,即结合上面三个层面,按照有针对性、可行性、可操作性、条理性、符合虚拟身份这五条要求,从政治、经济、法律、管理、教育等不同的角度提出解决方案。

(四) 进行论证的方法

论证是申论考试的最后一个环节,它要求应试者在前面阅读理解、概括要点、提出对策的基础上,能够抓住主要的、核心的问题,确立自己的观点,并进行全面论述,形成一篇完整的文章。

进行论证的方法,主要有以下四个方面:

(1) 确定标题。申论考试大都要求自拟标题。标题是一篇文章的"眼睛",好的标题要努力做到鲜明、生动、精炼、贴切,以引起评卷人的兴趣。通常标题可以使用假设句、疑问句或感叹句等句式来增强感情色彩;也可以把成语、谚语、俗语等引入标题增加新意;还可以把比喻、比拟、借代、双关等现代汉语的修辞手法运用在标题中。

注意,如果申论考试是给定题目作文,则需要做好解题、破题工作,即要准确、深刻理解和把握题目的内涵,并以此为出发点建构起自己的基本思路。

(2) 主题鲜明。申论的资料不管有多少,其中所反映的问题总是比较集中的,总有它的核心,或者主题,这就需要应试者能够将之提炼出来,加以确立。只有这一主题线索清晰了,所有的材料才能为你所用,才能避免偏题、跑题现象发生。

(3) 结构合理。一般情况下,一篇文章的结构布局有三种类型:第一种是纵向式的,即每一部分之间强调逻辑推导;第二种是横向式的,即每一部分之间注重并列安排;第三种就是纵横交织,即整体框架是纵向的,而其中局部论述又是横向的。但无论哪一种写法,都应连贯、完整、合乎情理。给定材料写议论文,结构上有一定的规律,即开头部分(亦即引论)常用一段文字先简单概述材料,略作分析,之后提出论点。中间部分(亦即本论)用三、五段文字先讲述道理,再举例论证。结尾部分(亦即结论)用一段文字先联系实际,再深化主题,最后发出倡导。

(4) 语言技巧。议论文的语言力求准确,有说服力、感染力。申论考试最终要借助语言文字将应试者的思想、见解和看法表达出来,语言表达能力是阅读理解能力、分析概括能力、解决问题能力的综合表现。所以申论语言要避免出现以下几类问题：一是语体不当，不符合申论文体的要求；二是文不达意，也就是遣词不准，表达不到位；三是语言冗长，也就是造句啰嗦，翻来覆去说不在点子上；四是标点符号使用不合规范。要努力使语言达到深入浅出、入情入理、形象生动、朴素精炼。

【难点提示】

申论考试特别需要注意以下几点：

(1) 注意审题。答题之前务必仔细阅读"申论要求"。有的题要求"概括主要内容"，那么就要先阅读给定材料，再梳理材料中所反映的情况，最后概括叙述材料内容；有的题要求"概括主要问题"，那么就要先阅读给定材料，再分析、提炼材料所反映的主要问题，最后把主要问题是什么概括出来。另外，还有对答题对象、答题范围、答题身份等的规定，必须准确领会。

(2) 准确定位。申论考试经常让考生以"某职能部门的工作人员"、"某主管部门的负责人"、"新录用的公务员"等"虚拟身份"提出处理意见或提出解决问题的方案，这就需要应试者必须按照要求找准自己的角色。只有角色定位准确，才能确立正确的看待问题的角度，进而才能提出切实可行的意见或方案。

(3) 分配时间。申论考试中要合理分配时间。特别是仔细阅读资料的时间一定要保证。随着给定资料篇幅的增加，阅读资料时间也要相应增加一些，避免过多地回头重新阅读，浪费时间。阅读资料一般可以先粗略浏览一次，有个大概印象；再仔细阅读一次，做到分段、分部分准确把握意思。

(4) 文风质朴。申论语言表达方式以叙述、议论、说明为主，立足实用，文风朴实。即使是追求语言的生动、传神，也要避免行文轻浮，华而不实。

(5) 把握字数。申论考试都有字数规定，一般概括问题 200 字左右，提出对策 300 字上下，论证部分 1 000 字左右。字数少于 10%要扣分，超过规定字数则会增加写作量，占用考试时间，所以申论写作中要重视并把握字数。

【文例评析】

文例：

2002 年中央、国家机关公务员录用考试《申论》试题

满分：100 分　时限：150 分钟

题　号	1	2	3	总　分	核分人
得　分					

一、注意事项

1. 申论考试，是对分析驾驭材料的能力、解决问题能力、语言表达能力的测试。

2. 作答参考时限：阅读资料40分钟，作答110分钟。

3. 仔细阅读给定的资料，按照后面提出的“申论要求”依次作答。

二、给定资料

1. “找到网游神，找到幸福”，“每月20台电脑，等你拿”，打开任何一个网站，这样游荡式网络广告几乎随处可见。虽说广告面积有大有小，但广告总是随滚动条一起共同进退，无论是读者在阅读，还是在查信息，它的突然出现，总是将读者连贯的思路打断。对此，不少读者表示反感，从事新闻工作的黄小姐说：“每次打开网站，广告就铺天盖地地向我袭来。一次，我在某网站检索一条新闻，一打开，一个大大的手提电脑广告就出现在我眼前，它还正好占据有利地形，将链接堵得死死的，关又关不上，打开后还是无法显示。”某大学的学生反映：“每次我要从一个网站链接到另一个网站时，总是出现一堆堆的小型广告，它们往往没什么意思，但它的危害还不小，我的机子浏览速度减慢了，严重时还会造成死机。”

2. 一天凌晨，王女士正在家中熟睡，突然被一串急促刺耳的电话铃声惊醒，这一突如其来的骚扰大约持续了2分钟。年前刚刚看完日本恐怖片《午夜凶铃》的王女士，直吓得心里“突突”乱跳，她壮着胆子，扭开台灯一看，只见电话传真机上传过来两页纸，仔细一看，原来是一家名叫“电子商汇网”的公司发送的一份“第十四期电子商讯”。在传真第二页的最后还写着：“如欲取消定购，可将回复传真给我们。”

3. 据天津市某区检察院的一份调查资料显示，该地区未成年人因迷恋上网聊天而引发的刑事案件已达8起，有28人涉嫌犯罪；这8起案件呈现以下几个特点：一是犯罪低龄化，28名犯罪嫌疑人中未满18岁的未成年人就有21名。二是文化水平普遍偏低，小学文化的约占一半，共13人；其余的为初中和中专学历。三是均以侵犯财产为目的。侵犯的财产主要以手机、传呼机和现金为主，其中有4起案件涉案金额超过万元。四是团伙作案，在犯罪手段上，呈现出计划性和组织性。五是女性犯罪嫌疑人占一定比例，8起案件中共有6名女性参与作案，且均为未成年人。

4. 北京作为中国互联网中心的地位仍是不可撼动，无论是WWW站点数，还是上网用户、域名拥有量北京都居全国第一。据统计，每4个北京人中就有一个是网民，比排名第二的广东多出近70万人。CNNIC还重新为中国网民下了新定义：平均每周使用互联网1小时(含)以上的中国公民。虽然网民的限定比过去更严格了，但是网民人数比上半年增长33%，并仍保持一种稳步发展的态势。我国女性网民的比例继续增长，已达到30.44%，已接近全球互联网女性用户33%的比例。56%的网民仍是24岁以下的年轻人，学生依旧为网络的主要使用者之一，约占20%以上。

5. 从用户上网的主要目的可以看出，获取信息是绝大多数网民的主要目的(68.84%)，而休闲娱乐也成为一个普遍选择(51.37%)。在最常用的网络服务中，电子邮箱的使用率最高(95.07%)。零点调查公司最新公布的数据表明，当受访者被要求说出“当前中国最为流行的词语”时，五分之一的受访者提到了“网络术语”，包括网络、互联网、互联网经济、在线、新经济、IT、信息时代等。以“酷”、“作秀”、“前卫”、“新人类”等为代表的时尚名词，则以两个百分点之差屈居第二位。

6. 吴先生所住的小区安装有局域宽带网，为方便家人上网，他特意购买了一台电脑。但近半个月来，他发现自己的计算机在使用完毕后常有异常响动。10月9日晚，他下网后坐在桌旁整理资料时，意外发现电脑的硬盘响个不停，一直闪烁的硬盘灯引起了他的警觉，他打开电脑上安装的一个专门监视网络系统的软件，竟然发现这台电脑在收发信息。随后，他打开了“网上邻居”文件夹，屏幕上出现了30个“邻居”的电脑标志，他逐一点击，有几个“邻居”的信息可以一览无余。想到自己存在电脑里的个人信息能如此轻易地被“邻居”看到，吴先生十分苦恼：“买电脑就想给生活提供方便，没想到却引来意外的麻烦！”

7. 我国《计算机信息网络国际联网安全保护管理办法》第7条明确规定：“任何单位和个人不得违反法律规定，利用国际互联网侵犯用户的通信自由和通信秘密。”局域网“黑客”在未经同意的情况下私自翻阅、篡改他人信息，也在一定程度上侵犯了他人的隐私权。隐私权具体到网络上主要包括个人隐私不被窥视；个人信箱、网上账户等不被侵入；使用信箱交流信息及从事交易活动的安全保密性不被干扰等。

8. 中关村科技园区海淀园的网上办公系统几乎完成了园区内所有企业80%以上的业务流程。它完成了5大类64个小项的政府服务，包括企业入园申报和审批、高新技术企业认证、年审、企业统计、财政月报、季报等项目。目前，中关村企业在办理这些业务时，几乎完全在网上进行了。中关村已经有6 139家企业加入了网上办公系统，占园区企业总数的99%以上。网上办公系统共接受园区企业及社会各界工作查询访问40.6万人次，日均访问人数4 000人次。2001年1月1日以来，网上办公系统受理各种网上审批和初始登记业务分别为3 483项和5 058项。数字表明,中关村园区的电子政务真正“跑”了起来。

9. 2001年的9月26日,来自西藏自治区各行各业的160名学生作为网上中国人民大学西藏学区第一批学生,开始通过互联网接受先进的教育理念和教育科学知识。和平解放50年来,西藏的教育,从僧侣的贵族教育跨越到民众的大众教育,从传统教育跨越到网络教育。国家为西藏教育事业累计投资近100亿元人民币,仅1979年至2000年全区教育总投入就达58.7亿元人民币。尽管如此,由于历史遗留、地理特点、交通状况等原因,造成我国东西部教育资源分布不平衡,使得西藏人民很少能够接受国内重点高校所传授的先进文化和科学知识,这在一定程度上制约了西藏地区的教育及经济发展。如今在国家西部大开发战略中,现代远程教育成为西部大发展中的一个重要部分。

三、申论要求

1. 给定资料反映了网络给社会生活带来的种种影响,用不超过200字对这些影响进行概括。要求:全面,有条理,有层次。(20分)

2. 从政府制定政策的角度,就如何克服资料所反映的种种弊端,提出对策建议。要求:有针对性,有条理,切实可行。字数400左右。(40分)

3. 就所提出的对策建议进行论证,既可全面论证,也可就某一方面重点论证。要求:自拟标题,字数800左右。(40分)

评析:

[**第1题例卷**]

以先进科技为内核的网络发展就像一柄“双刃剑”,给社会生活带来了正面有利效应和负面不利影响。就其正面和有利之处看,网络以便捷迅速的信息交流与沟通实现了经济、政治(政务与政府工作)、教育等方面的快速发展,加快了社会生活的节奏和人们休闲娱乐多样化的发展,给社会生活提供了便利。与此同时,网络又干扰了人们既定的社会生活模式,并在一定程度上造成社会犯罪上升和多发,从而影响了个体生活的安全与整体社会的稳定。

评析:

这份答卷在概括问题方面既全面又切中要害,说明作者有较强的综合分析和概括能力;在文字表述方面,该答卷既简明又准确,说明作者文字功底较为深厚。总之,这份答卷比较优秀。

[**第2题例卷**]

关于加强我国网络建设的问题,提出如下三个方案:

(1) 建设网上的马克思主义阵地。鉴于网上是欧美的"信息霸权",国内政治与国际政治的界线趋于模糊,国家政治安全特别是意识形态的安全在很大程度上受到西方国家敌对势力通过网络对我国意识形态的渗透。因此,建设马克思主义的网络阵地就很有必要了。

(2) 发挥网络的舆论宣传与引导作用。政府可以利用网络对外宣传自己的意识形态,对内起社会舆论的监督和引导作用,以加大对人民群众的思想政治道德教育,提高其识别能力,抵制西方网络对我国的消极影响。

(3) 加强网络法规建设。我国是后起的网络用户大国,近几年已初步建立了我国的网络法规,但还很不完善。应加大网络立法的力度。一是应加快立法速度,以对政府、企业和个人信息数据实行保护;二是应强调采用法制手段制裁处罚网络犯罪;三是应大力培养网络执法人员,及时发现与打击网络犯罪;四是应通过技术手段提高人民群众利用信息的能力,包括技术加密防范措施,信息获取方式的技术和抵御信息污染能力等。

评析:

这份答卷提出了三个加强我国网络建设的方案。其中,第一个方案与第二个方案比较抽象,可操作性差,让人不得要领,从而会影响总体得分;第三个方案则比较具体,切实可行。总体上来看,本部分得分不会太高。

[**第3题例卷**]

建设稳定安全正常的网络社会

计算机与网络在当今已经成为大众并不陌生的字眼与概念。据有关方面的说法,在21世纪不懂计算机与网络运用的人就是新型文盲。适应时代与社会发展要求,人们纷纷坐在计算机前,点击鼠标,进行信息交流与沟通,为我们进入一个网络社会开启了大门。

就目前网络发展给人们带来的社会问题而言,主要是涉及人们社会生活秩序与安全的一系列问题。网络在给人们的社会生活提供了极大便利的同时,也在一定程度上干扰和影响了人们原本无此烦恼的正常生活:网上不良广告、个人隐私泄露,更有因网络犯罪带来的伤害与损失。因此,人们在充分享受网络"甜果"的同时,也明显体会到建设一个稳定、安全、正常有序的网络社会的必要。

政府在推进建设稳定、安全而正常的网络社会中负有必须而又必然的责任。从扮演决策者与实施者的政府职能上看,要建设安全稳定、有条不紊的网络社会，政府应当首先着眼于网络社会中关乎网络信息安全的规范"规则"建设。没有规矩，不成方圆。

网络社会的正常有序运行，除配套建设自不待言外，仅就网络本身而言，涉及网络信息安全的规章法规就如拳坛上的围栏一样不可或缺。网络用户上网浏览信息，抑或是进行外向交流，如果有"黑客"挡道，那这种交流是不会成功的。

影响和破坏网络社会安全和稳定的另一隐患是网络诱发的社会违法犯罪行为。网络型犯罪具有不同于一般社会犯罪的特点与社会危害性。据调查，网上黄色不健康信息以及暴露的隐蔽资讯为有犯罪动机甚至是原无犯罪动机的人提供了诱因。鉴于此，政府不可忽视对网络信息、网站建设的管理与监督，而应当采取法制的手段与行政手段从立法到执法，从监督到约束与控制，进行全面深入的规范与管理。

针对社会主义市场经济条件下网络的社会经济效用，不少商家与网站建设者滥发网上广告，或利用网络便利干扰他人正常生活秩序。这种谋私的做法虽不具严重的社会危害，但如果不予制止，那么部分网民的利益必然得不到保障，整个网络社会的正常秩序也就必然不稳，建设理想的网络社会的责任也就必然存在。

评析：

该答卷在标题中即开门见山地亮出了自己的观点，立意准确显明；论证时条理清晰，透彻有力；文字表达也较为通畅，无明显语病。综合以上几点，该答卷为一份优等答卷。

【案例操作】

请按照要求完成下面这份《申论》模拟试卷。

一、注意事项

(1) 申论考试，与传统作文考试不同，是对分析驾驭材料的能力与对表达能力并重的考试。

(2) 作答参考时限：阅读资料 40 分钟，作答 110 分钟。

(3) 仔细阅读给定的资料，按照后面提出的"申论要求"依次作答。

二、资料

资料 1

安全问题层出不穷　谁制造了食品安全之痛

"蔬菜傍农药，陈米着靓妆，面粉兑尿素，海鲜泡甲醛，硫磺熏银耳，激素喂甲鱼，火锅添罂粟，矿油喷饼干。”不法厂商们似乎在不断用惊人的“创造力”为“病从口入”这句话作出形式多样的诠释。

近年来虽然我国不断加大食品安全监管力度，把打击制售假冒伪劣食品等违法犯罪活动作为规范市场秩序的重点，但“从农田到餐桌”的食品产业链条中却依然危机四伏。在前不久落幕的“全球食品安全论坛”上，国家食品药品监督管理局食品安全协调司司长孙咸泽并不讳言，我国食品安全问题依然严重，保障任务仍然艰巨。

首先，种植、养殖环节的污染问题较为突出。农产品滥用违禁农药、兽药、有害添加剂未得到有效遏制，残留超标问题突出，导致食源性疾病发生。去年，农业部检测 20 660 个样品，氯霉素在鸡肝、牛奶中的超标率为 9.16%和 3.12%；青霉素在牛奶中的超标率为 8.64%；瘦肉精在猪肝中的超标率为 6.34%，我国从未批准生产使用的禁用药物卡巴多在猪肝和鸡肝中的超标率分别为 13.23%和 36.0%。目前在我国 1 200 条河流中，850 条江河受到不同程度的污染，130 多个湖泊和近海区域都不同程度地存在富营养化问题，畜禽养殖业环境严重污染造成的包括动物疫病和人畜共患性疾病等生物性危害日益突出。

食品生产加工领域问题也比较严重，突出表现为食品生产单位多、小、散、乱。100 多万食品生产单位约 70%是 10 人以下的家庭小作坊，大多不具备生产合格食品的必备条件；小企业、小作坊加工设备落后、从业人员素质低，管理制度和生产标准形同虚设，不按标准生产、掺杂使假。以次充好、滥用添加剂、用非食品原料甚至使用有害原料加工食品等情况相当普遍。去年，质检总局对全国米、面、油、酱油、醋五类产品生产加工企业调查显示，60 085 家企业中，80%以上为 10 人以下的小作坊，技术水平较低；这 60 085 家企业中，64%的企业产品出厂不检验；25%的企业没有标准或不执行标准；15.6%的企业无营业执照。

食品流通领域又是一个“乱”字了得。全国食品经营企业达 300 多万家，大多为个体工商户，缺乏必要的设施，经营管理落后。一些食品批发市场缺乏有效的安全检测手段和质量控制措施，使造假者有机可乘，甚至成为假冒伪劣食品集散地。一些经营者贪图私利，蓄意出售过期或变质食品现象屡禁不止。不法食品生产经营者时常伪造标识、滥用标识，欺骗和误导消费者。

食品安全问题的影响已经不单是让消费者举箸四顾心惶惶，我国食品出口已经接连遭遇棒击。据悉，在阜阳奶粉、龙口粉丝和四川泡菜等食品安全案件被陆续曝光之后，日本、美国、香港、澳门等国家和地区对此高度关注，并相继采取设限措施，5 月份粉丝出口同比下降了 25.2%，罐头对港出口也下降了 30%。

资料 2

近年来，危害人们生命和健康的食品安全事件数量呈上升趋势。前几年发生了浙江省白砂糖中添加“吊白块”案件；重庆市“毛发水”酱油案件；广东劣质大米案件；江西河豚中毒案件；内蒙古死因不明羊肉案件；天津输液瓶罐装酱油案件；江西病死猪肉加工食品案件；重庆市非法加工伪劣食品案件；广西“吊白块”粉丝等性质较为恶劣的重大食品安全案件；最近发生的安徽阜阳的假奶粉事件，广东省假酒导致多人致死案件等等。涉及因农药残留、食品或饲料中添加违禁物质造成的食物中毒，导致人员死亡和大批人员集体住院的事件时有发生。据专家估计，我国每年食物中毒报告涉及的总人数约为 2～4 万人，但这个数字尚不到实际发生数的十分之一，也就是说我国每年食物中毒人数至少是 20～40 万人。

当前我国食品安全存在的主要问题：

1. 化肥、农药等对人体有害物质残留于农产品。据统计，我国目前受污染的农田面积达 933 万亩，33%的蔬菜种植户在叶菜上用过有机磷农药。

2. 抗生素、激素和其他有害物质残留于禽、畜、水产品体内。我国饲养业饲料中添加抗生素、激素比较普遍，常有残留于禽、畜、水产品中。

3. 超量使用食品添加剂。经质量监督部门检测，曾有在面粉中超限量 5 倍的增白剂“过氧化苯甲酰”；在腌菜中超标准 20 多倍的苯甲酸；在饮料中成倍超标使用的化学合成甜味剂等等。

4. 滥用非食品加工用化学添加物。在食品加工制造过程中，非法使用和添加超出食品法规允许使用范围的化学物质（其中绝大部分对人体有害）。例如：熏蒸馒头、包子增白使用二氧化硫；使大米、饼干增亮用矿物油等。

5. 食品制造使用差、劣质原料。食品加工用原料质量差、劣，给食品安全造成极大隐患。如：用已霉变（含黄曲霉毒素）的大米加工米制品；使用病死畜、禽加工熟肉制品；早餐摊点使用“地沟油”加工油炸食品等。

6. 假冒伪劣食品。假冒伪劣食品在一些地区，特别是广大农村地区肆意横行，如：用化学合成物掺兑的酱油、食醋；粗制滥造的饮料、冷食品；水果表面用染料涂色；用工业酒精制假酒、甲醇假冒为白酒和假奶粉等。

7. 病原微生物控制不当。在我国易造成食物中毒的病原微生物主要有：致病性大肠杆菌、金黄色葡萄球菌、沙门氏菌等。病原微生物引起的食物中毒每年都有发生,尤其在气温较高的夏、秋季节更容易发生此类中毒事件。

8. 腐败变质的食品上市流通。变质的鲜奶、酸奶、鲜肉;超过保质期的糕点、果汁饮料等。

9. 转基因食品的潜在危险。转基因食品是指以转基因生物为原料加工生产的食品,利用分子生物学手段,将某些生物的基因转移到其他生物物种上,使其出现原物种没有的性状或产物,这种生物称作转基因生物。我国和世界其他国家一样,转基因食品发展迅速,到目前为止,我国虽然尚未见到转基因食品给食用者带来损害的直接报道。但从国内外对转基因生物的研究来看,转基因食品具有以下潜在危险:可能损坏人类的免疫系统(标记基因);可能产生过敏综合征;可能对人类有毒性;对环境和生态系统有害;对人类和人体存在未知的危害等。

三、申论要求

(1) 请用不超过150字的篇幅,概括出给定资料所反映的主要问题。(20分)

(2) 用不超过350字的篇幅,提出解决给定资料所反映问题的方案。要有条理地说明,要体现针对性和可操作性。(30分)

(3) 就给定资料所反映的主要问题,用1 200字左右的篇幅,自拟标题进行论述。要求中心明确,内容充实,论述深刻,有说服力。(50分)

练　　习

一、填空题

1. 学业文书之"学"主要侧重于________、________所需的应用写作方面;学业文书之"业",主要侧重于________、________所需的应用写作方面。

2. 学业文书的特点主要有________、________、________、________等四个方面。

3. 毕业论文是高等院校的学生在毕业时所撰写的具有一定________的文章。

4. 毕业论文的前置材料主要有________、________、________、________和________。

5. 关键词是用以表示全文________的________或________。

6. 求职文书是求职者在求职过程中用来________,使用人单位获取人才信息并判断求职者的________和________的书面材料。

7. 求职信通常由________、________和________三部分组成。

8. 申论是针对某些事件或问题进行________和________的应用文。

9. 申论考试的主要环节有________、________、________和________。

二、辨析题

1. 毕业论文的关键词是反映论文观点的核心词语　（　　）
2. 读书笔记就是读后感　（　　）
3. 读书笔记具有随机性，因此对阅读对象不需加以选择　（　　）
4. 摘要是表达论文主要信息及有关结论的短文　（　　）
5. 申论就是议论文　（　　）

三、选择题

1. 读书笔记的种类有（　　）

A. 摘录式　B. 心得式　C. 资料式　D. 记载式

2. 毕业论文的正文部分主要包括（　　）

A. 引论　B. 驳论　C. 本论　D. 结论

3. 毕业论文引论的写法有（　　）

A. 交代背景法　B. 观点提示法　C. 提出问题法　D. 阐释概念法

4. 毕业论文的前置材料包括（　　）

A. 封面　B. 目录　C. 标题　D. 注释

5. 求职文书包括以下哪些材料（　　）

A. 简历　B. 求职信　C. 推荐表　D. 成绩表

四、简答题

1. 毕业论文的格式主要包括哪些部分？
2. 写作毕业论文有哪些环节？
3. 毕业论文的修改包括哪四个方面？
4. 求职信应该包括哪些内容？
5. 如何阅读申论的资料？

五、操作题

1. 请你的任课老师给你推荐一本专业有关参考书，阅读后，写一篇读书笔记。

2. 如果你即将毕业，准备求职，为此请你为自己准备一套求职文书。

3. 请你为你的毕业论文准备一个选题，并写出详细提纲。

4. 请你搜集某一社会现象的有关材料，并按照申论的写作要求和步骤，做一次模拟考试。

附录

一、国家行政机关公文处理办法

（国务院二〇〇〇年八月二十四日发布）

第一章　总　　则

第一条　为使国家行政机关（以下简称行政机关）的公文处理工作规范化、制度化、科学化，制定本办法。

第二条　行政机关的公文（包括电报，下同），是行政机关在行政管理过程中所形成的具有法定效力和规范体式的公务文书，是依法行政和进行公务活动的重要工具。

第三条　公文处理指公文的办理、管理、整理（立卷）、归档等一系列相互关联、衔接有序的工作。

第四条　公文处理应当坚持实事求是、精简、高效的原则，做到及时、准确、安全。

第五条　公文处理必须严格执行国家保密法律、法规和其他有关规定，确保国家秘密的安全。

第六条　各级行政机关的负责人应当高度重视公文处理工作，模范遵守本办法并加强对本机关公文处理工作的领导和检查。

第七条　各级行政机关的办公厅（室）是公文处理的管理机构，主管本机关的公文处理工作并指导下级机关的公文处理工作。

第八条　各级行政机关的办公厅（室）应当设立文秘部门或者配备专职人员负责公文处理工作。

第二章　公 文 种 类

第九条　行政机关的公文种类主要有：

（一）命令（令）

适用于依照有关法律公布行政法规和规章；宣布施行重大强制性行政措施；嘉奖有关单位及人员。

（二）决定

适用于对重要事项或者重大行动做出安排，奖惩有关单位及人员，变更或者撤销下级机关不适当的决定事项。

（三）公告

适用于向国内外宣布重要事项或者法定事项。

（四）通告

适用于公布社会各有关方面应当遵守或者周知的事项。

（五）通知

适用于批转下级机关的公文，转发上级机关和不相隶属机关的公文，传达要求下级机关办理和需要有关单位周知或者执行的事项，任免人员。

（六）通报

适用于表彰先进，批评错误，传达重要精神或者情况。

（七）议案

适用于各级人民政府按照法律程序向同级人民代表大会或人民代表大会常务委员会提请审议事项。

（八）报告

适用于向上级机关汇报工作，反映情况，答复上级机关的询问。

（九）请示

适用于向上级机关请求指示、批准。

（十）批复

适用于答复下级机关的请示事项。

（十一）意见

适用于对重要问题提出见解和处理办法。

（十二）函

适用于不相隶属机关之间商洽工作，询问和答复问题，请求批准和答复审批事项。

（十三）会议纪要

适用于记载、传达会议情况和议定事项。

第三章　公文格式

第十条　公文一般由秘密等级和保密期限、紧急程度、发文机关标识、发文字号、签发人、标题、主送机关、正文、附件说明、成文日期、印章、附注、附件、主题词、抄送机关、印发机关和印发日期等部分组成。

（一）涉及国家秘密的公文应当标明密级和保密期限，其中，“绝密”、“机密”级公文还应当标明份数序号。

（二）紧急公文应当根据紧急程度分别标明“特急”、“急件”。其中电报应当分别标明“特提”、“特急”、“加急”、“平急”。

（三）发文机关标识应当使用发文机关全称或者规范化简称。联合行文，主办机关排列在前。

（四）发文字号应当包括机关代字、年份、序号。联合行文，只标明主办机关发文字号。

（五）上行文应当注明签发人、会签人姓名。其中，“请示”应当在附注处注明联系人的姓名和电话。

（六）公文标题应当准确简要地概括公文的主要内容并标明公文种类，一般应当标明发文机关。公文标题中除法规、规章名称加书名号外，一般不用标点符号。

（七）主送机关指公文的主要受理机关，应当使用全称或者规范化简称、统称。

（八）公文如有附件，应当注明附件顺序和名称。

（九）公文除“会议纪要”和以电报形式发出的以外，应当加盖印章。联合上报的公文，由主办机关加盖印章；联合下发的公文，发文机关都应当加盖印章。

（十）成文日期以负责人签发的日期为准，联合行文以最后签发机关负责人的签发日期为准。电报以发出日期为准。

（十一）公文如有附注（需要说明的其他事项），应当加括号标注。

（十二）公文应当标注主题词。上行文按照上级机关的要求标注主题词。

（十三）抄送机关指除主送机关外需要执行或知晓公文的其他机关，应当使用全称或者规范化简称、统称。

（十四）文字从左至右横写、横排。在民族自治地方，可以并用汉字和通用的少数民族文字（按其习惯书写、排版）。

第十一条 公文中各组成部分的标识规则，参照《国家行政机关公文格式》国家标准执行。

第十二条 公文用纸一般采用国际标准 A4 型（210 mm×297 mm），左侧装订。张贴的公文用纸大小，根据实际需要确定。

第四章 行文规则

第十三条 行文应当确有必要，注重效用。

第十四条 行文关系根据隶属关系和职权范围确定，一般不得越级请示和报告。

第十五条 政府各部门依据部门职权可以相互行文和向下一级政府的相关业务部门行文；除以函的形式商洽工作、询问和答复问题、审批事项外，一般不得向下一级政府正式行文。

部门内设机构除办公厅（室）外不得对外正式行文。

第十六条 同级政府、同级政府各部门、上级政府部门与下一级政府可以联合行文；政府与同级党委和军队机关可以联合行文；政府部门与相应的党组织和军队机关可以联合行文；政府部门与同级人民团体和具有行政职能的事业单位也可以联合行文。

第十七条 属于部门职权范围内的事务，应当由部门自行行文或联合行文。联合行文应当明确主办部门。须经政府审批的事项，经政府同意也可以由部门行文，文中应当注明经政府同意。

第十八条 属于主管部门职权范围内的具体问题，应当直接报送主管部门处理。

第十九条 部门之间对有关问题未经协商一致，不得各自向下行文。如擅自行文，上级机关应当责令纠正或撤销。

第二十条 向下级机关或者本系统的重要行文，应当同时抄送直接上级机关。

第二十一条 “请示”应当一文一事；一般只写一个主送机关，需要同时送其他机关的，应当用抄送形式，但不得抄送其下级机关。

“报告”不得夹带请示事项。

第二十二条 除上级机关负责人直接交办的事项外，不得以机关名义向上级机关负责人报送“请示”、“意见”和“报告”。

第二十三条 受双重领导的机关向上级机关行文，应当写明主送机关和抄送机关。上级机关向受双重领导的下级机关行文，必要时应当抄送其另一上级机关。

第五章 发 文 办 理

第二十四条 发文办理指以本机关名义制发公文的过程，包括草拟、审核、签发、复核、缮印、用印、登记、分发等程序；

第二十五条 草拟公文应当做到：

（一）符合国家的法律、法规及其他有关规定。如提出新的政策、规定等，要切实可行并加以说明。

（二）情况确实，观点明确，表述准确，结构严谨，条理清楚，直述不曲，字词规范，标点正确，篇幅力求简短。

（三）公文的文种应当根据行文目的、发文机关的职权和与主送机关的行文关系确定。

（四）拟制紧急公文，应当体现紧急的原因，并根据实际需要确定紧急程度。

（五）人名、地名、数字、引文准确。引用公文应当先引标题，后引发文字号。引用外文应当注明中文含义。日期应当写明具体的年、月、日。

（六）结构层次序数，第一层为“一、”，第二层为“（一）”，第三层为“1.”，第四层为“（1）”。

（七）应当使用国家法定计量单位。

（八）文内使用非规范化简称，应当先用全称并注明简称。使用国际组织外文名称或其缩写形式，应当在第一次出现时注明准确的中文译名。

（九）公文中的数字，除成文日期、部分结构层次序数和在词、词组、惯用语、缩略语、具有修辞色彩语句中作为词素的数字必须使用汉字外，应当使用阿拉伯数字。

第二十六条　拟制公文，对涉及其他部门职权范围内的事项，主办部门应当主动与有关部门协商，取得一致意见后方可行文；如有分歧，主办部门的主要负责人应当出面协调，仍不能取得一致时，主办部门可以列明各方理据，提出建设性意见，并与有关部门会签后报请上级机关协调或裁定。

第二十七条　公文送负责人签发前，应当由办公厅（室）进行审核。审核的重点是：是否确需行文，行文方式是否妥当，是否符合行文规则和拟制公文的有关要求，公文格式是否符合本办法的规定等。

第二十八条　以本机关名义制发的上行文，由主要负责人或者主持工作的负责人签发；以本机关名义制发的下行文或平行文，由主要负责人或者由主要负责人授权的其他负责人签发。

第二十九条　公文正式印制前，文秘部门应当进行复核，重点是：审批、签发手续是否完备，附件材料是否齐全，格式是否统一、规范等。

经复核需要对文稿进行实质性修改的，应按程序复审。

第六章　收 文 办 理

第三十条　收文办理指对收到公文的办理过程，包括签收、登记、审核、拟办、批办、承办、催办等程序。

第三十一条　收到下级机关上报的需要办理的公文，文秘部门应当进行审核。审核的重点是：是否应由本机关办理；是否符合行文规则；内容是否符合国家法律、法规及其他有关规定；涉及其他部门或地区职权的事项是否已协商、会签；文种使用、公文格式是否规范。

第三十二条　经审核，对符合本办法规定的公文，文秘部门应当及时提出拟办意见送负责人批示或者交有关部门办理，需要两个以上部门办理的应当明确主办部门。紧急公文，应当明确办理时限。对不符合本办法规定的公文，经办公厅（室）负责人批准后，可以退回呈报单位并说明理由。

第三十三条　承办部门收到交办的公文后应当及时办理，不得延误、推诿。紧急公文应当按时限要求办理，确有困难的，应当及时予以说明。对不属于本单位职权范围或者不宜由本单位办理的，应当及时退回交办的文秘部门并说明理由。

第三十四条 收到上级机关下发或交办的公文，由文秘部门提出拟办意见，送负责人批示后办理。

第三十五条 公文办理中遇有涉及其他部门职权的事项，主办部门应当主动与有关部门协商；如有分歧，主办部门主要负责人要出面协调，如仍不能取得一致，可以报请上级机关协调或裁定。

第三十六条 审批公文时，对有具体请示事项的，主批人应当明确签署意见、姓名和审批日期，其他审批人圈阅视为同意；没有请示事项的，圈阅表示已阅知。

第三十七条 送负责人批示或者交有关部门办理的公文，文秘部门要负责催办，做到紧急公文跟踪催办，重要公文重点催办，一般公文定期催办。

第七章 公文归档

第三十八条 公文办理完毕后，应当根据《中华人民共和国档案法》和其他有关规定，及时整理(立卷)、归档。

个人不得保存应当归档的公文。

第三十九条 归档范围内的公文，应当根据其相互联系、特征和保存价值等整理(立卷)，要保证归档公文的齐全、完整，能正确反映本机关的主要工作情况，便于保管和利用。

第四十条 联合办理的公文，原件由主办机关整理(立卷)、归档，其他机关保存复制件或其他形式的公文副本。

第四十一条 本机关负责人兼任其他机关职务，在履行所兼职务职责过程中形成的公文，由其兼职机关整理(立卷)、归档。

第四十二条 归档范围内的公文应当确定保管期限，按照有关规定定期向档案部门移交。

第四十三条 拟制、修改和签批公文，书写及所用纸张和字迹材料必须符合存档要求。

第八章 公文管理

第四十四条 公文由文秘部门或专职人员统一收发、审核、用印、归档和销毁。

第四十五条 文秘部门应当建立健全本机关公文处理的有关制度。

第四十六条 上级机关的公文，除绝密级和注明不准翻印的以外，下一级机关经负责人或者办公厅(室)主任批准，可以翻印。翻印时，应当注明翻印的机关、日期、份数和印发范围。

第四十七条 公开发布行政机关公文，必须经发文机关批准。经批准公开发布的公文，同发文机关正式印发的公文具有同等效力。

第四十八条　公文复印件作为正式公文使用时，应当加盖复印机关证明章。

第四十九条　公文被撤销，视作自始不产生效力；公文被废止，视作自废止之日起不产生效力。

第五十条　不具备归档和存查价值的公文，经过鉴别并经办公厅(室)负责人批准，可以销毁。

第五十一条　销毁秘密公文应当到指定场所由两人以上监销，保证不丢失、不漏销。其中，销毁绝密公文(含密码电报)应当进行登记。

第五十二条　机关合并时，全部公文应当随之合并管理。机关撤销时，需要归档的公文整理(立卷)后按有关规定移交档案部门。

工作人员调离工作岗位时，应当将本人暂存、借用的公文按照有关规定移交、清退。

第五十三条　密码电报的使用和管理，按照有关规定执行。

第九章　附　　则

第五十四条　行政法规、规章方面的公文，依照有关规定处理。外事方面的公文，按照外交部的有关规定处理。

第五十五条　公文处理中涉及电子文件的有关规定另行制定。统一规定发布之前，各级行政机关可以制定本机关或者本地区、本系统的试行规定。

第五十六条　各级行政机关的办公厅(室)对上级机关和本机关下发公文的贯彻落实情况应当进行督促检查并建立督查制度。有关规定另行制定。

第五十七条　本办法自 2001 年 1 月 1 日起施行。1993 年 11 月 21 日国务院办公厅发布，1994 年 1 月 1 日起施行的《国家行政机关公文处理办法》同时废止。

二、国家行政机关公文格式

（GB/T9704-1999 代替 GB/T9704-1988 国家质量技术监督局
1999-12-27 发布 2001-01-01 实施）

1. 范围

本标准规定了国家行政机关公文通用的纸张要求、印制要求、公文中各要素排列顺序和标识规则。

本标准适用于国家各级行政机关制发的公文。其他机关公文可参照执行。

使用少数民族文字印制的公文，其格式可参照本标准按有关规定执行。

2. 引用标准

下列标准所包含的条文，通过在本标准中引用而构成为本标准的条文。本标准出版时，所示版本均为有效。所有标准都会被修订，使用本标准的各方应探讨使用下列标准最新版本的可能性。

GB/T148-1997 印刷、书写和绘图纸幅面尺寸。

3. 定义

本标准采用下列定义。

3.1　字 word

标识公文中横向距离的长度单位。一个字指一个汉字所占空间。

3.2　行 line

标识公文中纵向距离的长度单位。本标准以 3 号字高度加 3 号字高度 7/8 倍的距离为一基准行。

4. 公文用纸主要技术指标

公文用纸一般使用纸张定量为 60 g/m^2—80 g/m^2 的胶版印刷纸或复印纸。纸张白度为 85%—90%，横向耐折度≥15 次，不透明度 85%，pH 值为 7.5—9.5。

5. 公文用纸幅面及版面尺寸

5.1　公文用纸幅面尺寸

公文用纸采用 GB/T148 中规定的 A4 型纸，其成品幅面尺寸为：210 mm×297 mm，尺寸的允许偏差见 GB/T148。

5.2　公文页边与版心尺寸

公文用纸天头（上白边）为：37 mm±1 mm

公文用纸订口（左白边）为：28 mm±1 mm

版心尺寸为：156 mm×225 mm（不含页码）

6. 公文中图文的颜色

未作特殊说明公文中图文的颜色均为黑色。

7. 排版规格与印制装订要求

7.1 排版规格

正文用3号仿宋体字，一般每面排22行，每行排28个字。

7.2 制版要求

版面干净无底灰，字迹清楚无断划，尺寸标准，版心不斜，误差不超过1 mm。

7.3 印刷要求

双面印刷；页码套正，两面误差不得超过2 mm。黑色油墨应达到色谱所标BL100％，红色油墨应达到色谱所标Y80％，M80％。印品着墨实、均匀；字面不花、不白、无断划。

7.4 装订要求

公文应左侧装订，不掉页。包本公文的封面与书芯不脱落，后背平整、不空。两页页码之间误差不超过4 mm。骑马订或平订的订位为两钉钉锯外订眼距书芯上下各1/4处，允许误差±4 mm。平订钉锯与书脊间的距离为3 mm—5 mm；无坏钉、漏钉、重钉，钉脚平伏牢固；后背不可散页明订。裁切成品尺寸误差±1 mm，四角成90°，无毛茬或缺损。

8. 公文中各要素标识规则

本标准将组成公文的各要素划分为眉首、主体、版记三部分。置于公文首页红色反线（宽度同版心，即154 mm）以上的各要素统称眉首；置于红色反线（不含）以下至主题词（不含）之间的各要素统称主体；置于主题词以下的各要素统称版记。

8.1 眉首

8.1.1 公文份数序号

公文份数序号是将同一文稿印刷若干份时每份公文的顺序编号。如需标识公文份数序号，用阿拉伯数码顶格标识在版心左上角第1行。

8.1.2 秘密等级和保密期限

如需标识秘密等级，用3号黑体字，顶格标识在版心右上角第1行，两字之间空1字；如需同时标识秘密等级和保密期限，用3号黑体字，顶格标识在版心右上角第1行，秘密等级和保密期限之间用“★”隔开。

8.1.3 紧急程度

如需标识紧急程度，用3号黑体字，顶格标识在版心右上角第1行，两字之间空1字；如需同时标识秘密等级与紧急程度，秘密等级顶格标识在版心右上角第1行，紧急程度顶格标识在版心右上角第2行。

8.1.4 发文机关标识

由发文机关全称或规范化简称后加“文件”组成；对一些特定的公文可只标识发文机关全称或规范化简称。发文机关标识上边缘至版心上边缘为 25 mm。对于上报的公文，发文机关标识上边缘至版心上边缘为 80 mm。

发文机关标识推荐使用小标宋体字，用红色标识。字号由发文机关以醒目美观为原则酌定，但最大不能等于或大于22 mm×15 mm。

联合行文时应使用主办机关名称在前，“文件”二字置于发文机关名称右侧，上下居中排布；如联合行文机关过多，必须保证公文首页显示正文。

8.1.5 发文字号

发文字号由发文机关代字、年份和序号组成。发文机关标识下空 2 行，用 3 号仿宋体字，居中排布；年份、序号用阿拉伯数码标识；年份应标全称，用六角括号“〔〕”括入；序号不编虚位(即 1 不编为 001)，不加“第”字。

发文字号之下 4 mm 处印一条与版心等宽的红色反线。

8.1.6 签发人

上报的公文需标识签发人姓名，平行排列于发文字号右侧。发文字号居左空 1 字，签发人姓名居右空 1 字；签发人用 3 号仿宋体字，签发人后标全角冒号，冒号后用 3 号楷体字标识签发人姓名。

如有多个签发人，主办单位签发人姓名置于第 1 行，其他签发人姓名从第 2 行起在主办单位签发人姓名之下按发文机关顺序依次顺排，下移红色反线，应使发文字号与最后一个签发人姓名处在同一行并使红色反线与之的距离为 4 mm。

8.2 主体

8.2.1 公文标题

红色反线下空 2 行，用 2 号小标宋体字，可分一行或多行居中排布；回行时，要做到词意完整，排列对称，间距恰当。

8.2.2 主送机关

标题下空 1 行，左侧顶格用 3 号仿宋体字标识，回行时仍顶格；最后一个主送机关名称后标全角冒号。如主送机关名称过多而使公文首页不能显示正文时，应将主送机关名称移至版记中的主题词之下、抄送之上，标识方法同抄送。

8.2.3 公文正文

主送机关名称下一行，每自然段左空 2 字，回行顶格。数字、年份不能回行。

8.2.4 附件

公文如有附件，在正文下一行左空 2 字用 3 号仿宋体字标识“附件”，后标全角冒号和名称。附件如有序号使用阿拉伯数码(如“附件：1. ××××××”)；附件名称后不加标点符号。附件应与公文一起装订，并在附件左上角第 1 行顶格标识“附件”,有序号时标识序号;附件的序号和名称前后标识应一致。如附件与公文正文不能一起装订,应在附件左上角第 1 行顶格标识公文的发文字号并在其后标识附件(或带序号)。

8.2.5　成文时间

用汉字将年、月、日标全;“零”写为“0”;成文时间的标识位置见 8.2.6。

8.2.6　公文生效标识

8.2.6.1　单一发文印章

单一机关制发的公文在落款处不署发文机关名称,只标识成文时间。成文时间右空 4 字;加盖印章应上距正文 2 mm—4 mm,端正、居中下压成文时间,印章用红色。

当印章下弧无文字时,采用下套方式,即仅以下弧压在成文时间上;

当印章下弧有文字时,采用中套方式,即印章中心线压在成文时间上。

8.2.6.2　联合行文印章

当联合行文需加盖两个印章时,应将成文时间拉开,左右各空 7 字;主办机关印章在前;两个印章均压成文时间,印章用红色。只能采用同种加盖印章方式,以保证印章排列整齐。两印章间互不相交或相切,相距不超过 3 mm。

当联合行文需加盖 3 个以上印章时,为防止出现空白印章,应将各发文机关名称(可用简称)排在发文时间和正文之间。主办机关印章在前,每排最多排 3 个印章,两端不得超出版心;最后一排如余一个或两个印章,均居中排布;印章之间互不相交或相切;在最后一排印章之下右空 2 字标识成文时间。

8.2.6.3　特殊情况说明

当公文排版后所剩空白处不能容下印章位置时,应采取调整行距、字距的措施加以解决,务使印章与正文同处一面,不得采取标识“此页无正文”的方法解决。

8.2.7　附注

公文如有附注,用 3 号仿宋体字,居左空 2 字加圆括号标识在成文时间下一行。

8.3　版记

8.3.1　主题词

“主题词”用 3 号黑体,居左顶格标识,后标全角冒号;词目用 3 号小标宋体字;词目之间空 1 字。

8.3.2　抄送

公文如有抄送,在主题词下一行;左空 1 字用 3 号仿宋体字标识“抄送”,后标全角冒号;回行时与冒号后的抄送机关对齐;在最后一个抄送机关后标句号。如主送机关移至主题词之下,标识方法同抄送机关。

8.3.3　印发机关和印发时间

位于抄送机关之下(无抄送机关在主题词之下)占 1 行位置;用 3 号仿宋体字。

印发机关左空1字，印发时间右空1字。印发时间以公文付印的日期为准，用阿拉伯数码标识。

8.3.4　版记中的反线

版记中各要素之下均加一条反线，宽度同版心。

8.3.5　版记的位置

版记应置于公文最后一页，版记的最后一个要素置于最后一行。

9. 页码

用4号半角白体阿拉伯数码标识，置于版心下边缘之下一行，数码左右各放一条4号一字线，一字线距版心下边缘7 mm。单页码居右空1字，双页码居左空1字。空白页和空白页以后的页不标识页码。

10. 公文中表格

公文如需附表，对横排A4纸型表格，应将页码放在横表的左侧，单页码置于表的左下角，双页码置于表的左上角，单页码表头在订口一边，双页码表头在切口一边。

公文如需附A3纸型表格，且当最后一页为A3纸型表格时，封三、封四(可放分送，不放页码)应为空白，将A3纸型表格贴在封三前，不应贴在文件最后一页(封四)上。

11. 公文的特定格式

11.1　信函式格式

发文机关名称上边缘距上页边的距离为30 mm，推荐用小标宋体字，字号由发文机关酌定；发文机关全称下4 mm处为一条武文线(上粗下细)，距下页边20 mm处为一条文武线(上细下粗)，两条线长均为170 mm。每行居中排28个字。发文机关名称及双线均印红色。两线之间各要素的标识方法从本标准相应要素说明。

11.2　命令格式

命令标识由发文机关名称加“命令”或“令”组成，用红色小标宋体字，字号由发文机关酌定。命令标识上边缘距版心上边缘20 mm，下边缘空2行居中标识令号；令号下空2行标识正文；正文下一行右空4字标识签发人签名章，签名章左空2字标识签发人职务；联合发布的命令或令的签发人职务应标识全称。在签发人签名章下一行右空2字标识成文时间。分送机关标识方法同抄送机关。其他要素从本标准相关要素说明。

11.3　会议纪要格式

会议纪要标识由“×××××会议纪要”组成。其标识位置同8.1.4，用红色小标宋体字。字号由发文机关酌定。会议纪要不加盖印章。其他要素从本标准相关要素说明。

12. 式样(略)

三、国务院办公厅关于实施《国家行政机关公文处理办法》涉及的几个具体问题的处理意见

国办函〔2001〕1号

各省、自治区、直辖市人民政府，国务院各部委、各直属机构：

为确保国务院发布的《国家行政机关公文处理办法》（国发〔2000〕23号）的贯彻施行，现就所涉及的几个具体问题提出如下处理意见：

1. 关于“意见”文种的使用。“意见”可以用于上行文、下行文和平行文。作为上行文，应按请示性公文的程序和要求办理。所提意见如涉及其他部门职权范围内的事项，主办部门应当主动与有关部门协商，取得一致意见后方可行文；如有分歧，主办部门的主要负责人应当出面协调，仍不能取得一致时，主办部门可以列明各方理据，提出建设性意见，并与有关部门会签后报请上级机关决定。上级机关应当对下级机关报送“意见”作出处理或给予答复。作为下行文，文中对贯彻执行有明确要求的，下级机关应遵照执行；无明确要求的，下级机关可参照执行。作为平行文，提出的意见供对方参考。

2. 关于“函”的效力。“函”作为主要文种之一，与其他主要文种同样具有由制发机关权限决定的法定效力。

3. 关于“命令”、“决定”和“通报”三个文种用于奖励时如何区分的问题。各级行政机关应当依据法律的规定和职权，根据奖励的性质、种类、级别、公示范围等具体情况，选择使用相应的文种。

4. 关于部门及其内设机构行文问题。政府各部门（包括议事协调机构）除以函的形式商洽工作、询问和答复问题、审批事项外，一般不得向下一级政府正式行文；如需行文，应报请本级政府批转或由本级政府办公厅（室）转发。因特殊情况确需向下一级政府正式行文的，应当报经本级政府批准，并在文中注明经政府同意。

部门内设机构除办公厅（室）外，不得对外正式行文的含义是：部门内设机构不得向本部门机关以外的其他机关（包括本系统）制发政策性和规范性文件，不得代替部门审批下达应当由部门审批下达的事项；与相应的其他机关进行工作联系确需行文时，只能以函的形式行文。

“函的形式”是指公文格式中区别于“文件格式”的“信函格式”。以“函的形式”行文应注意选择使用与行文方向一致、与公文内容相符的文种。

5. 关于联合行文时发文机关的排列顺序和发文字号。行政机关联合行文，主办机关排列在前。行政机关与同级或相应的党的机关、军队机关、人民团体联合行文，按照党、政、军、群的顺序排列。

行政机关之间联合行文，标注主办机关的发文字号；与其他机关联合行文原则上应使用排列在前机关的发文字号，也可以协商确定，但只能标注一个机关的发文字号。

6. 关于联合行文的会签。联合行文一般由主办机关首先签署意见，协办单位依次会签。一般不使用复印件会签。

7. 关于联合行文的用印。行政机关联合向上行文，为简化手续和提高效率，由主办单位加盖印章即可。

8. 关于保密期限的标注问题。涉及国家秘密的公文如有具体保密期限应当明确标注，否则按照《国家秘密保密期限的规定》（国家保密局 1990 年第 2 号令）第九条执行，即“凡未标明或者未通知保密期限的国家秘密事项，其保密期限按照绝密级事项三十年、机密级事项二十年、秘密级事项十年认定”。

9. 关于“附注”的位置。“附注”的位置在成文日期和印章之下，版记之上。

10. 关于“主要负责人”含义。“主要负责人”指各级行政机关的正职或主持工作的负责人。

11. 关于公文用纸采用国际标准 A4 型问题。各省（区、市）人民政府和国务院各部门已做好准备的，公文用纸可于 2001 年 1 月 1 日起采用国际标准 A4 型；尚未做好准备的，要积极创造条件尽快采用国际标准 A4 型。省级以下人民政府及其所属机关和国务院各部门所属单位何时采用国际标准 A4 型，由各省（区、市）人民政府和国务院各部门自行确定。

中华人民共和国国务院办公厅

二〇〇一年一月一日

四、国务院公文主题词表

（国务院办公厅秘书局 1997 年 12 月修订）

使用说明

为适应办公现代化的要求，便于计算机检索和管理公文，特编制《国务院公文主题词表》（以下简称词表）。词表主要用于标引国务院、国务院办公厅印发的文件和各地区、各部门上报国务院及其办公厅的文件。

一、编制原则

（一）词表结构务求合乎逻辑，具有较宽的涵盖面，便于使用。

（二）词表体现文档管理一体化的原则，即词表中主题词的区域分类和类别词可分别作为档案分类中的大类和属类。

二、体系结构

（一）词表共由 15 类 1 049 个主题词组成，分为主表和附表两大部分，主表有 13 类、751 个主题词，附表有 2 类 298 个主题词。词表分为三个层次。第一层是对主题词区域的分类，如“综合经济”、“财政、金融”类等。第二层是类别词，即对主题词的具体分类，如“工交、能源、邮电”类中的“工业”、“交通”、“能源”和“邮电”等。第三层是类属词。如“体制”、“职能”、“编制”等。第二层和第三层统称为主题词，用于文件的标引。

（二）1988 年 12 月和 1994 年 4 月修订的词表中曾列入本词表中而不再继续作标引的主题词，用黑体单列在区域分类的最后部分。

三、标引方法

（一）一份文件的标引，除类别词外最多不超过 5 个主题词。主题词标在文件的抄送栏之上，顶格写。

（二）标引顺序是先标类别词，再标类属词。在标类属词时，先标反映文件内容的词，最后标反映文件形式的词。如《国务院关于加强水土保持工作的通知》，先标类别词“农业”，再标类属词“水土保持”，最后标上“通知”。

（三）一份文件如有两个以上的主题内容，先集中对一个主题内容进行标引，再对第二个主题内容进行标引。如《国务院关于在若干城市试行国有企业兼并破产和职工再就业有关问题的通知》,先标反映第一个主题内容的类别词“经济管理”,再标类属词“企业”、“破产”;然后标反映第二个主题内容的类别词“劳动”,再标类属词“就业”,最后标“通知”。

(四) 根据需要,可将不同类的主题词进行组配标引。如《国务院关于“九五”期间深化科学技术体制改革的决定》,可标“科技、体制、改革、决定”。

(五) 当词表中找不出准确反映文件主题内容的类属词时,可以在类别词中选择适当的词标引。同时将能够准确反映文件内容的词标在类别词的后面,并在该词的后面加“△”以便区别。

(六) 列在区域分类最后,用黑体标出的主题词只供检索用,不再用作标引。

(七) 附表中的主题词与主表中的主题词具有同等效力,标引方法相同,不同的是,如果附表中所列的国家、地区的实际名称发生了变化,使用本表的各单位可先按照变化后的标准名称进行修改和使用。国务院办公厅秘书局将定期修订附表。

四、词表管理

(一) 本词表由国务院办公厅秘书局负责管理和解释,具体工作由档案数据处承办。

(二) 本词表自 1998 年 2 月 1 日起执行,1994 年 4 月修订的词表同时废止。

国务院公文主题词表

01. 综合经济(77 个)

01A 计划

规划　统计　指标　分配　统配　调拨

01B 经济管理

经济　管理　调整　调控　控制　结构　制度　所有制　股份制　责任制
流通　产业　行业　改革　改造　竞争　兼并　开放　开发　协作　资源
土地　资产　资料　产权　物价　价格　投资　招标　经营　生产　转产
项目　产品　质量　承包　租赁　合同　包干　国有　国营　私营　集体
个体　企业　公司　集团　合作社　普查　工商　商标　注册　广告
监督　增产　效益　节约　浪费　破产　亏损　特区　开发区　保税区
展销　展览

商品化　横向联系　第三产业　生产资料

02. 工交、能源、邮电(69个)

02A 工业

冶金　钢铁　地矿　机械　汽车　电子　电器　仪器　仪表　化工　航天　航空　核工　船舶　兵器　军工　轻工　有色金属　盐业　食品　印刷　包装　手工业　纺织　服装　丝绸　设备　原料　材料　加工

02B 交通

铁路　公路　桥梁　民航　机场　航线　航道　空中管制　飞机　港口　码头　口岸　车站　车辆　运输　旅客

02C 能源

石油　煤炭　电力　燃料　天然气　煤气　沼气

02D 邮电

通信　电信　邮政　网络　数据

民品　厂矿　空运　三线　通讯　水运　运费

03. 旅游、城乡建设、环保(42个)

03A 旅游

03B 服务业

饮食业　宾馆

03C 城乡建设

城市　乡镇　基建　建设　建筑　建材　勘察　测绘　设计　市政　公用事业　监理　环卫　征地　工程　房地产　房屋　住宅　装修　设施　出让　转让　风景名胜　园林　岛屿

03D 环保

保护区　植物　动物　污染　生态　生物

风景　饭店　城乡　国土　沿海

04. 农业、林业、水利、气象(56个)

04A 农业

农村　农民　农民负担　农场　农垦　粮食　棉花　油料　生猪　蔬菜　糖料　烟草　水产　渔业　水果　经济作物　农副产品　副业　畜牧业　乡镇企业　农膜　种子　化肥　农药　饲料　灾害　以工代赈　扶贫

04B 林业

绿化　木材　森林　草原　防沙治沙

04C 水利

河流　湖泊　滩涂　水库　水域　流域　水土保持　节水　防汛　抗旱　三峡

04D 气象

气候　预报　预测

烟酒　土特产　有机肥　多种经营　牧业

05. 财政、金融(57 个)

05A 财政

预算　决算　核算　收支　财务　会计　税务　税率　审计　债务　积累
经费　集资　收费　资金　基金　租金　拨款　利润　补贴　折旧费
附加费　固定资产

05B 金融

银行　货币　黄金　白银　存款　贷款　信贷　贴现　通货膨胀　交易
期货　利率　利息　贴息　外汇　外币　汇率　债券　证券　股票　彩票
信托　保险　赔偿　信用社

现金　留成　流动资金　储蓄　费用　侨汇　折旧率

06. 贸易(52 个)

06A 商业

商品　物资　收购　定购　购置　市场　集贸　酒类　副食品　日用品
销售　消费　批发　供应　零售　拍卖　专卖　订货　营业　仓库　储备
储运　货物

06B 外贸

对外援助　军贸　进口　出口　引进　海关　缉私　仲裁　商检　外商
外资　合资　合作　关贸　许可证　驻外企业

**贸易　倒卖　外向型　议购　议售　垄断　经贸　贩运　票证　外经
交易会**

07. 外事(42 个)

07A 外交

对外政策　对外关系　领土　领空　领海　外交人员　建交　公约　大使
领事　条约　协定　协议　议定书　备忘录　照会　国际　涉外事务　抗议

07B 外事

国际会议　国际组织　对外宣传　出访　出国　出入境　签证　护照　邀请
来访　谈判　会谈　会见　接见　招待会　宴会　外国人　外宾　对外友协
外国专家　涉外

08. 公安、司法、监察(46 个)

08A 公安

警察　武警　警衔　治安　非法组织　安全　保卫　禁毒　消防　防火

检查　扫黄　案件　处罚　户口　证件　事件　危险品　游行　海防　边防　边界　边境

08B 司法

政法　法制　法律　法院　律师　检察　程序　公证　劳改　劳教　监狱

08C 监察

廉政建设　审查　纪检　执法　行贿　受贿　贪污　处分　侦破

09. 民政、劳动人事(85 个)

09A 民政

基层政权　选举　行政区划　地名　人口　双拥工作　社会保障　社团　救灾　救济　募捐　婚姻　移民　抚恤　慰问　调解　老龄问题　烈士　纠纷　残疾人　墓地　殡葬　社区服务

09B 机构

驻外机构　体制　职能　编制　精简　更名

09C 人事

行政人员　干部　公务员　考核　录用　职工　家属　子女　知识分子　专家　参事　院士　文史馆员　履历　聘任　任免　辞退　退职　职称　待遇　离休　退休　交流　安置　调配　模范　表彰　奖励

09D 劳动

就业　失业　招聘　合同制　工人　保护　劳务　第二职业　事故

09E 工资

津贴　奖金　福利　收入

老年　简历　劳资　人才　招工　待业　补助　拥军优属　丧葬　奖惩

10. 科、教、文、卫、体(73 个)

10A 科技

科学　技术　科普　科研　鉴定　标准　计量　专利　发明　实验　情报　计算机　自动化　信息　卫星　地震　海洋

10B 教育

学校　教师　招生　学生　培训　毕业　学位　留学　教材　校办企业

10C 文化

文字　文史　文学　语言　艺术　古籍　图书　宣传　广播　电视　电影　出版　版权　报刊　新闻　音像　文物　古迹　纪念物　电子出版物

10D 卫生

医院　中医　医疗　医药　药材　防疫　疾病　计划生育　妇幼保健　检验　检疫

10E 体育

运动员　教练员　运动会　比赛

馆所　院校　校舍　地方志　软科学　社科

11. 国防(24 个)

11A 军事

军队　国防　空军　海军　征兵　服役　转业　民兵　预备役　军衔　复员　文职　后勤　装备　战备　作战　训练　防空　军需　武器　弹药　人武　退伍

12. 秘书、行政(74 个)

12A 文秘工作

机关　国旗　国徽　机要　印章　信访　督查　保密　公文　档案　会议　文件　秘书　电报　提案　议案　谈话　讲话　总结　批示　汇报　建议　意见　文章　题词　章程　条例　办法　细则　规定　方案　布告　决议　命令　决定　指示　公告　通告　通知　通报　报告　请示　批复　函　会议纪要

12B 行政事务

行政　工作制度　纪念活动　庆典活动　休假　节假日　着装　参观　接待　措施　调查　视察　考察　礼品　馈赠　服务

出席　发言　转发　名单　批准　审批　信函　事务　活动　纪要　督察

13. 综合党团(54 个)

13A 党派团体

共产党　民主党派　共青团　团体　工会　协会　学会　民间组织　文联　学联　妇女　儿童　基金会

13B 统战

政协　民主人士　爱国人士

13C 民族

民族区域自治　民族事务

13D 宗教

寺庙

13E 侨务

外籍华人　归侨　侨乡

13F 港澳台

香港问题　澳门问题　台湾问题

13G 综合

整顿　形势　社会　精神文明　法人　发展　其他　试点

推广　青年　政治　范围　党派　组织　领导　方针　政策　党风　事业　咨询　中心　清除　附表

01. 中国行政区域(54个)

01A 华北地区

北京　天津　河北　山西　内蒙古

01B 东北地区

辽宁　吉林　黑龙江

01C 华东地区

上海　江苏　浙江　安徽　福建　江西　山东

01D 中南地区

河南　湖北　湖南　广东　广西　海南

01E 西南地区

四川　贵州　云南　西藏　重庆

01F 西北地区

陕西　甘肃　青海　宁夏　新疆

01G 台湾

01H 香港

01I 澳门

哈尔滨　沈阳　大连　青岛　厦门　宁波　武汉　广州　深圳　海南岛　西安　单列市　省市　自治区

02. 世界行政区域(244个)

02A 亚洲

中国　蒙古　朝鲜　韩国　日本　越南　老挝　柬埔寨　缅甸　泰国　马来西亚　新加坡　文莱国　菲律宾　印度尼西亚　东帝汶　尼泊尔　锡金　不丹　孟加拉国　印度　斯里兰卡　马尔代夫　哈萨克斯坦　吉尔吉斯斯坦　塔吉克斯坦　乌兹别克斯坦　土库曼斯坦　格鲁吉亚　阿塞拜疆　亚美尼亚　巴基斯坦　阿富汗　伊朗　科威特　沙特阿拉伯　巴林　卡塔尔　阿联酋　阿曼　也门　伊拉克　叙利亚　黎巴嫩　约旦　巴勒斯坦　以色列　塞浦路斯　土耳其

02B 欧洲

冰岛　法罗群岛　丹麦　挪威　瑞典　芬兰　爱沙尼亚　拉脱维亚　立陶宛　俄罗斯　白俄罗斯　乌克兰　摩尔多瓦　波兰　捷克　斯洛伐克　匈牙利　德国　奥地利　列支敦士登　瑞士　比利时　卢森堡　英国　荷兰　爱尔兰　法国　摩纳哥　安道尔　西班牙　葡萄牙　意大利　梵蒂冈　圣马力诺

马耳他　南斯拉夫　斯洛文尼亚　克罗地亚　波黑　马其顿　罗马尼亚　保加利亚　阿尔巴尼亚　希腊

02C 非洲

埃及　利比亚　突尼斯　阿尔及利亚　摩洛哥　西撒哈拉　毛里塔尼亚　塞内加尔　冈比亚　马里　布基纳法索　佛得角　几内亚比绍　几内亚　塞拉利昂　利比里亚　科特迪瓦　加纳　多哥　贝宁　尼日尔　尼日利亚　喀麦隆　赤道几内亚　乍得　中非　苏丹　埃塞俄比亚　吉布提　索马里　肯尼亚　乌干达　坦桑尼亚　卢旺达　布隆迪　刚果民主共和国　刚果　加蓬　厄立特里亚　圣多美和普林西比　安哥拉　赞比亚　马拉维　莫桑比克　科摩罗　马达加斯加　塞舌尔　毛里求斯　留尼汪　津巴布韦　博茨瓦纳　纳米比亚　南非　斯威士兰　莱索托　圣赫勒拿

02D 大洋洲

澳大利亚　新西兰　巴布亚新几内亚　所罗门群岛　瓦努阿图　新喀里多尼亚　斐济　基里巴斯　瑙鲁　密克罗尼西亚联邦　马绍尔群岛共和国　帕劳　北马里亚纳群岛自由联邦　关岛　图瓦卢　瓦利斯群岛和富图纳群岛　西萨摩亚　美属萨摩亚　纽埃　托克劳　库克群岛　汤加　法属波利尼西亚　皮特凯恩群岛

02E 美洲

格陵兰　加拿大　圣皮埃尔和密克隆　美国　百慕大　墨西哥　危地马拉　伯利兹　萨尔瓦尔　洪都拉斯　尼加拉瓜　哥斯达黎加　巴拿马　巴哈马　特克斯群岛和凯科斯群岛　古巴　开曼群岛　牙买加　海地　多米尼加　波多黎各　美属维尔京群岛　英属维尔京群岛　圣基茨和尼维斯　安圭拉　安提瓜和巴布达　蒙特塞拉特　瓜德罗普　多米尼克　马提尼克　圣卢西亚　圣文森特和格林纳丁斯　巴巴多斯　格林纳达　特立尼达和多巴哥　荷属安的列斯　阿鲁巴　哥伦比亚　委内瑞拉　圭亚那　苏里南　法属圭亚那　厄瓜尔多　秘鲁　巴西　玻利维亚　智利　阿根廷　巴拉圭　乌拉圭

苏联　民主德国　联邦德国　捷克斯洛伐克　扎伊尔　留尼汪岛　圣赫勒拿岛和阿森松岛等　贝劳　马绍尔群岛　北马里亚纳群岛　东萨摩亚　圣皮埃尔和密克隆群岛　百慕大群岛　多米尼加共和国　多米尼加联邦　荷属安的列斯群岛

五、出版物上数字用法的规定

GB/T15835－1995

(国家技术监督局 1995 年 12 月 13 日发布,1996 年 6 月 1 日起实施)

前　言

本标准是在国家语言文字工作委员会、原国家出版局、原国家标准局等中央七部门 1987 年 1 月 1 日颁布的《关于出版物上数字用法的试行规定》的基础上制定的。国家技术监督局在技监局标函〔1993〕390 号复函中建议:“鉴于该规定涉及面很广,各种出版物发行国内外,数量和范围都很大。为了使全国各行业都按此规定执行,建议将该规定内容制定为国家标准。”

本标准借鉴了国内多家有影响的出版社和报社的成功经验,参考了英国、前苏联、日本、新加坡的有关资料,多次召开座谈会,征求首都新闻界、出版界、教育界、科技界专家的意见,特别是新华社、广播电影电视部、人民日报、解放军报、人民出版社、商务印书馆、科学出版社、人民教育出版社和中国大百科全书出版社等单位的意见。

阿拉伯数字笔画简单、结构科学、形象清晰、组数简短,所以被广泛应用。本标准的宗旨在于:对汉字数字和阿拉伯数字这两种数字的书写系统在使用上作比较科学的、比较明确的分工,使中文出版物上的数字用法趋于统一规范。

本标准从 1996 年 6 月 1 日起实施,从实施之日起,《关于出版物上数字用法的试行规定》即行废止。

本标准由国家语言文字工作委员会提出并归口。

本标准起草单位:国家语言文字工作委员会语言文字应用研究所。

本标准主要起草人:王均、厉兵。

1　范围

本标准规定了出版物在涉及数字(表示时间、长度、质量、面积、容积等量值和数字代码)时使用汉字和阿拉伯数字的体例。

本标准适用于各级新闻报刊、普及性读物和专业性社会人文科学出版物。

自然科学和工程技术出版物亦应使用本标准,并可制定专业性细则。

本标准不适用于文学书刊和重排古籍。

2　引用标准

下列标准所包含的条文,通过在本标准中引用而构成为本标准的条文。本标准出版时，所示版本均为有效。所有标准都会被修订，使用本标准的各方应探讨使用下列标准最新版本的可能性。

GB/T7408—94 数据元和交换格式　信息交换　日期和时间表示法

GB3100—93 国际单位制及其应用

GB3101—93 有关量、单位和符号的一般原则

GB7713—87 科学技术报告、学位论文和学术论文的编写格式

GB8170—87 数值修约规则

3　定义

本标准采用下列定义。

物理量 physical quantity

用于定量地描述物理现象的量，即科学技术领域里使用的表示长度、质量、时间、电流、热力学温度、物质的量和发光强度的量。使用的单位应是法定计量单位。

非物理量 non-physical quantity

日常生活中使用的量，使用的是一般量词。如 30 元、45 元、67 根等。

4　一般原则

4.1　使用阿拉伯数字或是汉字数字，有的情形选择是唯一而确定的。

4.1.1　统计表中的数值，如正负整数、小数、百分比、分数、比例等，必须使用阿拉伯数字。

示例：48　302　−125.03　34.05％　63％～68％　1/4　2/5　1∶500

4.1.2　定型的词、词组、成语、惯用语、缩略语或具有修辞色彩的词语中作为语素的数字，必须使用汉字。

示例：一律　一方面　十滴水　二倍体　三叶虫　星期五　四氧化三铁　一〇五九（农药内吸磷）　八国联军　二〇九师　二万五千里长征　四书五经　五四运动　九三学社　十月十七日同盟　路易十六　十月革命　“八五”计划　五省一市　五局三胜制　二八年华　二十挂零　零点方案　零岁教育　白发三千丈　七上八下　不管三七二十一　相差十万八千里　第一书记　第二轻工业局　一机部三所　第三季度　第四方面军　十三届四中全会

4.2　使用阿拉伯数字或是汉字数字，有的情形，如年月日、物理量、非物理量、代码、代号中的数字，目前体例尚不统一。对这种情形，要求凡是可以使用阿拉伯数字而且又很得体的地方，特别是当所表示的数目比较精确时，均应使用阿拉伯数字。遇特殊情形，或者为避免歧解，可以灵活变通，但全篇体例应相对统一。

5　时间（世纪、年代、年、月、日、时刻）

5.1　要求使用阿拉伯数字的情况

5.1.1　公历世纪、年代、年、月、日

示例:公元前8世纪　20世纪80年代　公元前440年　公元7年　1994年10月1日

5.1.1.1　年份一般不用简写。如1990年不应简作“九〇年”或“90年”。

5.1.1.2　引文著录、行文注释、表格、索引、年表等,年月日的标记可按GB/T7408—94的5.2.1.1中的扩展格式。如1994年9月30日和1994年10月1日可分别写作1994-09-30和1994-10-01,仍读作1994年9月30日、1994年10月1日。年月日之间使用半字线“-”。当月和日是个位数时,在十位上加“0”。

5.1.2　时、分、秒

示例:4时　15时40分(下午3点40分)　14时12分36秒

注:必要时,可按GB/T7408—94的5.3.1.1中的扩展格式。该格式采用每日24小时计时制,时、分、秒的分隔符为冒号“:”。

示例:04:00(4时)　15:40(15时40分)　14:12:36(14时12分36秒)

5.2　要求使用汉字的情况

5.2.1　中国干支纪年和夏历月日

示例:丙寅年十月十五日　腊月二十三日　正月初五　八月十五中秋节

5.2.2　中国清代和清代以前的历史纪年、各民族的非公历纪年

这类纪年不应与公历月日混用,并应采用阿拉伯数字括注公历。

示例:秦文公四十四年(公元前722年)　太平天国庚申十年九月二十四日(清咸丰十年九月二十日,公元1860年11月2日)藏历阳木龙年八月二十六日(1964年10月1日)　日本庆应三年(1867年)

5.2.3　含有月日简称表示事件、节日和其他意义的词组

如果涉及一月、十一月、十二月,应用间隔号“·”将表示月和日的数字隔开,并外加引号,避免歧义。涉及其他月份时,不用间隔号,是否使用引号,视事件的知名度而定。

示例1:“一·二八”事变(1月28日)　“一二·九”运动(12月9日)　“一·一七”批示(1月17日)　“一一·一〇”案件(11月10日)

示例2:五四运动　五卅运动　七七事变　五一国际劳动节　“五二〇”声明　“九一三”事件

6　物理量

物理量量值必须用阿拉伯数字,并正确使用法定计量单位。小学和初中教科书、非专业科技书刊的计量单位可使用中文符号。

示例:8 736.80 km(8 736.80千米)　600 g(600克)　100 kg～150 kg(100千克～150千克)　12.5 m^2(12.5平方米)　外形尺寸是400 mm×200 mm×300 mm(400毫米×200毫米×300毫米)　34 ℃～39 ℃(34摄氏度～39摄氏度)

0.59 A(0.59 安〔培〕)

7 非物理量

7.1 一般情况下应使用阿拉伯数字。

示例:21.35 万元 45.6 万元 270 美元 290 亿英镑 48 岁 11 个月 1 480 人 4.6 万册 600 幅 550 名

7.2 整数一至十,如果不是出现在具有统计意义的一组数字中,可以用汉字,但要照顾到上下文,求得局部体例上的一致。

示例 1:一个人 三本书 四种产品 六条意见 读了十遍 五个百分点

示例 2:截至 1984 年 9 月,我国高等学校有新闻系 6 个,新闻专业 7 个,新闻班 1 个,新闻教育专职教员 274 人,在校学生 1 561 人。

8 多位整数与小数

8.1 阿拉伯数字书写的多位整数和小数的分节

8.1.1 专业性科技出版物的分节法:从小数点起,向左和向右每三位数字一组,组间空四分之一个汉字(二分之一个阿拉伯数字)的位置。

示例:2 748 456 3.141 592 65

8.1.2 非专业性科技出版物如排版留四分空有困难,可仍采用传统的以千分撇“,”分节的办法。小数部分不分节。四位以内的整数也可以不分节。

示例:2,748,456 3.14159265 8703

8.2 阿拉伯数字书写的纯小数必须写出小数点前定位的“0”。小数点是齐底线的黑圆点“.”。

示例:0.46 不得写成 .46 和 0·46

8.3 尾数有多个“0”的整数数值的写法

8.3.1 专业性科技出版物根据 GB8170—87 关于数值修约的规则处理。

8.3.2 非科技出版物中的数值一般可以“万”、“亿”作单位。

示例:三亿四千五百万可写成 345,000,000,也可写成34,500万或 3.45 亿,但一般不得写作 3 亿 4 千 5 百万。

8.4 数值巨大的精确数字,为了便于定位读数或移行,作为特例可以同时使用“亿、万”作单位。

示例:我国 1982 年人口普查人数为 10 亿 817 万 5 288 人;1990 年人口普查人数为 11 亿 3 368 万 2 501 人。

8.5 一个用阿拉伯数字书写的数值应避免断开移行。

8.6 阿拉伯数字书写的数值在表示数值的范围时,使用浪纹式连接号“~”。

示例:150 千米~200 千米 −36 ℃~−8 ℃ 2 500 元~3 000元

9 概数和约数

9.1 相邻的两个数字并列连用表示概数，必须使用汉字，连用的两个数字之间不得用顿号“、”隔开。

示例：二三米　一两个小时　三五天　三四个月　十三四吨　一二十个　四十五六岁　七八十种　二三百架次　一千七八百元　五六万套

9.2 带有“几”字的数字表示约数，必须使用汉字。

示例：几千年　十几天　一百几十次　几十万分之一

9.3 用“多”“余”“左右”“上下”“约”等表示的约数一般用汉字。如果文中出现一组具有统计和比较意义的数字，其中既有精确数字，也有用“多”、“余”等表示的约数时，为保持局部体例上的一致，其约数也可以使用阿拉伯数字。

示例1：这个协会举行全国性评奖十余次，获奖作品有一千多件。协会吸收了约三千名会员，其中三分之二是有成就的中青年。另外，在三十个省、自治区、直辖市还设有分会。

示例2：该省从机动财力中拿出1 900万元，调拨钢材3 000多吨、水泥2万多吨、柴油1 400吨，用于农田水利建设。

10 代号、代码和序号

部队番号、文件编号、证件号码和其他序号，用阿拉伯数字。序数词即使是多位数也不能分节。

示例：84062部队　国家标准GB2312—80　国办发〔1987〕9号文件　总3147号　国内统一刊号CN11-1399　21/22次特别快车　HP-3000型电子计算机　85号汽油　维生素B_{12}

11 引文标注

引文标注中版次、卷次、页码，除古籍应与所据版本一致外，一般均使用阿拉伯数字。

示例1：列宁：《新生的中国》，见《列宁全集》，中文2版，第22卷，208页，北京，人民出版社，1990。

示例2：刘少奇：《论共产党员的修养》，修订2版，76页，北京，人民出版社，1962。

示例3：李四光：《地壳构造与地壳运动》，载《中国科学》，1973(4)，400～429页。

示例4：许慎：《说文解字》，影印陈昌治本，126页，北京，中华书局，1963。

示例5：许慎：《说文解字》，四部丛刊本，卷六上，九页。

12 横排标题中的数字

横排标题涉及数字时，可以根据版面的实际需要和可能作恰当的处理。

13 竖排文章中的数字

提倡横排。如文中多处涉及物理量，更应横排。竖排文字中涉及的数字除必须保留的阿拉伯数字外，应一律用汉字。必须保留的阿拉伯数字、外文字母和符号均按顺时针方向转90度。

示例一： 雪花牌BCD188型家用电冰箱容量是一百八十八升，功率为一百二十五瓦，市场售价两千零五十元，返修率仅为百分之零点一五。

示例二： 海军J12号打捞救生船在太平洋上航行了十三天，于一九九〇年八月六日零时三十分返回基地。

14 字体

出版物中的阿拉伯数字，一般应使用正体二分字身，即占半个汉字位置。

六、标点符号用法

（国家技术监督局 1995 年 12 月 13 日发布）

前言

1951 年 9 月，原中央人民政府出版总署公布了《标点符号用法》，同年 10 月原政务院下达指示，要求全国遵照使用。四十年来，文字书写和书刊排印已由直行改为横行，标点符号用法也有了某些发展变化，因此，1990 年 3 月，国家语言文字工作委员会和中华人民共和国新闻出版署重新发布了修订后的《标点符号用法》。本标准就是在新颁《标点符号用法》的基础上制定的。

本标准参考了国内外标点符号用法的文献，广泛听取了语文学界、新闻界、出版界、教育界的意见。

本标准对汉语书面语中常见的标点符号用法进行了规定和说明，目的在于使人们正确掌握标点符号用法，以准确表达文意，推动汉语书面语言的规范化。

本标准从 1996 年 6 月 1 日起实施，从实施之日起，原《标点符号用法》即行废止。

本标准由国家语言文字工作委员会提出。

本标准由国家语委语言文字应用研究所《标点符号用法》课题组负责起草。

本标准主要起草人：龚千炎、刘一玲。

1. 范围

本标准规定了标点符号的名称、形式和用法。本标准对汉语书写规范有重要的辅助作用。

本标准适用于汉语书面语。外语界和科技界也可参考使用。

2. 定义

本标准采用下列定义。

句子　sentence

前后都有停顿，并带有一定的句调，表示相对完整意义的语言单位。

陈述句　declarative sentence

用来说明事实的句子。

祈使句　imperative sentence

用来要求听话人做某件事情的句子。

疑问句　interrogative sentence

用来提出问题的句子。

感叹句　exclamatory sentence

用来抒发某种强烈感情的句子。

复句、分句　complex sentence, clause

意思上有密切联系的小句子组织在一起构成一个大句子。这样的大句子叫复句,复句中的每个小句子叫分句。

词语　expression

词和短语(词组)。词,即最小的能独立运用的语言单位。短语,即由两个或两个以上的词按一定的语法规则组成的表达一定意义的语言单位,也叫词组。

3. 基本规则

3.1　标点符号是辅助文字记录语言的符号,是书面语的有机组成部分,用来表示停顿、语气以及词语的性质和作用。

3.2　常用的标点符号有16种,分点号和标号两大类。

点号的作用在于点断,主要表示说话时的停顿和语气。点号又分为句末点号和句内点号。句末点号用在句末,有句号、问号、叹号3种,表示句末的停顿,同时表示句子的语气。句内点号用在句内,有逗号、顿号、分号、冒号4种,表示句内的各种不同性质的停顿。

标号的作用在于标明,主要标明语句的性质和作用。常用的标号有9种,即:引号、括号、破折号、省略号、着重号、连接号、间隔号、书名号和专名号。

4. 用法说明

4.1　句号

4.1.1　句号的形式为"。"。句号还有一种形式,即一个小圆点"．",一般在科技文献中使用。

4.1.2　陈述句末尾的停顿,用句号。例如:

a) 北京是中华人民共和国的首都。

b) 虚心使人进步,骄傲使人落后。

c) 亚洲地域广阔,跨寒、温、热三带,又因各地地形和距离海洋远近不同,气候复杂多样。

4.1.3　语气舒缓的祈使句末尾,也用句号。例如:

请您稍等一下。

4.2　问号

4.2.1　问号的形式为"?"。

4.2.2　疑问句末尾的停顿,用问号。例如:

a) 你见过金丝猴吗?

b) 他叫什么名字?

c）去好呢，还是不去好？

4.2.3　反问句的末尾，也用问号。例如：

a）难道你还不了解我吗？

b）你怎么能这么说呢？

4.3　叹号

4.3.1　叹号的形式为“！”。

4.3.2　感叹句末尾的停顿，用叹号。例如：

a）为祖国的繁荣昌盛而奋斗！

b）我多么想看看他老人家呀！

4.3.3　语气强烈的祈使句末尾，也用叹号。例如：

a）你给我出去！

b）停止射击！

4.3.4　语气强烈的反问句末尾，也用叹号。例如：

我哪里比得上他呀！

4.4　逗号

4.4.1　逗号的形式为“，”。

4.4.2　句子内部主语与谓语之间如需停顿，用逗号。例如：

我们看得见的星星，绝大多数是恒星。

4.4.3　句子内部动词与宾语之间如需停顿，用逗号。例如：

应该看到，科学需要一个人贡献出毕生的精力。

4.4.4　句子内部状语后边如需停顿，用逗号。例如：

对于这个城市，他并不陌生。

4.4.5　复句内各分句之间的停顿，除了有时要用分号外，都要用逗号。例如：

据说苏州园林有一百多处，我到过的不过十多处。

4.5　顿号

4.5.1　顿号的形式为“、”。

4.5.2　句子内部并列词语之间的停顿，用顿号。例如：

a）亚马孙河、尼罗河、密西西比河和长江是世界四大河流。

b）正方形是四边相等、四角均为直角的四边形。

4.6　分号

4.6.1　分号的形式为“；”。

4.6.2　复句内部并列分句之间的停顿，用分号。例如：

a）语言，人们用来抒情达意；文字，人们用来记言记事。

b）在长江上游，瞿塘峡像一道闸门，峡口险阻；巫峡像一条迂回曲折的画廊，每一曲，每一折，都像一幅绝好的风景画，神奇而秀美；西陵峡水势险恶，处处是急流，处处是险滩。

4.6.3　非并列关系（如转折关系、因果关系等）的多重复句，第一层的前后两部分之间，也用分号。例如：

我国年满十八周岁的公民，不分民族、种族、性别、职业、家庭出身、宗教信仰、教育程度、财产状况、居住期限，都有选举权和被选举权；但是依照法律被剥夺政治权利的人除外。

4.6.4　分行列举的各项之间，也可以用分号。例如：

中华人民共和国的行政区域划分如下：

（一）全国分为省、自治区、直辖市；

（二）省、自治区分为自治州、县、自治县、市；

（三）县、自治县分为乡、民族乡、镇。

4.7　冒号

4.7.1　冒号的形式为“：”。

4.7.2　用在称呼语后边，表示提起下文。例如：

同志们，朋友们：

　现在开会了。……

4.7.3　在用“说、想、是、证明、宣布、指出、透露、例如、如下”等词语后边，表示提起下文。例如：

他十分惊讶地说：“啊，原来是你！？”

4.7.4　用在总括性话语的后边，表示引起下文的分说。例如：

北京紫禁城有四座城门：午门、神武门、东华门和西华门。

4.7.5　用在需要解释的词语后边，表示引出解释或说明。例如：

外文图书展销会

日期：10 月 20 日至 11 月 10 日

时间：上午 8 时至下午 4 时

地点：北京朝阳区工体东路 16 号

主办单位：中国图书进出口总公司

4.7.6　总括性话语的前边，也可以用冒号，以总结上文。例如：

张华考上了北京大学，在化学系学习；李萍进了中等技术学校，读机械制造专业；我在百货公司当售货员：我们都有光明的前途。

4.8　引号

4.8.1　引号的形式为双引号““””和单引号“‘’”。

4.8.2　行文中直接引用的话，用引号标示。例如：

a）爱因斯坦说："想象力比知识更重要，因为知识是有限的，而想象力概括着世界上的一切，推动着进步，并且是知识进化的源泉。"

b）"满招损，谦受益"这句格言，流传到今天至少有两千年了。

c）现代画家徐悲鸿笔下的马，正如有的评论家所说的那样，"神形兼备，充满生机"。

4.8.3　需要着重论述的对象，用引号标示。例如：

古人对于写文章有个基本要求，叫做"有物有序"。"有物"就是要有内容，"有序"就是要有条理。

4.8.4　具有特殊含义的词语，也用引号标示。例如：

a）从山脚向上望，只见火把排成许多"之"字形，一直连到天上，跟星光接起来，分不出是火把还是星星。

b）这样的"聪明人"还是少一点好。

4.8.5　引号里面还要用引号时，外面一层用双引号，里面一层用单引号。例如：

他站起来问："老师，'有条不紊'的'紊'是什么意思？"

4.9　括号

4.9.1　括号常用的形式是圆括号"（　）"。此外还有方括号"［　］"、六角括号"〔　〕"和方头括号"【　】"。

4.9.2　行文中注释性的文字，用括号标明。注释句子里某些词语的，括注紧贴在被注释词语之后；注释整个句子的，括注放在句末标点之后。例如：

a）中国猿人（全名为"中国猿人北京种"，或简称"北京人"）在我国的发现，是对古人类学的一个重大贡献。

b）写研究性文章跟文学创作不同，不能摊开稿纸搞"即兴"。（其实文学创作也要有素养才能有"即兴"。）

4.10　破折号

4.10.1　破折号的形式为"——"。

4.10.2　行文中解释说明的语句，用破折号标明。例如：

a）迈进金黄色的大门，穿过宽阔的风门厅和衣帽厅，就到了大会堂建筑的枢纽部分——中央大厅。

b）为了全国人民——当然也包括自己在内——的幸福，我们每一个人都要兢兢业业，努力工作。

4.10.3　话题突然转变，用破折号标明。例如：

"今天好热啊！——你什么时候去上海？"张强对刚刚进门的小王说。

4.10.4　声音延长，象声词后用破折号。例如：

"呜——"火车开动了。

4.10.5　事项列举分承，各项之前用破折号。例如：

根据研究对象的不同，环境物理学分为以下五个分支学科：

——环境声学；

——环境光学；

——环境热学；

——环境电磁学；

——环境空气动力。

4.11　省略号

4.11.1　省略号的形式为“……”，六个小圆点，占两个字的位置。如果是整段文章或诗行的省略，可以使用十二个小圆点来表示。

4.11.2　引文的省略，用省略号标明。例如：

她轻轻地哼起了《摇篮曲》：“月儿明，风儿静，树叶儿遮窗棂啊……”

4.11.3　列举的省略，用省略号标明。例如：

在广州的花市上，牡丹、吊钟、水仙、梅花、菊花、山茶、墨兰……春秋冬三季的鲜花都挤在一起啦！

4.11.4　说话断断续续，可以用省略号标示。例如：

“我……对不起……大家，我……没有……完成……任务。”

4.12　着重号

4.12.1　着重号的形式为“.”。

4.12.2　要求读者特别注意的字、词、句，用着重号标明。例如：

事业是干出来的，不是吹出来的。

4.13　连接号

4.13.1　连接号的形式为“—”，占一个字的位置。连接号还有另外三种形式，即长横“——”（占两个字的位置）、半字线“-”（占半个字的位置）和浪纹“～”（占一个字的位置）。

4.13.2　两个相关的名词构成一个意义单位，中间用连接号。例如：

a) 我国秦岭—淮河以北地区属于温带季风气候区，夏季高温多雨，冬季寒冷干燥。

b) 复方氯化钠注射液，也称任-洛二氏溶液（Ringer-Locke solution），用于医疗和哺乳动物生理学实验。

4.13.3　相关的时间、地点或数目之间用连接号，表示起止。例如：

a) 鲁迅（1881—1936）中国现代伟大的文学家、思想家和革命家。原名周树人，字豫才，浙江绍兴人。

b)“北京——广州”直达快车。

c) 梨园乡种植的巨峰葡萄今年已经进入了丰产期，亩产1 000公斤～1 500公斤。

4.13.4　相关的字母、阿拉伯数字等之间，用连接号，表示产品型号。例如：

在太平洋地区，除了已建成投入使用的 HAW—4 和TPC—3海底光缆之外，又有 TPC—4 海底光缆投入运营。

4.13.5　几个相关的项目表示递进式发展，中间用连接号。例如：

人类的发展可以分为古猿—猿人—古人—新人这四个阶段。

4.14　间隔号

4.14.1　间隔号的形式为“·”。

4.14.2　外国人和某些少数民族人名内各部分的分界，用间隔号标示。例如：

列奥纳多·达·芬奇

爱新觉罗·努尔哈赤

4.14.3　书名与篇（章、卷）名之间的分界，用间隔号标示。例如：

《中国大百科全书·物理学》

《三国志·蜀志·诸葛亮传》

4.15　书名号

4.15.1　书名号的形式为双书名号“《》”和单书名号“〈〉”。

4.15.2　书名、篇名、报纸名、刊物名等，用书名号标示。例如：

a)《红楼梦》的作者是曹雪芹。

b) 你读过鲁迅的《孔乙己》吗？

c) 他的文章在《人民日报》上发表了。

d) 桌上放着一本《中国语文》。

4.15.3　书名号里边还要用书名号时，外面一层用双书名号，里边一层用单书名号。例如：

《〈中国工人〉发刊词》发表于 1940 年 2 月 7 日。

4.16　专名号

4.16.1　专名号的形式为“____”。

4.16.2　人名、地名、朝代名等专名下面，用专名号标示。例如：司马相如者，汉蜀郡成都人也，字长卿。

4.16.3　专名号只用在古籍或某些文史著作里面。为了跟专名号配合，这类著作里的书名号可以用浪线“～～～”。例如：

屈原放逐，乃赋离骚，左丘失明，厥有国语。

5. 标点符号的位置

5.1　句号、问号、叹号、逗号、顿号、分号和冒号一般占一个字的位置，居左偏下，不出现在一行之首。

5.2　引号、括号、书名号的前一半不出现在一行之末，后一半不出现在一行之首。

5.3　破折号和省略号都占两个字的位置，中间不能断开。连接号和间隔号一般占一个字的位置。这四种符号上下居中。

5.4　着重号、专名号和浪线式书名号标在字的下边，可以随字移行。

6. 直行文稿与横行文稿使用标点符号的不同

6.1　句号、问号、叹号、逗号、顿号、分号和冒号放在字下偏右。

6.2　破折号、省略号、连接号和间隔号放在字下居中。

6.3　引号改用双引号“﹃﹄”和“﹁﹂”。

6.4　着重号标在字的右侧，专名号和浪线式书名号标在字的左侧。

常用标点符号简表

名称	符号	用法说明	举例
句号	。	表示一句话完了之后的停顿。	王朔是著名作家。
逗号	，	表示一句话中间的停顿。	张山表示，一定要拿回金牌。
顿号	、	表示句中并列的词或词组之间的停顿。	伟大的、光荣的、正确的中国共产党万岁！
分号	；	表示一句话中并列分句之间的停顿。	不批判唯心论，就不能发展唯物论；不批判形而上学，就不能发展唯物辩证法。
冒号	：	用以提示下文。	我国政府重申：台湾是中华人民共和国领土不可分割的一部分。
问号	？	用在问句之后。	是谁创造了人类世界？是我们劳动群众。
感叹号①	！	表示强烈的感情。	人民英雄永垂不朽！
引号②	“” ‘’	1. 引号表示引用的部分。	市长批示：“原则同意，请同有关部门抓紧组织实施。”
		2. 表示特定的称谓或需要着重指出的部分。	我们要认真学习“十四大”文件。
		3. 表示讽刺或否定的意思。	帮助蒋介石屠杀中国人也算“友谊”的表示。
括号③	（）	表示文中注释的部分。	正在发展的民主运动（以昆明罢课为标志）空前高涨。
省略号④	……	表示文中省略的部分。	一切办公用品纸、墨水、毛笔……都要登记领取。
破折号⑤	——	1. 表示底下是解释，说明的部分，有括号的作用。	我国最早的石拱桥——赵州桥，已有一千多年的历史。
		2. 表示意思的递进。	团结——批评和自我批评——团结。
		3. 表示意思的转折。	急忙推开大门——竟空无一人。

（续表）

名　称	符号	用　法　说　明	举　　例
连接号⑥	—	1. 表示时间、地点、数目等的起止。	抗日战争时期（1937—1945年）
		2. 表示相关的人或事物的联系。	“北京—广州”直达快车
书名号⑦	《》 〈〉	表示书籍、文件、报刊文章等的名称。	《战争与和平》 《学习〈为人民服务〉》
间隔号	·	1. 表示月份和日期之间的分界。	1993·5·13
		2. 表示有些民族人名中的音界。	于连·索黑尔
着重号	.	表示文中需要强调的部分。	各种商品体，都是自然物质和劳动这两个要素的结合。

附注：① 感叹号也叫“感情号”或“惊叹号”。

② “　”叫双引号，‘　’叫单引号。“　”、‘　’用于横行文字。

③ 常见的括号还有几种，如〔　〕［　］，多用于文章注释的标号或根据需要作为某种标记。

④ 一般用六个圆点，占两个字的位置。

⑤ 占两个字的位置。

⑥ 占一个字或两个字的位置。

⑦ 书名号内再用书名号时，双书名号（《　》）在外，单书名号（〈　〉）在内。书名号原用“﹏﹏”。

后　记

《应用写作进阶》在同仁的共同努力下顺利完成了，这是应用写作教学为适应社会发展需要而改革的成果。

本教材试图在应用写作教学方面探索一条新路，通过"导"—"思"—"仿"—"练"的可操作性模式，引导学生领悟应用写作的要义、要领，渐入独立写作之境，以利学生应付今后工作之实际需要。同时，其内容亦可为在职人员作参考。

本书由谈青、郭建庆担任主编，并负责总体设计、组织编写和统稿；王文军、李有亮担任副主编。具体编写分工如下：第一章、第四章由谈青执笔；第二章由王文军执笔；第三章由翁谦、施逸丰执笔；第五章由郭建庆执笔；第六章由郭建庆、王占林执笔；第七章由潘庆云执笔；第八章由李有亮执笔。

在本书的编写过程中，参考了有关论著、教材、报刊、网站等，也吸收或利用了某些提法乃至例文（有些未能注明出处），在此恕不便一一赘列，谨此说明，一并深表敬意和谢忱。

由于学识限制和时间仓促，书中难免有粗疏和不当之处，敬请专家、同行和读者批评指正。

编　者

2008 年 7 月 5 日于上海

图书在版编目（CIP）数据

应用写作进阶/谈青，郭建庆主编. —上海：上海人民出版社，2008
ISBN 978-7-208-08081-2

Ⅰ. 应… Ⅱ. ①谈… ②郭… Ⅲ. 汉语-应用文-写作-高等学校-教材 Ⅳ. H152.3

中国版本图书馆 CIP 数据核字(2008)第 133625 号

责任编辑 顾兆敏
封面装帧 陈 楠

应用写作进阶

谈 青 郭建庆 主编

世纪出版集团

上海人民出版社出版

（200001 上海福建中路 193 号 www.ewen.cc）

世纪出版集团发行中心发行

常熟新骅印刷厂印刷

开本 720×1000 1/16 印张 27.25 插页 2 字数 513,000

2008 年 9 月第 1 版 2010 年 6 月第 3 次印刷

ISBN 978-7-208-08081-2/H·40

定价 42.00 元